Nomos

Nomos Verlagsgesellschaft mbH & Co.
Waldseestr. 3-5
76530 Baden-Baden

Europa
eine Idee nimmt Gestalt an

RAT DER EUROPÄISCHEN UNION
GENERALSEKRETARIAT

Autoren der zitierten Texte

Dante **Alighieri**	(1265–1321)
Jeremy **Bentham**	(1748–1832)
Johann Kaspar **Bluntschli**	(1808–1881)
Hermann **Broch**	(1886–1951)
Richard Nikolaus **von Coudenhove-Kalergi**	(1894–1972)
Émeric **Crucé** (de la Croix)	(1590[?]–1648)
Luigi **Einaudi**	(1874–1961)
Wojciech Bogumił **Jastrzębowski**	(1799–1882)
William Ivor **Jennings**	(1903–1965)
Ernst **Jünger**	(1895–1998)
Immanuel **Kant**	(1724–1804)
Alexis **Leger,** auch bekannt als **Saint-John Perse**	(1887–1975)
Jakob Heinrich **von Lilienfeld**	(1716–1785)
James **Lorimer**	(1818–1890)
Lord **Lothian** / Philip **Kerr**	(1882–1940)
Emil **Ludwig**	(1881–1948)
Ronald William Gordon **Mackay**	(1902–1960)
Salvador **de Madariaga**	(1886–1978)
Jean **Monnet**	(1888–1979)
William **Penn**	(1644–1718)
George **von Podiebrad**	(1420–1471)
Charles Irénée Castel (Abbé) **de Saint-Pierre**	(1658–1743)
Claude Henri de Rouvroy, Graf von **Saint-Simon**	(1760–1825)
Conrad Friedrich **von Schmidt-Phiseldek**	(1770–1832)
Robert **Schuman**	(1886–1963)
Paul-Henri **Spaak**	(1899–1972)
Altiero **Spinelli**	(1907–1986)
Maximilien de Béthune, Herzog von **Sully**	(1560–1641)

Eropa, Lambert Lombard (Zuschreibung), 1505-1566, Federzeichnung, braune Tinte auf Papier, 83*41 mm (gegenwärtiges Format), Auszug aus dem Album d'Arenberg, isoliertes Fragment aus dem Skizzenbuch von Lombard.
Cabinet des Estampes et des Dessins de la Ville de Liège, Lüttich.

Die Sage von Europa

Nach der antiken griechischen Sage ist Europa eine phönizische Prinzessin, der im Traum zwei Frauen erscheinen, die um sie streiten. Eine der beiden ist das Land, auf dem sie steht, die andere ist das Land, das gegenüber liegt und noch namenlos ist.

Europa ist verwirrt, begibt sich aber dennoch mit einigen jungen Gespielinnen an den Strand. Zeus, der sie schon seit geraumer Zeit begehrt, versucht sich ihr zu nähern, ohne sie zu erschrecken. Er verwandelt sich in die Gestalt eines weißen Stiers als Zeichen der Lauterkeit und zieht die Aufmerksamkeit der jungen Mädchen auf sich; dies ist einleuchtend in einer mediterranen Welt, in deren archaischen Kultformen der Stier als positive, männliche und solare Kraft begriffen wird.

Europa, die weniger scheu oder einfach nur naiver als ihre Gefährtinnen ist, nähert sich dem Stier und lässt diesen an sich herankommen. Schließlich setzt sie sich auf den Rücken des Stiers, der sie sofort hinwegträgt. Die antiken Darstellungen zeigen abwechselnd eine von Entsetzen gepackte oder aber jubilierende junge Frau, je nach dem Maß an Erkenntnisfähigkeit, das man ihr zugesteht.

Zeus entführt Europa nach Gortys auf Kreta. Dort nimmt er wieder seine ursprüngliche Gestalt an und nimmt Europa zur Frau. Sie gründen die Dynastie der Minoer, die in der Folgezeit über die Insel herrscht.

Kurz vor ihrer Entführung hatte Europa von ihrer Mutter Telephassa ein hübsches goldenes Körbchen erhalten; Hephaistos hatte es Libya zur Hochzeit geschenkt, die es wiederum ihrer Nachkommin Telephassa vermachte. Europa erhielt somit von mütterlicher Seite ein Unterpfand der Weiblichkeit und ein Vademekum für ihr Leben als Frau.

Das junge Mädchen, das einen Korb für Blumen und Früchte trägt und ihr Gesicht schamhaft hinter einem Schleier verbirgt, und der göttlich-solare Stier, der Zeus verkörpert und dessen Entscheidungen und Taten von schicksalhafter Bedeutung sind: Beide waren sie dazu bestimmt, sich zu finden und einander zu ergänzen.

Der Mythos der Entführung Europas kann verstanden werden als das doppelte Gegenstück zu der Geschichte Helenas, der Tochter des Zeus, die ebenfalls aus Liebe entführt wurde, und zwar von Griechenland nach Kleinasien.

Die geistigen Vorstellungen von Europa und die ikonografischen Darstellungen Europas haben sich im Laufe der Jahrhunderte im Westen stark verändert. Als leichtsinniges junges Mädchen, behelmte Kriegerin, Inkarnation des Christentums oder als Landkarte in menschlicher Form hat sie den politischen und moralischen Anliegen jeder Epoche gedient. In ein faltenreiches Gewand gehüllt, ruhig und würdevoll bietet Europa hier einen Korb voll Blumen oder Früchten dar – ein Zeichen ihrer Reife und Fruchtbarkeit. Weit entfernt vom Getöse und von den Erschütterungen der Zeit transzendiert ihre Statur die formellen klassischen Klischees.

Eine Ruhe und Würde ausstrahlende Europa bietet hier einen Korb mit Blumen oder Früchten dar, der ihre Reife und Fruchtbarkeit symbolisiert. Jenseits aller Tumulte und Erschütterungen transzendiert ihre Gestalt die klassische Formensprache.

Vorwort

Dieses Buch geht auf eine frühere gemeinsame Initiative des Generalsekretariats des Rates und des österreichischen Vorsitzes des Rates der Europäischen Union aus dem Jahr 2006 zurück: In einem einzigen Band sollten die zahlreichen Überlegungen und Entwürfe für die Einigung Europas vorgestellt werden, die im Laufe der Jahrhunderte entwickelt worden waren. Teilweise in Anlehnung an die Anregungen des Europäischen Konvents, der den Entwurf für einen Verfassungsvertrag ausgearbeitet hatte, wurde dabei das Anliegen verfolgt, Vorschläge von Autoren verschiedenster Herkunft und Nationalität aus unterschiedlichsten Epochen in Textauszügen zusammenzustellen.

Dieses Konzept liegt auch dem vorliegenden Buch zugrunde. Die vorherige Ausgabe wurde allerdings vollständig überarbeitet, unter anderem um auch den jüngsten politischen Entwicklungen Rechnung zu tragen. Vor allem ist es aber – im Gegensatz zu dem ersten Buch – jetzt ebenfalls im Handel erhältlich und somit einer weitaus größeren Leserschaft zugänglich.

Das Buch umfasst in chronologischer Folge Auszüge aus ausgewählten Quellen, denen eine Kurzbiografie des jeweiligen Verfassers vorangestellt ist. Die Entstehungszeit dieser Texte reicht vom Mittelalter bis in die Periode der Geburt der Europäischen Union.

Da sich eine Vielzahl von Denkern der europäischen Einigung gewidmet hat, musste nach strengen Kriterien eine Auswahl getroffen werden. Wir haben nur die Schriften aufgenommen, die ganz konkrete Vorschläge zur europäischen Integration enthalten. Zahlreiche interessante, aber eher diskursive Überlegungen zur Wesensart der europäischen Einigung mussten daher leider unberücksichtigt bleiben; gleichwohl wird in den Kommentaren auf viele dieser Beiträge verwiesen, soweit sich dies anbietet.

Mit Rücksicht auf die allgemeine Themenstellung des Buches mussten wir viele Auszüge kürzen und uns auf die Hauptaussagen der jeweiligen Quelle beschränken. Dadurch konnten wir uns auf jene Aspekte konzentrieren, die auch für heutige Leser noch von besonderem Interesse sein dürften. Es ist vermerkt, an welchen Textstellen redaktionelle Kürzungen vorgenommen wurden; darüber hinaus haben wir zum besseren Verständnis Zwischenüberschriften eingefügt. Oberstes Gebot war es jedoch, Geist und Gesamtaussage des Originals zu wahren.

Den Textauszügen schließt sich jeweils ein Kommentar an, der den Verfasser und seine Überlegungen in einen größeren Zusammenhang einordnet.

Die geografische oder sprachliche Herkunft der Verfasser war kein Auswahlkriterium. Eine ausgewogene Berücksichtigung nach Nationalität war nicht zu erreichen und wurde auch nicht angestrebt. Es ist schlicht eine Tatsache, dass manche Mitglieder der heutigen Europäischen Union an den Entwicklungen, die Gegenstand dieses Buches sind, aus guten geschichtlichen oder geografischen Gründen weniger teilgenommen haben. Das tut ihrer eigenen Geschichte und ihrem heutigen Beitrag zur europäischen Integration keineswegs Abbruch.

Für die Auswahl der Texte, das Verfassen der Kommentare und die Betreuung der Veröffentlichung zeichnet eine kleine Gruppe von Personen verantwortlich, die mehrheitlich beim Generalsekretariat des Rates tätig sind. Der Umstand, dass viele der in den Auszügen behandelten Themen nichts an Aktualität eingebüßt haben, machte ihre Sichtung und Bearbeitung ebenso aufschlussreich wie faszinierend. Wir hoffen, dass diese Schriften für möglichst viele Leser gleichermaßen inspirierend sein werden, wenn sie entdecken, welchen Widerhall sie im geeinten Europa von heute gefunden haben.

Sollten sich im Laufe der Zusammenstellung und Veröffentlichung dieses Buches Fehler eingeschlichen haben, so ist dies allein unsere gemeinsame Verantwortung.

Das Redaktionskomitee

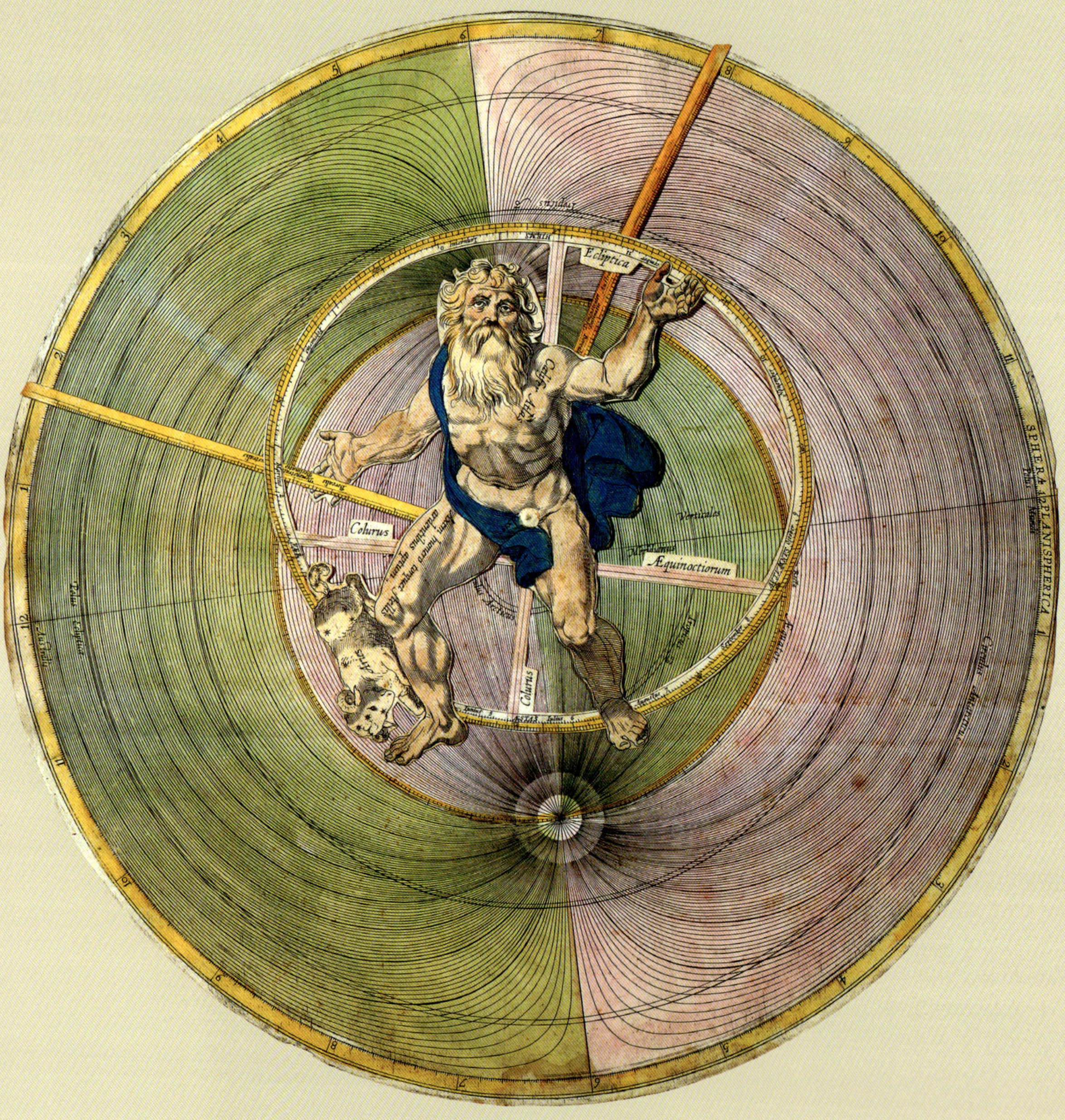

Octavius Pisani, *Octavii Pisani Astrologia seu motus et loca siderum...*,
Antwerpen, Bruneau, 1613, f°, KBR, Préc., Brüssel.

Jean-Paul Jacqué

Einleitung

Wenn Europa – wie manche meinen – ein Mythos ist, so dürften die hier zusammengestellten Texte die Langlebigkeit dieses Mythos zeigen. Es geht den Verfassern dieses Werks nicht darum, die zahllosen Schriften aufzuführen, in denen die Stichhaltigkeit des Europa-Gedankens bewiesen werden sollte, sondern darum, diejenigen auszuwählen, in denen die Verfasser versuchen, ein wirkliches europäisches Staatengebilde mit konstitutionellen Grundlagen zu entwerfen. Es werden also weniger die Visionäre als vielmehr die Architekten vorgestellt, die sich bemüht haben, ihre Gedanken zu einer konstitutionellen Form zu gestalten. Natürlich hängen diese Formen von der Zeit und den Kenntnissen der jeweiligen Epoche ab. Blickt man aber über die Unterschiede der Form hinaus, so fällt die Beständigkeit auf, mit der diese Problematik immer wieder aufgegriffen wird. Der Gegensatz zwischen den Anhängern eines Europas der Staaten und den Verfechtern eines integrierten Europas, die Diskussion über die Grenzen Europas, die Verteilung der Zuständigkeiten und die Subsidiarität, die kulturelle Vielfalt – all dies erscheint in unterschiedlicher Gestalt als zeitlose Fragen, die immer wieder in die politische Debatte eingeflossen sind. Von Dante bis Spinelli, von Sully bis zu den britischen Föderalisten wird dieselbe Grundsatzdiskussion geführt, wenn auch in unterschiedlicher Färbung, die die Umstände der jeweiligen Epoche ihr verleihen.

Übrigens geht es bei den in diesem Werk zusammengestellten Schriften eigentlich nicht um einen Mythos, eine wunderbare Geschichte, anhand deren sich bestimmte grundlegende Aspekte der Welt erklären lassen, sondern um eine Utopie. Sie beschreiben eine andere Welt, die nur durch eine tief greifende Reform der Gesellschaft verwirklicht werden kann. In diesem Zusammenhang gesehen sind die Überlegungen über die Verfassung Europas eine gelebte Utopie. Von Dantes Universalmonarchie bis hin zum Vertrag von Lissabon wird diese gelebte Utopie eine allmähliche, tiefe Transformation des Kontinents bewirken. Die Schöpfer der Europäischen Union waren solche Menschen, die oft als Träumer betrachtet werden.

Die Union, Instrument für den Frieden in Europa

Die Friedenssehnsucht zieht sich wie ein roter Faden durch die Gedanken über Europa. Viele der Schriften wurden in unruhigen Zeiten verfasst. Daher ist es nicht überraschend, dass das Hauptanliegen ihrer Verfasser die Suche nach Lösungen ist, mit denen Konflikte vermieden oder begrenzt werden können, und dass der Aufbau Europas ihnen hierfür als das wirksamste Mittel erschien. Sie sahen in Europa den geeigneten Rahmen für eine Institutionalisierung bestimmter Formen der friedlichen Konfliktlösung.

Allerdings ist nicht für alle die europäische Perspektive das Entscheidende. Das wichtigste Ziel einiger Autoren ist der Frieden und vor allem der Weltfrieden. Der europäische Rahmen wird gewählt, weil er mit dem zusammenfällt, was sie in ihrer Epoche als Grenzen der zivilisierten Welt betrachten. Die Strömung, die von Emeric Crucé über den Abbé de Saint Pierre und Leibniz zu Kant führt und sich in zahlreichen Entwürfen für einen ewigen Frieden niederschlägt, hat den Weltfrieden zum Ziel; die Schaffung eines europäischen Staatengebildes ist dabei durchaus zweitrangig. Diese Autoren sollten eigentlich nicht zu den Vordenkern der Europäischen Union, sondern zu den Begründern der Bewegung für den Frieden durch Recht gezählt werden, die ihren Höhepunkt in der Schaffung des Völkerbundes und später der Vereinten Nationen erreichen wird. Da sie Verfahren zur friedlichen Beilegung von Streitigkeiten als einzige mögliche Alternative zum westfälischen System betrachten, plädieren sie für die Schaffung einer politischen Organisation, die in Konflikten als Schiedsrichter auftreten und in der Lage sein soll, die Einhaltung ihrer Schiedssprüche zu erzwingen. Die vorgeschlagenen institutionellen Lösungen sind mehr oder weniger detailliert ausgearbeitet. Crucé versucht, die Zusammensetzung, die Strukturen und die Befugnisse des Rates, den er schaffen möchte, genauestens zu definieren. Kant hingegen bleibt bei Andeutungen, wobei die Vorstellung von einem „freien Föderalismus" und einem „Völkerstaat" (comitas gentium), die unserem Begriff der Föderation von Nationalstaaten sehr nahe kommt, auf begrifflicher Ebene einen wichtigen Beitrag zu diesen Überlegungen darstellt.

Neben dieser ersten Strömung hat sich eine realistische Strömung entwickelt, die sich im Wesentlichen mit dem geografischen Europa befasst. Ihr erstes oder oberstes Ziel besteht darin, auf dem europäischen Kontinent Frieden zu schaffen. Die unterschiedlichen Standpunkte von Crucé und Sully machen die Gegensätze zwischen den beiden Strömungen deutlich. So bezieht Crucé, dem es um den Weltfrieden geht, nicht nur das ottomanische Reich in sein System ein, sondern räumt dem Sultan in der Protokollordnung sogar den zweiten Platz nach dem Papst und vor dem Kaiser ein. Sully – Minister des französischen Königs Heinrich IV – schließt in seinem Entwurf nicht nur die Türkei aus, sondern möchte die nach diesem Entwurf hergestellte Einheit der Christenheit sogar nutzen, um die Türken unablässig mit Macht zu bekriegen. In diesen gegensätzlichen Konzepten zeichnet sich bereits der Gegensatz ab, der später zwischen den Anhängern eines geografisch definierten Europas und den Verfechtern eines nach machtpolitischen Erwägungen konzipierten Europas hervortreten wird.

Diese Konzentration einiger Verfasser auf den Frieden in Europa als Etappe auf dem Weg zum Weltfrieden ist in den Schriften des neunzehnten und des zwanzigsten Jahrhunderts noch deutlicher zu spüren. Die Lehre aus

Wappenkette des Herolds des Ordens vom Goldenen Vlies, Gold, Körperemail, Grubenschmelz, südliche Niederlande, 1516. Der Ordensherold trägt bei jeder Versammlung des Ordens diese einzigartige Wappenkette, deren einzelne Platten mit einem Wappen eines Ritters vom Goldenen Vlies verziert sind. Der Orden fungiert als Kriegsrat für den Herzog von Burgund. Schatz des Ordens vom Goldenen Vlies, Weltliche Schatzkammer, Kunsthistorisches Museum, Wien.

den europäischen Bruderkriegen führt zur Ablehnung eines globalen Systems, das auf dem Gleichgewicht der Mächte beruht. Die Schriften von Kant und Saint-Simon machen diese Entwicklung sehr deutlich. Für Kant ist die Existenz republikanischer Staatsformen eine der Bedingungen für die Schaffung des ewigen Friedens. Unter republikanischen Staatsformen versteht er politische Systeme, die sich auf eine Verfassung und die Gewaltenteilung stützen. Für Saint-Simon ist der Glaube an die parlamentarische Staatsform einer der Schlüssel zu dem Europa, das er errichten möchte. Ohne eine Wertegemeinschaft könne es keinen dauerhaften Frieden geben. Diese Strömung kommt implizit im Memorandum von Briand zum Ausdruck, als dieser französische Minister sich aufgrund der Schwierigkeiten im Völkerbund veranlasst sieht, für eine engere Zusammenarbeit in Europa einzutreten. Diese ist auch das Ziel der britischen und italienischen Föderalisten. Die Gründerväter werden sie verwirklichen.

Der angestrebte Frieden ist nicht immer der Frieden zwischen den Staaten, sondern auch der innere Frieden, da interne Konflikte zur Einmischung von Drittstaaten in innere Angelegenheiten führen. Daher besteht eines der Ziele Sullys darin, die Religionsfragen auf europäischer Ebene zu lösen, indem in jedem Land eine Staatsreligion festgelegt, jedoch die Möglichkeit von Schiedsverfahren für den Fall interner Konflikte vorgesehen wird. Auch der Hussitenkönig Podebrad strebt mit seinen Entwürfen einen dauerhaften Religionsfrieden an.

Blickt man auf diese Entwicklung zurück, so tritt der Zusammenhang zwischen Frieden und europäischem Aufbauwerk klar hervor. Natürlich werden manche spitzfindig darauf hinweisen, dass der Aufbau Europas nur durch den

Frieden möglich wurde, und nicht umgekehrt. Überlassen wir es den Haarspaltern, das ewige Dilemma vom Ei und der Henne zu lösen. Es lässt sich wohl kaum bestreiten, dass die Einheit der europäischen Völker durch die Solidarität, die allmählich zwischen den Staaten und ihren Völkern entstanden ist, zur Vermeidung von Konflikten in Europa beigetragen hat. Der europäische Frieden ist ein so selbstverständlicher Besitzstand geworden, dass die europäischen Bürger ihn als naturgegeben betrachten und vergessen, dass sie ihn der Europäischen Union zu verdanken haben, obwohl die Tragödien, die sich nach dem Zerfall Jugoslawiens abgespielt haben, sie eigentlich nachdenklicher stimmen sollten. Durch geduldiges Weben solidarischer Beziehungen hat das europäische Aufbauwerk dazu beigetragen, jahrhundertealtes Misstrauen abzubauen. Die Union hat die früheren nationalistischen Konfrontationen durch einen ständigen Dialog ersetzt und den Völkern gemeinsame Ziele vorgeschlagen. Dadurch hat sie das Streben einer langen Reihe von Vordenkern zum Ziel geführt, auch wenn in diesem Bereich nichts als endgültig gesichert betrachtet werden kann.

Handel und Frieden

Die Gründer der Europäischen Union haben zur Schaffung des Friedens nicht den Weg eingeschlagen, der in vielen der in diesem Werk beschriebenen Überlegungen aufgezeigt wird. Im Grunde zeichnen sich zwei Hauptströmungen ab. Für manche ist die Schaffung des Friedens eine Voraussetzung für die Entwicklung von Handelsbeziehungen und den Wohlstand der Europäer. Andere sehen in soliden Handelsbeziehungen eine Garantie für die Erhaltung des Friedens. Die Solidarität, die aus solchen Beziehungen entsteht, soll die Grundlage für einen dauerhaften Frieden bilden. Die Auffassung Montesquieus, die von den Humanisten – vielleicht mit Ausnahme von Rousseau und Kant – weitgehend geteilt

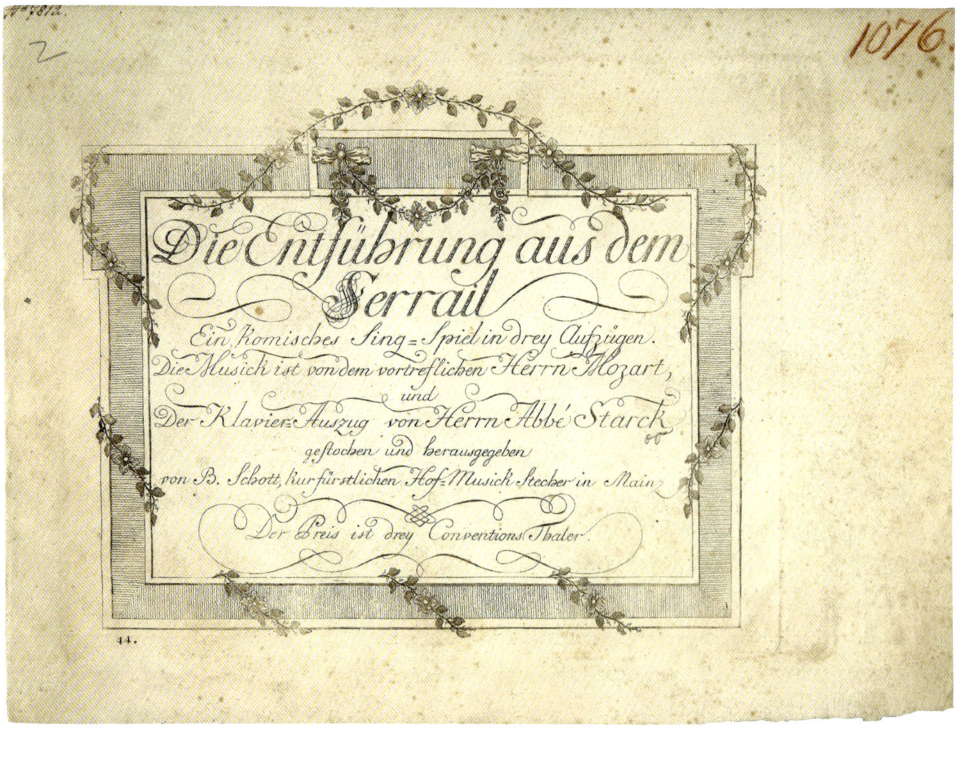

Die Entführung aus dem Serrail, Singspiel komponiert von W.A. Mozart im Jahr 1781, Titelseite.
Die erste große komische Oper in deutscher Sprache. Zwei junge Europäerinnen werden ins osmanische Reich entführt. Die Austreibung der Ängste nach der Belagerung von Wien. Das Gegenstück zum Mythos von der Entführung Europas.
Staatsbibliothek zu Berlin – Preußischer Kulturbesitz.

Kaiser Karl der Große und Kaiser Sigismund, Albrecht Dürer, Öl und Tempera auf Holz, 1512-1513. Das Gebaren und die kaiserlichen Insignien gleichermaßen als Zeichen der Kontinuität. Germanisches Nationalmuseum, Nürnberg.

wird, ist allgemein bekannt. Der Gegensatz zwischen den beiden Konzepten sollte auch nicht überbewertet werden. Denn die Optionen hängen weitgehend von den Zeitumständen ab. In einem instabilen, von anhaltenden Konflikten traumatisierten Europa ist die Erhaltung des Friedens durch eine Schlichtung zwischen den Mächten ein vorrangiges Ziel. Erscheint jedoch der Frieden für einige Zeit gesichert, so ist die Einführung eines dauerhafteren Modells möglich. Die Liberalisierung des Handels, die lange durch nationalen Protektionismus behindert wurde, wird eines der Instrumente für den dauerhaften Wiederaufbau des Kontinents. Nicht ohne Grund wird in Briands Entwurf eine enge Beziehung zwischen der europäischen Sicherheit und der Schaffung eines Pakts für wirtschaftliche Sicherheit hergestellt. Dies ist der Weg, den die Gründerväter eingeschlagen haben, wie in der Präambel des EGKS-Vertrags beschrieben: *„entschlossen, an die Stelle der jahrhundertealten Rivalitäten einen Zusammenschluss ihrer wesentlichen Interessen zu setzen, durch die Errichtung einer wirtschaftlichen Gemeinschaft den ersten Grundstein für eine weitere und vertiefte Gemeinschaft unter Völkern zu legen, die lange Zeit durch blutige Auseinandersetzungen entzweit waren, und die institutionellen Grundlagen zu schaffen, die einem nunmehr allen gemeinsamen Schicksal die Richtung weisen können…"*. Das Scheitern der Europäischen Verteidigungsgemeinschaft und der Erfolg der Europäischen Wirtschaftsgemeinschaft haben bewiesen, wie klug diese Entscheidung war. Die politische Union konnte nur die Krönung eines

Heller von Karl dem Großen, 768/814. KBR, Münzen, Brüssel.

Stapelung, Claus Bury, Holz (Douglasie), 984 x 315 x 402 cm, 1994. Claus Bury konzipiert seine monumentalen Werke für die Räume, die sie ausfüllen sollen. Mit ihren verwirrenden räumlichen Gestaltungen hat die *Stapelung* ihren Standort in einem der verglasten Innenhöfe des EU-Ratsgebäudes, dessen Strukturen den Kontrast zu den abgeschrägten Formen des Werkes bilden – ein Knotenpunkt in dieser zivilen Klausur. Rat der Europäischen Union, Brüssel.

langen Prozesses sein. Die durch die wirtschaftliche Integration geschaffene Solidarität muss stark sein, bevor eine engere Annäherung möglich wird. Die nationalistischen Strömungen können erst dann schwächer werden, wenn Jahre der Öffnung die Möglichkeit einer Koexistenz zwischen einer weiter gehenden Integration und der Erhaltung der nationalen Identitäten unter Beweis gestellt haben. So beseitigt die europäische Integration die Konflikte zwar nicht, bindet sie aber in eine Struktur ein, in der sie erörtert und dank der Solidarität, die auf der Grundlage der wirtschaftlichen Verflechtung allmählich entstanden ist, gelöst werden können. Die Grenze zwischen Politik und Wirtschaft ist übrigens fließend. Im Grunde geht es immer um Politik, aber der Umweg über die Wirtschaft ermöglicht es, die Konflikte auf sachlichere Weise anzugehen.

Diese Lösung hat auch ihre Nachteile. Da die Integration in einem hochtechnischen und für die Öffentlichkeit schwer verständlichen Diskurs erörtert wird, bleibt deren Durchführung den Eliten überlassen. Seit Maastricht tritt jedoch der politische Aspekt wieder stärker in den Vordergrund, weil die Integration ein Niveau erreicht hat, über das man ohne eine direktere demokratische Legitimierung nicht mehr hinauskommen kann. Der erhebliche Machtzuwachs für das Europäische Parlament, die größere Transparenz, die Einführung von Formen der partizipativen Demokratie legen Zeugnis dafür ab, dass diesem Demokratieerfordernis Rechnung getragen wird. Die Referenden

Mars abgewiesen von Minerva, Stich von Augustin Carrache, nach Jacopo Robusti, genannt Tintoretto, undatiert. KBR, Est., Brüssel.

in Frankreich, in den Niederlanden und in Irland haben übrigens gezeigt, dass Europa nicht mehr nur eine Angelegenheit der Regierenden ist; die Bürger haben sich seiner ermächtigt, mit positiven wie auch mit negativen Konsequenzen.

Der Diskurs über die Methode

Eine der unumgänglichen Fragen, mit denen alle unsere Schöpfer von Utopien konfrontiert waren, ist die des Übergangs von der Utopie zur Wirklichkeit. Es ist einfach, seine Gedanken zu Papier zu bringen, sie jedoch Wirklichkeit werden zu lassen, ist schwer. Man begibt sich dann aus der Behaglichkeit der Träume hinaus in die kalte politische Wirklichkeit. Es ist leicht, sich für die Union auszusprechen, jedoch den Weg zu diesem Ziel zu wählen, ist schwer. Auch hier lassen sich vor allem zwei Tendenzen ausmachen: einerseits die Verfechter des „Urknalls" und andererseits die Anhänger eines pragmatischen Vorgehens. Diese Tendenzen gab es schon immer, sie sind jedoch in den Diskussionen auf dem Haager Kongress besonders deutlich geworden. Einige Teilnehmer wünschten die sofortige Annahme einer europäischen Verfassung, während andere sich für ein schrittweises Vorgehen aussprachen.

Für die Anhänger des „Urknalls", die mitunter nach einem der amerikanischen Gründerväter als „Hamiltonianer" bezeichnet werden, muss die Organisation Europas mit einem Schlag auf der Grundlage einer kollektiven Bewusstwerdung ihrer Notwendigkeit geschaffen werden: „Nie wieder Krieg und daher sofortige Annahme einer europäischen Verfassung". Das war die Hoffnung der Verfasser des Manifests von Ventotene. Dieser Weg erfordert die Durchführung eines verfassungsgebenden Prozesses, der zur Errichtung eines europäischen Bundesstaates führen soll. Die andere Tendenz geht davon aus, dass der Bundesstaat nur die Vollendung eines langen Prozesses sein kann, der sich zunächst auf die Schaffung solidarischer Beziehungen in einzelnen Bereichen stützt. Erst müssen die Voraussetzungen für den Wandel geschaffen werden. Schon in seiner Epoche betrachtete Sully den großen Plan, den er gemeinsam mit dem französischen König Heinrich IV verfolgte, als Vollendung einer allmählichen Neuorganisation Europas, die Konfliktquellen beseitigen und ein politisches Gleichgewicht zwischen den Mächten herstellen sollte, durch das Territorialforderungen hinfällig würden. Erst wenn dies erreicht sei, wäre es möglich, die Grundlagen eines neuen Systems zu errichten. Ebenso sieht der Graf von Saint-Simon sehr wohl, dass sein Entwurf einer Neuorganisation der europäischen Gesellschaft durch die Schaffung eines europäischen Parlaments im Europa seiner Epoche keinerlei Erfolgsaussichten hat. Daher schlägt er vor, das System zunächst zwischen Frankreich und England einzuführen, bevor es nach und nach im Zuge der Einführung parlamentarischer Regierungssysteme auf Europa ausgedehnt wird. Sully stellt sich also vor, dass für die Realisierung seines Plans zunächst eine Neuorganisation des Gleichgewichts der Mächte erforderlich ist, während Saint-Simon eine sofortige Umsetzung seines Plans fordert, jedoch in einem geografischen Raum, der schrittweise erweitert werden soll.

Für den Erfolg des Konzepts des „Urknalls" wäre eine so schwere Krise erforderlich, dass alle nationalen Widerstände mit einem Schlag dahinschwinden. Als Beispiel lässt sich das gescheiterte Projekt einer französisch-britischen Union nach der deutschen Invasion in Frankreich von 1940 anführen. Die Hoffnung der

Gerardus Mercator und Judocus Hondius, aus *Gerardi Mercatoris atlas sive Cosmographicae meditationes...*, Amsterdam, 1619, Stich.
KBR, Préc., Brüssel.

Föderalisten, der Zweite Weltkrieg könnte der entscheidende Auslöser sein, hat sich nicht erfüllt. Die nationalen Widerstände und die Feindseligkeit zwischen Frankreich und Deutschland waren noch zu stark. Somit konnte nur das schrittweise Vorgehen, das durch die Schuman-Erklärung eingeleitet wurde, weiterführen. Spätere Versuche sind übrigens gescheitert.

Die Zuständigkeiten der Union

Auch wenn die meisten Autoren die juristische Frage der Zuständigkeiten nicht aufgegriffen haben, so kamen sich doch nicht umhin, Überlegungen darüber anzustellen, womit sich das neue Staatengebilde, das sie schaffen wollen, befassen sollte. Der europäische Zuständigkeitsbereich wird, wie gesagt, dadurch vorgegeben, ob in erster Linie der Frieden angestrebt wird, oder Handel. Im ersteren Fall wird den europäischen Instanzen vor allem die Zuständigkeit für die Regelung von Streitigkeiten zugedacht. Im zweiten Fall hätten sie vor allem die Aufgabe, den zwischenstaatlichen Handel zu regeln. Das eine schließt im Übrigen das andere nicht aus. Im ersteren Fall kann man sich auf die Einsetzung eines Organs beschränken, das eine Schiedsfunktion übernimmt; man kann aber auch darüber hinaus gehen, etwa durch die Schaffung einer europäischen Armee zur Durchsetzung dieser Schiedssprüche oder zur Unterstützung einer gemeinsamen Außenpolitik (Podebrad, Crucé, Sully, Abbé de Saint-Pierre, Einaudi usw.). Im zweiten Fall gibt es Abstufungen, die von der Zusammenarbeit bis zur Übertragung von wirtschaftlichen Zuständigkeiten reichen (Saint-Simon, Briand usw.). Für wieder andere geht es sowohl um wirtschaftliche als auch sicherheitspolitische Zuständigkeiten (Emil Ludwig, Ernst Jünger, die britischen Föderalisten).

Vielmehr als Art und Umfang der Zuständigkeiten, interessieren den heutigen Leser die theoretischen Grundlagen der Zuständigkeiten, eine im ureigensten Sinne verfassungsrechtliche Frage. Während die frühen Autoren dieser Frage kaum Bedeutung beizumessen schienen, mit Ausnahme von Dante, der in seinem Werk „De Monarchia“ auf die Notwendigkeit der Subsidiarität eingeht („Es haben ja Völker, Reiche und Städte trennende Eigentümlichkeiten, denen durch unterschiedene Gesetze ihr Maß zu geben gebührt […]“), werden die Probleme im Zusammenhang mit den Zuständigkeiten von den Autoren des letzten Jahrhunderts sehr genau analysiert. So wird der Grundsatz der Übertragung, wonach die Union nur ihr übertragene Zuständigkeiten ausübt, von mehreren Autoren hervorgehoben. Die Vorstellung, dass sämtliche Zuständigkeiten, die nicht ausdrücklich der Union übertragen werden, bei den Mitgliedstaaten verbleiben (Theorie der begrenzten Ermächtigung), wird sowohl in den Schriften der britischen Föderalisten als auch in dem Verfassungsentwurf von Emil Ludwig aufgegriffen („tout ce qui […] n'est pas désigné comme européen reste national“ [Deutsche Fassung ist bei der redaktionellen Bearbeitung einzufügen.]). Ebenso wurde die Unterscheidung zwischen ausschließlichen und konkurrierenden Zuständigkeiten von den britischen Föderalisten herausgearbeitet und man kann davon ausgehen, dass Altiero Spinelli, der in dem Vertragsentwurf, den er dem Europäischen Parlament zur Annahme vorlegte, eine umfassende Klassifizierung der Zuständigkeiten vorgenommen hatte, sich von diesen Arbeiten leiten ließ, die er sehr genau kannte. Ronald Mackay hat diese Konzepte weiter ausgefeilt und sowohl die Rechtsprechung des Europäischen Gerichthofs als auch die Urheber des Verfassungsprojekts haben sich davon leiten lassen. Es gibt auch zahlreiche Verfechter der Vielfalt nationaler Kulturen, die diese nicht durch eine vollständige Vereinheitlichung ersetzt wis-

Turcici Imperii Imago, aus *Gerardi Mercatoris atlas sive Cosmographicae meditationes…*, von Gerardus Mercator, veröffentlicht in Amsterdam, 1619. KBR, Préc., Brüssel.

sen wollen. So veranschaulicht Ernst Jünger auf bestechende Weise das in der zu Grabe getragenen Verfassung vorgeschlagene Motto: „In Vielfalt geeint": „Das neue Reich muss einig in seinen Gliedern sein, doch unter Achtung ihrer Eigenart. […] Dagegen muss Freiheit walten, wo tieferes Wachstum herrscht. […] Das gilt für ihre Geschichte, ihre Sprache und Rasse, für ihre Sitten, Gebräuche und Gesetze, für ihre Bildung, ihre Kunst und ihre Religion. Hier können nicht zuviel Farben auf der Palette sein." Es sollte eine lange Zeit vergehen, ehe diese Idee der Vielfalt Eingang in die Europäische Union fand. Bei der von den Gründervätern eingeschlagenen Richtung bildete die Wirtschaft das Herzstück des Vorhabens und es war nicht einfach, die engen Bande zwischen Wirtschaft und Kultur auszumachen. Erst durch Erfahrung ist den Staaten bewusst geworden, dass kulturelle Güter und Dienstleistungen auch Wirtschaftsgüter und -dienstleistungen darstellen, auf die die Regeln des Marktes anwendbar sind. Die wirtschaftliche Integration birgt in sich die Gefahr einer kulturellen Vereinheitlichung. Jüngers Warnungen fanden erst mit dem Vertrag von Maastricht ihren Niederschlag im Vertrag.

Die Institutionen

Das Nachdenken über die Institutionen ist allgegenwärtig, auch wenn es stets die vorherrschenden politischen Vorstellungen der Epoche widerspiegelt, in der die Texte verfasst wurden. Denn es besteht eine starke Neigung, die jeweiligen nationalen politischen Institutionen auf den europäischen Rahmen zu übertragen. Die frühesten Autoren schlagen vor, Europa nach dem Vorbild einer ständigen diplomatischen Konferenz zu organisieren. Die Angelegenheiten werden von Bevollmächtigten geregelt. Wirklich neu ist dabei lediglich, dass die Beschlussfassung häufig nach dem Mehrheitsprinzip erfolgen soll. Die Entstehung der ersten parlamentarischen Systeme führt bei Saint-Simon und Hugo zu einer Änderung des Bezugsmodells, das nunmehr dem Vorbild des parlamentarischen Systems folgt, wobei die Ernennung der Abgeordneten allerdings nach dem Zensuswahlrecht erfolgt. Institutionelle Neuerungen gibt es kaum. Selbst der Entwurf von Briand hält am Vorbild des Völkerbundes fest, mit einer Versammlung aller Mitglieder, einem Organ mit begrenzter Mitgliederzahl und einem Sekretariat. Keines der Modelle, die sich an einzelstaatliches Verfassungsrecht oder internationale Organisationen anlehnen, sollte der Wirklichkeit standhalten. Der besondere supranationale Charakter der EGKS sollte sich durchsetzen, wenn auch – in der EWG – in leicht abgeschwächter Form. Die institutionelle Struktur hängt in der Tat stark von den Aufgaben ab, die der neu geschaffenen Organisation übertragen werden, doch das gemeinschaftliche Gefüge, wie wir es heute kennen, ist auch Ausdruck der Besonderheiten der europäischen Integration. Diese beruht auf einer Vertretung der Staaten, einer Vertretung der Völker und auf einer Institution, die im allgemeinen Interesse der Union in ihrem Handeln unabhängig sein soll. Diese Institution, die Kommission, die eine Initiativ- und Verwaltungsfunktion hat, ist die eigentliche Besonderheit des Systems. Wenn die Autoren in der Vergangenheit lediglich die Grundzüge des institutionellen Gefüges umreißen konnten, so liegt dies daran, dass sie gedanklich weitgehend ihren nationalen Modellen verhaftet blieben und die Aspekte, die später die Besonderheit des europäischen Aufbauwerks gegenüber diesen Modellen ausmachen sollten, nicht berücksichtigt werden.

Fazit

Die Beschäftigung mit Schriften früherer Zeiten ist deshalb interessant, weil sich an ihnen die Beständigkeit zeigen lässt, mit der das europäische Ideal über Jahrhunderte hinweg lebendig war. Ob die Triebfeder nun die Sehnsucht nach einer idealisierten Christenheit oder der Wille war, die Herausforderungen der jeweiligen Epoche zu bewältigen, allen ist die Überzeugung gemein, dass die Organisation Europas Voraussetzung für den Frieden ist. Diese Botschaft ist besonders hervorzuheben in einer Zeit, in der – zu Recht oder zu Unrecht – davon ausgegangen wird, dass dieser Frieden von Dauer ist und dass die Tragödien der Vergangenheit sich auf keinen Fall wiederholen werden. Die Diskussion über die Beziehung zwischen Frieden und wirtschaftlicher Einigung war immer prägend für die Diskussion über das europäische Aufbauwerk. Die unterschiedlichen Ansichten darüber, auf welchem Weg sich das angestrebte Ziel am besten erreichen lässt, ob Frieden durch Handel oder Handel zur Konsolidierung des Friedens, haben von jeher die Gemüter bewegt. Aufschlussreicher dürfte aber sein, wie sehr auch die Themen, die uns derzeit besonders beschäftigen, die Aufteilung der Zuständigkeiten, die Subsidiarität oder der Erhalt der nationalen Identität, die Menschen schon immer beschäftigt haben. Es ist leicht, jene Utopisten zu belächeln, die die Wegbereiter der europäischen Einheit waren; aber sie haben erreicht, dass ihre Anliegen über die Jahrhunderte hinweg nicht in Vergessenheit gerieten und die Diskussion darüber ständig fortgesetzt und vertieft wurde. Ohne sie wären die Gründerväter ohne jegliches Rüstzeug aufgebrochen. Dank ihrer konnten auf Fortschritte weitere Fortschritte folgen.

Dante Alighieri

Jiří z Kunštátu a Poděbrad

Émeric Crucé

Maximilien de Sully

Wojciech Bogumił Jastrzębowski

Charles-Irénée Castel de Saint-Pierre

Jakob Heinrich von Lilienfeld

Jeremy Bentham

Immanuel Kant

Claude Henri de Rouvroy, comte de Saint-Simon

Conrad Friedrich von Schmidt-Phiseldek

William Penn

Johann Kaspar Bluntschli

James Lorimer

Richard Nikolaus Graf von Coudenhove-Kalergi

Alexis Leger

Hermann Broch

Philip Kerr, Lord Lothian

Luigi Einaudi

Ronald William Gordon Mackay

Sir William Ivor Jennings

Salvador de Madariaga

Ernst Jünger

Paul-Henri Spaak

Altiero Spinelli

Emil Ludwig

Robert Schuman

Jean Monnet

Dante Alighieri,
La Divina Commedia illumina Firenze,
Domenico da Michelino, 1465, Kathedrale Santa Maria del Fiore.
Museo dell'Opera del Duomo, Florenz.

Dante Alighieri

Dante Alighieri, italienischer Schriftsteller, geboren zwischen dem 18. Mai und 17. Juni 1265 in Florenz, gestorben am 14. September 1321 in Ravenna, gilt als bedeutendster Dichter des europäischen Mittelalters, zugleich prägte er die hochitalienische Sprache wesentlich mit. Er studierte in Bologna Theologie und Philosophie und nahm an den Auseinandersetzungen zwischen kaisertreuen Ghibellinen und papsttreuen Guelfen teil. 1295 wurde er in den „Rat der Hundert" der kaisertreuen „Bianchi" (Familie der Cerchi) von Florenz gewählt. Als die papsttreuen „Neri" (Familie der Donati) 1302 die Macht in der Stadt übernahmen, verurteilten sie Dante zum Tode. Er lebte fortan im Exil in Verona, Lucca und Ravenna, vermutlich auch in Paris, wo er immer wieder auf die Hilfe mächtiger Gönner angewiesen war. Dante begann im Exil mit der Arbeit an der **Göttlichen Komödie**, die er erst in seinem Todesjahr abschloss. Seine politischen Schriften beschäftigen sich außerdem mit der Zerrissenheit Italiens (**Das Gastmahl** 1303-1307) sowie mit der universalen Kaiseridee (Monarchia 1310–1313).

Dante Alighieri

Die Imperiale Majestät Europas

I.
Von der zeitlichen Monarchie

Da unter anderen versteckten und nützlichen Wahrheiten die Erkenntnis der zeitlichen Monarchie am nützlichsten sowie am meisten verborgen ist und da sie, weil von ihr keine unmittelbare Aussicht auf Gewinn zu erwarten ist, von niemandem gewagt worden ist, verfolgt dieses Werk die Absicht, sie aus der Verborgenheit ans Licht zu holen.
(**Monarchia**, Erstes Buch, I)

Die zeitliche Monarchie, welche man Imperium nennt, ist die Herrschaft über alle andern (Regierungen) in der Zeit oder die Herrschaft in allem und über alles, was von der Zeit gemessen wird.
(**Monarchia**, Erstes Buch, II)

II.
Von der Notwendigkeit der zeitlichen Monarchie im Hinblick auf die Obrigkeit

Wenn mehrere auf Eines hin geordnet sind, ist es erforderlich, dass eines von diesen die Vorschriften erlässt oder herrscht, während die andern die Vorschriften empfangen oder beherrscht werden. [...] Wenn wir nämlich einen einzelnen Menschen in Betracht ziehen, dessen Kräfte auf das Glück hin geordnet sind, erlässt seine vernünftige Kraft die Vorschriften und beherrscht alle andern Kräfte, sonst kann er das Glück nicht erreichen. Wenn wir ein einzelnes Haus in Betracht ziehen, dessen Ziel darin besteht, die Hausbewohner auf das gute Leben vorzubereiten, so ist es erforderlich, dass einer die Vorschriften erlässt und herrscht; man nennt ihn den Familienvater oder seinen Stellvertreter; [...]. Wenn wir ein Dorf in Betracht ziehen, dessen Ziel in der angemessenen Hilfeleistung von Personen und Sachen besteht, so muss es jemanden geben, der für die andern die Vorschriften erlässt, mag er von einem andern eingesetzt oder durch die Zustimmung der andern zum Vorsteher ernannt worden sein; [...]. Betrachten wir dagegen eine Stadt, deren Ziel im guten und unabhängigen Leben besteht, so muss es eine einzige Regierung geben; [...]. Wenn wir schließlich ein einzelnes Reich betrachten, dessen Ziel mit demjenigen der Stadt übereinstimmt, aber mit größerer Gewähr seiner Ruhe, ist es erforderlich, dass es einen König gibt, der herrscht und regiert; [...]. Nun steht fest, dass die ganze menschliche Gattung auf Eines hingeordnet ist, wie bereits gezeigt wurde. Wenn es sich also bei diesen und bei allen einzelnen Dingen, die auf Eines hin geordnet sind, auf diese Weise verhält, dann ist wahr, was oben angenommen wurde. Also muss es einen Einzigen geben, der die Vorschriften erlässt oder herrscht. Und dieser muss Monarch oder Kaiser genannt werden.

Incipit des *Convivio*, 1463.
Biblioteca Medicea Laurenziana, Florenz.

La terre et les enfants de Noé, Simon Marmion (zugeschrieben), nach den *Étymologies* von Isidore von Sevilla, aus *La Fleur des Histoires* von Jean Mansel, zwischen 1446 und 1451. Nachdem die Arche gestrandet ist, teilen die drei Söhne Noahs die drei Kontinente, aus denen die Welt besteht, unter sich auf. KBR, Ms, Brüssel.

Und auf diese Weise ist klar, dass für das Wohl der Welt eine Monarchie oder ein Imperium notwendig ist. [...] So wie sich der Teil zum Ganzen verhält, ebenso verhält sich die Ordnung des Teils zur Ordnung des Ganzen. Der Teil verhält sich zum Ganzen wie zu seinem Ziel und zum Besten. Also verhält sich die Ordnung im Teil zur Ordnung im Ganzen wie zum Ziel und zum Besten. Daraus ergibt sich, dass die Güte der Ordnung des Teils jene der Ordnung des Ganzen nicht übersteigt, sondern vielmehr umgekehrt. [...] In solcher Weise müssen alle erwähnten Teile unterhalb der Reiche und die Reiche selbst auf einen einzigen Herrscher oder eine Herrschaft hin geordnet werden, d.h. auf den Monarchen oder die Monarchie.

(**Monarchia**, Erstes Buch, V, VI)

III.
Von der Notwendigkeit der zeitlichen Monarchie im Hinblick auf die Solidarität

Das tiefste Fundament der kaiserlichen Herrschaft ist der Wahrheit entsprechend die Notwendigkeit der menschlichen Gemeinschaft, die auf ein Ziel hin geordnet ist, d.h. auf das glückliche Leben; niemand ist für sich selbst fähig, ohne Hilfe anderer dahin zu gelangen, denn der Mensch hat viele Dinge nötig, denen einer allein nicht Genüge tun kann. [...] Und so wie ein einzelner Mensch für sein Auskommen nach der vertrauten Gemeinschaft der Familie verlangt, so verlangt ein Haus für sein Auskommen nach einer Nachbarschaft: Andernfalls würden viele Mängel bestehen bleiben, die eine Behinderung des Glücks wären. Aber weil eine Nachbarschaft sich selbst nicht in allem genügen kann, muss es für ihr Auskommen die Stadt geben. Weiter braucht die Stadt für ihre Handwerke und für ihre Verteidigung Verbindung und Verbrüderung mit den sie umgebenden Städten; und deshalb wurde das Königreich geschaffen. Da aber der menschliche Geist sich mit einem begrenzten Besitz von Land nicht zufrieden gibt, sondern immer nach dem Ruhm der Eroberung verlangt, wie wir aufgrund der Erfahrung sehen, kommt es zwischen einem Königreich und dem anderen zu Unstimmigkeiten und Kriegen, die für die Städte Not bedeuten, und durch die Städte für die Nachbarschaft und durch die Nachbarschaft für die Häuser und durch die Häuser für den Menschen; und so wird das Glück behindert. Um diese Kriege und ihre Ursachen wegzuschaffen, ist es also notwendig, dass die ganze Erde und alles, was der menschlichen Gattung zum Besitz gegeben ist, eine Monarchie ist, d.h. ein einziger Herrschaftsbereich, und ein einziger Herrscher; [...].

(**Das Gastmahl**, IV. Buch, IV. Kapitel)

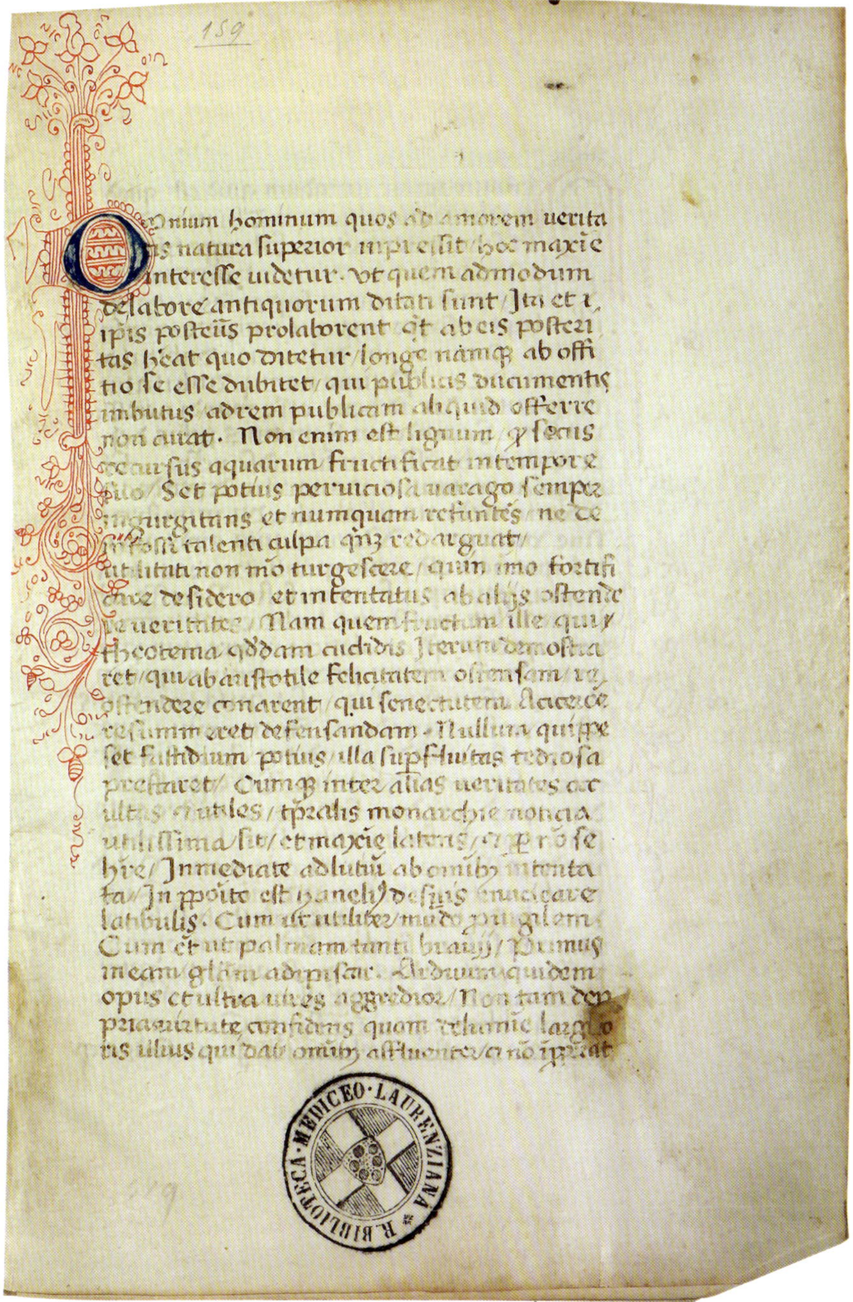

Incipit der *Monarchia*, Ende 14. Jh. Biblioteca Medicea Laurenziana, Florenz.

IV.
Von der Notwendigkeit der zeitlichen Monarchie im Hinblick auf die Justiz

Überall, wo es Streit geben kann, muss es ein Gericht geben, [...]. Zwischen zwei Herrschaften, von denen der eine dem andern in keiner Weise unterworfen ist, kann Streit entstehen entweder durch ihr eigene Schuld oder durch die Schuld der Untertanen, was von selbst klar ist. Also ist ein Gericht erforderlich, das entscheidet. Und da keiner über den andern richten kann, weil der eine dem andern nicht unterworfen ist – denn ein Gleichberechtigter besitzt gegenüber einem Gleichberechtigten keine Befehlsgewalt –, bedarf es eines Dritten mit umfassenderer Rechtsprechung, der im Umkreis seines Rechts beiden übergeordnet ist. Dieser Dritte ist entweder der Monarch oder nicht. Wenn ja, dann ist das Beweisziel erreicht; wenn nicht, dann hat dieser Dritte neuerdings einen ihm Ebenbürtigen außerhalb dem Bereich seiner Rechtsprechung. Dann wäre von neuem ein anderer Dritter vonnöten. Entweder ergibt sich dann ein Regress ins Unendliche, was nicht sein kann; oder man muss zu einem ersten und höchsten Richter gelangen, durch dessen Gericht alle Streitigkeiten entweder unmittelbar oder mittelbar geschlichtet werden. Und dies wird der Monarch oder der Kaiser sein. Die Monarchie ist also notwendig für die Welt.

(**Monarchia**, Erstes Buch, X)

Entführung Europas, aus *Ovide moralisé*. Die vertrauensselige Europa kehrt ihren Spielgefährtinnen den Rücken und ist entschlossen, ihre Zukunft zu akzeptieren. Stadtbibliothek Lyon.

V.
Von den Gewalten des Monarchen

[...], dass die menschliche Gattung hinsichtlich des Gemeinsamen, das alle betrifft, von ihm beherrscht und mittels einer gemeinsamen Vorschrift auf den Frieden hingelenkt wird. Diese Vorschrift oder dieses Gesetz sollen die einzelnen Herrscher von ihm empfangen, so wie der praktische Intellekt für eine praktische Schlussfolgerung vom spekulativen Intellekt einen Obersatz empfängt und zu diesem einen partikulären Satz bildet, der ihm im eigentlichen Sinne zusteht, und daraus im Hinblick auf die Tätigkeit einen besonderen Schlusssatz ableitet.

(**Monarchia**, Erstes Buch, XIV)

Satirische Darstellung der menschlichen Rivalitäten, von Loyset Liédet, in der Adaptierung von David Aubert des *L'Arbre des batailles* von Honoré Bovet, 1461.
Die Engel mischen sich unter die Geistlichen, die weltlichen Machthaber und die einfachen Leute – eine Karikatur des Baums von Jessé.
KBR, Ms, Brüssel.

VI.
Von der Subsidiarität

Deswegen gilt es, sorgfältig zu beachten, dass der Satz „Die menschliche Gattung kann durch einen einzigen Herrscher beherrscht werden“ nicht so zu verstehen ist, als ob die kleinsten Verfügungen eines jeden Städtchens unmittelbar von ihm erlassen werden könnten. Die einzelnen Nationen, Königreiche und Städte besitzen in ihrem Hoheitsgebiet gewisse Besonderheiten, welche es durch verschiedene Gesetze zu regeln gilt. Das Gesetz ist nämlich eine richtungsweisende Vorschrift für das Leben. Die Skythen, welche jenseits des siebten Klimas leben und unter einem großen Unterschied zwischen Tag und Nacht zu leiden haben und von einer geradezu unerträglichen Kälte belästigt werden, brauchen andere Vorschriften als die Garamanten, die unter dem Äquator wohnen und bei denen das Tageslicht ebenso lange dauert wie die Finsternis der Nacht und die sich wegen des Übermaßes an Lufthitze nicht bekleiden können.

(**Monarchia**, Erstes Buch, XIV)

VII.
Von dem Einen und der Eintracht

Es steht also fest, dass alles, was gut ist, dadurch gut ist, weil es im Einen begründet ist. Und da die Eintracht als solche ein gewisses Gut ist, ist es offenkundig, dass sie in einem gewissen Einen wie in ihrer eigentümlichen Wurzel gründet.

(**Monarchia**, Erstes Buch, XV)

Titelseite des ersten Bands der *Chroniques de Hainaut*, Roger van der Weyden (zugeschrieben), Buchmalerei auf Pergament, ca. 1468.
Philipp der Gute, flankiert von den Mitgliedern seiner Regierung zu seiner Rechten, begegnet den hohen Herren seiner Stände, alle untereinander und mit ihm selbst verbunden durch das Band des Goldenen Vlies.
KBR, Ms, Brüssel.

Amadeu Lopes-Sabino

Dante Alighieri und die europäische Monarchie

Der Dichter der *Commedia* (**Die Göttliche Komödie**) ist auch Autor eines anspruchsvollen politischen Werks, das die theoretische und praktische Forderung nach einer universalen Monarchie stellte, einer europäischen Monarchie also, denn die Begriffe universal und europäisch waren bis zur Epoche der großen Entdeckungsreisen synonym. Wie Luís Vaz de Camões noch zweieinhalb Jahrhunderte später in *Os Lusíadas* (**Die Lusiaden**) sagen wird, endete das Land in Portugal, dort wo das Meer begann: Europa war das gesamte Universum, während der Rest der Welt ins Reich der Träume und Alpträume gehörte.

Der in Florenz geborene und aus adligem Haus stammende Dante Alighieri studierte in Bologna Philosophie und Theologie. Er wurde stark von dem Florentiner Philosophen Brunetto Latini und der Thomas-Doktrin geprägt und verkehrte mit zahlreichen Dichtern, darunter Guido Cavalcanti und Cino da Pistoia. Sein eigenes dichterisches Schaffen spiegelt von Anfang an seine umfassende philosophische und moralistische Bildung wider. Beatrice, seine Muse, inspirierte ihn zu Sonetten, die er im *Dolce Stil nuovo* verfasste, bevor er den Sammelband *La Vita Nuova* (**Das erneuerte Leben**) in Angriff nahm, an dem er von 1283 bis 1293 arbeitete.

Florenz wurde damals von heftigen gesellschaftlichen und politischen Erschütterungen heimgesucht. Die Guelfen, Anhänger der Vorherrschaft des Papstes, standen mit den Ghibellinen im Konflikt, die das Heilige Römische Reich unterstützten. Dieses verfügte in dem in Fürstentümer und Republiken unterteilten Italien noch über einige Stützpunkte. Der Konflikt verwandelte sich bald in einen Bürgerkrieg. Dante, ein Anhänger der Guelfen, befand sich 1289 bei der Schlacht von Campaldino, wo die Florentiner gegen die Ghibellinen von Pisa und Arezzo kämpften, auf der Siegerseite. Doch gegen Ende des 13. Jahrhunderts spalteten sich die Guelfen. Die Weißen setzten sich von da an für eine Unabhängigkeitspolitik gegenüber der Vorherrschaft des Papstes wie auch des Kaisers ein. Die Schwarzen verbündeten sich hingegen mit dem Papst, der mit dem Heiligen Römischen Reich im Machtstreit lag. Dante wurde damals zu einem der sechs Richter gewählt, die die Anführer beider Parteien absetzten. 1301 brach er schließlich nach Rom auf, um Bonifatius VIII. zu treffen, der die Schwarzen unterstützte. Der Papst hielt ihn bei sich gefangen, während die Schwarzen in Florenz die Macht an sich rissen. Zwar entging Dante dem Scheiterhaufen, wurde aber zum Exil verurteilt, das er größtenteils in Verona und Paris verbrachte (1307–1309).

1307 veröffentlichte Dante *Il Convivio* (**Das Gastmahl**); darin legt er seine Vorstellung vom Guten (das moralische Gute ist das Ziel allen menschlichen Strebens) und von der Liebe dar (die menschliche Liebe ist eine natürliche Liebe zu Gott, denn der Mensch, der die Schönheit liebt, liebt Gott, ohne ihn zu kennen). Im Anschluss daran beginnt er im toskanischen Dialekt – der *madre lingua*, aus der sich dank seiner das Hochitalienische entwickeln sollte – sein Hauptwerk zu verfassen: die *Commedia*, in der er seine imaginäre Reise durch die Hölle, das Purgatorium und das Paradies mit seinen Begleitern Vergil und Beatrice beschreibt.

In seiner Vorstellung von einem vereinten und befriedeten Europa setzte Dante große Hoffnungen auf den 1310 inthronisierten Kaiser Heinrich VII von Luxemburg. In dieser Zeit verfasste er auch *De Monarchia* (**Monarchia**). Nach dem Tod Heinrichs im

Jahre 1313 zog er sich allmählich aus allen politischen Aktivitäten zurück und widmete sich seinem literarischen Werk. Der Rat von Florenz erlaubte ihm 1316, in seine Heimatstadt zurückzukehren. Doch der Dichter lehnte die ihm auferlegten Bedingungen ab und verbrachte seine letzten Lebensjahre in Ravenna, der Stadt, in der er 1321 starb.

Zu Beginn des 14. Jahrhunderts stellte sich Europa bereits als ein Gebilde dar, das sich aus verschiedenen rivalisierenden und einander bekämpfenden Mächten zusammensetzte. Die zunehmende wirtschaftliche Bedeutung des Bürgertums ging einher mit der Krise der feudalen Beziehungen und der Stärkung der Krone, was in einigen Königreichen – z.B. England, Frankreich, Dänemark, Portugal – die Gründung eines zentralisierten und vom Papsttum unabhängigen Staates ankündigte. Hier und da gelang es den Königen, sich von der Einmischung des Heiligen Stuhls zu befreien. 1296 geriet der König von Frankreich, Philipp IV. – genannt der Schöne – in Konflikt mit Bonifatius VIII. Er sicherte sich die Unterstützung seiner Vasallen, berief 1302 die ersten Generalstände ein und setzte den Pontifex Maximus 1303 in Anagni vorübergehend fest. Schließlich gelang es dem König 1305, einen französischen Papst wählen zu lassen, der den päpstlichen Hof nach Avignon verlegte (1309). Neben den zentralisierten Königreichen, für die Frankreich das vollendete Beispiel liefert, boten vor allem die deutschen und italienischen Stadtstaaten Modelle für einen auf die nähere Umgebung beschränkten Herrschaftsbereich. Die Schweizer Konföderation stellte einen Sonderfall dar: das originäre Modell eines Bundes, der aus unabhängigen Orten bestand. Das ist der Kontext, in dem das Heilige Römische Reich im Namen einer von allen – dem Papst, den Königen und den Republiken – angefochtenen Legitimität überlebte.

Dantes politisches Denken speiste sich aus den Vorstellungen des gemeinen römischen Rechts, wie es von Justinian definiert und ab dem 11. Jahrhundert in den italienischen Städten und vor allem an der Universität Bologna durch Accursius, Bartolo und Baldo ausgearbeitet worden war. Für letzteren stellte der Kaiser einen *Deus in Terra* mit unveräußerlicher Macht dar, sodass die Verletzung der kaiserlichen Macht als Sakrileg bestraft wurde: Das dem römischen Recht unterworfene Reich verfügte somit über einen Universalitätsanspruch, der parallel zur Katholizität (das heißt: zum ökumenischen Charakter) der Kirche bestand. Abgesehen von dem besonderen Status jeder Stadt oder jedes Lehnsherrn wurde das römische Recht, das Recht des Reiches, als das gemeine europäische Recht betrachtet. Die Macht des Reiches erreichte ihren Höhepunkt in der ersten Hälfte des 13. Jahrhunderts unter Friedrich II., der den Papst herausforderte und versuchte, sich als absoluter Schiedsrichter unter den Fürsten und Republiken in ganz Europa durchzusetzen.

Entführung Europas, Liberale da Verona, Öl auf Holz, 1475. Die vier Phasen der Entführung Europas in einer einzigen Szene, vom Spiel mit den jungen Mädchen bis zur Vereinigung mit dem Gott, der seine menschliche Gestalt wieder angenommen hat. Musée du Louvre, Paris.

Mit dem **Gastmahl** und der **Monarchia** legte der Dichter die umfassendste politische Theorie einer universalen Monarchie vor, die bis dato in der mittelalterlichen westlichen Welt niedergeschrieben worden war, einer Monarchie, die als eine den Städten, Nationen, Republiken und Königreichen übergeordnete Macht definiert wird, vom Papst unabhängig ist und über autonome Richter verfügt. So wie die Einzelherrschaft den Frieden in den Gemeinden gewährleistet, kann eine universale Macht den Frieden der Menschheit gewährleisten. Bei den Kämpfen zwischen zwei unabhängigen Fürsten wird eine dritte, übergeordnete und neutrale Macht notwendig, die Gesetze erlässt und sich nach einem allgemein verbindlichen Recht richtet.

Zu dem Zeitpunkt, da Dante schrieb, erhoben sich noch Stimmen, die sich auf die Einheit und Universalität der weltlichen Macht beriefen, doch angesichts der aufkommenden nationalen Monarchien erschienen diese universalistischen Ansprüche immer unzeitgemäßer. Die ersten Rufe nach Einheit und Frieden, die an den europäischen Herrscher gerichtet waren, kamen genau zu dem Zeitpunkt, da der Partikularismus der Nationalstaaten einsetzte. Das Attentat von Anagni war nicht etwa dem Kaiser geschuldet, sondern einem König, der die Souveränität seines Staates stärken wollte. So kam es, dass Dante just in dem Augenblick, da das Reich und das Papsttum allmählich auf ihre universalistischen Ansprüche verzichteten und jene der Staaten immer weiter wuchsen, dazu aufrief, eine im Zerfall begriffene politische Einheit zu wahren.

In diesem Sinne war Dante ein unzeitgemäßer Denker, der seiner Zeit einerseits weit voraus war, andererseits aber auch der Vergangenheit verhaftet war, denn er führte einen paradoxen Kampf um die politische Einheit des Kontinents, wobei er sich vom Modell des alten imperialen Plans von Rom und Karl dem Großen inspirieren ließ. Dabei stellte er im Namen einer bereits verlorenen Sache eine ganze Reihe von Grundsätzen auf, die im Laufe der folgenden Jahrhunderte zentrale Bezugspunkte für eine Reflexion über Europa darstellen sollten. Zu den wichtigsten von ihm entwickelten Vorstellungen zählen wohl die Einsetzung einer höheren Macht, die Stabilität und Frieden garantieren würde, sowie die Bestätigung des abstrakten und unpersönlichen Charakters dieser höchsten politischen Autorität, der Zusammenhalt der untergeordneten Gebilde, aus denen der Gemeinschaftskörper besteht, sowie die Wahrung ihrer Autonomie und Vielfalt durch den zentralen Gesetzgeber.

Auch wenn die von Dante aufgestellten Grundsätze sich von alten, teilweise überwundenen Streitigkeiten herleiteten, haben sie dank ihrer ungewöhnlichen visionären und gedanklichen Kraft heute jene besondere Patina, die zeitlosen Maximen eigen ist.

Der König von Böhmen Jiri Podiebrad.
Aus der *Chronik von Kuthen* – Kuthenova Kronika –,
die die Gründung des Königreichs Böhmen erzählt, veröffentlicht 1539.
Nationalbibliothek der Tschechischen Republik, Abteilung Manuskripte und alte Drucke.

Georg von Podiebrad

Georg von Podiebrad (Jiří z Kunštátu a Poděbrad), böhmischer König, geboren am 23. April 1420 auf Burg Poděbrady/Böhmen, gestorben am 22. März 1471 in Prag; schwor 1461 als erster König dem katholischen Glauben ab. Er war ab 1422 Führer der konservativen Hussiten und Utraquisten, gewann den Bürgerkrieg gegen den katholischen Adel, kontrollierte ab 1448 Teile Böhmens und zog in Prag ein. 1458 wurde er von den böhmischen Ständen zum König gewählt, im gleichen Jahr im Veitsdom gekrönt und von Kaiser Friedrich III. belehnt. Um seine Herrschaft zu stabilisieren, aber auch in Sorge um die osmanische Bedrohung, legte er einen Plan für eine europäische Konföderation vor (Entwurf wahrscheinlich von dem französischen Unternehmer und diplomatischen Berater Antoine Marini). 1466 wurde er vom Papst exkommuniziert. Georg, der lange Zeit entweder als Ketzerkönig oder Friedensfürst beurteilt wurde, starb in unruhigen Kriegsjahren, ohne eine Einigung mit dem Papst erzielt zu haben.

Georg von Podiebrad

Cultus Pacis (1462-64)

Der Entwurf des Georg von Kunštát-Poděbrad, König von Böhmen, für ein *Weltfriedensmanifest*

Aus dem Wunsch heraus, Kriegen, Plünderungen, Unruhen, Verwüstungen und Blutbädern ein Ende zu bereiten, die uns – wie wir schon gesagt haben – leider von allen Seiten umzingeln [...], also aus dem Begehr heraus, dass all diese Missetaten ein Ende finden, bei der Wurzel gepackt und ausgerottet werden, [...] haben wir beschlossen, in folgender Form einen unverbrüchlichen Pakt zu besiegeln, der Einigkeit, Frieden, Brüderlichkeit und Eintracht sichert, zur Gottesehrfurcht, zur Wahrung des Glaubens auf immer und allezeit und für uns, unsere Erben und unsere künftigen Nachfolger.

1. Das Nicht-Angriffs-Prinzip

Bei der Ehre des katholischen Glaubens und bei unserem Königs- und Herrscher-Ehrenwort geben wir die Erklärung und das Versprechen ab, uns von dieser Stunde und diesem Tag an gegenseitig reine, wahre und ehrliche Brüderschaft zu bezeugen und diese zu wahren, nicht gegeneinander die Waffen zu erheben, ganz gleich, was die Natur unserer Streitigkeiten, Auseinandersetzungen oder Klagen sein mag, und niemandem zu erlauben, in unserem Namen zu den Waffen zu greifen, sondern uns vielmehr gegenseitige Unterstützung zu bieten [...]. Wir versprechen, dass keiner von uns versteckte Hilfe oder Rat leisten, noch gegen einen anderen unter uns zum Komplott anstiften wird [...].

Großes Siegel des Königs von Böhmen Jiri Podiebrad, datiert vom 7. März 1461. Original in Wachs, 60 mm, Schriftzug in lateinischer Sprache.
Staatsarchiv, Gubernium Böhmen – Prag.

2. Allgemeine Gerichtsbarkeit

Für den Fall, dass einer oder mehrere Untertanen von einem unter uns Verheerungen, Plünderungen, Raub, Verwüstungen oder irgendeine andere Art von Missetat in einem unserer Königreiche, Fürstentümer oder Gebiete begeht oder begehen, garantieren wir, wie bereits oben erwähnt, dass Frieden und Einigkeit nicht gestört oder angetastet, sondern die Missetäter dazu gezwungen werden, die angerichteten Schäden wieder gutzumachen. Wenn es unmöglich sein sollte, auf gütliche Weise Genugtuung zu erhalten, werden sie durch denjenigen vor Gericht gestellt, in dessen Gerichtsbarkeit die Schuldigen ihren Aufenthaltsort haben oder auf dem Gebiet, wo das Verbrechen festgestellt wurde, sodass der verursachte Schaden von den Schuldigen auf ihre Kosten wieder gutgemacht wird und sie selbst dem Ausmaß des Vergehens entsprechend bestraft werden. [...]

3. Klausel gegenseitiger Unterstützung

Viertens, wenn es sich ereignen sollte, dass einer oder mehrere, die nicht unserem barmherzigen und brüderlichen Konvent angehören, gegen einen von uns Krieg führen oder zu führen sich anschicken, und zwar ohne Belästigung oder Herausforderung von unserer Seite [...], so wird unsere Versammlung, wie weiter unten im Namen aller Unterzeichner des Pakts vorgesehen ist – auch wenn der angegriffene Verbündete uns nicht angerufen hat –, auf gemeinsame Kosten und in aller Form rechtens bestellte Vermittler schicken, mit dem Ziel, die Streitigkeiten beizulegen und den Frieden zu erhalten. [...] Wenn der Angreifer nicht vor Gericht erscheint, und daher Frieden und Einigkeit nicht durch weiter oben erwähnte Mittel wieder hergestellt werden können, werden wir alle ausnahmslos und in Umsetzung einer einstimmig und in völliger Übereinkunft getroffenen Entscheidung unserem Verbündeten zur Hilfe eilen, ganz gleich, ob er angegriffen wird oder sich verteidigt, indem wir ihm das Zehnt der Erträge aus unseren Königreichen zur Verfügung stellen, sowie verhältnismäßig berechnet den Teil an Einkünften, Pfründen und Gewinnen, die von unseren Untertanen jährlich an drei Tagen pro Jahr zum Erhalt ihres Hauses und Haushaltes benötigt werden. Unsere Versammlung oder ihre Mehrheit ermisst Höhe und Dauer der Zahlung und legt sie in angemessener Weise fest, sodass sie der Wiederherstellung des Friedens bei unserem angegriffenen Verbündeten zuträglich ist.

Protestantisches Monster und katholische Geistliche, Hans Jacob Kilchsperger, 1566, Glasmalerei. Schweizerisches Nationalmuseum, Zürich.

4. Mediations- und Einmischungsrecht

Damit die durch Kriege verursachten Streitigkeiten beigelegt werden [...] und für den Fall, dass es Streit oder Krieg zwischen anderen Fürsten oder christlichen Herrschern geben sollte als jenen, die unserer Brüderschaft angehören, wollen und verfügen wir, dass unsere weiter unten erwähnte Versammlung, vertreten durch eine Abordnung, die auf gemeinsame Kosten entsendet wird, zwischen den Gegnern die Eintracht wieder herstellt, wenn möglich auf freundschaftlichem Weg oder auf dem oben genannten gerichtlichen Weg; sollten beiden Parteien – oder eine von ihnen – die Übereinkunft nicht akzeptieren und die Kämpfe und Kriege nicht einstellen, dann soll derjenige, der den Krieg angefangen hat oder ihn nicht einstellen will, durch die im vorangegangenen Absatz beschriebenen Mittel und gesetzlichen Regelungen dazu gezwungen werden.

5. Das Konsistorium: ein Gerichtshof

Da jedoch weder der Dienst am Frieden ohne Gerechtigkeit existieren kann, noch die Gerechtigkeit ohne Frieden [...], wollen wir die Frage der Gerechtigkeit gemeinsam mit der Friedensfrage behandeln; [...].

Angesichts der Bräuche, Sitten und Gewohnheiten unseres Zeitalters und der sehr unterschiedlichen Provinzen, Königreiche und Fürstentümer halten wir es für angemessen, aus der Natur ein neues Recht hervorgehen zu lassen und neue Mittel gegen neue Formen des Missbrauchs anzunehmen [...], so ist als erstes vorgesehen, ein allgemeines Konsistorium einzurichten, das im Namen aller und unserer Versammlung an dem Ort zusammentritt, wo sich auch der vorübergehende Sitz der Versammlung befinden wird. Wie einer Quelle würden diesem Konsistorium allenthalben die Bäche der Gerechtigkeit entspringen. Was die Zahl und Titel der Mitglieder sowie ihre Statuten betrifft, so wird sich der Gerichtshof entsprechend der Schlussfolgerungen und Entscheidungen der weiter unten vorgesehenen Versammlung oder ihrer Mehrheit zusammensetzen.

6. Die gemeinsame Versammlung und der Rat

Damit alles Vorangegangene und noch Folgende im Allgemeinen und im Einzelnen ausgeführt wird, verpflichtet sich jeder von uns [...], seine Stellvertreter in die Stadt Basel im Deutschen Reich zu entsenden, die er unter seinen bemerkenswerten und hoch geschätzten Männern ausgesucht und mit den weitesten Befugnissen ausgestattet und bevollmächtigt haben wird. In den darauf folgenden fünf Jahren werden sie dort ihren dauerhaften Sitz haben und unmittelbar in unserem Namen sowie im Namen der anderen Mitglieder und jener, die es werden können, eine echte Körperschaft, Gemeinschaft und Korporation bilden.

Nach Ablauf der fünf Jahre, während derer die Versammlung ihren Sitz in Basel hatte, wird dieselbe Versammlung für eine Dauer von weiteren fünf Jahren übergangslos und ohne Unterbrechung in der Stadt N. in Frankreich und dann für weitere fünf Jahre in der Stadt N. in Italien ihren Sitz haben; sie wird dieselben Regeln und Klauseln befolgen, die bereits in Basel angewendet und als weise erachtet wurden; sodass sie von Stadt zu Stadt und im Fünf-Jahres-Rhythmus reihum wechselt, bis zu dem Tag, an dem die Versammlung oder ihre Mehrheit zu der Auffassung gelangt, dass andere Regelungen und Bestimmungen angewendet werden sollten.

Die Versammlung als solche wird einen einzigen Rat haben, der nur ihr zu eigen ist, einen einzigen Vorsitzenden, N., der ihr Vater und Oberhaupt ist, während die anderen, die Könige und Herrscher der Christenheit, ihre Mitglieder darstellen werden. Über uns alle, über unsere Untertanen und jene, die in der weiteren Folge aufgenommen werden, wird die genannte Körperschaft sowohl freiwillige als auch streitige Gerichtsbarkeit ausüben, über ein absolutes und ein Mischrecht verfügen, je nach den Bestimmungen, die von derselben Versammlung oder ihrer Mehrheit verordnet oder festgelegt wurden.

Schließlich wird sie noch über ein eigenes Wappen, ein Siegel, einen gemeinsamen Haushalt, ein öffentliches Archiv, einen Syndikus, einen Steuerprokurator und Beamte verfügen sowie über alle anderen Rechte, die in irgendeiner Weise ein recht- und gesetzmäßiges Bündnis betreffen und berühren.

Der Monat Juni aus dem *Stundenbuch von Notre-Dame* (auch *Stundenbuch von Hennessy* genannt), Anfang 16. Jh.
Am Ende des Mittelalters und vor allem zu Friedenszeiten hatte die Ritterschaft wenig Gelegenheit, ihren Mut unter Beweis zu stellen. Das Turnier wurde zur exorzistischen Ritualisierung des Krieges.
KBR, Ms, Brüssel.

Der Prediger Jan Huss und seine häretischen Schriften werden in Konstanz verbrannt, Malerei auf Pergament, Diebold Schilling (zugeschrieben), in *Amtliche Chronik*, 1478-1483. Burgerbibliothek, Bern.

7.

Damit wir die für den Erhalt des Friedens, die Ausübung der richterlichen Gewalt, die Benennung und Entsendung der Stellvertreter und Botschafter und für alle anderen Bedürfnisse unverzichtbaren und nützlichen Ausgaben und Kosten bestreiten können, gibt jeder von uns das Versprechen ab und verpflichtet sich, durch seine eigenen Bevollmächtigten oder in seinem Namen zu einem Zeitpunkt, den die Versammlung oder ihre Mehrheit festgelegt haben wird, wie bereits gesagt den zehnten Teil seines Zehnts sowie der Einkommen und Verdienste von drei Tagen einzunehmen; die Gelder dann unverzüglich und umgehend an das öffentliche Archiv zu schicken und zu transportieren und dem Rat der Versammlung und seinen Kassenverwaltern zur Verfügung zu stellen. Ansonsten sind der Syndikus oder der Steuerprokurator der Versammlung berechtigt und gehalten, den Schuldner vor das Parlament oder den Hof zu zitieren, um die ausstehende Schuld sowie Entschädigungszahlungen nebst Zinsen auf gerichtlichem Wege einzutreiben; darüber hinaus wird er die anderen Mitglieder darüber in Kenntnis setzen und uns dazu auffordern müssen – dem geschworenen Eid entsprechend –, die geschuldete Summe durch militärische Vollstreckung vom Schuldner und seinen Untertanen zu fordern und einzutreiben, Entschädigungszahlungen und Zinsen inbegriffen; diese Gelder werden wie vorgesehen für die Bedürfnisse der Versammlung bereitgestellt.

8.

Und sobald dieser barmherzige und einträchtige Bund beschlossen und gebildet wurde […], versprechen wir, die oben erwähnten Könige und Herrscher, […] den christlichen Glauben zu verteidigen und zu schützen […], wobei wir all unsere Kräfte und Mittel vereinen, die verhältnismäßig festgelegt und bekannt gegeben werden.

9. Das Verfahren der Entscheidungsfindung

Außerdem beschließen und wollen wir, dass in besagter Versammlung eine Stimme dem König von Frankreich gemeinsam mit den anderen Königen und Fürsten Galliens, eine zweite Stimme den Königen und Fürsten Germaniens und eine dritte dem Dogen von Venedig gemeinsam mit den Fürsten und Gemeinden Italiens zusteht. Wenn der König von Kastilien und andere Könige und Fürsten der hispanischen Nation unserem freundschaftlichen und brüderlichen Bündnis beitreten wollen, erhalten sie ebenfalls eine Stimme in unserer Versammlung, Körperschaft und Korporation. Doch für den Fall, dass in irgendeiner Angelegenheit Meinungsverschiedenheiten zwischen den Delegierten der Könige und Fürsten ein und derselben Nation auftauchen sollten, legen wir fest, dass der durch Mehrheitsentscheidung gefundene Standpunkt gilt, so als habe ihn diese Nation einstimmig angenommen; für den Fall eines Stimmengleichgewichts sind die Stimmen der Delegierten, die den von seinen Titeln und Verdiensten her ranghöchsten Herrscher vertreten, ausschlaggebend; die anderen Nationen, die unseren Pakt unterzeichnen, werden zwischen den beiden Parteien wählen.

L'Homme armé, Messbuch von Petrus de la Rue, Buchmalerei auf Pergament, 1493-1500.
Das Thema des Volkslieds *L'Homme armé* dient als melodische Grundlage für ein religiöses Werk.
KBR, Ms, Brüssel.

Petr Blížkovský

Die Friedensunion Eine Initiative des ausgehenden Mittelalters: des böhmischen Königs Georg von Podiebrad und Kunstadt

Auslöser der Idee von der Einigung Europas waren häufig Zeiten der Bedrohung von außen, denen gemeinsam die Stirn geboten werden musste. Die zweite Hälfte des 15. Jahrhunderts war in dieser Hinsicht äußerst ergiebig. Die Eroberung Konstantinopels 1453 bedeutete das Ende eines Reiches, das Europa mehr als tausend Jahre lang geeint hatte. Die rasche Ausbreitung des Islam, auch nach Europa, wurde von den europäischen Herrschern mit höchster Sorge beobachtet. Auch war Europa durch politische Kämpfe im Innern geschwächt und die einigende Rolle des Papsttums sollte mit dem Erstarken der Reformationsbewegung zunehmend an Kraft verlieren.

Vor diesem Hintergrund wurde, 150 Jahre nachdem Pierre du Bois dies in einem anderen Teil Europas versucht hatte, ein neuer Plan zur Einigung Europas entworfen. Dieser neue, in vieler Hinsicht einzigartige Plan trug eine königliche Handschrift, denn sein Verfasser war der König von Böhmen und Mähren, Georg von Podiebrad und Kunstadt (1420 - 1471).

Woher hatte Georg die Idee zu einem solch ehrgeizigen Vorhaben, einen europäischen Bund zu schaffen, dem alle christlichen Staaten angehören sollten?

Georg von Podiebrad war ein Vertreter der religiösen Bewegung der frühen Protestanten, die ihre Wurzeln auch im byzantinischen Einfluss von Kyrill und Methodius sah. Die protestantische Bewegung entstand in Böhmen und Mähren 100 Jahre vor der besser bekannten Reformationsbewegung, die mit dem Namen Martin Luthers verbunden ist. Die Situation, die in dieser Region nach dem Tode von Jan Hus auf dem Scheiterhaufen 1415 und den daran anschließenden Hussitenkriegen entstand, war einzigartig in Europa. Hier lebten Katholiken und Utraquisten, die Erben der Lehre Jan Hus', nebeneinander. Georg, der erste nicht katholische König in Europa, wollte „ein König beider Völker" sein.

Georg stammte aus einem Adelsgeschlecht, das aktiv an der Hussitenbewegung teilgenommen hatte. Bereits mit 14 Jahren kämpfte er in der Schlacht von Lipany, mit der eine Phase der Hussitenbewegung endete. Später wurde er zum führenden Vertreter der gemäßigten Utraquisten, und etablierte, nachdem er mit Hilfe seiner Truppen die Herrschaft über Prag erlangt hatte, seine faktische Oberhoheit über das ganze Land. 1458 wurde er zum König gewählt, nachdem er versprochen hatte, zum Katholizismus überzutreten. Im selben Jahr bestieg Pius II. (Eneas Sylvio Piccolomini), mit dem Georg bereits in seinen früheren politischen

Funktionen Kontakt gehabt hatte und der selbst auch schon einige Gedanken auf die künftige Ordnung Europas verwandt hatte, den Papstthron. Georg erfüllte sein Versprechen des Übertritts zum Katholizismus jedoch nie und bemühte sich stattdessen weiterhin um eine Koexistenz der beiden Glaubensrichtungen. Seine von jeher gespannten Beziehungen zur päpstlichen Kurie brachen endgültig ab, als der Papst ihn gegen Ende seiner Herrschaftszeit 1466 zum Ketzer erklärte.

Georg suchte nach einem Ausweg aus dieser schwierigen internen Lage. Seine Lösung war radikal und sah die Schaffung einer neuen politischen Ordnung in Europa vor, was ihm erlaubt hätte, sein Land aus der politischen Isolation herauszuführen und eine Lösung für die Konflikte um religiöse Fragen zu finden.

Vor dem Hintergrund eines von außen durch den Islam bedrohten und intern durch Streitigkeiten belasteten Europas schlug König Georg die Gründung einer internationalen Organisation der christlichen Staaten in Europa vor. Dieser Vorschlag, dessen Hauptziel die dauerhafte Sicherung des Friedens war, stellte sich weit ehrgeiziger dar als alle seine Vorgänger. Seine Bestimmungen sollten nicht nur für eine friedliche Koexistenz der Staaten innerhalb Europas sorgen, sondern auch den Frieden zwischen Europa und anderen Nationen, insbesondere der islamischen Welt, sichern.

Anders als bei den früheren Vorschlägen von Pierre du Bois, Dante oder anderen lag Georgs Idee nicht mehr die Vorstellung einer universellen Monarchie zugrunde. Vielmehr sollte zum ersten Mal eine europäische Konföderation, eine durch internationalen Vertrag zwischen unabhängigen Staaten geschaffene Rechtspersönlichkeit, den Frieden garantieren. Georgs Vertrag sollte allen christlichen Staaten offen stehen. Er schränkte ausdrücklich die nationale Souveränität der teilnehmenden Staaten ein, beließ ihnen jedoch eine gewisse Autonomie. Weder für den Papst noch für den römischen Kaiser war eine besondere Rolle vorgesehen.

König Georgs Vorschlag, der in Latein abgefasste *„Tractatus pacis toti christianitati fiendae"*, bestand aus einer Präambel und nur 23 Artikeln. Diese waren in bewundernswert klarer Weise formuliert und zuallererst auf Machbarkeit und praktische Durchführbarkeit des Vorschlag ausgerichtet. Viele Bestimmungen des Vertrags nehmen diejenigen vorweg, die im 20. Jahrhundert im Zuge der Ausformung der europäischen Einigung entwickelt wurden.

In formeller Hinsicht sollte die künftige europäische Organisation – die „Union" heißen sollte – den Status einer juristischen Person haben und allen christlichen Staaten offen stehen.

Im Bereich der Außen- und Sicherheitspolitik lag dem Vorschlag das gegenseitige Nichtangriffsprinzip sowie die Solidaritätspflicht im Falle eines Angriffs von außen zugrunde. Ein internationales Schiedsgericht sollte für die Durchsetzung dieser Grundsätze sorgen und wäre sowohl bei Streitigkeiten zwischen Mitgliedstaaten als auch bei Konflikten mit Drittstaaten zuständig. Nach dem Vorschlag würden gemeinsame militärische Interventionen aus einem gemeinsamen Haushalt finanziert und durchgeführt, wenn die Vollversammlung dies einstimmig beschließen sollte. Die Vollversammlung würde außerdem – einstimmig oder durch Mehrheitsbeschluss – entscheiden, wie die gemeinsame

Diplomaten in Unterhandlungen, aus dem *Vertrag gegen die Ansprüche Englands auf die französische Krone – die wahre Chronik Schottlands*, flämischer Meister (Guillaume Vrélant?). KBR, Ms, Brüssel.

Verteidigung, speziell der Oberbefehl, die zeitliche Planung und die begleitenden logistischen Maßnahmen eines Feldzugs zu organisieren seien.

Im Bereich Justiz und Inneres erlegte der Vorschlag den Mitgliedstaaten zwingend auf, in anderen Mitgliedstaaten begangene Rechtsbrüche zu bestrafen. Auch darf ein Verbrecher, der eine Straftat außerhalb seines Heimatlandes begangen hat, in dem Staat bestraft werden, in dem die Tat begangen wurde. Es waren Sanktionen für den Fall vorgesehen, dass die Vertragspflichten nicht eingehalten würden, und ein gemeinsames „Consortium" (Gerichtshof) würde für die Durchsetzung der Bestimmungen sorgen. Der Vorschlag sah schließlich vor, dass die Staaten ihr jeweiliges innerstaatliches Recht auf der Grundlage des Naturrechts reformieren sollten und dass das Strafrecht zu modernisieren sei.

Die Konföderation sollte sich über einen gemeinsamen Haushalt finanzieren. Jeder Mitgliedstaat sollte gemäß bestimmten Regeln und unter Androhung von Sanktionen mit 10 % seiner Einkünfte, einschließlich des Kirchenzehnten, zu diesem Haushalt beitragen.

Die Konföderation sollte nach detaillierten und transparenten institutionellen Vorschriften funktionieren. Das oberste Organ der Konföderation sollte die Vollversammlung sein, deren Beschlüsse bindend für alle Mitgliedstaaten gewesen wären. Ihr sollten Beauftragte der Herrscher angehören, die mit Beschlussfassungskompetenzen ausgestattet worden wären. Der Sitz der Vollversammlung sollte alle fünf Jahre wechseln. Es war geplant, dass sie zum ersten Mal am ersten Sonntag nach dem 24. Februar 1464 in der (damals) deutschen Stadt Basel zusammentreten sollte und in den darauf folgenden Jahrfünften in nicht genannten Städten Frankreichs und Italiens. Die Vollversammlung sollte einen Rat und einen Vorsitzenden haben. Der Name dieses Vorsitzenden sollte noch ausgehandelt werden (wobei vermutet werden kann, dass Georg dabei wohl an den französischen König dachte). Für die Abstimmungen wurde vorgeschlagen, dass Frankreich, Deutschland und Italien – sowie Spanien, falls es entscheiden sollte, beizutreten – die gleiche Anzahl Stimmen hätten. Bei Stimmengleichheit sollten die Stimmen der Staaten den Ausschlag geben, deren Herrscher die anderen „an Verdiensten und Ansehen übertreffen". Sollte auch dies nicht zu einem Ergebnis führen, wäre weiterverhandelt worden.

Eine wesentliche Rolle bei der Ausarbeitung des Projekts spielte Georgs diplomatischer Ratgeber Antoine Marini, ein aus Grenoble stammender Unternehmer. Es war Georg völlig klar, wie schwierig es werden würde, sein Vorhaben durchzusetzen, insbesondere gegen den Widerstand des Papstes und des Kaisers. Er startete daher eine groß angelegte diplomatische Offensive. Er bat einen böhmischen Adligen, Leo von Rosental und Blatnan (Lev z Rožmitálu a Blatné), eine diplomatische Mission durch Europa zu leiten. Diese Mission war zwischen 1462 und 1464 beinahe zwei Jahre unterwegs, um Georgs Plan den Herrschern Europas, Königen, Herzögen, Fürsten, Grafen und Erzbischöfen, vorzulegen. Die Reise begann in Brandenburg, von dort ging es zunächst nach Ansbach (Friedrich II. von Hohenzollern), Köln (Erzbischof Ruprecht Wittelsbach), Aachen und dann weiter über Brüssel (Philipp III. der Gute), Westminster (Eduard IV), Nantes, Anjou, Meung sur Loire (Ludwig XI.) nach Kastilien (Heinrich IV.), Evora (Alfons V. von Portugal), Zaragoza (Johann II. der Große von Aragón), Barcelona, Mailand und Venedig (Doge Cristoforo Moro).

Rom, dem in dem Vorschlag keine entscheidende Rolle zugedacht war, versuchte, das Projekt zu verhindern und brachte es schließlich auch zu Fall. Am Ende musste sich Georg mit einem bilateralen Freundschaftsvertrag mit dem französischen König zufrieden geben.

Damit verschwand der gesamte Plan vom Verhandlungstisch und kam nie zustande. Nichtsdestotrotz regte er eine große Zahl von Nachfolgern zur Nachahmung an. Einige davon, allen voran Georgs Landsmann Comenius, der ihm auch gedanklich nahe stand, strebten sogar noch weiter.

In einem seiner Briefe an Pius II. beschrieb Georg seinen Plan mit Worten, die als Ausdruck der Inspiration betrachtet werden können, die hinter den vielen vergleichbaren Vorschlägen im Laufe der Jahrhunderte stand: *Non armis, sed consilio et prudentia magis*. Ein altes slawisches Sprichwort bringt es noch direkter auf den Punkt: Besser zwei Jahre verhandeln als zwei Wochen Krieg führen.

Émeric Crucé (de la Croix),
von dem kein bekanntes Portrait existiert, war Mönch in einem Kloster
in der Umgebung von Paris.
Rat der Europäischen Union.

Émeric Crucé

Émeric Crucé, französischer Mönch, geboren um 1590, gestorben 1648 in Paris, steht in der Tradition der Humanisten. Er lehrte vermutlich an einem Pariser Kolleg. Über sein Leben ist kaum etwas bekannt. Schon im 18. Jahrhundert wurde seine Person nicht mehr mit seinem Weltfriedensplan - Der Neue Kineas (1623) - in Verbindung gebracht. Dieses von zeitgenössischen Autoren geschätzte Werk geriet in Vergessenheit und fand erst Ende des 19. Jahrhunderts wieder die Beachtung, die es verdient.

Émeric Crucé

Der Neue Kineas

Oder Abhandlung über die Gelegenheiten und Mittel, einen allgemeinen Frieden sowie die Freiheit des Handels auf dem ganzen Erdkreise zu begründen (1623)

[...] Gesetzt den Fall, heute würde der Friede unterzeichnet und vor aller Welt verkündet: Wissen wir, ob die Nachwelt sich an seine Artikel halten wird? Des Menschen Wille ist wandelbar, was die Heutigen tun, gilt nicht für die von morgen. Diesen Einwand zu entkräften, genügt es, sich an das zu erinnern, was wir hinsichtlich der Kriegsmotiva gesagt haben, welche aus den oben dargelegten Gründen sämtlich zu verwerfen sind, sodass es also keinerlei Anlass zu einem Friedensbruche gibt.

Nichtsdestoweniger müsste man, den Misslichkeiten eines solchen Falles vorzubauen, eine Stadt bestimmen, darin alle Herrscher ihre ständigen Botschafter unterhielten, um die möglicherweise auftretenden Zwistigkeiten durch den Urteilsspruch der ganzen Versammlung ins Reine zu bringen. Die Gesandten der interessierten Parteien brächten die Beschwerden ihrer Gebieter vor, während die übrigen Abgeordneten unvoreingenommen darüber entschieden. Um dem

Pascaert van alle Zeecusten van geheel Europa, 1619, Portolan von Cornélis Doets, „caertschrijver", mit Küste des Mittelmeers, Stich von Abraham Goes, Zeichnung auf Kalbsleder. KBR, Karten und Pläne, Brüssel.

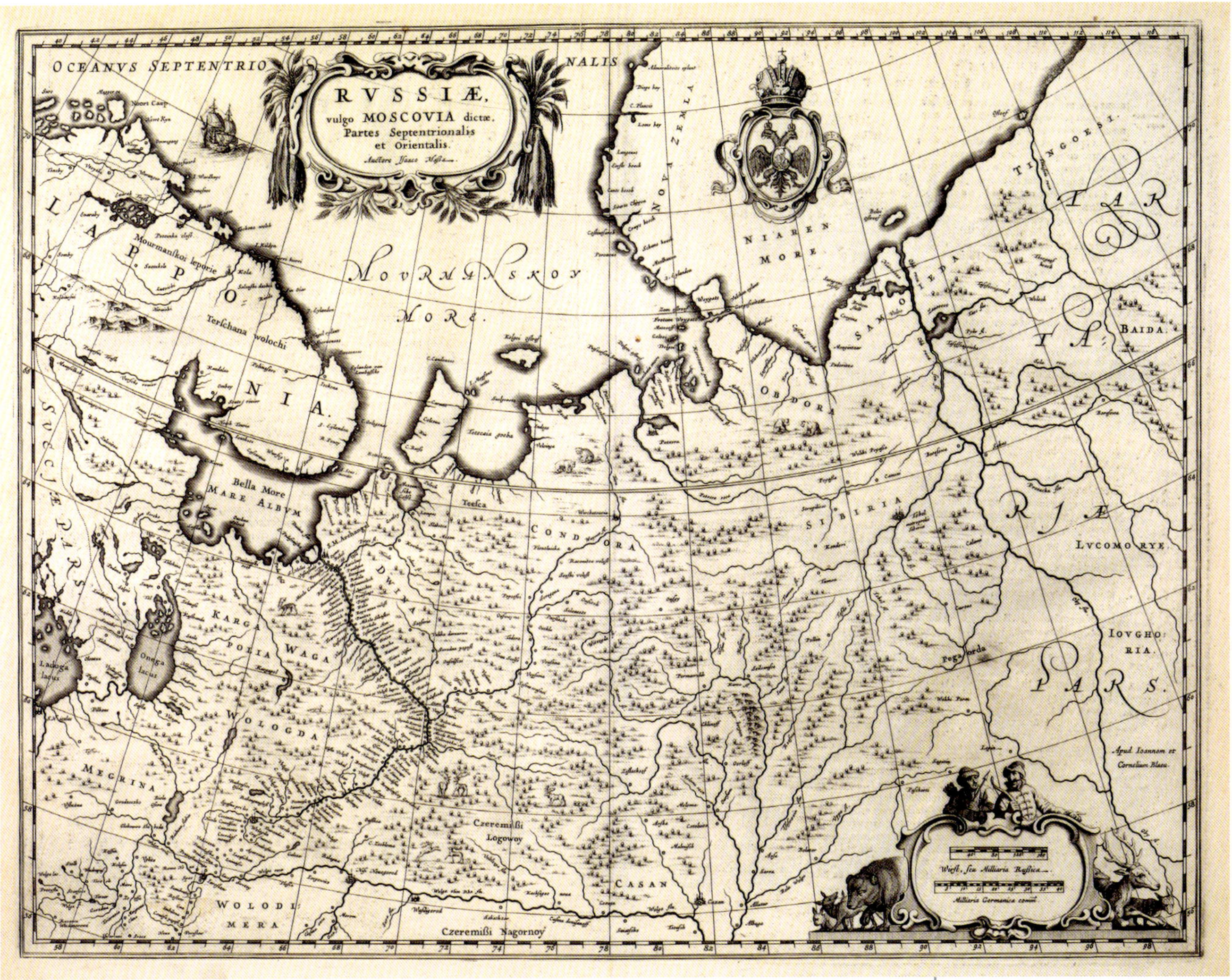

Russiae vulgo Moscovia, aus *Théâtre du Monde ou nouvel atlas contenant les chartes et descriptions de tous les païs de la terre…*, von Guillaume Blaeu, veröffentlicht in Amsterdam, 1645. KBR, Préc., Brüssel.

Entscheid größeres Gewicht zu geben, würde man auch die großen Republiken um ihre Meinung befragen, welche ebenfalls an dem nämlichen Orte ihre Vertreter hätten. Ich sage die großen Republiken, wie die der Venediger und Schweizer, nicht die kleineren, welche aus eigner Kraft gar nicht bestehen können und auf fremde Hülfe angewiesen sind. Handelte einer dem Schiedsspruche eines so erlauchten Gremiums zuwider, so zöge er sich dadurch die Ungnade aller andern Fürsten zu, die gewiss wirksame Mittel fänden, ihn zur Vernunft zu bringen. Der angemessenste Ort für eine solche Versammlung ist wohl das Gebiet von Venedig, insofern dieses nämlich für alle Regenten gleichsam neutraler und unparteiischer Boden ist; außerdem liegt es in der Nähe der bedeutendsten Reiche dieser Erde. […]

Eine größere Schwierigkeit erhebt sich hinsichtlich der Rangordnung, so man besagten Botschaftern geben soll, wird doch einer dem andern nicht gerne Platz machen. […] Ich bin nämlich überzeugt, dass nur wenige dem Papste den Vorrang streitig machen werden, sowohl wegen der Würde, welche die christlichen Regenten ihm zuerkennen, und der Ehrerbietung, so ihm fast alle in geistlichen Dingen bezeigen, als auch aus Achtung vor dem alten Rom, dessen weltlicher Herr er ist. Danach gebührt ihm oder seinem Legaten in allen Versammlungen der erste Platz. Was den zweiten angeht, so finden sich, wenn man den Fürsten die Ehre nach Majestät, Macht und Blüte ihrer Regierung zusprechen muss, diese Merkmale in so hohem Maße bei dem Kaiser der Türken, dass man ihm diesen Sitz nicht weigern kann, besonders da er der Herr von Konstantinopel ist, der Hauptstadt des morgenländischen Reiches, welche in dem gleichen Ansehen wie Rom steht, daher man sie denn auch mit demselben Namen nennet. Danach wird sich der christliche Kaiser, der ihm vielleicht dies Recht würde streitig machen wollen, mit dem dritten Range bescheiden müssen, und zwar ebenso bereitwillig wie die andern Herrscher ihm selber diesen Platz überlassen werden. [...]

Wohl kein Monarch, wer er auch sei, dürfte Schwierigkeiten machen, sich dem Urteile so vieler Regenten zu unterwerfen. [...] Sollten die Meinungen der Versammlung der Fürsten oder ihrer Vertreter sich die Waage halten, wie es vorkommen mag, so könnte man die Abgeordneten der Republiken mit beschließender Stimme hinzuziehen, um durch das Gegengewicht ihrer Stimmen den Streitfall zu beenden. Manche Fürsten dünken sich an Würde, Macht und Besitz ebenbürtig und würden bei solcher Gelegenheit nicht voreinander zurücktreten

wollen. In diesem Falle hielte ich es für gut, wenn man, wie man es mancherorten tut, festsetzte, dass der Ersteintreffende oder der Älteste den Vorsitz führt. [...]

Zu keiner Zeit hat es eine so erlauchte Ratsversammlung, eine so hochschätzbare Zusammenkunft gegeben wie die, davon hier die Rede ist. Die Abgesandten aller Monarchen und souveränen Republiken säßen hier als Bürgen und Wahrer des Weltfriedens. Und um dem Ganzen noch größeres Ansehen zu verleihen, müssten alle Fürsten schwören, das, was in dieser Versammlung durch Stimmenmehrheit beschlossen würde, für unverletzlich Recht zu halten und jeden, der sich etwa widersetzen wollte, mit dem Schwerte zu verfolgen. [...]

Wäre dieserweise der Friede unter den Fürsten gestiftet, so bliebe nur noch die Aufgabe, ihn auch innerhalb der einzelnen Staaten zu wahren. Jeder Herrscher hätte hier das Seinige zu leisten. Es dürfte ihm nicht schwer werden, sich bei seinem Volke Gehorsam zu verschaffen und es im Zaume zu halten. Was nämlich die Machthaber zu falscher Duldsamkeit gegenüber ihren Untertanen zwingt, ist die Furcht, sie möchten sich mit dem Auslande verbinden oder dieses könnte aus der Uneinigkeit zwischen Volk und Fürsten Nutzen ziehen. [...]

Dies ist das Hauptmittel zur Begründung eines allgemeinen Friedens, alle andern hängen davon ab. Hier muss man den Anfang machen. Denn solange die Herrscher für sich leben, ohne gegenseitige Fühlung durch ihre Gesandten, werden sie sich um jeden Preis zu vergrößern trachten und genügend Vorwände finden, übereinander herzufallen. Lassen sie sich aber an ihrem augenblicklichen Besitze genug ein, treten sie, wie sie sollten, mit ihren Ansprüchen vor die Öffentlichkeit und erscheinen in jener Versammlung, deren Mitglieder sie sind, so kann das Glück eines Friedens durch nichts gehindert oder gestört werden. [...]

Danubius, Fluvius Europae Maximus, aus *Théâtre du Monde ou nouvel atlas contenant les chartes et descriptions de tous les païs de la terre...*, von Guillaume Blaeu, veröffentlicht in Amsterdam, 1645. KBR, Préc., Brüssel.

Jean-Paul Jacqué

Pantheon Europa: ein Haus jenseits religiöser Dogmen

Crucé[1] ist der verkannte Autor eines wenig bekannten Werks. Er war vermutlich Mönch, lehrte an einem Pariser Kolleg und gehörte zu den Intellektuellen seiner Zeit, doch sein persönliches Renommee scheint kaum über die Grenzen seines Kollegs hinausgedrungen zu sein. Von seinen Publikationen ist *Der Neue Kineas* das einzige Werk, das einen gewissen Bekanntheitsgrad erlangt hat, weil der Erstveröffentlichung im Jahre 1623 schon im nächsten Jahr eine zweite Auflage folgte. Leibniz nimmt in seinen Betrachtungen zu Abbé de Saint-Pierres Plan eines ewigen Friedens darauf Bezug, ohne jedoch den Namen des Verfassers nennen zu können. Das Werk, soviel ist bekannt, soll in der Bibliothek der Kardinals Richelieu gestanden haben. Die daraufhin für lange Zeit in Vergessenheit geratene Abhandlung *Der Neue Kineas* erhielt erst im 19. Jahrhundert in Ernest Nys, Professor für internationales Recht an der Universität Brüssel, wieder einen Fürsprecher und wurde 1909 von der Carnegie-Stiftung neu aufgelegt. Wohl, weil das Werk genau das traf, was die Zeit beschäftigte: Weltfrieden, kollektive Sicherheit, friedliche Beilegung der Differenzen.

Kineas, der Berater des Pyrrhos, rief den König von Epirus einst dazu auf, die Eroberungskriege einzustellen und stattdessen das Leben zu genießen, da der Krieg ja doch nur geführt werde, um Frieden zu haben, und er nach seinen Eroberungen ohnehin zur Ruhe verdammt sein werde.

Mit seinem Plan verfolgte Crucé vor allem dieses Ziel: einen allgemeinen Frieden zu begründen, der die Hauptvoraussetzung für die Entwicklung des Handels und folglich auch für den Wohlstand der Nationen ist. Das Werk zielte nicht darauf ab, eine neue europäische Organisationsform vorzuschlagen, denn Crucés Plan ist universal angelegt. Während die anderen Vorschläge aus jener Zeit nämlich hauptsächlich anstrebten, die Christenheit zu organisieren und gegen das Osmanische Reich zu einen, teilweise einhergehend mit einer Umgestaltung der europäisch-christlichen Mächteverhältnisse, schlägt Crucé vor, die Osmanen in das Aufbauwerk eines allgemeinen Friedens einzubeziehen. Wie er in Bezug auf die Christen und Muslime schreibt: „Ich stelle diese beiden Völker insofern einander gegenüber, als sie gewissermaßen natürliche Feinde sind und wegen der Unterschiedlichkeit ihrer Religionen fast die ganze Welt in zwei Hälften geteilt haben, sodass es einen großen Fortschritt für den allgemeinen Frieden bedeuten würde, wenn diese sich einigen könnten. Wenn sich der christliche Fürst nämlich in Frieden mit dem Mohammedanerfürst wähnen könnte, würde er sich noch bereitwilliger mit einem Fürsten seiner eigenen Religion verständigen, und wenn der große Herr also mit den Christen übereingekommen wäre, würde er sich dem König Persiens oder der Tartaren umso einfacher anschließen."

1 Crucés Werk *Le nouveau Cynée ou Discours d'Etat représentant les occasions et moyens d'établir une paix générale et liberté du commerce par tout le monde* ist von den Presses universitaires de Rennes in der Collection „textes rares" Rennes, 2004 mit einem sehr interessanten Vorwort von Alain Fenet neu aufgelegt worden. Von demselben Autor stammt die Abhandlung „Emeric Crucé aux origines du pacifisme et de l'internationalisme moderne", Bd.1 Nr.2, Miskolc Journal of International Law, 2004, S. 21-34.

Crucés System beruht also auf der Anerkennung aller Beteiligten des territorialen Status quo und der Gründung einer Instanz, die aus Vertretern aller Monarchien und Republiken bestünde und den Auftrag hätte, durch Schlichtung der Differenzen über die Wahrung des Friedens zu wachen. Er widmete der Zusammensetzung dieser Instanz und dem Protokoll der Zusammenkünfte lange Absätze. Es ist bezeichnend, dass er vorschlägt, erst dem Papst den Vorsitz zu überlassen, dann dem Kaiser der Türken, anschließend dem Deutschen Kaiser, bevor der König von Frankreich und all die anderen Könige an die Reihe kämen. Die Vorrangstellung, die er Rom und Konstantinopel einräumt, zeugt von seinem Willen, einen allgemeinen Frieden zu begründen, der sich auf eine Einigung zwischen den Religionen stützt.

Diese Instanz würde im politischen Sinne des Wortes schlichtend auf Konflikte einwirken, und zwar durch Mehrheitsentscheidungen, deren Ausführung von allen Mitgliedern gewährleistet würde, und, wo erforderlich, zur Not auch mit Gewalt.

So stellt Crucé eher einen Vorreiter des Völkerbundes oder der UNO als der Europäischen Union dar, auch wenn die von ihm wahrgenommene Welt weitestgehend europäisch ist.

Die Hauptpassagen des Neuen Kineas sind kaum von juristischer Strenge geprägt, ganz anders als die Ausführungen von Sully, die sehr viel exakter sind. Der Text dieses Werkes ist fließend, ohne Unterteilungen. Und wie es zu der Zeit üblich war, gibt es darin zahlreiche griechische und lateinische Verweise. Aber wenn man die wesentlichen Passagen herauslöst, sieht man, dass Crucé sowohl die Ziele als auch die Mittel zur Umsetzung seines Plans klar vor Augen hatte.

Serenissimus Princeps die Ascensionis Domini in aurea navi, vulgo Bucintoro... J.-B. Brustolini nach Antonio Canale, undatiert. Venedig, schon immer auf Konstantinopel ausgerichtet, feiert seine Hochzeit mit der Adria. KBR, Est., Brüssel.

Maximilien de Béthune, Herzog von Sully,
anonymer Stich, koloriert, nach einem Gemälde von Du Boys, 1614,
Privatsammlung.

Maximilien de Sully

Maximilien de Béthune, Herzog von Sully, französischer Staatsmann, geboren am 13. Dezember 1560 in Rosny-sur-Seine/Yvelines, gestorben am 22. Dezember 1641 in Villebon/Eure-et-Loire, calvinistisch erzogen, war ein persönlicher Freund von Heinrich von Navarra, dem Führer der Hugenotten und zukünftigen König (Heinrich IV.). Zusammen mit ihm bekämpfte er die katholische Vorherrschaft. Im Jahre 1597 mit den Aufgaben eines königlichen Ministers betraut, sanierte er die zerrütteten Staatsfinanzen mit Reformen in der Steuer- und Zollpolitik. Er förderte Gewerbe, Landwirtschaft und Verkehr sowie die öffentliche Bautätigkeit. Für seine Dienste ernannte ihn der König 1606 zum Herzog von Sully. Nach der Ermordung Heinrichs IV. im Jahre 1610 enthob ihn Königin Maria de'Medici aller Ämter.

Maximilien de Béthune, Herzog von Sully

Der Große Plan (1638)

[...] Nachdem alles, was die Wünsche und Pläne des Königs sowie die Ordnung, Form und Art seiner Vorgehensweise anbelangt, mit der er sie zur Vollendung bringen wollte, zur Genüge dargelegt wurde, bleibt mir nur noch, denen, die es wünschen, recht gut Auskunft über das Gesamtgebilde zu geben und ihnen zu zeigen, dank welcher Mittel, Einrichtungen, Regelungen und Beobachtungen er eine feste und dauerhafte Grundlage für ihren Erhalt schaffen wollte; die wir, um uns kurz zu fassen, in fünf Hauptpunkte zusammenfassen wollen. [...]

Wobei der erste darin bestünde, die Ausdehnung, Gemarkungen und Grenzen, die jeder Herrschaftsbereich haben sollte, genau festzulegen, und seine Natur zu bestimmen.

Der zweite, eine Ordnung zu schaffen, um den Erhalt der verschiedenen Konfessionen zu gewährleisten, auf dass keinerlei Unruhe entstehe.

Der dritte bestünde darin, sieben verschiedene Räte ins Leben zu rufen: einen, der universal wäre, und sechs weitere, die dafür Sorge trügen, dass alle christlichen Machthaber in Freundschaft und gutem Einvernehmen zueinander stünden und alle Streitigkeiten, die zwischen ihnen aufflammten, prompt beigelegt würden.

Der vierte wäre, gute Polizei- und Kriegsordnungen aufzustellen, auf dass die Fortsetzung des ständigen Kampfes gegen die Heiden gesichert und die Kontributionen an Geld, Kriegsleuten, Vasallen, Artillerie, Maschinen, Instrumenten, Munitionen und Lebensmitteln, die jeder Machthaber beizusteuern hätte, bestimmt werde.

Und das fünfte bestünde in dem geeigneten Mittel, um jedwede Unzufriedenheit eines Staates gegenüber einem anderen oder eines Prinzen gegenüber einem anderen zu verhindern und diese universale, rein christliche Republik in einem heiter in sich ruhenden Zustand zu erhalten.

Erster Artikel

Der erste unter ihnen handelt von den fünfzehn verschiedenen Formen der Herrschaftsgewalt [...], [die] wir in drei verschiedene Kategorien einteilen wollen, je nachdem, welche Regierungsformen größere Ähnlichkeit untereinander aufweisen.

Die erste entspricht denen, die zwar Anspruch auf Souveränität haben, diese aber immer nur durch Wahl oder Ernennung erreichen und ihre Autorität nur schwerlich gegen den Willen derer, die sie ernennen, erhalten können, so wie es schon immer für den Papst, den Kaiser und den Herzog von Venedig galt und hernach auch für die Könige von Ungarn, Polen und Böhmen.

Die zweite entspricht denen, die sich als absolute Herrscher in einer Erbmonarchie ansehen, wie die Könige von Frankreich, Spanien, Großbritannien, Dänemark, Schweden und nun auch dieser neue König der Lombardei.

Und die dritte entspricht denen, die, obwohl sie den Anschein eines Volkes geben, doch weiterhin aus mehreren unterschiedlichen Fürstentümern und Landesherrlichkeiten bestehen, die über ihre eigenen Souveränitäten, Herrschaftsformen, Gesetze, Privilegien, Bräuche und Sitten verfügen, wie dies für die Republik Helvetiens gilt, aber nach den Plänen des verstorbenen Königs auch für die Italiener und Belgier zutreffen dürfte. [...]

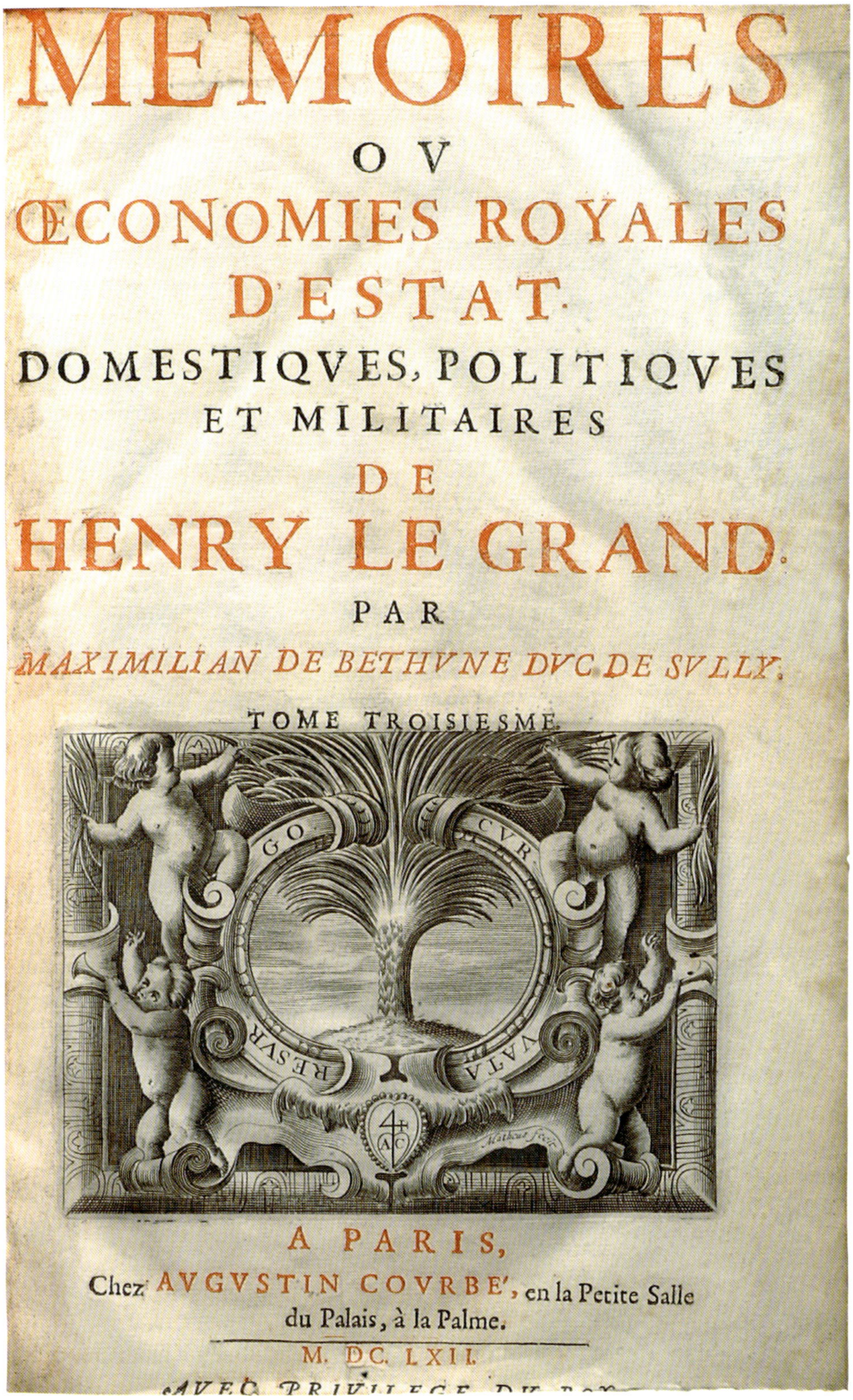
MEMOIRES
OV
ŒCONOMIES ROYALES
D'ESTAT.
DOMESTIQVES, POLITIQVES
ET MILITAIRES
DE
HENRY LE GRAND.
PAR
MAXIMILIAN DE BETHVNE DVC DE SVLLY.
TOME TROISIESME.

A PARIS,
Chez AVGVSTIN COVRBE', en la Petite Salle
du Palais, à la Palme.
M. DC. LXII.
AVEC PRIVILEGE DV

Titelseite der *Mémoires* des Herzogs von Sully, zweite Auflage, überarbeitet und korrigiert von den Sekretären des Herzogs, erschienen 1662 in Paris, mit „Privilège du Roy". KBR, Préc., Brüssel.

Es würde nun notwendig erscheinen, um mit den vorher erwähnten Vorschriften fortzufahren, von den Gemarkungen und Grenzen zu reden, die man jedem der weiter oben genannten souveränen Herrschaftsgebiete zu verleihen gedachte, aus denen diese große, herrliche und in sich stets friedliche rein christliche Republik Europas bestehen sollte; aber angesichts der erforderlichen Berechnungen für die verschiedenen Ausdehnungen der Landesherrschaften, Territorien und Länder, die zu ihnen gehören, und da diese schon eine Art mit dem Stift gezogene Landkarte darstellt, die nicht schwer zu verstehen ist, waren wir der Ansicht, dass dies für den Moment genüge und wir alles Weitere auf später schieben wollten, was die Errichtung von Grenzen zwischen Nachbarn und angrenzenden Gebieten betrifft, zumal diese der Ordnung und den Regeln folgen sollten, die von den Räten eines jeden Gefildes, nachdem diese sich sachkundig gemacht und eine freundschaftliche und gütliche Einigung mit denen gefunden haben, die abweichende Absichten hegen mochten, als angemessen erachtet wurden und von denen hernach die Rede sein wird. Und demgemäß werden wir nicht mehr dazu sagen, sondern mit den sich daraus ergebenden vier weiteren Punkten fortfahren, die auf diesen ersten folgen.

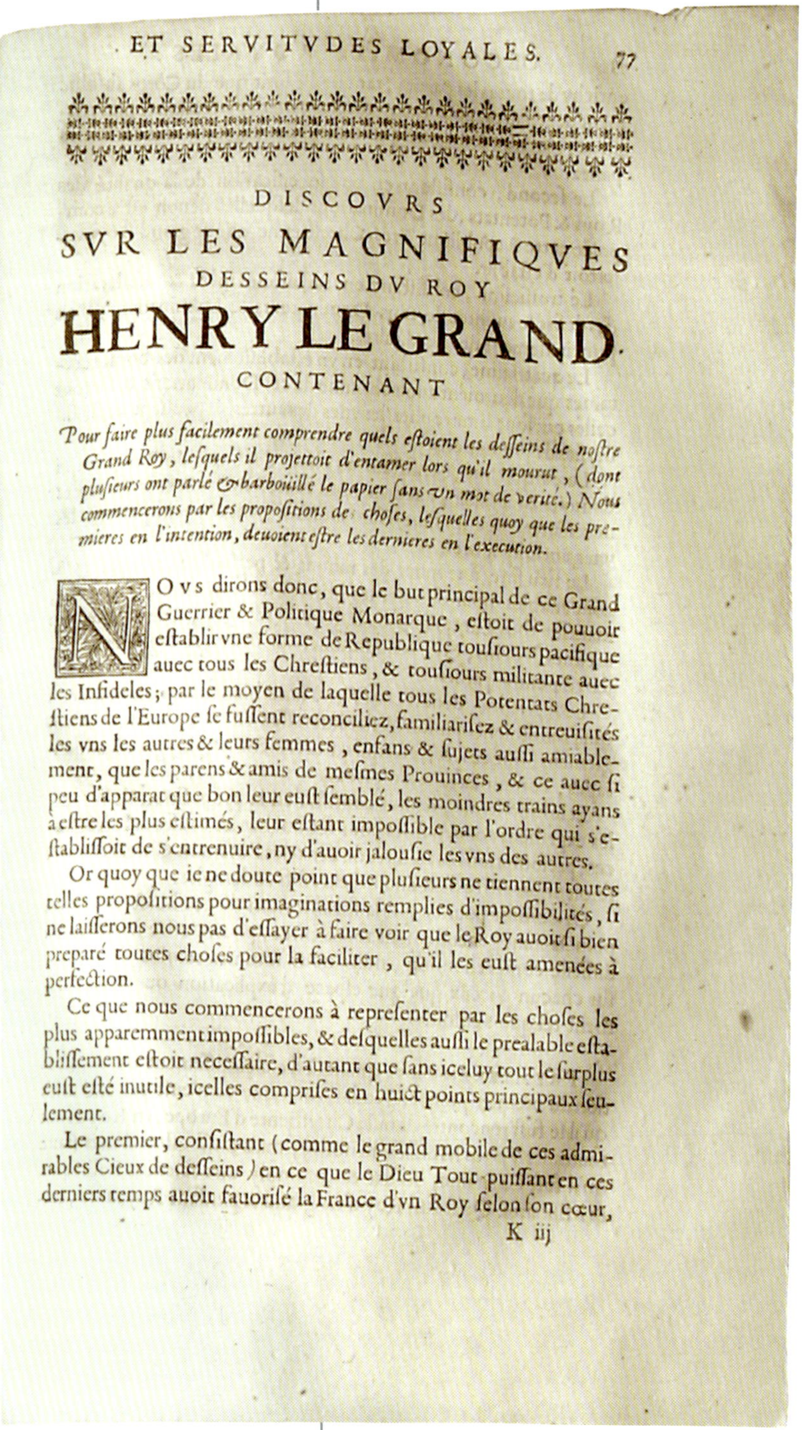

ET SERVITVDES LOYALES. 77

DISCOVRS
SVR LES MAGNIFIQVES
DESSEINS DV ROY
HENRY LE GRAND.
CONTENANT

Pour faire plus facilement comprendre quels eſtoient les deſſeins de noſtre Grand Roy, leſquels il projettoit d'entamer lors qu'il mourut, (dont pluſieurs ont parlé & barboüillé le papier ſans vn mot de verité.) Nous commencerons par les propoſitions de choſes, leſquelles quoy que les premieres en l'intention, deuoient eſtre les dernieres en l'execution.

NOvs dirons donc, que le but principal de ce Grand Guerrier & Politique Monarque, eſtoit de pouuoir eſtablir vne forme de Republique touſiours pacifique auec tous les Chreſtiens, & touſiours militante auec les Infideles; par le moyen de laquelle tous les Potentats Chreſtiens de l'Europe ſe fuſſent reconciliez, familiariſez & entreuiſités les vns les autres & leurs femmes, enfans & ſujets auſſi amiablement, que les parens & amis de meſmes Prouinces, & ce auec ſi peu d'apparat que bon leur euſt ſemblé, les moindres trains ayans à eſtre les plus eſtimés, leur eſtant impoſſible par l'ordre qui s'eſtabliſſoit de s'entrenuire, ny d'auoir jalouſie les vns des autres.

Or quoy que ie ne doute point que pluſieurs ne tiennent toutes telles propoſitions pour imaginations remplies d'impoſſibilités, ſi ne laiſſerons nous pas d'eſſayer à faire voir que le Roy auoit ſi bien preparé toutes choſes pour la faciliter, qu'il les euſt amenées à perfection.

Ce que nous commencerons à repreſenter par les choſes les plus apparemment impoſſibles, & deſquelles auſſi le prealable eſtabliſſement eſtoit neceſſaire, d'autant que ſans iceluy tout le ſurplus euſt eſté inutile, icelles compriſes en huict points principaux ſeulement.

Le premier, conſiſtant (comme le grand mobile de ces admirables Cieux de deſſeins) en ce que le Dieu Tout-puiſſant en ces derniers temps auoit fauoriſé la France d'vn Roy ſelon ſon cœur,

K iij

Discours sur les Magnifiques desseins du Roy Henry le Grand, aus den *Mémoires* des Herzogs von Sully. Im Abschnitt über die königlichen Dienstbarkeiten erläutert Sully die Vorstellungen des Königs „über die manche gesprochen und das Papier voll geschmiert haben ohne ein wahres Wort“. KBR, Préc., Brüssel.

Zweiter Artikel

Was den zweiten Artikel betrifft, der in der Errichtung einer so guten Ordnung hinsichtlich der verschiedenen Konfessionen besteht, dass diese nicht mehr die Ursache von Unruhen und Aufruhr oder Hass und Groll, gefolgt von so mancherlei Erpressungen und Gewalttätigkeiten, sein können, so erscheint es notwendig [...], den Machthabern und Völkern dieser fünfzehn Herrschaftsgebiete begreiflich zu machen, dass es in all ihren Staaten fortan nur noch drei Arten von Konfessionen geben werde, die wahrhaft mächtigen Fortbestand haben werden und deren jeweilige Einpflanzung die Ursache schwerer Unruhen und für die Allgemeinheit schädlichen Aufruhrs sein kann, nämlich die römische, die protestantische und die reformierte. Um die besten Fundamente für steten Frieden unter ihnen zu legen, scheint es angemessen zu sein, alle Herrschaftsgebiete nacheinander zu prüfen, damit nichts Unüberlegtes entschieden wird in Dingen, da es um die Ehre Gottes, die Nächstenliebe und das Heil der Menschen geht. [...]

Dritter Artikel

Was den dritten Punkt anbelangt, der in der Gründung einer gewissen Anzahl von Räten besteht, die so gleichmäßig besetzt, am richtigen Ort eingerichtet und mit starken Befugnissen ausgestattet sind, dass sie in der Lage sein werden, alle Unstimmigkeiten in den Absichten und Meinungsverschiedenheiten zwischen den großen Machthabern und Völkern, aus denen diese universale, rein christliche Republik besteht, beizulegen;

so werden wir einige Entwürfe für diese Räte unterbreiten, damit jeder Verbesserungsvorschläge beisteuern und sie auf diese Weise mit Beispielen stärken kann [...], und so werden wir [...] die Gründung von sieben Räten vorschlagen [...], nämlich einen allgemeinen für alle ihm Verbündeten im Allgemeinen, und sechs einzelne für sechs einzelne Herrschaftsgebiete. Der allgemeine Rat wird von den allgemeinen Vorschlägen, den eingeworfenen Anrufungen, den einzelnen Räten und allen Plänen, Kriegen und Angelegenheiten, die die rein christliche Republik betreffen, Kenntnis nehmen; im Hinblick auf die größte Annehmlichkeit aller schien es angebracht, ihm seinen Sitz in den Städten zu geben, die am weitesten in der Mitte Europas liegen, ihrer fünfzehn an der Zahl, damit jedes Jahr eine andere der fünfzehn Mächte eine ihrer Städte ernannt sähe, nämlich: Metz, Luxemburg, Nancy, Köln, Mainz, Trier, Frankfurt, Würzburg, Heidelberg, Speyer, Worms, Straßburg, Basel und Besançon; er wird aus vierzig höchst qualifizierten und vor allem gut beratenen Personen bestehen, von denen der Papst, der Kaiser, die Könige Frankreichs, Spaniens, und Großbritanniens jeweils vier auswählen werden, während die sechs anderen Räte wie folgt wären:

Heliogravüre nach einem Kupferstich von Albrecht Dürer, 1513, *Lippmann Kupferstiche und Holzschnitte alter Meister in Nachbildungen.* Berlin, 1889. KBR, Est., Brüssel.

Der erste befände sich in der Stadt Danzig und wäre für die Angelegenheiten der Königreiche von Dänemark, Norwegen, Schweden, Polen und anderen Provinzen des Nord-Ostens zuständig.

Ferner sollte sich der zweite der sechs Räte in der Stadt von Nürnberg befinden, für das ganze Römische Reich, den Kaiser, die Fürsten, Städte, Staaten und Gemeinden Germaniens.

Der dritte Einzelrat sollte sodann in Wien ansässig sein, zuständig für die Angelegenheiten Böhmens, Mährens, Schlesiens, der Lausitz, Ungarns und der neuen Österreich zugeordneten Gebiete, der Steiermark, Kärntens, der Krain, Transsylvaniens und der anderen, die in seinem Herrschaftsbereich liegen.

Ferner sollte ein vierter Rat in Boulogne-la-Grasse liegen und für die Staaten und Landesherrlichkeiten des Papstes, Venetiens, Candias, Maltas, Siziliens, Neapels, Luccas und Florenz' zuständig sein.

Alsdann sollte der fünfte Rat in Konstanz angesiedelt sein, um den Angelegenheiten der Lombardei, Mantuas, Montferrats, des Piemonts, der Savoyen, Tirols, der Schweizer, Graubündens, der Walliser und all ihrer Verbündeten dienlich zu sein.

Sodann wäre der sechste und letzte Rat den Angelegenheiten der Könige von Frankreich, Spanien und Großbritannien sowie der siebzehn Provinzen der Niederlande und ihrer abhängigen Gebiete vorbehalten; ihnen gemeinsam obläge die Wahl seines Sitzes, seiner Dauer und der darin verhandelten Angelegenheiten; ohne deswegen einem von ihnen die oben genannte Regelung als Gesetz vorzuschreiben oder

Ita inclytam Christianorum ductu Ioannes Austriaci, potentissimique Hispaniarum Regis Philippi II… Die Schlacht von Lepanto, Lambert Cornelli nach J. Stradan, 1590.
Die legendäre Unbesiegbarkeit des osmanischen Reiches ist nicht mehr. Die Bedeutung dessen wurde im Okzident nur langsam erkannt.
KBR, Est., Brüssel.

irgendjemandem die Freiheit zu rauben, Veränderungen oder Vermittlungen und Vergleiche zu verlangen, denn je nach Dauer und Dringlichkeit der Angelegenheiten wird jeder darum ersuchen können, schließlich ist das Ganze nur ein Entwurf.

Vierter Artikel

Was den vierten Punkt anbelangt, der in der Bildung von einer oder mehreren Armeen besteht, um die Türken mächtig und beständig zu bekämpfen, so scheint es geboten, diesen Absatz mit einer kurzen Wiederholung dessen zu beginnen, was an anderer Stelle ausführlicher behandelt wurde, auf dass das Gesamtgebilde leichter durchschaubar werde; dass nämlich alle fünfzehn zuvor genannten Herrscher im Allgemeinen wie im Einzelnen bezeugt haben, dass sie allesamt ihrem Recht entsprechend den Zueignungen der Landesherrlichkeit, die geschaffen wurden, um die rein christliche Republik zusammenzusetzen, und den Gemarkungen und Grenzen, mit denen ihre Staaten versehen wurden, beistimmen und damit sehr zufrieden sind; so verkündeten sie auch durch authentische Urkunden und leisteten den feierlichen Eid, in Zukunft keine entgegengesetzten Wünsche oder Absichten zu hegen, und wenn einer im weiteren Verlauf dabei ertappt würde, seinen Eid brechen zu wollen, so würden sich die Waffen und Mächte aller anderen zu einem vereinen, um ihn wieder zur Vernunft zu bringen; die Erfahrung hat zur Genüge gezeigt, dass ein zu großes Herrschaftsgebiet unter mehreren kleineren nicht ohne ungezügelte Gier und ohne die Angst der anderen vor Unterdrückung einhergeht.

Und um schließlich alle wissen zu lassen, dass es in der Zukunft ein gutes und vollkommenes Bündnis geben könnte, bzw. schon immer gegeben hatte, sowie ein kluges und rechtmäßiges Einvernehmen zwischen allen Machthabern der Christenheit Europas, und dass sie den festen Entschluss gefasst hätten, untereinander nie wieder Fehde, Zwist, Streit noch Zank zu haben, so war es notwendig erschienen, eine solche Ordnung in ihren gemeinsamen Angelegenheiten zu errichten, damit sie ständig Krieg gegen die Heiden führen könnten, den sie in der Tat auch geführt hatten, um auf diese Weise ihre Staaten von ihren üblen Launen zu befreien, und zwar durch die Bildung großer gemeinsamer Armeen, die von jedem Machthaber unterhalten werden müssten und nicht nur in der Lage wären, die Ausdehnung der Christenheit zu verteidigen, sondern sie auch noch auszuweiten, ganz wie wir geplant hatten und entsprechend der Möglichkeiten jedes Königs oder Fürsten. [...]

Fünfter Artikel

Was den fünften Punkt anbelangt, so besteht er aus dem Vorschlag von verschiedenen Mitteln, um allen Neid, Streit und alle Unzufriedenheit der Fürsten, Völker, Staaten und Nationen untereinander zu verhindern, wobei das wichtigste unter ihnen darin bestünde, Regelungen zu finden, um unter den Konfessionen Toleranz herrschen zu lassen; und andere, um die Grenzen der Herrschaftsgebiete festzulegen; weitere, um die Gründung verschiedener Räte durchzusetzen, die eine Obmann-Rolle spielen würden; und weitere, um ein Gleichgewicht zur Ausdehnung, Macht und Autorität der Erbmonarchien zu schaffen, damit sie keine verderblichen Wünsche hegen noch schädliche Ängste hervorrufen können. Nach all den Dingen, die fast alle in verschiedenen Absätzen behandelt wurden, bliebe nur noch eine Regelung einzuführen, um den Fortbestand dieser Dinge in der Zukunft zu gewährleisten, aber diese Regelungen dürften nur in einer allgemeinen Versammlung der fünfzehn Verbündeten der rein christlichen Republik vorgeschlagen, verhandelt und beschlossen werden; mehr wollen wir dazu nicht sagen.

Jean-Paul Jacqué

Tagespolitik als Einigungsstrategie

In seinen nach dem Tode Heinrichs IV. verfassten Memoiren legte Sully den „großen Plan" des verstorbenen Königs dar. Der Text sollte über Konversationen zwischen dem König und seinem Minister berichten, aber es ist recht schwierig auszumachen, welchen Anteil die jeweiligen Gesprächspartner daran hatten. Sully zufolge seien die Memoiren auf Wunsch des Königs verfasst worden, um seine Vorhaben und Pläne festzuhalten. Zugleich hat Sully sie mehrmals überarbeitet, wobei deutlich zu erkennen ist, dass das Reflexionsniveau der Texte zunimmt und die Einflüsse anderer Autoren wie Emeric de Crucé stärker werden. Die endgültige Fassung des „großen Plans" wird in Sullys Memoiren eingefügt.

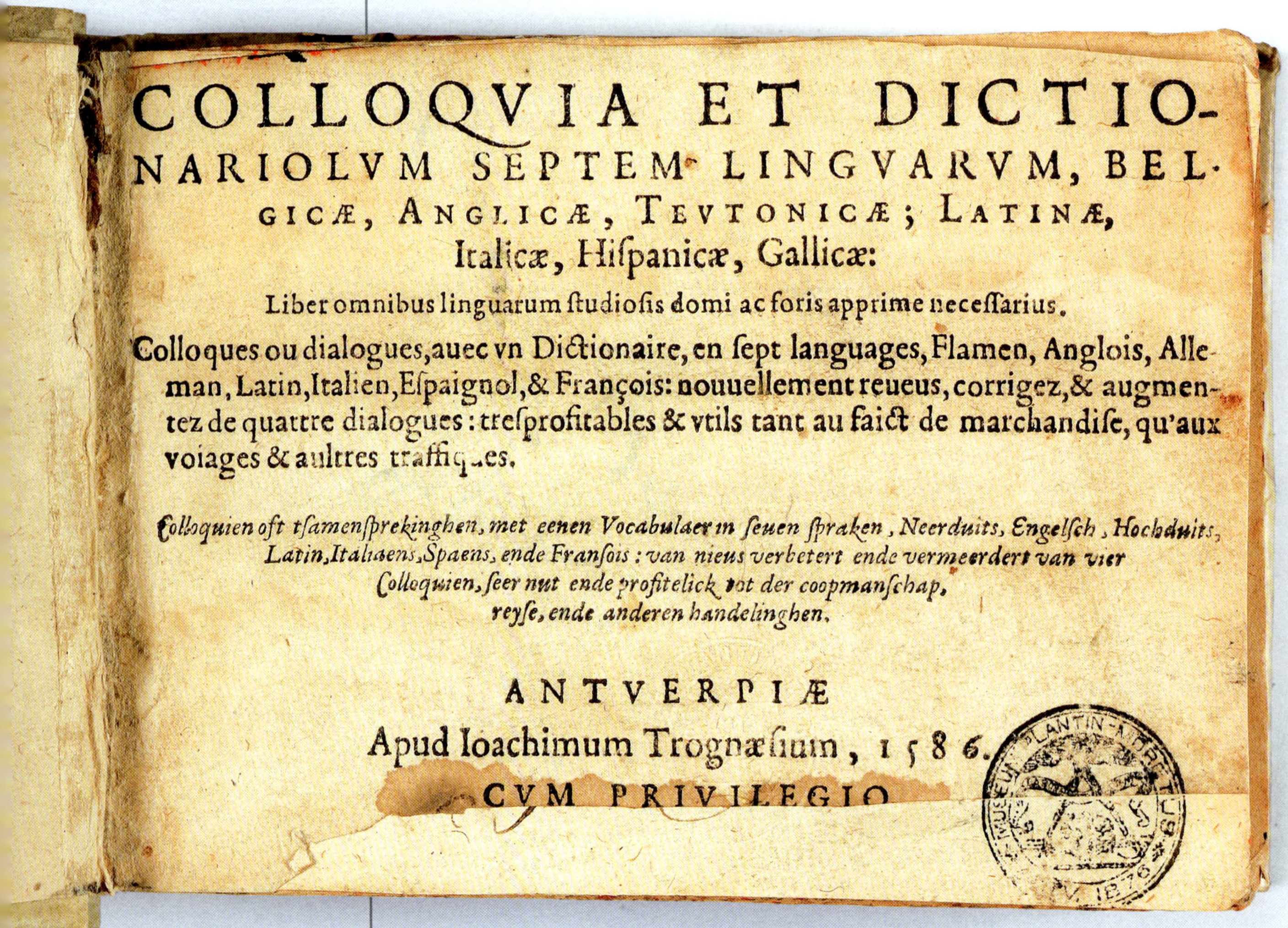
COLLOQVIA ET DICTIONARIOLVM SEPTEM LINGVARVM, BELGICÆ, ANGLICÆ, TEVTONICÆ; LATINÆ, Italicæ, Hiſpanicæ, Gallicæ:

Liber omnibus linguarum ſtudioſis domi ac foris apprime neceſſarius.

Colloques ou dialogues, auec vn Dictionaire, en ſept languages, Flamen, Anglois, Alleman, Latin, Italien, Eſpaignol, & François: nouuellement reueus, corrigez, & augmentez de quattre dialogues: treſprofitables & vtils tant au faict de marchandiſe, qu'aux voiages & aultres traffiques.

Colloquien oft tſamenſprekinghen, met eenen Vocabulaer in ſeuen ſpraken, Neerduits, Engelſch, Hochduits, Latin, Italiaens, Spaens, ende Franſois: van nieus verbetert ende vermeerdert van vier Colloquien, ſeer nut ende profitelick tot der coopmanſchap, reyſe, ende anderen handelinghen.

ANTVERPIÆ

Apud Ioachimum Trognæſium, 1586.

CVM PRIVILEGIO

Colloquia et Dictionariolum Septem Linguarum ... *Colloques ou dialogues, avec un dictionnaire, en sept languages, Flamen (sic), Anglois, Alleman, Latin, Italien, Espaignol, & François ... : tres profitables & utils tant au faict de marchandise, qu'aux voiages & aultres traffiques,* herausgegeben von Joachim Trognesius, Antwerpen, 1586. Museum Plantin-Moretus, Antwerpen.

Seine Reflexionen spiegeln die Situation seines Zeitalters wider, das nach den Religionskriegen von der tiefen Spaltung des Christentums und der Bedrohung durch das Osmanische Reich geprägt ist. Ziel des „großen Plans“ ist die Wiederherstellung des inneren Friedens und die Bekämpfung der äußeren Bedrohung. Zu diesem Zwecke soll eine christliche Republik errichtet werden: die Christliche Weltrepublik Europas.

Der universale Anspruch des „großen Plans“ muss jedoch für Sully den tagespolitischen Gegebenheiten Rechnung tragen. Und folgerichtig bleibt das Osmanische Reich aus seinem Plan ausgeschlossen. Erstaunlicher mag es da schon erscheinen, dass Russland dasselbe Schicksal erleidet. Dabei sind die Gründe, die Sully für diesen Ausschluss nennt, sehr interessant. Das russische Territorium reicht weit nach Asien hinein. Es ist mit der Türkei, den Persern und Tartaren benachbart und befindet sich oft im kriegerischen Konflikt mit ihnen. Nähme die Christliche Republik Russland in ihren Bund auf, bedeutete das – denn die Mitglieder sind zu gegenseitiger Unterstützung verpflichtet –, immer wieder in die zahlreichen Konflikte mit diesen Nachbarstaaten verwickelt zu werden. Außerdem erschwerten die kulturellen und religiösen Unterschiede jede Art von Bündnis, weil sich die orthodoxe Religion zu sehr von den anderen christlichen Konfessionen unterscheide und den in Ländern wie Griechenland und Armenien praktizierten Konfessionen zu verwandt ist. Staaten, die wiederum unter der Herrschaft des Osmanischen Reiches stehen.

Nachdem Sully die Christliche Republik in groben Zügen außenpolitisch skizziert hat, widmet er sich dem Versuch, die Glaubensfrage im Inneren zu klären. In seinen Augen sollten nur drei Konfessionen anerkannt werden: die katholische, die lutherische und die calvinistische. Entsprechend der Anwendung des Grundsatzes *ejus regio cujus religio* sollte jeder Staat die Religion(en) frei bestimmen können, die er auf seinem Territorium anerkennen will. Wer sich der Wahl des Fürsten nicht beugt, muss das Land verlassen. Natürlich begreift Sully, dass in einigen Staaten die Abwendung von der offiziellen Religion zu einem großen Problem werden könnte. Schließlich hat er viele Jahre fanatischen Glaubenskrieg in Frankreich an der Seite Heinrichs von Navarra und mit ihm als König Heinrich IV. kennen gelernt. Daher werden diese zukünftigen Konflikte nicht ganz überraschend aus der nationalen Zuständigkeit in die Zuständigkeit des Generalrats der Republik delegiert.

Sobald der religiöse Friede im Inneren überall durchgesetzt worden wäre, bliebe die einzige Aufgabe übrig, den Frieden zwischen den Staaten der Republik zu wahren. Dieser könne nur dauerhaft begründet werden, wenn zwischen den Mächten ein Gleichgewicht der Kräfte hergestellt sein würde. Die Umsetzung des „großen Plans“ beruht daher auf einer territorialen Neueinteilung Europas, aus der fünfzehn Mächte von vergleichbarem Gewicht hervorgehen. Der universalen Idee einer vom Papst und dem Kaiser geführten Christenheit setzt Sully damit die Idee einer föderalen Republik entgegen, die aus gleich starken Staaten besteht. Mit diesen Überlegungen – darauf soll noch einmal verwiesen werden – entwickelte Sully allerdings nicht ein staatstheoretisches Ideal. Vielmehr verfolgte sein Plan in erster Linie die Schwächung des Heiligen Römischen Reiches Deutscher Nation, des Hauptrivalen Frankreichs. Als Heinrich IV. 1610 einem Attentat zum Opfer fiel, war er in Rüstungen begriffen, um in den Jülich-Clevischen Erbfolgestreit auf Seiten der Reformierten, also gegen den Kaiser, einzugreifen. Europa, wie Heinrich IV. und Sully es sahen, bestünde also aus fünfzehn etwa gleich starken Mächten. Sechs davon würden durch Wahl bestimmt: der Papst mit den Pontifikalstaaten, dazu das dem Hause Österreich entrissene Königreich von Neapel, das auf Deutschland und Österreich beschränkte Reich, Ungarn, Polen, das von Österreich losgelöste Böhmen und Venedig.

Sechs davon wären erblich: Frankreich, Spanien, Großbritannien, Dänemark, Schweden und Norwegen (die Sully zusammenfasst) und schließlich die Lombardei, ein noch zu schaffendes Königreich. Drei Republiken vervollständigen die Liste der Mächte: die Helvetische Republik, die Italienische Republik, mit Ausnahme der Pontifikalstaaten, Venedigs und der Lombardei, die Belgische Republik samt der Provinzen der Niederlande, die vom Hause Habsburg losgelöst würden. Dieses neu zusammengesetzte Gebilde wäre somit in der Lage, den Frieden aufrechtzuerhalten, weil niemand mehr territoriale Ansprüche erheben könnte.

Auf dieser Grundlage schlägt er nun außerdem einen institutionellen Mechanismus vor, der diesen europäischen Frieden erhalten und die Republik gegen das Osmanische Reich verteidigen soll. Dieser Mechanismus bestünde aus

Colloquia et Dictionariolum Septem Linguarum ..
Detailansicht.
Museum Plantin-Moretus,
Antwerpen.

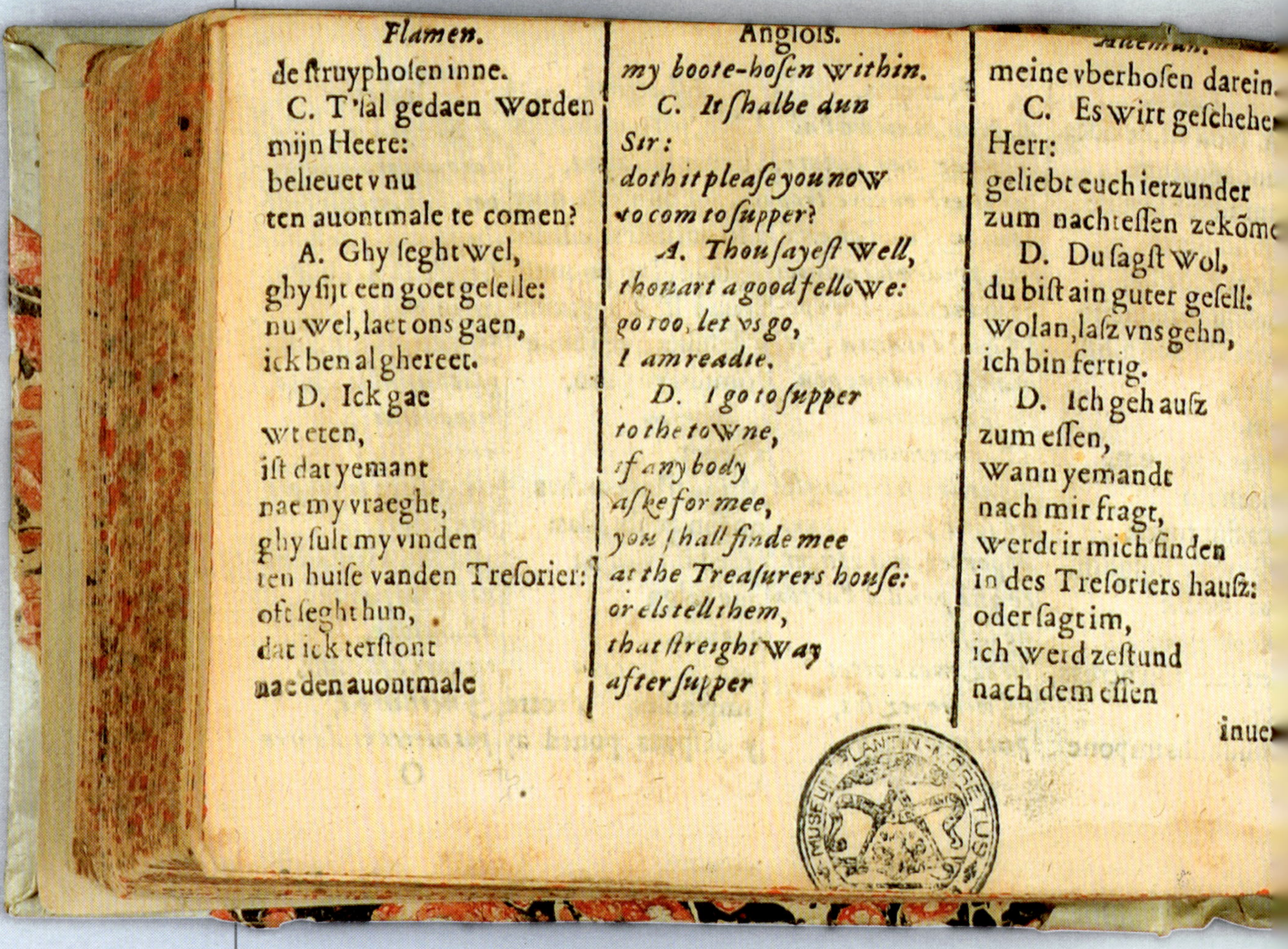

Flamen.
de ſtruyphoſen inne.
C. T'ſal gedaen worden
mijn Heere:
belieuet v nu
ten auontmale te comen?
A. Ghy ſeght wel,
ghy ſijt een goet geſelle:
nu wel, laet ons gaen,
ick ben al ghereet.
D. Ick gae
wt eten,
iſt dat yemant
nae my vraeght,
ghy ſult my vinden
ten huiſe vanden Treſorier:
oft ſeght hun,
dat ick terſtont
nae den auontmale

Anglois.
my boote-hoſen within.
C. It ſhalbe dun
Sir:
doth it pleaſe you now
to com to ſupper?
A. Thou ſayeſt well,
thou art a good fellowe:
go too, let vs go,
I am readie.
D. I go to ſupper
to the towne,
if any body
aſke for mee,
you ſhall finde mee
at the Treaſurers houſe:
or els tell them,
that ſtreight way
after ſupper

meine vberhoſen darein.
C. Es wirt geſchehe
Herr:
geliebt euch ietzunder
zum nachteſſen zekōme
D. Du ſagſt wol,
du biſt ain guter geſell:
wolan, laſz vns gehn,
ich bin fertig.
D. Ich geh auſz
zum eſſen,
wann yemandt
nach mir fragt,
werdt ir mich finden
in des Treſoriers hauſz:
oder ſagt im,
ich werd zeſtund
nach dem eſſen
inue

regionalen Räten und einem Generalrat, der insbesondere als Berufungsorgan dienen würde. Diese Räte müssten insbesondere die Streitigkeiten zwischen den Mächten, aus denen sich die Republik zusammensetzt, schlichten.

Sullys „großer Plan" bedingt, bevor er umgesetzt werden kann, eine tiefgreifende Veränderung Europas. Seinen König Heinrich IV. fordert er auf, eine solche Politik des grundlegenden Wandels einzuschlagen. Während das Projekt von Emeric Crucé universal organisiert ist, ist das von Sully seinem Wesen nach europäisch. In dieser Hinsicht wird er z. B. den Abbé de Saint-Pierre beeinflussen. Der „große Plan" ist vor allem eine Zukunftsvision, die der Alltagspolitik als Leitfaden dienen sollte. Seine Umsetzung würde nur schrittweise als Strategie der Einigung vor sich gehen. Gleichzeitig fällt auf, wie genau – ja beinahe juristisch genau – Sully seine Vorstellung einer europäischen Armee oder die Struktur, die die Christliche Republik regieren soll, beschreibt. In dieser Hinsicht hat der Text von Sully neben denen Crucés oder des Abbé de Saint-Pierre seinen Platz in der Geschichte. Doch ist er nicht das Werk eines Denkers, sondern das eines Politikers, dem die Zeit und die Umstände es verwehrt haben, sein Werk fortzusetzen.

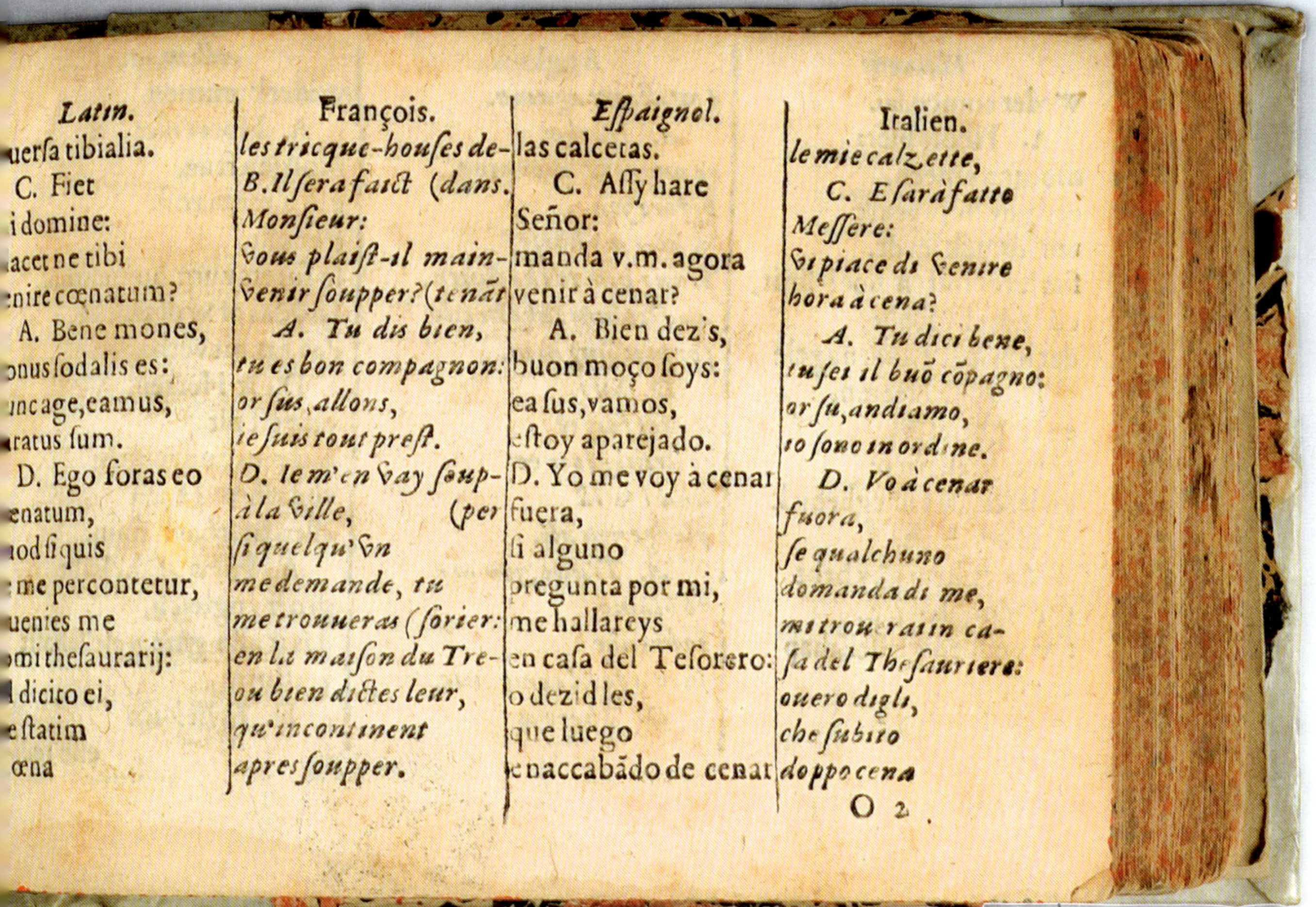

Latin.	François.	Eſpaignol.	Italien.
uerſa tibialia.	les tricque-houſes de-	las calcetas.	le mie calzette,
C. Fiet	B. Il ſera faict (dans.	C. Aſſy hare	C. E ſarà fatto
i domine:	Monſieur:	Señor:	Meſſere:
acet ne tibi	Vous plaiſt-il main-	manda v.m. agora	Vi piace di venire
nire cœnatum?	venir ſoupper? (tenāt	venir à cenar?	hora à cena?
A. Bene mones,	A. Tu dis bien,	A. Bien dez's,	A. Tu dici bene,
onus ſodalis es:	tu es bon compagnon:	buon moço ſoys:	tu ſei il buō cōpagno:
uncage, eamus,	or ſus, allons,	ea ſus, vamos,	or ſu, andiamo,
ratus ſum.	ie ſuis tout preſt.	eſtoy aparejado.	io ſono in ordine.
D. Ego foras eo	D. Ie m'en vay ſoup-	D. Yo me voy à cenar	D. Vo à cenar
enatum,	à la ville, (per	fuera,	fuora,
uod ſi quis	ſi quelqu'un	ſi alguno	ſe qualchuno
me percontetur,	me demande, tu	pregunta por mi,	domanda di me,
uenies me	me trouueras (ſorier:	me hallareys	mi trouerai in ca-
mi theſaurarij:	en la maiſon du Tre-	en caſa del Teſorero:	ſa del Theſauriere:
dicito ei,	ou bien dictes leur,	o dezid les,	ouero digli,
e ſtatim	qu'incontinent	que luego	che ſubito
œna	apres ſoupper.	en acabādo de cenar	doppo cena

O 2.

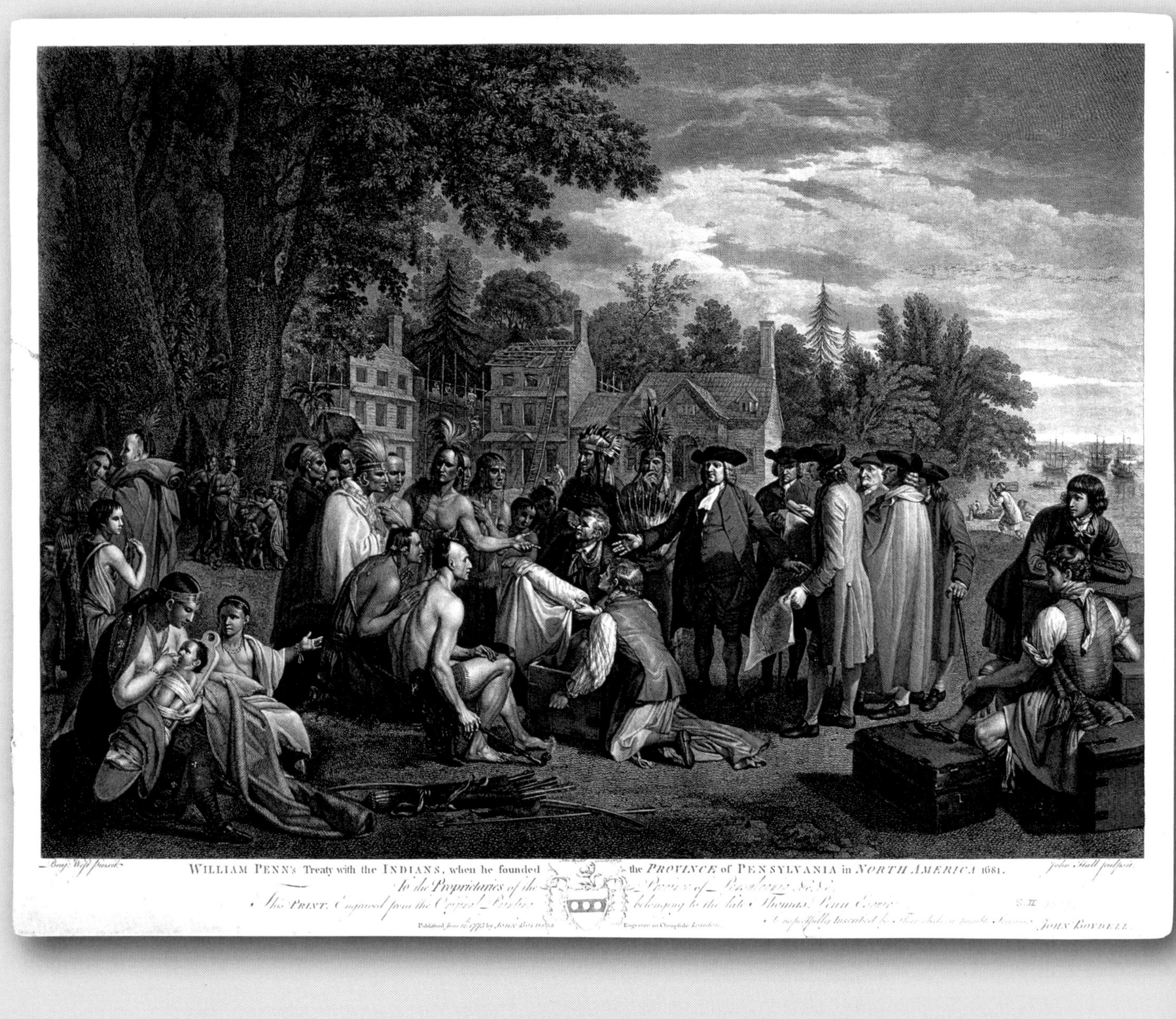

William Penn.
William Penn's Treaty with the Indians, when he founded the Province of Pensylvania (sic) in North America, 1681,
von William Penn 1681 mit den Indianern Nordamerikas geschlossener Vertrag anlässlich der Gründung
der Provinz Pensylvania (sic), Stich von John Hall nach Benjamin West, 1725.
KBR, Est., Brüssel.

William Penn

William Penn, Sohn des englischen Admirals William Penn, geboren am 14. Oktober 1644 in London, gestorben am 30. Juli 1718 in Ruscome/ Berkshire, wegen kirchenfeindlicher Ansichten vom Christ Church College Oxford verwiesen, beendete sein Studium an der Hugenotten-Akademie in Saumur und in London. 1667 wurde er Quäker und das erste Mal im Tower inhaftiert. Unterbrochen von neuerlichen Haftstrafen, unternahm er Missionsreisen, verfasste religiöse Schriften. Er gründete, 1681 mit einer Konzession von Karl II. versehen, die Kolonie Pennsylvania, 1683 die Stadt Philadelphia. Penns religiöse Toleranz und politischer Liberalismus schlugen sich in seinem Essay *Towards the Present and Future Peace of Europe* nieder und in der bei seinem letztem Aufenthalt in Pennsylvania von 1699 bis 1701 entstandenen Verfassung, die Vorbild der Unabhängigkeitserklärung der Vereinigten Staaten von 1776 wurde.

William Penn

Ein Essay zum gegenwärtigen und zukünftigen Frieden von Europa durch Schaffung eines europäischen Reichstags, Parlaments oder Staatenhauses (1693)[1]

Die vorgeschlagene Institution, ihre Macht und die Durchführung von Entscheidungen

„Nun sollen die souveränen Fürsten von Europa, die diese Gesellschaft darstellen oder einen den Verpflichtungen der Gesellschaft vorausgehenden Zustand menschlicher Unabhängigkeit, aus dem gleichen Grunde, der die Menschen zuerst zu einer menschlichen Gesellschaft zusammenschloss, nämlich aus Liebe zum Frieden und zur Ordnung, übereinkommen, durch ihre Bevollmächtigten in einem gemeinsamen Reichstag oder Staatenhaus oder Parlament sich zu treffen und da Rechtsbestimmungen festzusetzen für die souveränen Fürsten, die sie wechselseitig halten müssten. Und zwar sollten sie sich jährlich treffen oder mindestens alle zwei oder drei Jahre, oder wie es sich durch den Bedarfsfall ergibt. Und heißen sollte diese Versammlung: Souveräner Reichstag, Parlament oder Staatenhaus von Europa. Vor diese souveräne Versammlung sollten alle Streitfragen, die zwischen einem Souverän und dem andern anhängig sind und

Orbis terrae compendiosa descriptio, die beiden Hemisphären nach Gerardus Mercator, aus *Gerardi Mercatoris atlas sive Cosmographicae meditationes …,* veröffentlicht in Amsterdam, 1619. KBR, Préc., Brüssel.

1 Aus: „*The Political Writings of William Penn*", Hrsg. Andrew R. Murphy, Liberty Fund, Indianapolis, 2002, S. 401-419.

nicht schon vor Beginn der Tagung durch persönliche Gesandtschaften beigelegt werden können, gebracht werden. [...]"

„Ich komme damit zum [...] Einwurf, dass die souveränen Fürsten auf solche Weise nicht mehr souverän seien – ein Ding, das sie sich niemals gefallen lassen würden. Aber dies ist mit Verlaub ein Irrtum, denn sie bleiben im Innern souverän, wie sie es stets waren. Weder ihre Macht über das Volk noch die gewöhnlichen Einkünfte, die sie von ihm beziehen, würden reduziert – abgesehen davon, dass, was eine natürliche Folge ist, der Kriegsetat verringert oder zum Vorteil des Ganzen besser verwendet werden würde. So wären sie Souveräne wie immer, denn keiner von ihnen hat jetzt die Souveränität über einen andern. Und wenn man das eine Verminderung ihrer Macht nennt, dann könnte dies nur daher kommen, dass der große Fisch fortan nicht mehr die kleinen auffressen kann, sondern dass jede Hoheit gleichermaßen vor Rechtsverletzungen geschützt ist und andrerseits in die Unmöglichkeit versetzt, solche zu begehen. *Cedant Arma Togae* ist ein wunderbares Wort: die Stimme der Taube, der Ölzweig des Friedens."

„[...] Und wenn eine der Hoheiten, die dieses Staatenhaus bilden, sich weigern sollte, ihr Begehr und Fordern ihm zu unterwerfen oder den Urteilsspruch abzuwarten und auszuführen; wenn sie stattdessen bei den Waffen Hilfe suchen oder die Ausführung über die Zeit, die in den Beschlüssen festgelegt wurde, hinausschieben sollte, so sollen alle anderen Hoheiten, zusammengeschlossen zu einer einheitlichen Macht, die Unterwerfung unter den Spruch und seine Erfüllung erzwingen – mit Entschädigung für die benachteiligte Partei und Kostenzahlung an die Mächte, denen die Unterwerfung oblag. Sicherlich würde Europa dann in aller Ruhe den so begehrten und benötigten Frieden für seine gequälten Bewohner besitzen, da kein Staat die Macht dazu hätte und folglich auch nicht den Willen bezeigen könnte, das Endresultat in Frage zu stellen. Und die Folge müsste sein, dass der Friede in Europa bewerkstelligt und fortdauernd erhalten wäre."

Mitgliedschaft und Sitzverteilung

„Zusammensetzung und Kräfteverhältnis dieser höchsten Stelle oder dieses Reichstages scheinen auf den ersten Blick keine kleinen Schwierigkeiten mit sich zu bringen, im Hinblick auf die Frage, wie viel Stimmen in Anbetracht der Ungleichheit der Fürsten und Staaten zu vergeben sind. Aber unbeschadet einer besseren Einsicht kann ich mir dieses Hindernis doch nicht als unüberwindbar vorstellen. Denn wenn es möglich wäre, eine Schätzung über das jährliche Einkommen der verschiedenen Staaten zu erhalten, deren Abgesandte diese hohe Versammlung bilden, so wäre die Berechnung der Anzahl der Personen oder der Stimmen, die in den Reichsständen für jede Hoheit bestehen sollen, nicht undurchführbar. Nun ist es eine ganz einleuchtende Tatsache, dass England, Frankreich, Spanien, das Deutsche Reich usw. ziemlich genau geschätzt werden können, wenn man in Betracht zieht die Grundstückseinkünfte, den Export und den Eingang auf den Zollämtern, die Steuerregister und die Veranschlagungen, die in allen Verwaltungen zwecks Regelung der Abgaben bestehen, sodass man bei der geringsten Geneigtheit zum Frieden Europas vor solch einem Hindernis nicht stillzustehen und haltzumachen braucht. Ich werde, mit Bitte um Nachsicht allerseits, einen Anschlag aufstellen, der von Genauigkeit weit entfernt ist; aber ich bestehe nicht auf ihm oder biete ihn an als eine sichere Schätzung; ich mache ihn aufs Geratewohl. Und so weit dieser Anschlag auch vom richtigen Verhältnissatz entfernt sein möge, er wird – worauf es mir vor allem ankommt – meinem einsichtsvollen Leser doch einigermaßen die Richtung weisen.

Titelblatt von *Historia Mundi or Mercator's atlas. Containing his Cosmographicall Descriptions of the Fabricke and Figure of the world* ..., zweite Auflage, veröffentlicht bei Michael Sparke in London, 1635. Nach der Bestrafung Titans durch die Götter der Antike trägt hier der Riese Atlas den Erdball – und nicht das Himmelsgewölbe. Er ist von den Kontinenten umgeben, personifiziert durch junge Frauen in Begleitung typischer Tiere. Europa sitzt auf einem Pferd und nicht auf einem Stier. Die Geografen, dargestellt in ihrem Arbeitsraum, umgeben sich ihrerseits mit Büchern, wissenschaftlichen Instrumenten und Darstellungen wissenschaftlicher Beobachtungen. KBR, Préc., Brüssel.

Wohlgemerkt, ich gehe nicht von irgendeiner Berechnung oder einer Schätzung des Einkommens der Fürsten aus, sondern von dem Wert des Landes, wobei das ganze Land genau so in Betracht gezogen wird wie der Fürst. Und dies ist ein gerechter Maßstab, um der Sache beizukommen, da der eine Fürst mehr Einkommen haben kann als der andere, der über ein viel reicheres Land herrscht. Doch ist bei dem Anschlag, den ich jetzt geben will, Vorsicht nicht so sehr geboten, da, wie ich schon vorhin sagte, ich gar keinen Anspruch auf Genauigkeit mache, sondern nur aufgrund von Mutmaßung vorgehe, nur um des Exempels willen. Ich nehme also an, dass senden werden: das Deutsche Reich zwölf Vertreter, Frankreich zehn, Spanien zehn, Italien, das zu Frankreich dazukommt, acht, England sechs, Portugal drei, Schweden vier, Dänemark drei, Polen vier, Venedig drei, die sieben Provinzen vier, die dreizehn Kantone samt den ihnen benachbarten Hoheiten zwei, die Herzogtümer Holstein und Kurland einen. Und wenn die Türken und Moskowiter auch aufgenommen werden, was nur billig und gerecht wäre, dann macht dies noch einmal je zehn mehr. Alles in allem also neunzig. Eine große Versammlung, wenn sie auch nur den vierten, dafür aber den zur Zeit besten und reichsten Teil der bekannten Welt darstellt, wo Religion und Bildung, Zivilisation und Kunst ihren Sitz und Bereich haben. Aber es ist nicht unbedingt nötig, dass immer so viele Personen anwesend sind, um die größeren Staaten zu vertreten. Denn die Stimmen können von einem Vertreter irgendeines Staates abgegeben werden, so gut wie von zehn oder zwölf. Freilich, je besuchter die Versammlung der Staaten ist, um so feierlicher, eindrucksvoller und freier werden die Debatten sich gestalten, und die Entschließungen werden notwendigerweise von größerer Autorität getragen sein."

„Mir scheint, dass nichts im Staatenhaus zum Beschlusse erhoben werden sollte, es sei denn durch Dreiviertelmehrheit oder mindestens mit sieben Stimmen über die Hälfte. Sicherlich würde auch das unredlichen Einflüssen entgegenwirken, denn wenn wirklich Geld einer solchen Versammlung zur Versuchung werden könne, so würde es doch einen großen Brocken Geldes kosten, um die verkehrte Schale zum Sinken zu bringen."

Europe, les parties du monde représentées par des femmes. Sujet de thèse représentant L'Amérique, l'Asie, l'Afrique avec des symboles qui les font connaître vis-à-vis de l'Europe …, Lucas Ciamberlani, Stich auf Papier, undatiert. Europa sitzt majestätisch auf dem Erdball, umgeben von Symbolen des Wissens und des Überflusses. KBR, Est., Brüssel.

Beschlussfähigkeit und Abstimmung

„Ich würde es auch für dringend nötig halten, dass jeder Staat unter schwersten Strafen zur Anwesenheit verpflichtet wird und dass niemand die Sitzung ohne Urlaub verlässt, ehe alles erledigt ist. Auch darf Neutralität keineswegs in irgendeiner Debatte geduldet werden. Denn jede Laxheit in diesen Dingen würde schnell die Bahnen öffnen für unlautere Machenschaften, gefolgt von einer ganzen Kette offener und geheimer Missstände."

„[...] eine Abstimmung [...], die nach meiner Ansicht nach der klugen, empfehlenswerten Methode der Venezianer durch Ballotage vor sich gehen soll; dadurch werden in hohem Maße die schlimmen Wirkungen der Bestechung verhindert. Denn wenn einer der Gesandten dieses hohen und mächtigen Staatenhauses so niedrig, falsch und ehrlos sein sollte, dass er sich durch Geld beeinflussen lässt, so haben die Abgeordneten hier immerhin die Chance, dass sie zwar von denen, die es ihnen geben, Geld annehmen, dass sie aber dann doch geheim stimmen können, nach dem Ausschlag ihrer Grundsätze und ihrer eigenen Überzeugung. Und alle, die die geheime Abstimmung kennen, wissen das auch ganz genau. Sicher ein scharfsinniger Kunstgriff und ein probates Mittel gegen Bestechung; denn wer wird sein Geld noch hergeben wollen, wenn er so leicht betrogen werden kann und zwei zu eins zu wetten ist, dass dies auch geschieht. Wenn sie nur wissen, dass sie dabei nicht entdeckt werden können, werden diejenigen, die in einem solchen Fall Geld nehmen, keinen Anstoß daran finden, lieber ihre Geldgeber nach Strich und Faden anzulügen, als ihr Land zu schädigen."

Regelung der Präsidentschaft

„Um Streitigkeiten über den Vortritt zu vermeiden, soll das Sitzungszimmer rund sein und verschiedene Türen haben, damit Einreden vermieden werden. Wenn die ganze Zahl in Zehnergruppen geteilt wird, von denen jede einen aus ihrer Mitte wählt, so mögen diese abwechselnd den Vorsitz führen. An sie sollen die Reden gerichtet werden, sie sollen den Inhalt der Debatten zusammenfassen und die Frage für eine Abstimmung stellen [...]."

Sekretariat

„Alle Klagen sollen schriftlich in der Form von Denkschriften oder Parlamentsjournalen vorgebracht werden, aufzubewahren von einer besonderen Person in einer Truhe oder in einem Schrein mit soviel verschiedenen Schließfächern, als es Zehnergruppen im Staatenhaus gibt. Und wenn es dann für jede Zehnerschaft einen Schreiber gäbe und einen eigenen Stuhl und Tisch in der Versammlung; wenn des Weiteren am Ende jeder Sitzung einer aus jeder Zehnerschaft dazu bestimmt würde, die Parlamentsjournale jener Schreiber zu überprüfen, zu vergleichen und sie dann wie vorberichtet unter Verschluss zu nehmen, dann wäre dies klar und gut. Jeder Staat, der den billigen Wunsch danach hat, kann eine Ausfertigung oder Abschrift jener Denkschriften oder Parlamentsjournale erhalten. An Freiheit und Ordnung der Aussprachen wird es bei denen nicht fehlen, die die Weisesten und Vornehmsten in jedem Staate sind – schon im Interesse ihrer eigenen Ehre und Wohlfahrt. Sollte eine Meinungsverschiedenheit zwischen Gesandten ein und desselben Staates eintreten, dann soll ein Vertreter der Mehrheit die Stimmen für den Staat abgeben."

Ort

„Der Platz ihres ersten Zusammentreffens müsste so zentral wie möglich gelegen sein; später kämen sie zusammen, wo sie wünschen."

Arbeitssprache

„Wenig nur will ich über die Sprache sagen, in der das Staatenhaus verhandeln soll, aber sicherlich muss es Latein oder Französisch sein; ersteres wäre gut für Juristen, letzteres aber leicht für Männer von Stand."

Drei besondere Vorteile für den Frieden

Freier Personenverkehr und Abbau von Handelsbarrieren

„Der fünfte Vorteil ist die Leichtigkeit und Sicherheit von Handel und Verkehr – verlorenes Glück, seitdem das Römische Reich in so viele Einzelhoheiten auseinander gefallen ist. Aber wir können uns leicht die Bequemlichkeit und den Vorteil vorstellen, mit dem Reisepass eines beliebigen Landes durch die Staaten Europas zu reisen, wobei dieser Pass durch die Liga des Friedensstaates legitimiert wird. Wer einmal durch Deutschland gereist ist, das aus so vielen Einzelhoheiten besteht, kennt das Bedürfnis und den Wert solch eines Vorrechts angesichts der so vielen Aufenthalte und Kontrollen, die er auf seinem Wege fand – genau so als wenn er die große Tour durch Europa gemacht hätte! So erlangt man die Vorteile einer Universalmonarchie, ohne die Nachteile, die zu ihr gehören. Denn als das Ganze ein einheitliches Reich war, da standen ungeachtet der damit verbundenen Vorteile die einzelnen Provinzen, die nunmehr die Königreiche und Staaten Europas ausmachen, unter dem Druck der großen Geldabgaben, die an den Sitz der Reichsverwaltung geleistet werden mussten, und unter dem Ehrgeiz und der Habgier ihrer verschiedenen Statthalter und Gouverneure, samt den großen Steuern, die sie für die zahlreiche Besatzung aufzubringen hatten. Diese Truppenmacht, die sie zugunsten ihrer eigenen Unterwerfung aufrechterhielten, lebte hier ins Ungewisse und war darauf angewiesen, ihr Glück zu machen; natürlich war sie nicht gewohnt, auf die Landesbewohner dieselbe Rücksicht zu nehmen, die deren eigene Beherrscher immer gezeigt hatten. Von seinen heimischen Fürsten oder Ständen beherrscht zu sein und andrerseits doch den Vorzug von Frieden und Sicherheit zu genießen, der allein eine Universalmonarchie begehrenswert erscheinen lassen kann: das ist das Merkmal meines Vorschlags, und aus diesem Grund muss man ihn vorziehen."

Sicherheit

„Ein weiterer Vorteil ist die große Sicherheit, welche die Christen gegenüber den Einfällen der Türken in dem Bereich ihres blühenden Wohlstandes gewinnen werden. Denn es wäre für die Pforte unmöglich gewesen, über die Christenheit so häufige und weit entfernte Siege davonzutragen ohne die Sorglosigkeit oder das gefügige Einverständnis, wenn nicht gar die Hilfe einiger christlicher Fürsten. Und aus dem gleichen Grund, warum kein christlicher Herrscher es wagen wird, gegen einen solchen Zusammenschluss anzugehen oder loszubrechen, wird auch der Sultan gezwungen sein, mitzuwirken, um zu sichern, was er noch in Europa hält,

Edward Rex, Detail der Tapisserie von Bayeux, besticktes Tuch, 11. Jh. (1077?).
Der Machtwechsel zwischen Edward und Harold, ohne Verhandlung, Ausgangspunkt für die Eroberung Englands durch Wilhelm von der Normandie.
Mit besonderer Erlaubnis der Stadt Bayeux.

wo er bei all seiner Stärke die ihm gegenüberstehende Übermacht deutlich fühlen müsste. Gebete und Tränen, Verrat und Blut und Verwüstung, die der Krieg der Christenheit insbesondere in den letzten zwei Jahrhunderten gekostet hat, müssen den Kredit unseres Vorschlags erhöhen – und darum auch die Wohltat des Friedens aus ganzer Tiefe fühlbar machen."

Sozialisierung

„Der siebente Vorteil eines europäischen Reichstags, Parlamentes oder Staatenhauses besteht darin, dass sie die persönliche Freundschaft zwischen den Fürsten und Staaten hervorrufen und vermehren müssten – was dahin zielt, Kriege auszurotten und statt ihrer den Frieden in tiefes und fruchtbares Erdreich zu pflanzen. Fürsten haben ebenso wie Privatleute Lust, die Höfe und Städte anderer Länder kennen zu lernen, wenn sie nur ruhig und sicher diesen ihren Neigungen nachgehen könnten. Es wäre ein großer Antrieb zur Ruhe der Welt, wenn sie frei von Angesicht zu Angesicht miteinander reden und persönlich und gegenseitig Zeichen der Höflichkeit und Freundschaft austauschen könnten. Eine Gastlichkeit, die solche Eindrücke zurücklässt, wird kaum erlauben, dass kleine Anlässe zu Missverständnissen und Streitigkeiten führen. Wettbewerb würde nur noch bestehen in den Bereichen gegenseitigen guten Willens, der Gesetze, der Sitten, der Wissenschaften, Künste und Bauten, insbesondere aber in der Liebespflege, dem wahren Ruhm einiger Regierungen, bei denen Bettler ebenso eine Seltenheit sind, wie es anderwärts als ein Wunder erscheint, keinen zu sehen."

David Galloway

Der visionäre Praktiker und sein Meilenstein für die europäische Nachkriegsordnung

Man wird William Penn wohl vor allem als denjenigen kennen, der den amerikanischen Bundesstaat Pennsylvania gründete, und darüber hinaus als einen der Vordenker des Quäkertums. Die amerikanische Kolonie war tatsächlich nicht nach ihm benannt (was man, wie er zu Recht befürchtete, annehmen würde), sondern nach seinem Vater, Admiral Sir William Penn. Er war seiner Zeit in mancherlei Hinsicht voraus: als politischer Philosoph und Religionsphilosoph, als Verfassungsschöpfer und sozialer Visionär. Sein Idealismus grenzte hin und wieder an Utopismus, doch war er kein Intellektueller im Elfenbeinturm, und er war bestrebt, viele seiner Ideen in die Tat umzusetzen. Seine Schriften, darunter sein 1693 erschienener Essay *Towards the Present and Future Peace of Europe* (Ein Essay zum gegenwärtigen und zukünftigen Frieden von Europa durch Schaffung eines europäischen Reichstags, Parlaments oder Staatenhauses), in denen sich visionärer Eifer mit einem aus Erfahrung erwachsenen Pragmatismus verbindet, sind leicht verständlich und im Allgemeinen gut begründet.

Mit dem Übergang des 17. ins 18. Jahrhundert begann in Europa eine Phase heftiger Umwälzungen. Vor dem Hintergrund des Ringens um die Vorherrschaft zwischen Protestanten und Katholiken in vielen europäischen Staaten erwuchsen aus dynastischen Erbfolgeproblemen massive Konflikte: in England, Frankreich, Irland, Flandern und Ungarn sowie auf den Ozeanen. England war, nachdem es unter Cromwells Commonwealth seit 1649 mit dem Republikanismus geliebäugelt hatte, im Jahr 1660 mit der Wiedereinsetzung des Stuartkönigs Karl II. zur Monarchie zurückgekehrt. Der militante Katholizismus und Absolutismus Jakobs II. stieß auf Widerstand, der sich in den Jahren 1688/89 in der „Glorreichen Revolution" entlud; daraufhin wurden Wilhelm von Oranien und der mit ihm vermählten Königin Maria von den Peers und zahlreichen einflussreichen Minderheiten der englische Thron angeboten.

William Penn wurde am 14. Oktober 1644 in London geboren. Sein Vater war ein gefragter Marineoffizier und hatte es bis zum Admiral gebracht; er hatte enge persönliche Beziehungen zu den Stuartkönigen und diente eine Zeitlang auch Oliver Cromwell. Da der Vater oft auf See war, wurde William von seiner Mutter Margaret aufgezogen. Er genoss eine sorgfältige Erziehung, in der er gründlich in den alten Sprachen unterwiesen wurde. Admiral Penn, beauftragt, die britische Marine für den Krieg gegen die Holländer umzubauen, bat seinen Sohn später, ihm als persönlicher Assistent zu dienen. Der junge William gewann dadurch wertvolle Einblicke in das Geschehen auf höchster Kommandoebene. Admiral Penn benutzte seinen Sohn auch als Kurier, um König Karl II. militärische Nachrichten zu übermitteln, und so entstand eine freundliche Beziehung sowohl zum König wie zu seinem Bruder, dem Herzog von York und späteren König Jakob II.

Sein Ruf als begabter Schüler bestätigte sich, als er mit sechzehn Jahren ans *Christ Church* in Oxford ging. Dort wegen seiner nichtkonformen Ansichten hinausgeworfen, ging er nach Saumur, an die *Académie Protestante*, die angesehenste protestantische Universität Frankreichs. Er studierte bei dem christlichen Humanisten Moïse Amyrault, der zur reformierten Kirche gehörte und für religiöse Toleranz eintrat. Er wurde auch König Ludwig XIV. vorgestellt und war häufig zu Gast am königlichen Hof. Im August 1664 kehrte Penn nach England zurück und studierte am Lincoln's Inn, der ruhmreichen Londoner Rechtsakademie. Er erlernte das Common Law, das die Grundlage der bürgerlichen Freiheiten war, und erwarb einige Erfahrung in der Prozessstrategie. Diese Fähigkeiten sollten ihm sein Leben lang zugute kommen.

An Penn stechen vor allem drei Wesenszüge hervor. Erstens seine Spiritualität und sein Nonkonformismus, zweitens sein Eintreten für Gewissensfreiheit und religiöse Toleranz und drittens sein Interesse an großen Plänen, von der Stadtplanung bis zum Entwurf einer Verfassung.

Penn war noch jung, als sein Interesse für Religion erwachte. Mit einem empfindsamen Gemüt begabt, hatte er vom zwölften Lebensjahr an Erlebnisse religiöser Erregung. Eine Rede von Thomas Loe von der *Society of Friends* weckte sein Interesse an den Quäkern. Von ihnen inspiriert, entwickelte er seine pazifistischen Ideale (ein gemeinsames Merkmal vieler, deren Verfassungsentwürfe für ein geeintes Europa in diesem Buch vorgestellt werden). Sein Nonkonformismus war schon an der Universität Oxford aufgefallen, wo Penn sich mit der Weigerung, am Gottesdienst teilzunehmen und den Talar zu tragen, gegen die Ordnung auflehnte. Sein Ausschluss vom Studium wurde damit begründet, dass er, statt in die Kirche zu gehen, in seinen Räumen seine eigenen Gottesdienste abhielt. Später kam er noch oft in Haft, weil er Versammlungen der Quäker besuchte und auf der Straße predigte. Während seiner Haftzeit und noch viele Jahre danach schrieb er viel, um die Sache der Quäker und generell die Gewissensfreiheit zu fördern; dabei kamen ihm seine wissenschaftlichen Kenntnisse und seine Juristenausbildung zustatten. Da Penn sich gegen die von Katholiken und Anglikanern vertretene Dreifaltigkeitslehre wandte, ließ ihn der anglikanische Bischof in den Londoner Tower werfen. Zum Widerruf aufgefordert, erwiderte Penn aus seiner Einzelzelle: „Eher wird mein Gefängnis zum Grab, als dass ich auch nur einen Zoll von meiner Meinung abrücke; denn ich schulde mein Gewissen keinem Sterblichen." Als er sieben Monate später freigelassen wurde, hatte er Flugschriften verfasst, in denen die wesentlichen Punkte des Quäkertums definiert wurden. Die bekannteste Arbeit aus dieser Zeit, *„No Cross, No Crown"*, war ein historisch bahnbrechendes Plädoyer für religiöse Toleranz.

Eine der bleibenden Errungenschaften Penns war die Schaffung seines amerikanischen Sanktuariums für die Gewissensfreiheit. Anders als viele Kolonisten, die den amerikanischen Ureinwohnern einfach ihr Land wegnahmen, reiste Penn häufig unbewaffnet in ihre Gebiete und handelte in ihrer Sprache friedliche Landkäufe mit ihnen aus. Der französische Philosoph Voltaire, ein Verfechter der religiösen Toleranz, überhäufte Penn mit Lob: „Er kann sich zu

Recht rühmen, das Goldene Zeitalter auf Erden herbeigeführt zu haben, das es aller Wahrscheinlichkeit nach nie gegeben hat, außer in seinem Gebiet."

Über das Interesse an der Verfassungsgebung hinaus erkennt man seinen Sinn für große Entwürfe an der regen Anteilnahme, die er an der Planung von Philadelphia bewies. 1682 schrieb er seinen Verfassungsentwurf für Pennsylvania, der die Macht des Staates begrenzte und viele Grundfreiheiten garantierte. Er ließ sich dabei von Algernon Sidney und John Locke beraten. Sidney soll sich beschwert haben, dass Penn sich selbst als Gouverneur zuviel Macht gesichert habe, während Locke umgekehrt behauptete, er habe dem Volk zuviel Macht gegeben – ein sicheres Zeichen, dass er die richtige Mischung getroffen hatte! Im Vorwort schrieb Penn: „Mir scheint, dass die Regierung ein Bestandteil der Religion selbst ist, etwas seinem Ursprung und seinem Zweck nach Heiliges. Freiheitlich ist jede Regierung dem ihr unterworfenen Volk gegenüber (gleich wie der Staat verfasst sei) dort, wo das Recht herrscht und das Volk seiner Rechte teilhaftig ist; was darüber hinausgeht, ist Tyrannei, Oligarchie oder Unordnung [...]" Der Entwurf garantiert das Grundrecht der Glaubensfreiheit, ein vom Volk gewähltes Parlament, das die Gesetze macht, das Schwurgerichtsverfahren und einen Justizvollzug, der nicht bestrafen, sondern bessern soll (nur Mord und Landesverrat werden mit dem Tode bestraft). Er wurde dann vom Parlament von Pennsylvania als Neue Verfassung (*New Charter*) angenommen.

Was Penns Essay *Towards the Present and Future Peace of Europe* so interessant macht, ist nicht so sehr der Umstand, dass er inspiriert ist von seinen Idealen, die Schrecken des Krieges zu überwinden und ein harmonisches Zusammenleben zwischen den Völkern zu erreichen, sondern vielmehr die Tatsache, dass er von einem Mann stammte, der in der Gestaltung staatlicher Institutionen schon praktische Erfahrung hatte. Er sagte freimütig, seine Ideen seien Versuche, die man verbessern könne. Hatte er in Pennsylvania den Vorteil eines unbelasteten Neuanfangs, so musste er, wenn er für einen europaweiten Reichstag eintrat, von den machtpolitischen Realitäten des damaligen Europa ausgehen (genau wie die Gründerväter der Europäischen Gemeinschaft). So idealistisch er auch ist, erkennt er doch die Realität an, dass die europäischen Staaten und Fürstentümer nicht gleich sind. Deshalb müssen ihre Stimmen gewichtet werden, auf der Grundlage verschiedener wirtschaftlicher Faktoren, woraus sich eine Tabelle des politischen Stimmgewichts ergibt, die von zwölf (für das Deutsche Reich) bis eine (für die Herzogtümer Holstein und Kurland) reicht. Da die Macht sich auf das ganze System verteilt, müssen Entscheidungen gegen die souverän gebliebenen politischen Einheiten von allen anderen souveränen Einheiten durchgesetzt werden; diese sollen „Vorlage und Vollziehung des Urteils erzwingen", wobei die unterlegene Partei Schadenersatz zu leisten hat. „Daher wird keine souveräne Macht in Europa, selbst wenn sie die Macht hätte, den Willen bekunden, die bindende Entscheidung anzufechten."

Es ist eine bemerkenswert detaillierte, logisch argumentierende und leicht zu lesende Schrift, in der er außerdem die vielen Vorteile darlegt, die aus seinem System gezogen werden können. Ferner tritt er den Einwänden entgegen, die gegen seinen Plan erhoben werden könnten. Interessant sind vor allem zwei, aus unterschiedlichen Gründen. Zum einen ging es um die Behauptung, Penns System werde durch „Nichtgebrauch des Soldatenberufs" die Männer „verweichlichen".

Dem könne man, argumentierte Penn, dadurch begegnen, dass man der Jugend eine vielseitige und disziplinierte Bildung angedeihen lasse. Dann wird ein zweiter Einwand erhoben, der mit den Bedenken übereinstimmt, die heute in gewissen Kreisen hinsichtlich der EU geäußert werden: „Souveräne Fürsten und Staaten werden hierdurch die Souveränität verlieren." Penn weist jedoch darauf hin, dass sie im Inneren so souverän sein werden wie eh und je und ihre Macht über ihr Volk ungeschmälert bleiben wird. Das Schöne an seinem System ist, dass kein Staat einen der anderen dominieren kann, oder wie er es kerniger ausdrückt: „Die großen Fische können nicht mehr die kleinen fressen".

Viele der von Penn entwickelten Ideen waren zu ihrer Zeit revolutionär. Seine Ansichten über Freiheit und Gewissensfreiheit inspirieren etliche Verfassungen moderner liberaler Demokratien und sind heute Teil des Mainstreams. Seine Verfassungsideen haben ihre Spur hinterlassen; sein Entwurf war das Vorbild für die meisten Verfassungen amerikanischer Bundesstaaten. Einige der in seinem Essay dargelegten Ideen wurden von den Gründungsvätern der heutigen Europäischen Union wieder aufgegriffen. Penn beschreibt in seinem Essay manche Züge des Rates der Europäischen Union sogar recht detailliert: Abstimmung mit qualifizierter Mehrheit, rotierende Präsidentschaft und ein Sekretariat. In anderen Fragen war er nicht so weitblickend – so war die Sprachenpolitik zu Penns Zeiten offenbar kein so großes Problem: Für ihn lag es auf der Hand, dass die souveränen Staaten entweder Latein („sehr gut für Juristen") oder Französisch („äußerst leicht für Männer von Stand") verwenden sollten. Drei der im folgenden Auszug genannten Vorteile sind wesentlich für die heutige Union: Freizügigkeit und Abbau von Barrieren (die Eckpfeiler der Europäischen Gemeinschaft); Sicherheit (eine der oft zitierten Begründungen für die EU-Erweiterung) und die Europäisierung und Sozialisierung der Politiker (in der Annahme, dass, wenn man mit seinem Gegner spricht, die Wahrscheinlichkeit steigt, dass man ihn versteht, und die Wahrscheinlichkeit, dass man ihn bekämpft, abnimmt).

Für Penn ist der Weltfriede ein wünschenswerter Zweck, und die durch eine gemeinsame Regierung durchgesetzte Gerechtigkeit das höchste Mittel, um ihn zu erreichen: „So wird der Friede durch Gerechtigkeit gewahrt, die eine Frucht der Regierung ist, so wie die Regierung des Rechts eine Frucht der Gesellschaft und die Gesellschaft eine der Zustimmung ist." Zweck der Regierung ist die Herstellung von Ordnung: „Regierung ist ein Mittel gegen Durcheinander; eine Schranke gegen jegliche Unordnung; nur Gewichte und eine ausgeglichene Waage: auf dass man nicht einen anderen oder sich selbst durch Maßlosigkeit schädigen kann." Doch vor allem ist die Regierung auf die Zustimmung des Volkes angewiesen: „Mögen die Leute denken, dass sie regieren, obwohl sie regiert werden. Das kann nicht fehlschlagen, wenn diejenigen, denen sie vertrauen, des Vertrauens würdig sind." Diese Einsicht ist noch immer aktuell für die Europäische Union, die sich Fragen nach ihrer Legitimität und ihrem Zweck ausgesetzt sieht, wie sie auf ähnliche Weise von Penn im ausgehenden 17. Jahrhundert beleuchtet wurden.

Charles-Irénée Castel de Saint-Pierre,
Stich von J.J. Avril, undatiert, (nach 1743).
KBR, Est., Brüssel.

Charles-Irénée Castel de Saint-Pierre

Charles-Irénée Castel de Saint-Pierre, französischer Politik- und Wirtschaftstheoretiker, geboren am 18. Februar 1658 in Saint-Pierre-Église/Normandie, gestorben am 29. April 1743 in Paris, gilt als Vertreter der Frühaufklärung. Er studierte in Paris, wandte sich den Naturwissenschaften zu und entfernte sich von seiner frühen kirchenrechtlichen Staatsauffassung. Er verkehrte in den verschiedenen literarischen Salons seiner Zeit. 1695 wurde er mit Unterstützung von Fontenelle in die *Académie française* gewählt; als er am 3. März 1695 von la Chapelle empfangen wurde, besiegelte dies den endgültigen Sieg der Modernes über die Anciens. 1712, unter dem Eindruck der Friedensverhandlung von Utrecht, begann er seinen Plan für den ewigen Frieden zu entwerfen. Er veröffentlichte auch andere Schriften, z. B. 1718 die Polysynodie, in der er die Macht der Räte über die absolute Herrschaft von Ludwig XIV. stellte. Er wurde daraufhin von der Académie einstimmig ausgeschlossen. Seine Gedanken beeinflussten u. a. de Fleury, Montesquieu, Voltaire und Rousseau.

Jean-Jacques Rousseau

Auszug aus dem Plan eines ewigen Friedens des Herrn Abbé Saint-Pierre (1761)

Wäre die gesellschaftliche Ordnung, wie man behauptet, das Werk der Vernunft und nicht das von Leidenschaften, hätte man dann so lange gezögert, zu erkennen, dass mit ihr zuviel oder zuwenig für unser Glück bewirkt wird; dass, wenn ein jeder von uns sich mit seinen Mitbürgern in einem gesellschaftlichen und mit der übrigen Welt im Naturzustande befindet, wir die Kriege der einzelnen untereinander doch nur verhindert haben, um tausendmal schrecklichere allgemeine Kriege zu entfachen, und beim Zusammenschluss mit einigen Menschen in Wirklichkeit zu Feineren des Menschengeschlechts werden?

Wenn es irgendein Mittel gibt, diese gefährlichen Gegensätzlichkeiten aufzuheben, dann kann dies nur eine föderative Regierungsform sein, welche die Völker durch Bindungen, ähnlich denen zwischen den Individuen, vereinigt und allesamt in gleicher Weise der Autorität der Gesetze unterwirft. […]

Man nehme weiter die besondere Situation Europas hinzu, das gleichmäßiger bevölkert, gleichmäßiger fruchtbar, in all seinen Teilen besser verknüpft ist; ferner die ständige Vermischung der Interessen, die durch die Bande des Blutes sowie durch Handels-, Handwerks- und Kolonialangelegenheiten zwischen den Souveränen entstanden sind; die Vielzahl und vielfältige Richtung der Flussläufe, die jedweden Verkehr erleichtern; die unbeständige Gemütsart der Bewohner, die sie zu ständigem Reisen und zu häufigen Besuchen untereinander treibt; die Erfindung des Buchdrucks und der allgemeine Geschmack an Künsten und Wissenschaften, durch die sich eine Gemeinschaft der Studien und Kenntnisse zwischen ihnen herausgebildet hat; schließlich die Vielzahl und Kleinheit der Staaten, derentwegen sowie wegen der Bedürfnisse des Luxus und der verschiedenartigen Klimate sie stets aufeinander angewiesen sind. All diese Ursachen zusammengenommen bilden aus Europa nicht nur, wie es für Asien oder Afrika gilt, eine in der Vorstellung bestehende Ansammlung von Völkern, die lediglich einen Namen gemein haben, sondern eine wirkliche Gesellschaft, der Religion, Sitten, Bräuche und sogar Gesetze eigen sind, von denen keines der zu ihrem Bestand gehörigen Völker sich entfernen kann, ohne sogleich Wirren auszulösen. […]

Wenn die Ursachen des Übels einmal erkannt sind, weisen sie selbst zur Genüge auf Abhilfe hin, sofern es diese gibt. Jedermann sieht, dass eine Gesellschaft sich immer durch gemeinsame Interessen herausbildet, eine Teilung immer aus gegensätzlichen Interessen erwächst; dass tausend zufällige Geschehnisse die einen wie die anderen verändern und abwandeln können. Daher bedarf es, sobald eine Gesellschaft entstanden ist, notwendig einer zwingenden Kraft, welche die Bewegungen ihrer Glieder ordnet und in Einklang bringt, damit die gemeinsamen Interessen und gegenseitigen Verpflichtungen jene Bestätigung erhalten, die sie aus sich heraus nicht haben können. […]

Schauen wir jetzt, auf welche Weise dieses große, vom glücklichen Zufall begonnene Werk mit Vernunft vollendet werden kann; wie die freie und freiwillige Gesellschaft, die alle europäischen Staaten vereint, die Kraft und Festigkeit eines wahrhaften politischen Körpers annehmen und sich in einen wirklichen Bund verwandeln kann. […]

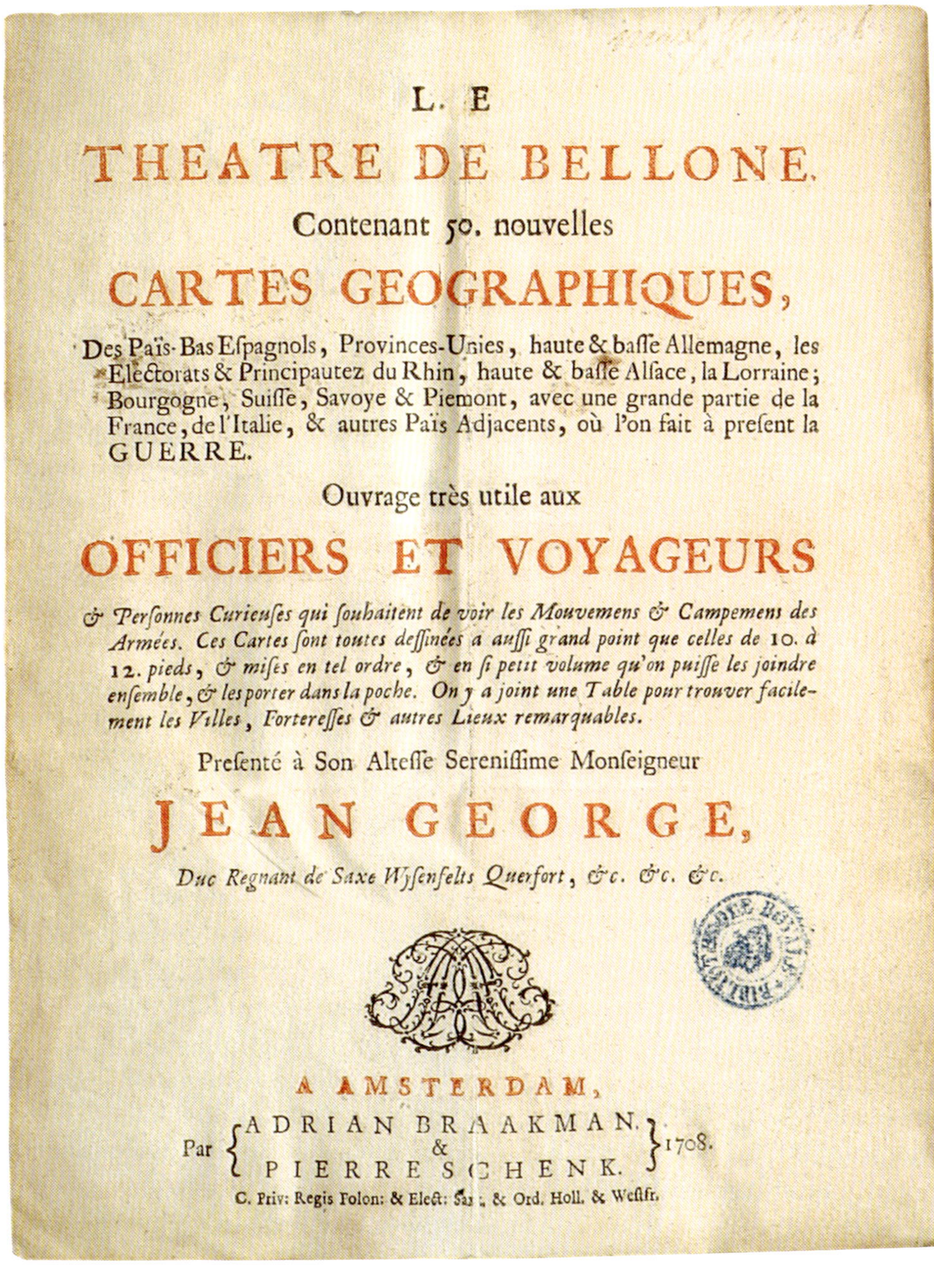
L. E
THEATRE DE BELLONE.
Contenant 50. nouvelles
CARTES GEOGRAPHIQUES,
Des Païs-Bas Espagnols, Provinces-Unies, haute & basse Allemagne, les Electorats & Principautez du Rhin, haute & basse Alsace, la Lorraine; Bourgogne, Suisse, Savoye & Piemont, avec une grande partie de la France, de l'Italie, & autres Païs Adjacents, où l'on fait à present la GUERRE.
Ouvrage très utile aux
OFFICIERS ET VOYAGEURS
& Personnes Curieuses qui souhaitent de voir les Mouvemens & Campemens des Armées. Ces Cartes sont toutes dessinées a aussi grand point que celles de 10. à 12. pieds, & mises en tel ordre, & en si petit volume qu'on puisse les joindre ensemble, & les porter dans la poche. On y a joint une Table pour trouver facilement les Villes, Forteresses & autres Lieux remarquables.
Presenté à Son Altesse Serenissime Monseigneur
JEAN GEORGE,
Duc Regnant de Saxe Wysenfelts Querfort, &c. &c. &c.

A AMSTERDAM,
Par ADRIAN BRAAKMAN & PIERRE SCHENK. 1708.
C. Priv: Regis Polon: & Elect: Sax: & Ord. Holl. & Westfr.

Le théâtre de Bellone contenant 50 nouvelles cartes ..., veröffentlicht von A. Braakman und P. Schenk in Amsterdam, 1708. Kleines Vademecum der Schlachtfelder in Europa. KBR, Karten und Pläne, Brüssel.

Es kommt bei uns von Zeit zu Zeit zu einer Art allgemeinem Reichstag unter dem Namen Kongress, zu welchem man feierlich aus allen Staaten Europas herbeizieht, um sich auf nämliche Weise zurückzubegeben. Da versammelt man sich, um nichts zu sagen; alle öffentlichen Angelegenheiten werden dabei als private verhandelt; gemeinsam berät man darüber, ob der Tisch rund oder viereckig sein, der Saal mehr oder weniger Türen aufweisen soll, ob ein Gesandter sein Gesicht oder seinen Rücken dem Fenster zukehren oder ein anderer bei einer Visite zwei Zoll Weges mehr oder weniger durchmessen soll, und noch über tausend andere Fragen von gleicher Wichtigkeit, die seit drei Jahrhunderten unnütz aufgewühlt werden und so gewiss höchst würdig sind, die Politiker des unseren zu beschäftigen.

Es könnte geschehen, dass die Mitglieder einer solchen Versammlung einmal mit gesundem Menschenverstand gesegnet sind, es wäre sogar nicht einmal unmöglich, dass sie aufrichtig das Gemeinwohl erstrebten; und aus den nachfolgend auszuführenden Gründen kann man sich des Weiteren sogar vorstellen, sie würden nach Ausräumung zahlreicher Schwierigkeiten von ihren jeweiligen Souveränen den Auftrag erhalten, den Beitritt zu dem allgemeinen Bund zu unterzeichnen, den ich mir summarisch in den folgenden fünf Artikeln enthalten denke.

Zum ersten errichten die vertragschließenden Souveräne untereinander ein ewiges und unkündbares Bündnis und ernennen Gesandte, um an einem bestimmten Ort einen Bundestag oder ständigen Kongress abzuhalten, auf dem alle Meinungsverschiedenheiten der Vertragspartien durch Schiedsspruch oder Urteil geregelt und beigelegt werden.

Zum zweiten wird die Zahl der Souveräne bestimmt, deren Gesandte Stimme auf dem Bundestag haben sollen, diese werden zum Vertragsbeitritt aufgefordert; weiter gilt es, die Reihenfolge, Zeit und Art festzulegen, wie der Vorsitz in gleichen Zeiträumen von dem einen auf den anderen übergeht; schließlich die jeweilige Quote und Art der Erhebung des Beitrags, durch den die gemeinsamen Ausgaben bestritten werden.

Zum dritten gewährleistet der Bund jedem seiner Mitglieder den Besitz und die Regierung aller Staaten, die er gegenwärtig in Besitz hält, sowie die durch Wahl oder Erbfolgegesetz zu bestimmende Nachfolge darin, je nachdem, wie dies in den Grundgesetzen eines jeden Landes festgelegt ist. Um auf einen Schlag die Ursache der beständig wiedererstehenden Händel zu beseitigen, kommen die vertragschließenden Mächte überein, den gegenwärtigen Besitz und die letzten Verträge zur Grundlage all ihrer wechselseitigen Rechte zu erklären; sie verzichten gegenseitig und für alle Zeit auf alle anderen früheren Ansprüche; [...].

Zum vierten werden die Fälle bestimmt, in denen ein jeder den Vertrag verletzende Bündnispartner von Europa mit dem Bann belegt und als öffentlicher Feind geächtet wird; nämlich wenn er sich weigern sollte, den Urteilssprüchen des großen Bündnisses nachzukommen, wenn er Kriegszurüstungen träfe, gegen den Bund gerichtete Verträge abschlösse, zu den Waffen griffe, um ihm zu trotzen oder einen der Verbündeten zu überfallen.

In demselben Artikel wird weiter vereinbart, dass man einträchtig und zu gemeinsamen Kosten gegen jeden von Europa gebannten Staat rüsten und offensiv vorgehen wird, bis er die Waffen gestreckt, die Urteile und Verordnungen des Bundestages ausgeführt, das Unrecht wiedergutgemacht, die Kosten erstattet und auch die dem Vertrag zuwiderlaufenden Kriegszurüstungen aufgehoben hat.

Festbeleuchtung in Den Haag am 14. Juni 1713 aus Anlass des Friedens von Utrecht ..., Stich von H. Pola, 1713.
KBR, Est., Brüssel.

Zum fünften sollen die Gesandten des Europäischen Bundes stets Vollmacht haben, gemäß den Weisungen ihrer Höfe auf dem Bundestag Verordnungen zu beschließen, und zwar durch Stimmenmehrheit vorläufige und fünf Jahre später mit Dreiviertelmehrheit endgültige Verordnungen, die sie für wichtig erachten, um der Europäischen Republik und jedem ihrer Glieder alle möglichen Vorteile zu verschaffen; niemals aber darf irgendetwas an diesen fünf Grundsatzartikeln geändert werden, außer mit einhelliger Billigung aller Bundesmitglieder.

Diese fünf Artikel, derart abgekürzt und als allgemeine Regeln gefasst, sind, das verkenne ich nicht, tausend kleinen Schwierigkeiten unterworfen, von denen manche längere Erläuterungen erfordern würden; aber

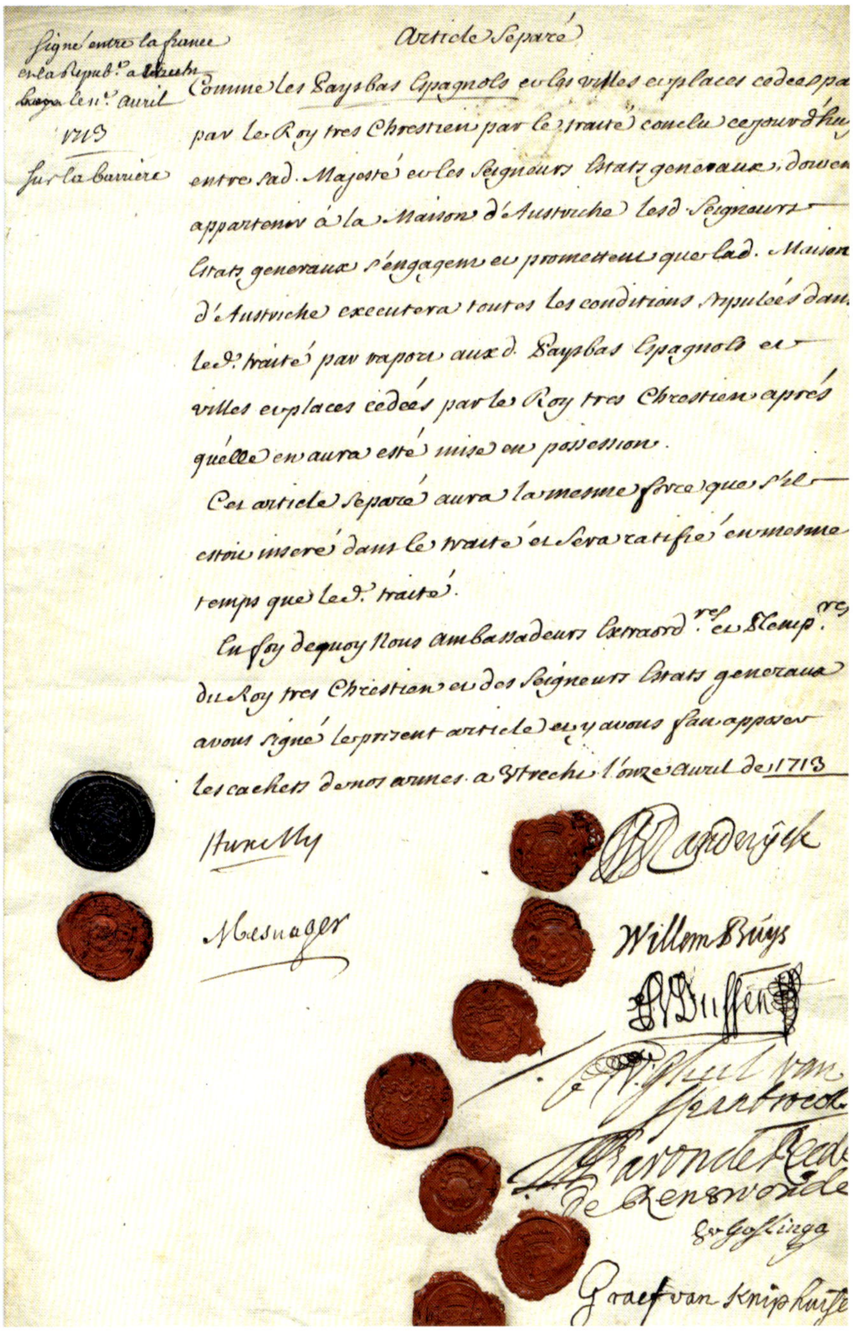

Signé entre la france et la Repub.e a Utrecht le 11e avril 1713 Sur la barriere

Article Separé

Comme les Pays bas Espagnols et les villes et places cedées par le Roy tres Chrestien par le traitté conclu cejourd'huy entre sad. Majesté et les Seigneurs Estats generaux, doivent appartenir à la Maison d'Austriche lesd. Seigneurs Estats generaux s'engagent et promettent que lad. Maison d'Austriche executera toutes les conditions stipulées dans led. traitté par raport aux d. Pays bas Espagnols et villes et places cedées par le Roy tres Chrestien apres qu'elle en aura esté mise en possession.

Cet article separé aura la mesme force que s'il estoit inseré dans le traitté et sera ratifié en mesme temps que led. traitté.

En foy dequoy Nous ambassadeurs Extraord.res et Plenip.res du Roy tres Chrestien et des Seigneurs Estats generaux avons signé le present article et y avons fait apposer les cachets de nos armes a Utrecht l'onze avril de 1713

Huxelles

Mesnager

Randwyck

Willem Buys

Goslinga

Graef van Knyphuyse

Friedensvertrag zwischen Frankreich und Großbritannien: separater Artikel, Abtretung der spanischen Niederlande. Utrecht, 11. April 1713. Archives du Quai d'Orsay, Paris.

kleine Schwierigkeiten lassen sich, falls notwendig, leicht beheben; und bei einem Unternehmen von solcher Bedeutung wie dem genannten geht es nicht um sie. Wenn die Einzelheiten der Kongressordnung auf dem Plan stehen, wird man tausend Hindernisse vorfinden, doch auch zehntausend Mittel, sie zu beseitigen. Hier ist die Frage zu prüfen, ob das Unternehmen der Natur der Sache nach möglich ist oder nicht. Müsste man alles vorhersehen und auf alles eine Antwort gegen, würde man sich in ganzen Bänden voller Nichtigkeiten verlieren. Hält man sich an die unanfechtbaren Grundsätze, so darf man nicht allen Geistern Genüge tun noch alle Einwände aufheben, noch sagen wollen, wie alles vor sich gehen soll: Es genügt zu zeigen, dass alles machbar ist.

Le théâtre de Mars …, veröffentlicht von A. Braakman und P. Schenk in Amsterdam, 1708. KBR, Karten und Pläne, Brüssel.

Jean-Jacques Rousseau

Jean-Jacques Rousseau, schweizerisch-französischer Philosoph, Schriftsteller und Musiker, geboren am 28. Juni 1712 in Genf, gestorben am 2. Juli 1778 in Ermenonville, brach seine Lehre als Kupferstecher ab und verließ als 16-Jähriger seine Vaterstadt. Nach vier Wanderjahren ließ er sich bei seiner Gönnerin und Geliebten Mme de Warens in Chambéry nieder. Es folgten zehn Jahre autodidaktisches Studium (Philosophie, Theologie, Naturwissenschaften, Musik). Ab 1745 lebte er in Paris und verkehrte im Kreis der Enzyklopädisten. 1749 begann seine eigentliche schriftstellerische Tätigkeit mit der Beantwortung einer Preisfrage für die Akademie Dijon. Zwischen 1755 und 1762 entstanden seine Hauptwerke. 1762 wurden diese verboten und Rousseau zur Verhaftung ausgeschrieben, der er sich durch Flucht in die Schweiz entzog. 1766 ging er auf Einladung Humes nach England. Die letzten Jahre nach 1767 verbrachte er zurückgezogen mit der Niederschrift seiner autobiografischen Schriften bei Paris. Rousseau gilt als ideeller Wegbereiter der Französischen Revolution. Werke: Über Ursprung und Grundlagen der Ungleichheit unter den Menschen (1755), Die neue Heloise (1761), Vom Gesellschaftsvertrag oder Prinzip des Staatsrechts (1762), Émile oder über die Erziehung (1762), Bekenntnisse (1765–1770), Träumereien eines einsamen Spaziergängers (1776–1778).

Jacques Keller-Noëllet

Aus Verzicht erst erwächst die neue Souveränität

In einem Brief vom 5. Dezember 1760 an Herrn von Bastide berichtet Jean-Jacques Rousseau, dass der Graf von Saint-Pierre ihm die Manuskripte seines verstorbenen Onkels, des Abbé, anvertraut habe, darunter auch dessen Essay zum Plan eines ewigen Friedens, und er nun entschieden habe, ihn zu kürzen, „um ihn leichter lesbar zu machen". Dieser Umstand zeigt, dass der Plan für eine europäische Verfassung bereits damals einen solchen Komplexitätsgrad an den Tag legte, dass es der Mühe bedurfte, ihn ein halbes Jahrhundert nach seinem Erscheinen zu überarbeiten …, genauso wie die jüngste Verfassung den Text der Römischen Verträge abgeändert hat … Bei den Auszügen, die dem Leser vorgestellt werden, handelt es sich also um ein Gemeinschaftswerk: das des Abbé de Saint-Pierre, der heute ein wenig in Vergessenheit geraten ist, und das des großen Jean-Jacques, der damit seine parallel angestellten Überlegungen zum Gesellschaftsvertrag auf ganz Europa ausdehnte …

Charles-Irénée Castel de Saint-Pierre – dieser nach Jean-Jacques Worten „außergewöhnliche Mann" – wurde, als ältester Sohn einer adeligen Familie, Mönch und Almosenier der Duchesse d'Orléans. Er ging in der mondänen Welt ein und aus, unter anderem im berühmten *„Club de l'entresol"* und dem Salon der Madame de La Fayette, wo er Montesquieu und dem einflussreichen Fontenelle begegnete.

Als Frühaufklärer nimmt Abbé de Saint-Pierre alle Aspekte der politischen Überlegungen auf, die in den damaligen Salons die Gemüter erhitzten, insbesondere die im Einflussbereich des Hauses Orléans, der jüngsten Dynastielinie, die sich der etablierten Macht gegenüber schon immer widerspenstig verhielt. So trug ihm seine Rede über die Polysynodie oder die Räteregierung – im Gegensatz zur Herrschaft einer Person – die dauerhafte Feindschaft seiner Kollegen in der Académie ein, die darin zu Recht eine kaum verhüllte Kritik an den autoritären Methoden des verstorbenen Königs Ludwig XIV. sahen, was in ihren Augen dem Vergehen der Majestätsbeleidigung nahe kam. In der Folge dieser Angelegenheit wurde der Abbé de Saint-Pierre aus dem illustren Kreise ausgeschlossen … und zugleich auch von der Unsterblichkeit, was ihn jedoch nicht weiter berührte; vielmehr verdoppelte er seine Anstrengungen, um wenigstens auf dem Papier die Gesellschaft seiner Zeit neu zu gestalten.

Zu den zahlreichen Gebieten, die von diesem unbußfertigen Vielschreiber aufgegriffen wurden, gehörte die stets wiederkehrende Frage der Steuern, die das Volk des Herrschers fast immer zu stark belasten, weil sie beinahe ausschließlich die Ärmsten treffen und aus dem selben Grund immer unzureichend sind, um die wachsenden Bedürfnisse eines modernen Staates zu befriedigen. Bei diesem sensiblen Thema, das wie das vorherige die Regierungsform berührte, stellte sich der Abbé de Saint-Pierre als äußerst origineller Kopf heraus, und seine Rede über die „proportionale Größe" trug dazu bei, die steuerliche Willkür abzumildern. Dasselbe gilt für seine unzähligen Abhandlungen über die Instandhaltung der Wege, die Bildung, das Betteln und

Entführung Europas,
François Boucher, Öl auf Leinwand, 1747.
Musée du Louvre, Paris.

so manches andere Thema, das er mutig anpackte – mit der leidenschaftlichen Forderung nach einer Art „Weltordnungspolitik", ehe es diesen Begriff überhaupt gab ...

Nichts vermag diesen wahren Reformhunger besser zu verdeutlichen als der Titel, den der Abbé de Saint-Pierre seinen 1775 erschienenen ausgewählten Werken gab: Träume eines edlen Menschen, die verwirklicht werden können; oder die nützlichen und umsetzbaren Ansichten des Herrn Abbé de Saint-Pierre, ausgewählt unter einer großen Zahl von Einzelplänen, die vom Grundsatz des Gemeinwohls ausgingen. Treffender lässt es nicht formulieren ...

Aber das größte Projekt des Abbé war ohne Zweifel seine Suche nach Wegen, um einen beständigen Frieden zwischen den europäischen Herrschern einzurichten. Als Mitglied des Gefolges von Kardinal de Polignac bei den Konferenzen von Utrecht im Jahre 1712, die dazu bestimmt waren, den spanischen Erbfolgekrieg zu beenden, begriff der Abbé de Saint-Pierre, dass der Normalzustand zwischen den Herrschern der Kriegszustand war, und die Verträge in Wirklichkeit nur eine vorübergehende und teilweise Waffenruhe bedeuteten. Sie haben keinen anderen Garanten als die beiden Parteien selbst, die zuvor kriegerisch waren und jederzeit bereit sind, es wieder zu werden, sobald sie zu Kräften gekommen sind. Von dieser Feststellung ausgehend griff der Abbé den bereits von Sully und Heinrich IV. gehegten Plan eines Bundes unter christlichen Herrschern auf und legte einen eigenen Plan vor, um Europa ewigen Frieden zu schenken, einen Plan, der erstmals 1712 bei Antoine Schouten in Utrecht veröffentlicht wurde. Um alle Chancen auf seiner Seite zu haben und direkt auf die laufenden Friedenskonferenzen Einfluss zu nehmen, erschien einige Monate zuvor sogar eine „heimliche Ausgabe" seines Werks in Köln bei Jacques le Pacifique (sic!), die für seinen Freundeskreis bestimmt war, insbesondere für Jean-Baptiste Colbert d. J., den Marquis de Torcy (1665–1746), der die französische Delegation in Utrecht leitete. Doch weder diese begünstigenden Umstände, noch die fromme Lüge des Abbé, der behauptete, sein Plan sei in den Dokumenten des Herzogs von Burgund, des französischen Thronfolgers, gefunden worden, führten zu einer Umsetzung der Ideen, deren Hauptfehler darin bestand, ihrer Zeit bereits zu weit voraus zu sein ... Die Zyniker verspotteten das System schon in seinem Ansatz, dessen Naivität in ihren Augen nur von der Ignoranz der tieferen Natur der Herrscher überboten wurde, denn diese würden bloß eifersüchtig ihre Macht verteidigen und wenig geneigt sein, zugunsten einer vagen Vorstellung von einem europäischen Bundestag auf sie zu verzichten. So antwortete der Kardinal de Fleury auf die Vorschläge, die ihm der Abbé unterbreitet hatte: „Sie haben vergessen, Monsieur, in einem Präliminarartikel zu erwähnen, dass als erstes eine Truppe von Missionaren entsandt werden müsste, um die Herzen und Geister der Herrscher zu öffnen."

Noch erstaunlicher war, dass Jean-Jacques Rousseau, der Panegyrikus des Abbé, zugleich auch zu seinem Hauptkritiker wurde. In seinem Urteil über den ewigen Frieden, das erstmalig 1761 in Amsterdam erschien, gestand er zwar zu, dass die Überlegungen des Autors gründlich durchdacht und richtig seien, aber wenig geeignet, die Herrscher zu überzeugen, die sich ihrer Umsetzung stets widersetzen würden, auch wenn – wie uns Rousseau merkwürdigerweise sagt – sie sich ebenso heftig gegen den Verlust des allgemeinen Friedens sträubten, wenn dieser wie durch ein Wunder erst einmal eingerichtet würde! Für Rousseau gibt es einen engen Zusammenhang zwischen dem inneren Despotismus einerseits und der Fortführung der Kriege und Eroberungen andererseits, sodass auf der Welt nicht ein einziger Herrscher existiert, der die Vorstellung ertrüge, „nicht nur den fremden Völkern gegenüber gerecht zu sein, sondern sogar seinen eigenen Untertanen gegenüber", selbst wenn daran die Aussicht geknüpft wäre, klare Vorteile für den Handel und das Gemeinwohl zu erzielen ... Rousseau schloss mit der Bemerkung, er sehe nichts Unmögliches in dem Plan des Abbé, außer seine Umsetzung ... und fügte hinzu, dass die Herrscher dasselbe tun werden, was sie schon immer getan haben, wenn sie sich einem Plan widersetzen wollten: Sie werden ihn ins Lächerliche ziehen. Was seitens der Herrscher in der Tat geschah, aber auch seitens zweifelhafter Epigonen wie Voltaire, der, den Kaiser von China parodierend, die Abhandlung über den Frieden des „liebenswürdigen Jean-Jacques, Bürger von Genf" zur Kenntnis nahm, „der wiederum ein Auszug aus einem Plan für den ewigen Frieden des Bonzen (sic!) Saint-Pierre ist, der wiederum ein Auszug von einem Geistlichen des Mandarins Duc de Sully ist, der ihn aus seinem hohlen Kopf gezogen hatte (sic!) ..." Liebenswürdiger kann man kaum sein!

Ernsthafter waren die Einwände von Gottfried Wilhelm Leibniz, die teilweise denen von Rousseau entsprachen; so stellte er fest, dass das Haupthindernis bei der Umsetzung des Plans des Abbé wohl in der Schwierigkeit läge, die Herrscher davon zu überzeugen, ihre Souveränität beschneiden zu lassen, und – wenn sie es doch akzeptieren sollten – in der noch größeren Schwierigkeit, sie in der Überzeugung zu bewahren ... In dieser mangelnden Garantie liegt das ganze Problem, und man wird sehen, dass Leibniz, der den Gedankenfaden des Abbé weiterspinnt, einige originelle Ideen entwickelte, um dem entgegenzuwirken. So hat sich der europäische Gedanke seinen Weg oftmals durch den Unglauben gebahnt, und manchmal auch durch den Sarkasmus jener, die heute als die intellektuelle Elite ihres Zeitalters gelten. Aber die Quelle ist nie versiegt, sondern sprudelte von Mal zu Mal kräftiger; heute nährt sie eine tiefe, in den Institutionen fest verankerte Überzeugung, von denen der Abbé de Saint-Pierre uns hier und da einen erfindungsreichen Entwurf geliefert hat, wie der vierte Abschnitt über die Unterscheidung dessen, was wir heute als Primär- und Sekundärrecht bezeichnen, zeigt.

Ein letzter Pinselstrich, um das Porträt dieses Hofgeistlichen mit Herz zu vervollständigen ... Wenn er auch immer wieder der Lächerlichkeit ausgesetzt war, verstand er es bestens, diese Waffe humorvoll gegen die eitlen Diplomaten der damaligen Zeit zu kehren, die ständig mit winzigen Querelen um ihre Vorrangstellung beschäftigt waren (siehe den herrlichen letzten Absatz). So rechtschaffen und großzügig er in seinen Schriften war, war er auch in seinem Leben, in dem er die Maximen, die er lehrte, auch selbst beherzigte. Obwohl er bloß über ein bescheidenes Einkommen verfügte, verwendete er es fast ausschließlich dazu, die Not der Armen zu lindern und seinen in Ungnade gefallenen oder bedürftigen Freunden zu helfen.

Für den Abbé de Saint-Pierre, wie für alle wahren Visionäre, begann die Utopie an der Straßenecke mit der kleinen Almosenschale, die das Unglück der Zeiten oder die Hartherzigkeit der Menschen dem Passanten entgegenstreckt ...

Jakob Heinrich von Lilienfeld,
anonymer Künstler, undatiert.
Baltisches Portrait-Archiv Georg v. Krusenstjern. Bildarchiv Foto Marburg. Deutsches Dokumentationszentrum für Kunstgeschichte. Philipps Universität, Marburg.

Jakob Heinrich von Lilienfeld

Jakob Heinrich von Lilienfeld, Aufklärer und Schriftsteller, geboren am 20. November 1716 in Addinal (heute Estland), gestorben am 1. Juli 1785 in Riga; Sohn von Carl Gustavs von Lilienfeld und seiner Frau Gertrud von Rosencron. 1733 trat er in das Kadettenkorps ein; die Jahre zwischen 1741 und 1743 verbrachte er als Diplomat in Paris. 1746 heiratete er Christina von Fick, Erbin von Oberpahlen und Kawershof, Tochter des Bürgermeisters von Eckernförde. Lilienfeld war Major und Diplomat im Rang eines Geheimen Legationsrats.

Johann Heinrich von Lilienfeld

Neues Staatsgebäude in drey Büchern (1767)

Schiedsgericht (Erstes Buch, 3. Abt. § 79)

Um also die Zwistigkeiten und Beschwerden der Potentaten untereinander auf eine so gerechte als friedsame, auch geschwinde und unfehlbare Weise abzustellen, gleicht nichts einem unparteiischen, klugen, beständigen und gültigen Schieds- oder Friedensgerichte, woselbst alle Arten der Missverständnisse, Rechte, Ansprüche und Uneinigkeiten, die sonst die Kriegsfackel anzuzünden pflegen, zwischen den Souveränen und freien Republiken glimpflich entschieden würden.

Die Fürsten haben bisher das Publikum stillschweigend für ihren Richter erkannt, und durch weitläufig überredende Deduktionen und Memoiren dessen Beifall zu gewinnen gesucht. Wenn sie diese Schriften einem Friedensgerichte übergeben hätten, so wäre die Entscheidung viel unparteiischer und nachdrücklicher gewesen. [...]

Der Gedanke von einem Schiedsgerichte ist an sich nicht ganz neu. Der Baron Bilefeld im zweiten Buche, Kap. IV, § 30, seiner Politik schreibt dem Könige in Frankreich Heinrich dem IV. einen ähnlichen Entwurf zu. Ich unterstehe mich nicht, dieses großen Schriftstellers Urteil darüber kurz und entscheidend zu widerlegen; meine folgende Abhandlung soll es allmählich und um so viel überzeugender tun. Nur dieses erinnere ich hier, dass ein souveräner Herr, da er keine höchste Gewalt über andere Souveränen hat, auch keinen Teil davon durch das Friedensgericht verlieren kann.

Durch die gegebenen Argumente und Exempel der politischen Unmöglichkeit wird mein Plan nicht erschüttert; er bauet diesen und allen übrigen scheinbaren Schwierigkeiten leicht und umständlich vor. Ich bin fest überzeugt, dass die Mächtigen sich keine Gewalt über andere Souveränen zuschreiben und dass ihre rechtmäßige Gewalt über ihre Untertanen durch das Friedensgericht nicht geschwächt, sondern befestiget wird. [...]

Der Wunsch, dass sie einen allgemeinen Beifall finden und brauchbar gemacht werden möge, würde meine Hoffnung überwiegen, wenn die Folgerung des Zukünftigen aus dem Vergangenen jederzeit richtig wäre. Denn die Vorstellung ist bisher so vergeblich als lieblich gewesen, dass das ganze Europa sich vereinige, um den Intrigen, dem Neide, der Feindschaft, Eifersucht, Furcht, Gefahr, Hab- und Ehrbegierde und allen damit verknüpften Vergewaltigungen, Drangsalen und Unglücken der Welt ein immerwährendes Ziel zu setzen, das Mordschwert zu zerbrechen und auf das jämmerlich verspritzte Blut und die morschen Trümmer der Menschen einen Tempel des Friedens und der Glückseligkeit zu bauen. Die Überredung und Möglichkeit der Ausführung erspare ich bis zuletzt. Jetzt wende ich mich zu den Friedensrichtern.

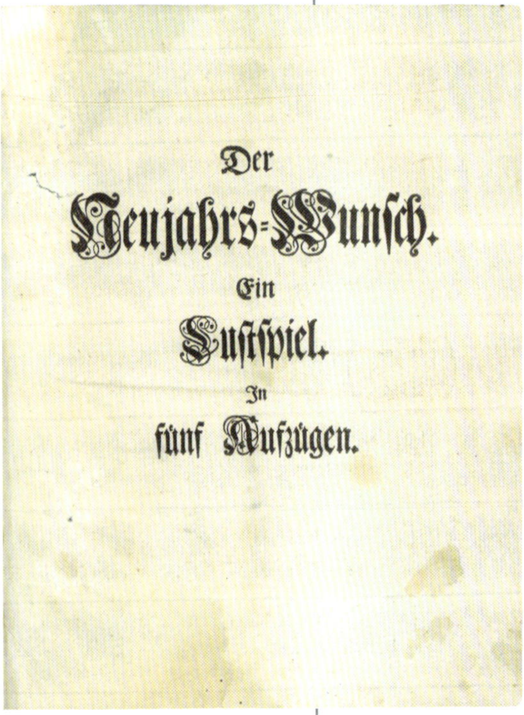
Der Neujahrs-Wunsch. Ein Lustspiel. In fünf Aufzügen.

Der Neujahrs-Wunsch, Jakob Heinrich von Lilienfeld, Titelseite, veröffentlicht in Põltsamaa, 1758. Ein Lustspiel in fünf Aufzügen, in dem sich burleske *Qui pro Quos*, Krise der Preise landwirtschaftlicher Produkte und Gewürze und das Bedürfnis, seinen Partner frei zu wählen, mischen ... Zwischen Unterhaltung und vor-romantischem Sturm und Drang. Bibliothek der Universität Tartu.

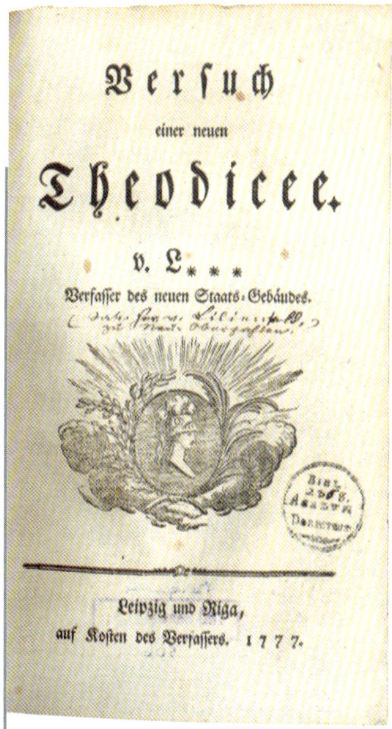
Versuch
einer neuen
Theodicee.
v. L***
Verfasser des neuen Staats-Gebäudes.
Leipzig und Riga,
auf Kosten des Verfassers. 1777.

Versuch einer neuen Theodicee, Jakob Heinrich von Lilienfeld, Titelseite, veröffentlicht in Leipzig und Riga, 1777. Bibliothek der Universität Tartu.

(Drittes Buch, 1. Abt. § 115)

Mein zweites Buch hat den christlichen Mächten zwar die Einigkeit, Friedfertigkeit und Sicherheit unter sich, aber nicht gegen die Barbaren mitgebracht. Es ist nötig, dass erstere den stillen Genuss ihrer innerlichen Ruhe und Ordnung auch äußerlich befestigen; sonst hätten sie den Tempel der Glückseligkeit nur in Libyens Sandwüsten erbauet. [...]

Es ist nicht zu zweifeln, dass diese Barbaren bald von der Wehrlosigkeit Europens den besten Nutzen zögen. [...]

Ich will die Größe der Gefahr und den ganzen Verlust in einen optischen Prospekt zusammenfassen. Religion, Freiheit, Gesetze, Polizei, Wissenschaften, Künste, Zucht, gute Sitten, Wohlstand, Ehre, Vorzüge der Geburt, Ordnung der Stände, Handel, Reichtum, Bequemlichkeit etc., alles würde geschwind oder langsam in Trümmern der Barbarei zerscheitern.

Das heilsamste Mittel hierwider (Drittes Buch, 1. Abt. § 116)

Um keinem so bösen Gestirne unterworfen zu sein und einem solchen Ungewitter zu entgehen, sind keine kräftigere, annehmlichere und leichtere Mittel als die reizenden Errichtungen gewisser Ritterorden. Ich setze hier ganz kurz, was der Verfolg ausgedehnter erweisen wird.

Diese Ordensstiftungen sollen alle gute Absichten erreichen, mit Vergnügen, Bequemlichkeit, Ehre und dauerhaftem Nutzen verknüpft sein und die christlichen Staaten durch ihre geknüpfte Eintracht und weise Veranstaltungen gegen die Barbaren furchtbarer machen, als sie bisher gewesen sind.

Die Versammlungsplätze sollen zu Pflanzstädten der Tugend, Künste und Wissenschaften und zu neuen Adern werden, die dem Herzen der Staaten Glück und Reichtum zuführen. Ein langer Lohn soll die kurze Bemühung der Krieger krönen. Die geläuterte Ehrbegierde soll vorzüglich die Ehre, die Bemühung um ein bequemeres Leben, die Bequemlichkeit und der pflichtmäßige Eifer fürs Vaterland beides zum Preise haben, damit er nicht schmachte, ermüde und unbemerkt und unbelohnt der Saumseligkeit und Trägheit gleich werde.

Ich will den Kriegsstand, nachdem er notwendig geworden, auch so mild und vortrefflich malen, als er vorher in vielen Erwägungen unnütze und gräulich gewesen. *Omne tulit punctum, qui miscuit utile dulce.*

Livoniae novae descriptio, aus *Miroir du Monde ou Epitomé du théâtre du Monde*, veröffentlicht von *Abraham Ortelius* in Amsterdam, 1598. KBR, Préc., Brüssel.

Anita Ziegenhofer-Prettenthaler

An der Grenze der Aufklärung

Der baltische Aufklärer und politische Schriftsteller Jakob Heinrich von Lilienfeld veröffentlichte zunächst Komödien wie beispielsweise *Der Neujahrs-Wunsch* (1758) oder *Uranie oder Die Verwandtschaft der Liebe und Freundschaft* (1766), bevor er im Jahr 1767 ein gewichtiges Werk unter dem Titel *Neues Staats-Gebäude in drey Büchern* veröffentlichte. Dieses Werk kann vielleicht als das „umfassendste deutschsprachige Friedensprojekt des achtzehnten Jahrhunderts" betrachtet werden, auch wenn Leben und Werk seines Autors bisher noch zu wenig eingehend untersucht und erforscht wurde.

In den drei Büchern dieser neuen „Staats-Architektur" entwickelte Lilienfeld seine politischen Gedanken und Ideale auf durchaus anschauliche Weise; seine Überlegungen gipfelten schließlich in der Forderung nach einer universalen Friedensordnung. Zu diesem Postulat kam Lilienfeld auf Grundlage einer umfangreichen Darstellung des Kriegs- und Soldatenwesens, aus der er die These ableitete, dass die stetige Vervollkommnung der Waffentechnik den Frieden in Europa massiv bedrohe. Lilienfelds Rezensenten erklärten ihn für einen Schüler des Abbé de Saint-Pierre, wohl auch deshalb, weil beiden Autoren viele Gedanken gemeinsam waren: etwa die Schaffung eines Völkerbundes, die Forderung nach Abrüstung innerhalb von Europa oder die Ausgrenzung nichtchristlicher Nationen aus einer neu zu bildenden Föderation. Lilienfeld war – wie viele Vertreter der Aufklärung und Theoretiker einer politischen Neugestaltung Europas – ein Anhänger der Philosophie Rousseaus, der bekanntlich den Plan des Abbé de Saint-Pierre in kommentierter Form erneut aufgelegt hatte.

In seiner Friedenstheorie griff Lilienfeld ein Thema auf, das seit Pierre Dubois eine Hauptforderung aller Pläne zur Einigung Europas bildete: die Forderung nach Schaffung eines Schiedsgerichts zur friedlichen Beilegung von Konflikten. Diese Forderung, die 1625 von dem Völkerrechtler Hugo Grotius erstmals erhoben und ausführlich begründet wurde, ist heute im *„International Court of Justice"* in Den Haag verwirklicht. Offenkundig schätzte Lilienfeld die Funktion der Friedensrichter so hoch ein, dass er glaubte, ihr Zölibat verlangen zu müssen; diese Forderung klingt heute absurd, spiegelt aber doch die – seit der Antike – verbreitete Angst vor den Einflüssen durch (aristokratische) Systeme der Verwandtschaft, des Nepotismus und der Genealogie. Eine weitere Forderung, die der baltische

Diplomat erhob, bezog sich auf die Schaffung einer europäischen Föderation mit einem höchsten Gerichtshof. Seit 1952 ist nun auch dieser Gerichtshof – durch Gründung des Europäischen Gerichtshofes – politische Realität geworden.

Wie zahlreiche Europa-Denker vor ihm erblickte auch Lilienfeld in der instabilen Ostgrenze eine Bedrohung für die europäische Kultur. Von dieser Grenze aus drängten die „Barbaren und Unchristen" – darunter verstand Lilienfeld vor allem die Türken, die zuletzt 1683 vor Wien gestanden hatten – nach Europa vor. Lilienfeld griff hier auf die christliche Tradition Europas zurück und forderte als „Heilmittel gegen diese Bedrohung" die „Errichtung gewisser Ritterorden". Diese Ritterorden sollten der Bekehrung der Barbaren und darüber hinaus der Kultivierung der christlichen Länder dienen. Lilienfeld erinnerte jedoch an dieser Stelle nicht nur an die christliche Tradition Europas, sondern auch an die Organisationsform der mittelalterlichen Kreuzzüge; jenseits von jüngsten Diskussionen über die christliche Identität Europas oder die Frage, ob Gott in der Präambel der europäischen Verfassung genannt werden solle, verließ Lilienfeld in seiner Forderung nach „Errichtung gewisser Ritterorden" den Boden der Aufklärung, der vom Ideal der Toleranz auch gegenüber den östlichen Kulturen geprägt war: von Montesquieu und seinen Lettres persanes (von 1721) bis zu Herders Briefe(n) zur Beförderung der Humanität (erschienen in zehn Sammlungen zwischen 1791 und 1797). – Nicht zufällig musste Lilienfeld nun auch den „Kriegsstand" ebenso „mild und vortrefflich malen", als er ihn „vorher in vielen Erwägungen unnütze und gräulich" dargestellt hatte ...

Ball der Nationen Europas, Fächer, 1733. Bibliothèque nationale de France, Paris.

Jeremy Bentham,
Skizze auf Papier, anonymer Künstler, 1832.
Bentham Collection: UCL Library Services, London.

Jeremy Bentham

Jeremy Bentham, englischer Philosoph und Jurist, geboren am 15. Februar 1748 in London, gestorben am 6. Juni 1832 ebenda, gilt als Begründer des Utilitarismus. Er studierte bereits mit zwölf Jahren an der Universität Oxford, wurde 1772 Anwalt, arbeitete jedoch nie in seinem Beruf, sondern entwarf u. a. radikale Reformen für Verfassung und Strafgesetzgebung. Er war der Führer der politisch einflussreichen, so genannten „Philosophischen Radikalen", seine Ideen beeinflussten, neben anderen Philosophen wie William James und John Stuart Mill, sowohl die amerikanische Verfassung als auch die Revolution in Frankreich. Sein gesamtes Vermögen schenkte er der Universität London.
Werke: *In Defense of Usury* (1787), Grundsätze für ein Völkerrecht und einen dauerhaften Frieden (1786–1789), *Introduction to the Principles of Morals and Legislation* (1789).

Jeremy Bentham

Grundsätze für Völkerrecht und Frieden (1786-89)

Ein Plan für einen allgemeinen und dauernden Frieden

Die Aufgabe dieses Versuches ist, der Welt einen Plan für einen allgemeinen und dauernden Frieden vorzulegen. Die Erdkugel ist das Herrschaftsgebiet, nach dem der Autor strebt, die Druckerpresse ist das Geschütz, und zwar das einzige, das er verwendet, das Ministerium der Menschheit der Schauplatz seiner Intrigue. [...]

Der folgende Plan hat zwei fundamentale Vorschläge zur Grundlage:

1. Die Reduktion und Festlegung der Streitkräfte der verschiedenen Nationen, die das europäische System bilden.
2. Die Emanzipation der entfernt gelegenen Kolonien jedes Staates.

Über die Nützlichkeit eines solchen allgemeinen und dauernden Friedens, angenommen, ein Plan hierfür wäre praktisch durchführbar und seine Annahme wahrscheinlich, kann nur eine Stimme herrschen. Der Einwand, und der einzige Einwand dagegen ist seine anscheinende Unausführbarkeit, dass er nämlich nicht nur hoffnungslos sei, sondern dies so sehr, dass jeder Vorschlag in dieser Richtung den Namen „verstiegen" und „lächerlich" verdiene. Diesen Einwand will ich zunächst trachten zu beseitigen, denn die Widerlegung dieses Vorurteils dürfte nötig sein, um dem Plane Gehör zu versichern.

Was kann geeigneter sein, die Gemüter für die Aufnahme eines solchen Vorschlags empfänglicher zu machen als der Vorschlag selbst?

Man wende nicht ein, die Zeit sei nicht reif für einen solchen Vorschlag; je mehr ihr zur Reife fehlt, desto früher müssen wir beginnen, alles zu tun, was getan werden kann, um sie zur Reife zu bringen, desto mehr sollten wir dazu tun. Ein Vorschlag dieser Art ist eines von den Dingen, die nie zu früh und nie zu spät kommen können. [...]

Prämissen

Das Ziel, das wir vor Augen haben, ist, drei große Dinge zu empfehlen: 1. Vereinfachung der Verwaltung, 2. nationale Genügsamkeit (*national frugality*), 3. Frieden. Überlegung hat mich von der Wahrheit folgender Sätze überzeugt:

[...] dass unter der Voraussetzung eines vollkommenen Einverständnisses zwischen Frankreich und England die Hauptschwierigkeiten für die Verwirklichung eines Plans für den allgemeinen und dauernden Frieden für ganz Europa beseitigt wären, dass zur Aufrechterhaltung einer solchen Pazifikation allgemeine und dauernde Verträge formuliert werden könnten, welche die Zahl der zu haltenden Truppen beschränken würde, dass die Aufrechterhaltung einer solchen Pazifikation erheblich erleichtert werden könnte durch Einrichtung eines gemeinsamen Gerichtshofes zur Entscheidung von Streitigkeiten zwischen den verschiedenen Nationen, obgleich ein solcher Gerichtshof nicht mit einer Zwangsgewalt auszustatten wäre, dass die Geheimhaltung in den Vorkehrungen des Auswärtigen Amtes in England nicht zu dulden wäre, denn sie ist völlig nutzlos und widerstreitet in gleicher Weise den Interessen der Freiheit wie des Friedens. [...]

Frieden, Kupferstich von C. Josi, undatiert. Die Allegorie des Friedens erhebt sich über die dunklen Wolken und sogleich ergießen Überfluss und Handel ihre Wohltaten über die Welt. KBR, Est., Brüssel.

Die Ziele des Plans

Ein Hauptwerk dieses Plans ist, eine Herabminderung – und zwar eine beträchtliche – der Steuerlast des Volkes herbeizuführen. Die Höhe der Reduktion für jede Nation sollte im Vertrage stipuliert sein, und sogar schon vor Unterzeichnung des Übereinkommens könnten Gesetze zu diesem Zwecke bei jeder Nation vorbereitet und allen anderen vorgelegt werden, fertig, um in Kraft gesetzt zu werden, sobald das Übereinkommen in den einzelnen Staaten ratifiziert wird.

Durch diese Mittel würde die Volksmasse, der Teil, der am meisten dem ausgesetzt ist, durch Vorurteile verführt zu werden, nicht eher von der Maßregel in Kenntnis gesetzt werden, als bis sie die Entlastung fühlten, die sie ihnen brächte. Sie würden sehen, dass sie zu ihrem Vorteil gedacht war und dass sie keinen andern Zweck verfolgen könne. […]

Was, wenn nachher doch Kriege entstehen? – Die inzwischen gemachten Ersparungen werden nichtsdestoweniger reiner Gewinn sein.

Obwohl bei der Erzeugung der Kriegslust ungerechter Ehrgeiz einen viel zu großen Anteil hatte, so muss man doch anerkennen, dass Argwohn, ehrlicher und aufrichtiger Argwohn auch einen nicht unbeträchtlichen Anteil hatte. Das gemeine Vorurteil, genährt durch Leidenschaft, bezeichnet das Herz als den Sitz aller sittlichen Krankheiten, über die es klagt; aber der Hauptsitz und der häufigere ist der Kopf: Aus Torheit und Schwäche weichen die Menschen häufiger vom Pfade des Rechten ab als aus Selbstsucht und Übelwollen. Das ist ein Glück; denn die Macht der Belehrung und der Vernunft über Irrtum und Unwissenheit ist viel größer und sicherer als die der Ermahnung und aller Künste der Rhetorik über Selbstsucht und Übelwollen.

Nur deshalb, weil wir nicht wissen, welch starke Motive andere Nationen haben, gerecht zu sein, welche bündigen Beweise sie von ihrer Geneigtheit, gerecht zu sein, gegeben haben, wie oft wir selber von den Regeln der Gerechtigkeit abgewichen sind, nehmen wir als bewiesen, als eine unbestreitbare Wahrheit an, dass die Grundsätze der Ungerechtigkeit dem innersten Wesenskern anderer Menschen eingepflanzt sind. [...]

Die Schaffung eines gemeinsamen Gerichts oder Kongresses

Jemand bemerkt, dass keine Nation einer anderen nachgeben sollte in einem Punkte, in dem sie evidentermaßen im Rechte ist. Das muss den Sinn haben: evident im Sinne der Nation, an welche das Ansinnen herantritt, nachzugeben. Wozu führt dies? Dass keine Nation irgendetwas aufzugeben hätte, was sie als ihr Recht ansieht, dass keine Nation Konzessionen zu machen hätte. Wo immer eine Meinungsverschiedenheit zwischen den Geschäftsträgern zweier Nationen besteht, hätte der Krieg einzutreten.

Solange es keinen gemeinsamen Gerichtshof gibt, lässt sich manches dafür anführen. Nachgiebigkeit gegenüber notorischer Ungerechtigkeit ruft neue Ungerechtigkeit hervor. Man errichte einen gemeinsamen Gerichtshof, und die Notwendigkeit des Krieges folgt nicht mehr aus der Verschiedenheit der Meinungen. Gerecht oder ungerecht, die Entscheidung des Schiedsrichters wird das Ansehen, die Ehre der Streitpartei wahren.

Kann die vorgeschlagene Einrichtung berechtigterweise fantastisch genannt werden, wenn von ihr bewiesen ist:

1. dass sie im Interesse der beteiligten Parteien liegt,
2. dass sie dieses Interesse bereits merklich empfinden,
3. dass die Lage, in die sie dadurch kämen, keineswegs neu, noch anders wäre als die ursprüngliche Lage, von der sie ausgehen?

Schwierige und komplizierte Vereinbarungen sind verwirklicht worden; als Beispiele wären anzuführen: die bewaffnete Neutralität, die amerikanische Konföderation, der Deutsche Reichstag, die Schweizer Eidgenossenschaft. Warum sollte nicht die europäische Brüderschaft bestehen können, ebenso gut wie der Deutsche Reichstag oder der Schweizer Bund? [...]

Die Zusammensetzung und das Funktionieren des Kongresses

Ein solcher Kongress oder Reichstag könnte in der Weise eingerichtet werden, dass jede Macht zwei Deputierte an den Versammlungsort entsendete; der eine von ihnen hätte der eigentliche Vertreter zu sein, der andere als gelegentlicher Substitut einzutreten. Die Verhandlungen eines solchen Kongresses oder Reichstages sollten alle öffentlich sein.

Die Macht des Kongresses

Seine Macht bestände darin:

1. seine Ansicht abzugeben;
2. dafür zu sorgen, dass diese Ansicht in jedem Staatsgebiet verbreitet wird.

Manifeste sind allgemein gebräuchlich; ein Manifest ist bestimmt, entweder von den Angehörigen des Staates, über den man sich zu beklagen hat, gelesen zu werden, oder von anderen Staaten oder von beiden. Es ist ein Appell an sie, ruft ihre Meinung an. Der Unterschied gegenüber meiner Anregung ist, dass in diesem Falle kein Beweis gegeben wird, keine Ansicht ordnungsgemäß bekannt gemacht wird.

Das Beispiel Schwedens ist allein genügend, den Einfluss zu zeigen, den Verträge, Staatsakte auf die Angehörigen der verschiedenen Nationen haben können und wieweit das Auskunftsmittel, von dem wir sprechen, als schwach bezeichnet werden kann, oder der Vorschlag, es anzuwenden und ihm zu vertrauen, als schimärisch. [...]

3. Nach einer gewissen Zeit darin, dass der widerspenstige Staat in den Bann Europas getan wird.

Vielleicht wäre es kein Nachteil, als ein letztes Hilfsmittel, das Kontingent zu bestimmen, das jeder Staat zur Erzwingung der Beschlüsse des Gerichtshofes zu liefern hätte. Aber die Notwendigkeit, dieses Mittel anzuwenden, würde menschlicher Voraussicht nach für immer überflüssig gemacht werden durch das einfachere und weniger belastende Mittel, in die Abmachung, durch welche ein solcher Gerichtshof errichtet wird, eine Klausel aufzunehmen, wodurch die Pressfreiheit in jedem Staate garantiert wird derart, dass der Kongress kein Hindernis fände, in jedem Staate jedem seiner Beschlüsse und jedem Blatte, das er mit seiner Unterschrift zu sanktionieren für gut fände, die weiteste und unbeschränkteste Verbreitung zu geben.

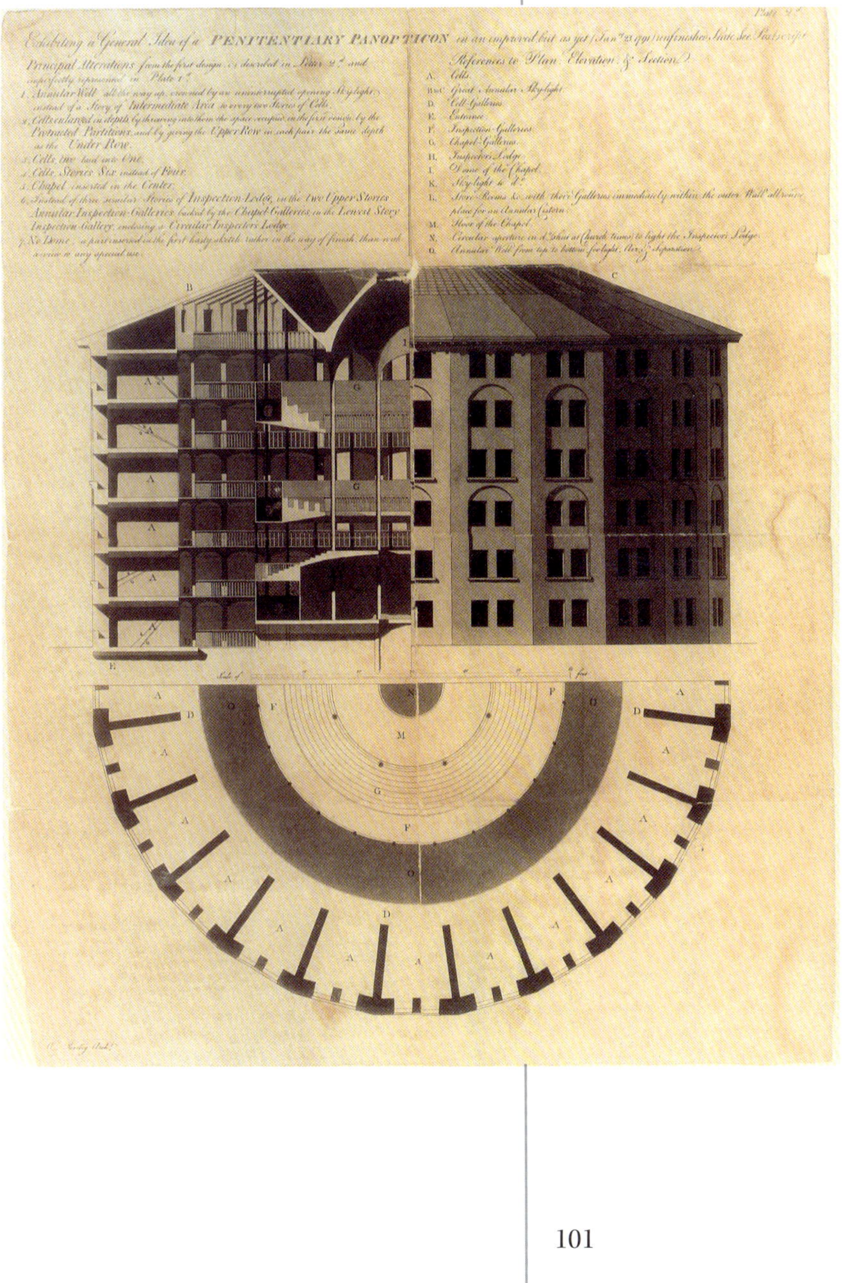

Manuskript des *Penitentiary Panopticon plan (Entwurf für ein panoptisches Gefängnis),* J. Bentham, undatiert. Bereits 1785 entwirft J. Bentham ein System für ein Modellgefängnis, in dem jeder Häftling permanent von unsichtbaren Wächtern überwacht wird. Das *Panopticon* umfasste ebenfalls Entwürfe für Armenhäuser. Bentham Collection: UCL Library Services, London.

Guy Milton

Zwischen utilitaristischer Analyse und idealistischem Entwurf

Man kann in Jeremy Bentham die Verkörperung zahlreicher Widersprüche sehen. In seinem Denken mischt sich der Idealismus seiner Zeitgenossen Abbé de Saint Pierre und Rousseau mit einer tüchtigen, eher an Machiavelli und Hobbes orientierten Portion Realismus. Er galt als nüchterne und distanzierte Persönlichkeit, bemühte sich aber, viele politische Führer seiner Zeit für seine Ideen zu gewinnen. In seinen Schriften wandte er sich gegen das vermeintliche Durcheinander der zeitgenössischen Jurisprudenz, in das er Ordnung bringen wollte, und doch hinterließ er eine enorme Fülle von Manuskripten, die vielfach ohne inhaltlichen Zusammenhang waren und nur wenig Sinn für Ordnung verrieten. Aus all diesen Gründen fällt es schwer, Benthams Leben und Werk, nicht zuletzt seinen Plan für einen universalen und ewigen Frieden, zu interpretieren. Dennoch steht außer Frage, dass er einen wesentlichen Beitrag zum politischen Denken geleistet hat, insbesondere durch den von ihm entwickelten Utilitarismus.

Die Wende vom 18. zum 19. Jahrhundert war eine Zeit tiefgreifenden Wandels innerhalb und außerhalb Europas. Die Französische Revolution weckte nicht allein in England Befürchtungen um die Stabilität der Verfassungsordnung (die dann zusätzlich durch die Napoleonischen Kriege gefährdet wurde), sondern gab auch den Anstoß zu bedeutenden geistigen Reflexionen über das Wesen der Politik und des Staates. Gleichzeitig veranlasste die Amerikanische Revolution, das Wesen der Kolonialherrschaft in Frage zu stellen. Beide Revolutionen begünstigten einen Idealismus, der aus den erregenden Möglichkeiten erwuchs, ein völlig neues, modernes politisches System zu schaffen. All dies geschah vor dem Hintergrund tiefgreifender wirtschaftlicher und gesellschaftlicher Veränderungen, die von der beginnenden indus-triellen Revolution ausgelöst wurden.

So sehr Bentham auch in die Umwälzungen der Staatenwelt verwickelt war und ungeachtet des Ansehens, das er sich innerhalb und außerhalb Großbritanniens erwarb, hielt er doch sein Leben lang an einem eigenbrötlerischen, klösterlichen Lebensstil fest. Nachdem er die Befähigung zum Anwaltsberuf erworben hatte, beraubte dessen Alltag ihn jedoch rasch seiner Illusionen. Mit Verachtung erfüllte ihn besonders die Selbstgefälligkeit, die viele Anwälte an den Tag legten, namentlich Sir William Blackstone, der zu den führenden Autoritäten des Faches zählte. So wurde er, statt als Anwalt zu arbeiten, zu einem der schärfsten Kritiker seines Standes. Sein erstes veröffentlichtes Werk, *A Fragment of Government*, war eine polemische Kritik an der zeitgenössischen Jurisprudenz im Allgemeinen (mit einem vernichtenden Urteil über die Naturrechtslehre) und eine Anklage gegen Blackstone im Besonderen. Weiterentwickelt wurden diese Argumente in dem berühmtesten Werk Benthams, der *Introduction to the Principles of Morals and Legislation*, das, in den siebziger Jahren entstanden, erst 1789 veröffentlicht wurde. Darin legte er definitiv die Lehre des Utilitarismus dar (mit der berühmten Formel vom

„größtmöglichen Glück für die größtmögliche Zahl", die sie ermöglichen würde), jene Lehre, der er seine Bekanntheit verdankt. Bentham weicht von der Auffassung seines Zeitgenossen Kant ab, denn er verwirft rundheraus den Gedanken, dass der Mensch von Natur aus mit einem sittlichen Empfinden ausgestattet sei. Er zieht es vor, die Moral durch die Nützlichkeit zu definieren. Seine *Introduction* leitet er mit der folgenden Erklärung ein: „Die Natur hat die Menschheit unter die Herrschaft zweier überragender Motive gestellt, Vorteil und Vergnügen. Sie allein zeigen uns, was wir tun sollten, und sie bestimmen, was wir tun müssen. An ihrem Thron sind einerseits der Maßstab von Recht und Unrecht und andererseits die Ketten von Ursachen und Wirkungen festgemacht. Sie regieren uns in allem, was wir tun, in allem, was wir sagen, in allem, was wir denken, und das Prinzip der Nützlichkeit erkennt diese Abhängigkeit an."

Wegen dieser scheinbaren Betonung des Eigennutzes rechnet man Bentham zur „realistischen" Tradition. Er entzieht sich jedoch einer solchen Etikettierung. Viele seiner eher praktischen Vorschläge, so etwa die Gefängnisreform, die Armenhilfe, das allgemeine Wahlrecht und die Entkriminalisierung der Homosexualität, zeugen von einem wenn nicht idealistischen, so doch wenigstens visionären Charakter. Die in seinem *Plan for a Universal and Perpetual Peace* (Plan für einen allgemeinen und dauernden Frieden) enthaltenen Ideen sind dementsprechend sowohl realistisch als auch idealistisch.

Benthams utilitaristische Haltung machte sich auch in seiner Arbeit über die Souveränität geltend. Er, der den Ausdruck *„international law"* (Völkerrecht) geprägt haben soll, verwarf die Idee, dass Staaten genau wie Personen einem allgemeinen Völkerrecht unterworfen seien; vielmehr beruhten die internationalen Beziehungen für ihn auf der uneingeschränkten Souveränität von Nationalstaaten. Daher seine Auffassung, das Verhalten von Privatpersonen falle aus dem Rahmen des Völkerrechts heraus, die er ironischerweise gerade in dem Augenblick entwickelte, da die Französische Revolution dem Individuum universale Rechte zugestand und der amerikanische Kongress Privatpersonen ermächtigte, Klagen nach dem Völkerrecht anzustrengen.

Seinen Plan verfasste Bentham zwischen 1786 und 1789, doch erst 1843 wurde er veröffentlicht. Eine leichte Lektüre ist er nicht. Das liegt vor allem daran, dass diese Arbeit – wie auch die übrigen Werke Benthams – von Sir John Bowring bearbeitet wurde, einem Diplomaten ohne akademisches Studium, der sich gegen Benthams Manuskripte offenbar einige Freiheiten erlaubte. Bowring besorgte eine Kompilation von Benthams Schriften, die 1843 herauskam und unge-

Minerve donnant une leçon de folie, Öl auf Porzellan, Piat Sauvage, Musée des Beaux-Arts, Tournai.

achtet ihrer Fehler zum allseits zitierten Standardtext wurde. Eine der Folgen von Bowrings Bearbeitung war, dass Brocken aus drei eigenständigen Abhandlungen – *Pacification and Emancipation, Colonies and Navy* und *Cabinet No Secresy* – durch eine neue Anordnung den einen Text ergaben, den wir unter dem Titel des Plans kennen. Bentham eigentlicher Plan geriet auf diese Weise zwischen Argumente für die Freiheit der Kolonien und ein eindrucksvolles Plädoyer für weniger Geheimhaltung im Staat. Die Hauptelemente des Plans sind zwar einigermaßen klar, doch bleibt es Sache der Interpretation, in welchem Verhältnis sie zueinander stehen und wie sie sich nach Benthams Absicht zu den zwar verwandten, aber doch eigenständigen Themen „Kolonialismus" und „Geheimhaltung" verhalten.

Im Rahmen seiner Beschäftigung mit den internationalen Beziehungen untersuchte Bentham außer dem Wesen der Souveränität auch die Frage, wie die Beziehungen zwischen Nationalstaaten geregelt werden können, und speziell, wie der Frieden gesichert werden kann. Dafür entwickelte er die Ideen, die im Plan enthalten sind. Diesen begründet er praktisch mit dem utilitaristischen Argument, der Krieg sei die größte Ursache von Leiden, und wenn die Kriegsgefahr beseitigt werde, komme das in Gestalt einer Senkung der „Kontributionen des Volkes" jedermann zugute (wahrscheinlich ein direkter Appell an die Massen über ihren Geldbeutel). Bentham pariert sogar vorweggenommene Angriffe gegen seinen Plan, zum Beispiel den Vorwurf, er sei eine bloße Vision, mit dem Argument, die Staaten würden den Plan aus reinem Eigennutz übernehmen.

Allerdings hat Benthams Plan wie erwähnt durchaus idealistische Elemente. In seinem Zentrum steht die Schaffung eines gemeinsamen Gerichts oder Kongresses. Hier sollte sich nach seinen Intentionen die öffentliche Meinung artikulieren, aber wie das genau funktionieren und was genau damit erreicht werden sollte, ist unklar. Das Gericht hat keinen Zugriff auf Sanktionen oder andere Mechanismen der Friedenssicherung, sondern ist darauf angewiesen, dass die öffentliche Meinung die Politik zu beeinflussen vermag, und zwar positiv. Benthams möchte, dass die Öffentlichkeit Zugang zu politischen Entscheidungsprozessen bekommt, und aus diesem Grund tritt er später (im stimmigsten Teil der Arbeit) nachdrücklich dafür ein, die Geheimhaltung abzuschaffen. Besonders bedenklich findet er die Geheimhaltungspraxis der britischen Diplomatie, und an anderer Stelle bemerkt er, er habe die *Leyden Gazette* lesen müssen, um zu erfahren, was in seinem eigenen Land geschieht.

Benthams Plan mag manches enthalten, das ebenso widersprüchlich und unklar ist wie der Urheber selbst. Dennoch brachte er wie seine Zeitgenossen Abbé de Saint Pierre und Kant Ideen hervor, deren Einfluss weit über den Inhalt des Plans hinausgehen sollte. Von manchen wird Bentham zu denjenigen gezählt, die die Saat ausbrachten, aus der der Völkerbund hervorging. Sein fortwährender Einfluss hat vielleicht auch mit seiner allgemeineren, bisher aber relativ unbekannten Arbeit über Souveränität und internationale Beziehungen zu tun, von der der Plan inspiriert ist. Vielleicht hängt er aber auch zusammen mit der Mischung aus Realismus und Idealismus, die den Plan prägt, eine Mischung, die sich mehr oder weniger in allen Vorschlägen für eine europäische Integration findet, auch denen, die schließlich Realität geworden sind, eine Mischung, die für deren bleibende Relevanz sorgt.

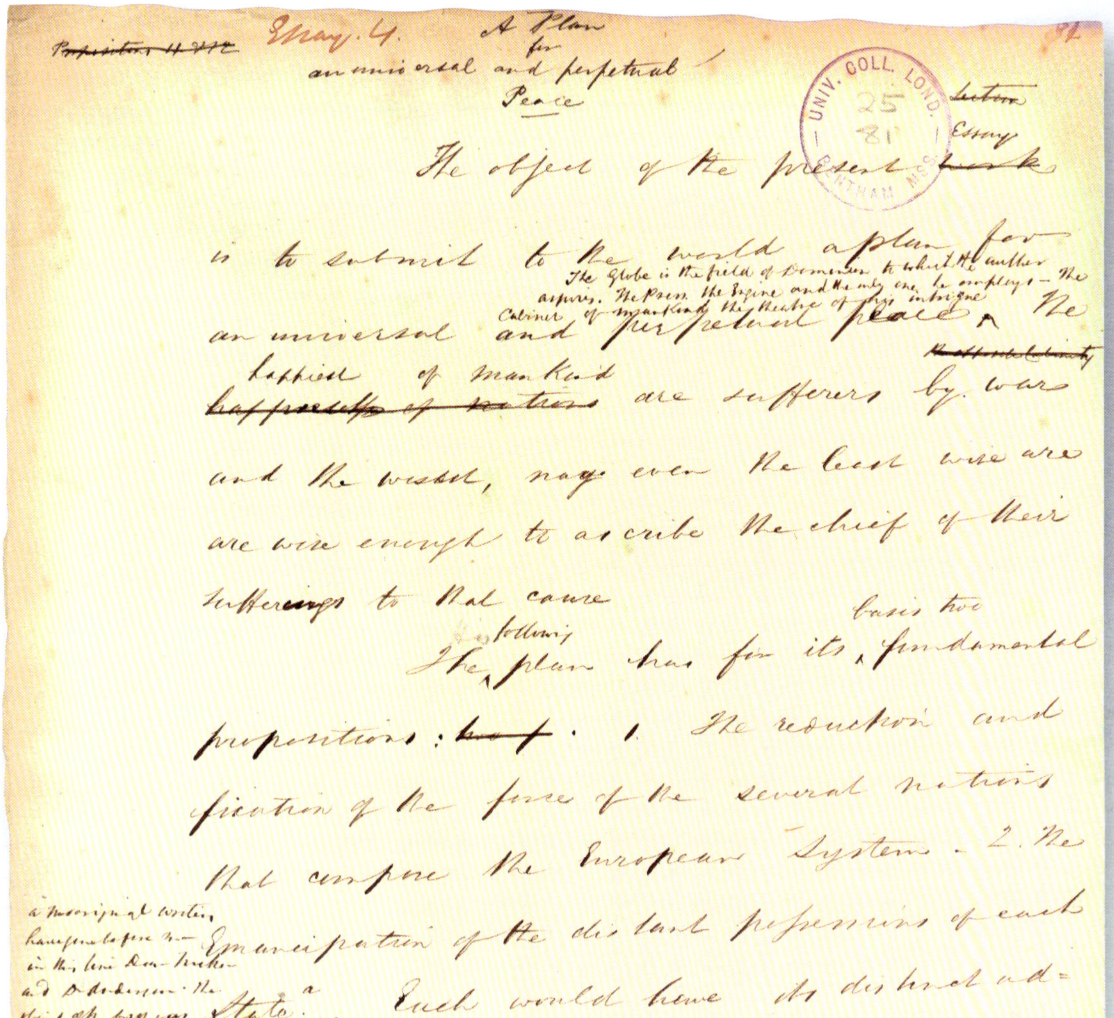

Manuskript der ersten Seite von *A Plan for Universal and Perpetual Peace*, 1786-1789.
J. Bentham zieht es letztendlich vor, seine Arbeit als „Essay" zu bezeichnen.
Bentham Collection: UCL Library Services, London.

Immanuel Kant,
anonymer Künstler, Radierung auf Papier, undatiert.
KBR, Est., Brüssel.

Immanuel Kant

Immanuel Kant, deutscher Philosoph, geboren am 22. April 1724 in Königsberg (heute Kaliningrad), gestorben am 12. Februar 1804 ebenda, studierte 1740 –1745 Philosophie, Mathematik und Naturwissenschaften, arbeitete danach als Privatdozent und ab 1770 als Professor für Logik und Metaphysik in Königsberg. Kant gilt als bedeutendster Philosoph der Aufklärung, wobei man eine vorkritische und eine kritische Periode unterscheidet. Die moderne Philosophie beginnt mit seinem Kritizismus: In Absetzung von David Humes Empirismus kritisierte er den naiven Glauben von Rationalismus und Empirismus und leitete damit die „kopernikanische Wende" ein. Mit seiner wegweisenden erkenntnistheoretischen Schrift *Kritik der reinen Vernunft* (1781), der ästhetiktheoretischen *Kritik der Urteilskraft* (1790) und den moralphilosophischen Schriften *Kritik der praktischen Vernunft* (1788) und *Metaphysik der Sitten* (1797) ist er bis heute der einflussreichste und umstrittenste Philosoph der westlichen Geistesgeschichte geblieben.

Immanuel Kant

Idee zu einer allgemeinen Geschichte in weltbürgerlicher Absicht (1784)

Die Natur hat also die Unvertragsamkeit der Menschen, selbst der großen Gesellschaften und Staatskörper dieser Art Geschöpfe wieder zu einem Mittel gebraucht, um in dem unvermeidlichen Antagonism derselben einen Zustand der Ruhe und Sicherheit auszufinden; d. i. sie treibt durch die Kriege, durch die überspannte und niemals nachlassende Zurüstung zu denselben, durch die Not, die dadurch endlich ein jeder Staat selbst mitten im Frieden innerlich fühlen muss, zu anfänglich unvollkommenen Versuchen, endlich aber nach vielen Verwüs-tungen, Umkippungen und selbst durchgängiger innerer Erschöpfung ihrer Kräfte zu dem, was ihnen die Vernunft auch ohne so viel traurige Erfahrung hätte sagen können, nämlich: aus dem gesetzlosen Zustande der Wilden hinaus zu gehen und in einen Völkerbund zu treten; wo jeder, auch der kleinste Staat seine Sicherheit und Rechte nicht von eigener Macht, oder eigener rechtlichen Beurteilung, sondern allein von diesem großen Völkerbunde (Foedus Amphictyonum), von einer vereinigten Macht und von der Entscheidung nach Gesetzen des vereinigten Willens erwarten könnte. So schwärmerisch diese Idee auch zu sein scheint und als eine solche an einem Abbé von St. Pierre oder Rousseau verlacht worden (vielleicht, weil sie solche in der Ausführung zu nahe glaubten): so ist es doch der unvermeidliche Ausgang der Not, worein sich Menschen einander versetzen, die die Staaten zu eben der Entschließung (so schwer es ihnen auch eingeht) zwingen muss, wozu der wilde Mensch eben so ungern gezwungen ward, nämlich: seine brutale Freiheit aufzugeben und in einer gesetzmäßigen Verfassung Ruhe und Sicherheit zu suchen.

Kaiserin Maria-Theresia von Österreich, Martin II Van Myten, (Stockholm 1695 - Wien 1770), Öl auf Leinwand.

Über den Gemeinspruch: Das mag in der Theorie richtig sein, taugt aber nicht für die Praxis (1793)

Die menschliche Natur erscheint nirgend weniger liebenswürdig, als im Verhältnisse ganzer Völker gegen einander. Kein Staat ist gegen den andern wegen seiner Selbstständigkeit oder seines Eigentums einen Augenblick gesichert. Der Wille einander zu unterjochen oder an dem Seinen zu schmälern ist jederzeit da; und die Rüstung zur Verteidigung, die den Frieden oft noch drückender und für die innere Wohlfahrt zerstörender macht, als selbst den Krieg, darf nie nachlassen. Nun ist hierwider kein anderes Mittel, als ein auf öffentliche mit Macht begleitete Gesetze, denen sich jeder Staat unterwerfen müsste, gegründetes Völkerrecht (nach der Analogie eines bürgerlichen oder Staatsrechts einzelner Menschen) möglich; – denn ein dauernder allgemeiner Fried, durch die so genannte Balance der Mächte in Europa ist, wie Swifts Haus, welches von einem Baumeister so vollkommen nach allen Gesetzen des Gleichgewichts erbauet war, dass, als sich ein Sperling drauf setzte, es sofort einfiel, ein bloßes Hirngespinst. – „Aber solchen Zwangsgesetzen, wird man sagen, werden sich Staaten doch nie unterwerfen; und der Vorschlag zu einem allgemeinen Völkerstaat, unter dessen Gewalt sich alle einzelne Staaten freiwillig bequemen sollen, um seinen Gesetzen zu gehorchen, mag in der Theorie eines Abbé von St. Pierre, oder eines Rousseau noch so artig klingen, so gilt er doch nicht für die Praxis: wie er denn auch von großen Staatsmännern, mehr aber noch von Staatsoberhäuptern als eine pedantisch-kindische aus der Schule hervorgetretene Idee jederzeit ist verlacht worden."

Ich meinerseits vertraue dagegen doch auf die Theorie, die von dem Rechtsprinzip ausgeht, wie das Verhältnis unter Menschen und Staaten sein soll, und die den Erdengöttern die Maxime anpreiset, in ihren Streitigkeiten jederzeit so zu verfahren, dass ein solcher allgemeiner Völkerstaat dadurch eingeleitet werde, und ihn also als möglich (in praxi), und dass er sein kann, anzunehmen; – zugleich aber auch (in subsidium) auf die Natur der Dinge, welche dahin zwingt, wohin man nicht gerne will (fata volentem ducunt, nolentem trahunt). Bei dieser letzteren wird dann auch die menschliche Natur mit in Anschlag gebracht: welche, da in ihr immer noch Achtung für Recht und Pflicht lebendig ist, ich nicht für so versunken im Bösen halten kan, oder will, dass nicht die moralisch-praktische Vernunft nach vielen misslungenen Versuchen endlich über dasselbe siegen und sie auch als liebenswürdig darstellen sollte. So bleibt es also auch in kosmopolitischer Rücksicht bei der Behauptung: Was aus Vernunftgründen für die Theorie gilt, das gilt auch für die Praxis.

Zum ewigen Frieden (1795)

Das Völkerrecht soll auf einen Föderalism freier Staaten gegründet sein. Völke, als Staate, können wie einzelne Menschen beurteilt werden, die sich in ihrem Naturzustande (d. i. in der Unabhängigkeit von äußern Gesetzen) schon durch ihr Nebeneinandersein lädieren, und deren jede, um seiner Sicherheit wille, von dem andern fordern kann und soll, mit ihm in ein, der bürgerlichen ähnlich, Verfassung zu treten, wo jedem sein Recht gesichert werden kann. Dies wäre ein Völkerbund, der aber gleichwohl kein Völkerstaat sein müsste. Darin aber wäre ein Widerspruch: weil ein jeder Staat das Verhältnis eines Oberen (Gesetzgebenden) zu einem Unteren (Gehorchenden, nämlich dem Volk) enthält, viele Völker aber in einem Staate nur ein Volk ausmachen würden, welches (da wir hier das Recht der Völker gegen einander zu erwägen haben, so fern sie so viel verschiedene Staaten ausmachen und nicht in einem Staat zusammenschmelzen sollen) der Voraussetzung widerspricht.

Gleichwie wir nun die Anhänglichkeit der Wilden an ihre gesetzlose Freiheit, sich lieber unaufhörlich zu balgen, als sich einem gesetzlichen, von ihnen selbst zu konstituierenden Zwange zu unterwerfen, mithin die tolle Freiheit der vernünftigen vorzuziehen, mit tiefer Verachtung ansehen und als Rohigkeit, Ungeschliffenheit und viehische Abwürdigung der Menschheit betrachten, so, sollte man denken, müssten gesittete Völker (jedes für sich zu einem Staat vereinigt) eilen, aus einem so verworfenen Zustande je eher desto lieber herauszukommen: stattdessen aber setzt vielmehr jeder Staat seine Majestät (denn Volksmajestät ist ein ungereimter Ausdruck) gerade darin, gar keinem äußeren gesetzlichen Zwange unterworfen zu sein, und der Glanz seines Oberhaupts besteht darin, dass ihm, ohne dass er sich eben selbst in Gefahr setzen darf, viele Tausende zu Gebot stehen, sich für eine Sache, die sie nichts angeht, aufopfern zu lassen, und der Unterschied der europäischen Wilden von den amerikanischen besteht hauptsächlich darin, dass, da manche Stämme der letzteren von ihren Feinden gänzlich sind gegessen worden, die ersteren ihre Überwundene besser zu benutzen wissen, als sie zu verspeisen, und lieber die Zahl ihrer Untertanen, mithin auch die Menge der Werkzeuge zu noch ausgebreitetern Kriegen durch sie zu vermehren wissen.

Die Metaphysik der Sitten (1798), Rechtslehre § 54

Die Elemente des Völkerrechts sind: 1) dass Staaten, im äußeren Verhältnis gegen einander betrachtet, (wie gesetzlose Wilde) von Natur in einem nichtrechtlichen Zustande sind; 2) dass dieser Zustand ein Zustand des Krieges (des Rechts des Stärkeren), wenn gleich nicht wirklicher Krieg und immerwährende wirkliche Befehdung (Hostilität) ist, welche (indem sie es beide nicht besser haben wollen), obzwar dadurch keinem von dem Anderen unrecht geschieht, doch an sich selbst im höchsten Grade unrecht ist, und aus welchem die Staaten, welche einander benachbart sind, auszugehen verbunden sind; 3) dass ein Völkerbund nach der Idee eines ursprünglichen gesellschaftlichen Vertrages notwendig ist, sich zwar einander nicht in die einheimische Misshelligkeiten derselben zu mischen, aber doch gegen Angriffe der äußeren zu schützen; 4) dass die Verbindung doch keine souveräne Gewalt (wie in einer bürgerlichen Verfassung), sondern nur eine Genossenschaft (Föderalität) enthalten müsse; eine Verbündung, die zu aller Zeit aufgekündigt werden kann, mithin von Zeit zu Zeit erneuert werden muss, – ein Recht in subsidium eines anderen und ursprünglichen Rechts, den Verfall in den Zustand des wirklichen Krieges derselben untereinander von sich abzuwehren (foedus Amphictyonum).

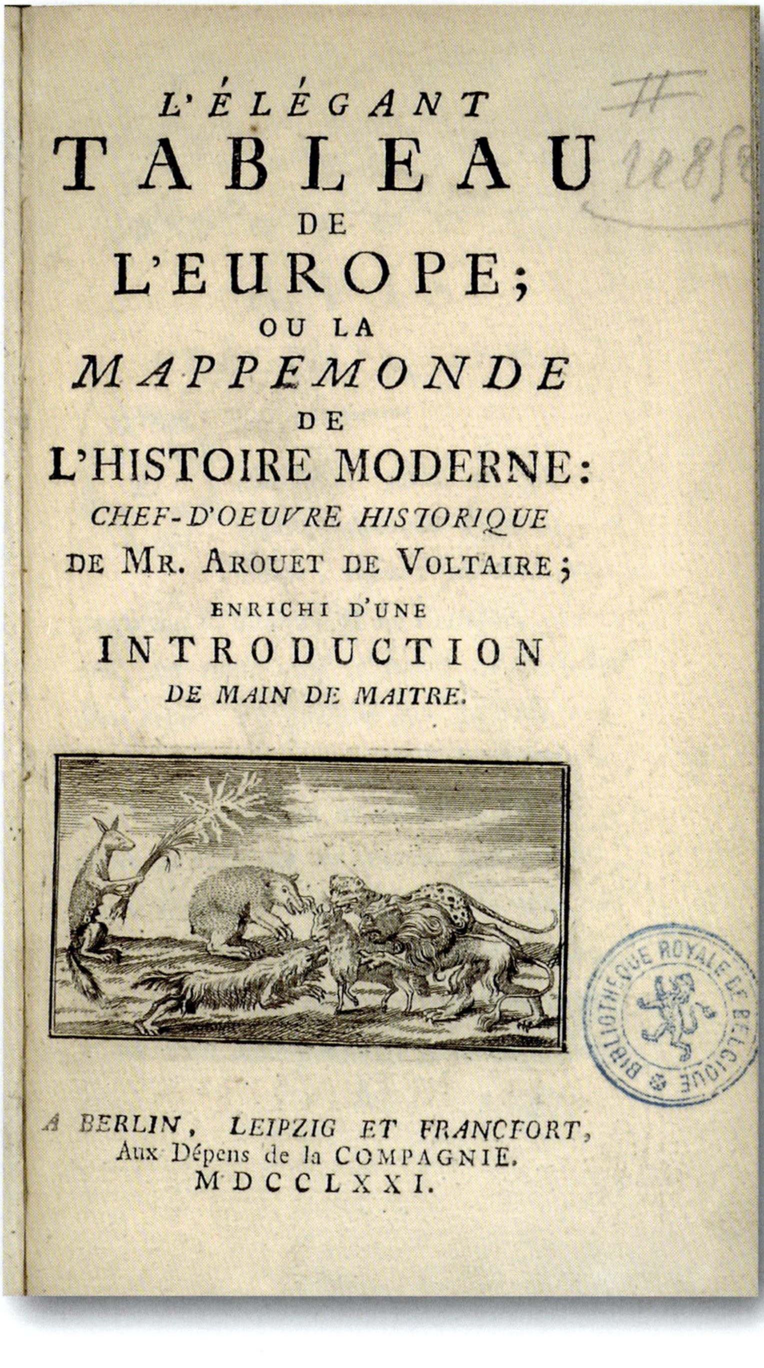
L'ÉLÉGANT
TABLEAU
DE
L'EUROPE;
OU LA
MAPPEMONDE
DE
L'HISTOIRE MODERNE:
CHEF-D'OEUVRE HISTORIQUE
DE MR. AROUET DE VOLTAIRE;
ENRICHI D'UNE
INTRODUCTION
DE MAIN DE MAITRE.

A BERLIN, LEIPZIG ET FRANCFORT,
Aux Dépens de la COMPAGNIE.
MDCCLXXI.

L'élégant tableau de l'Europe, ou la Mappemonde de l'Histoire moderne…
François Marie Arouet, genannt Voltaire, veröffentlicht in Berlin, Leipzig und Frankfurt, 1771.
Die Bestien wüten unter dem sanften Blick eines Fabelwesens. Voltaire, wie Kant, ist nicht sehr überzeugt davon, dass der Mensch von Natur aus grundsätzlich gut sei.
KBR, Préc., Brüssel.

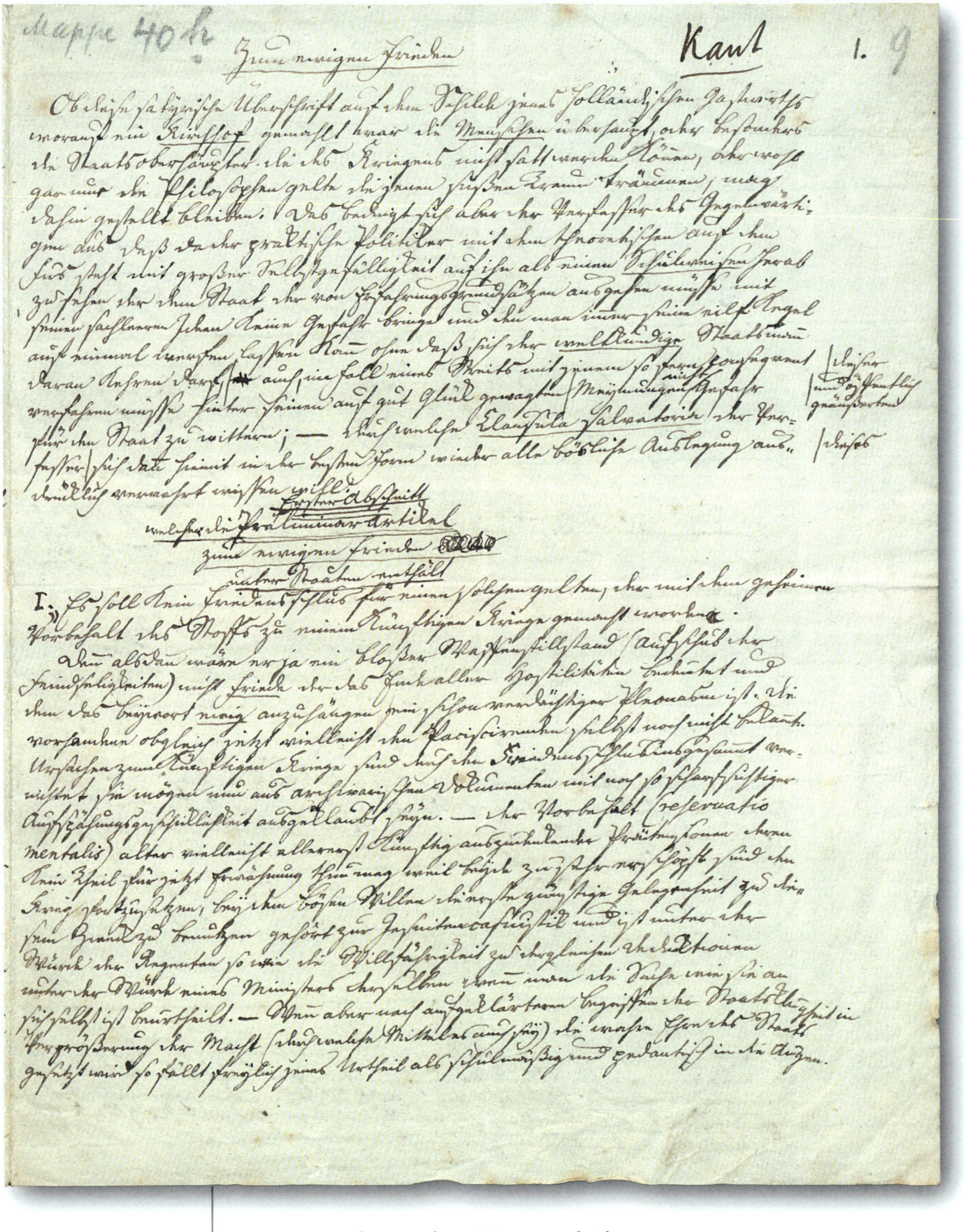

Zum ewigen Frieden, Manuskript, I. Kant zugeschrieben.
Senat der Freien und Hansestadt Hamburg, Staatsarchiv, Hamburg.

Die Metaphysik der Sitten (1798), Rechtslehre § 61

Da der Naturzustand der Völker eben so wohl als einzelner Menschen ein Zustand ist, aus dem man herausgehen soll, um in einen gesetzlichen zu treten: so ist vor diesem Ereignis alles Recht der Völker und alles durch den Krieg erwerbliche oder erhaltbare äußere Mein und Dein der Staaten bloß provisorisch und kann nur in einem allgemeinen Staatenverein (analogisch mit dem, wodurch ein Volk Staat wird) peremtorisch geltend und ein wahrer Friedenszustand werden. Weil aber bei gar zu großer Ausdehnung eines solchen Völkerstaats über weite Landstriche die Regierung desselben, mithin auch die Beschützung eines jeden Gliedes endlich unmöglich werden muss, eine Menge solcher Korporationen aber wiederum ein Kriegszustand herbeiführt: so ist der ewige Friede (das letzte Ziel des ganzen Völkerrechts) freilich eine unausführbare Idee. Die politischen Grundsätze aber, die darauf abzwecken, nämlich solche Verbindungen der Staaten einzugehen, als zur kontinuierlichen Annäherung zu demselben dienen, sind es nicht, sondern, so wie diese eine auf der Pflicht, mithin auch auf dem Recht der Menschen und Staaten gegründete Aufgabe ist, allerdings ausführbar.

Man kann einen solchen Verein einiger Staaten, um den Frieden zu erhalten, den permanenten Staatenkongress nennen, zu welchem sich zu gesellen jedem benachbarten unbenommen bleibt; dergleichen (wenigstens was die Förmlichkeiten des Völkerrechts in Absicht auf Erhaltung des Friedens betrifft) in der ersten Hälfte dieses Jahrhunderts in der Versammlung der Generalstaaten im Haag noch stattfand; wo die Minister der meisten europäischen Höfe und selbst der kleinsten Republiken ihre Beschwerden über die Befehdungen, die einem von dem anderen widerfahren waren, anbrachten und so sich ganz Europa als einen einzigen föderierten Staat dachten, den sie in jener ihren öffentlichen Streitigkeiten gleichsam als Schiedsrichter annahmen, stattdessen späterhin das Völkerrecht bloß in Büchern übrig geblieben, aus Kabinetten aber verschwunden, oder nach schon verübter Gewalt in Form der Deduktionen der Dunkelheit der Archive anvertraut worden ist.

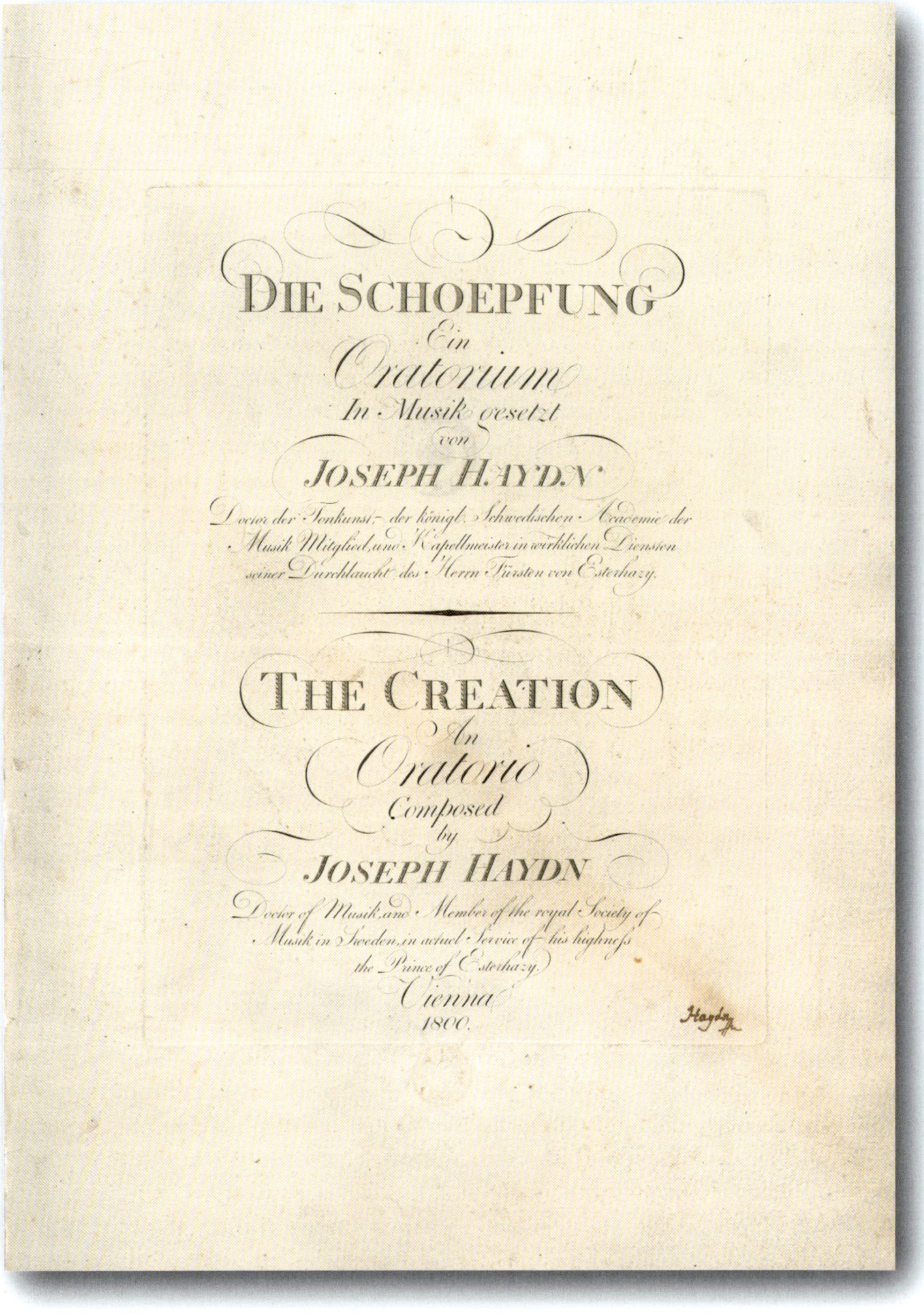

Die Schöpfung, Oratorium von Joseph Haydn, veröffentlicht in Wien, 1800. Titelseite mit der Unterschrift Haydns.
Vom Chaos bis zur Menschwerdung vollzieht sich Schritt für Schritt die Entwicklung hin zu mehr Ordnung, Struktur und Sinn. Das Werk stammt aus einer Zeit, in der die Suche nach dem Sinn des Universums, der Stellung des Menschen und der Ordnung der Dinge größte Bedeutung zukam.
Musiksammlung der Österreichischen Nationalbibliothek, Wien.

Jean-Paul Jacqué

Immanuel Kant

Immanuel Kants Entwurf „Zum ewigen Frieden“ erschien 1795, in einer Zeit, als Europa von Revolutionskriegen erschüttert wurde. Frankreich und Preußen hatten gerade den Frieden von Basel unterzeichnet. Dies war allerdings nur eine parzielle Einigung, denn den anderen Ländern befand sich Frankreich weiterhin im Krieg. Welcher Moment wäre günstiger gewesen, sich auf die Suche nach einer Regelung zu begeben, die den ewigen Frieden herbeiführen könnte? Das Werk war von solcher Aktualität, dass schon die erste Auflage rasch vergriffen war. Das Traktat wurde ins Französische übersetzt und zwischen 1795 und 1804 nicht weniger als zwölfmal aufgelegt. Dabei war das Thema nicht besonders originell, und es gab seinerzeit viele solcher Entwürfe in Deutschland, die auf das Werk des Abbé de Saint-Pierre zurückgingen, den Kant wahrscheinlich in der Version gelesen hat, die ihm J. J. Rousseau gegeben hatte und von der man weiß, dass sich hinter augenscheinlichem Lob eine systematische Kritik verbirgt, die in folgende kategorische Formel mündet: „Der ewige Friede ist derzeit ein recht absurdes Vorhaben“. Kant sind diese Kritiken wohl bekannt, aber er schreibt sie den Vorurteilen von Praktikern zu, nach deren Ansicht die Menschen das, was zur Schaffung des ewigen Friedens notwendig wäre, niemals akzeptieren würden: „Freilich, wenn es keine Freiheit und darauf gegründetes moralisches Gesetz gibt, [...] so ist Politik [...] die ganze praktische Weisheit, und der Rechtsbegriff ein sachleerer Gedanke. Findet man diesen aber doch unumgänglich nötig, mit der Politik zu verbinden, [...] so muß die Vereinbarkeit beider eingeräumt werden.“ Die Verbindung von Moral und Politik macht den ewigen Friedens denkbar.

Die konzeptionellen Grundlagen des Werkes finden sich sowohl in der „Kritik der reinen Vernunft“ als auch in der „Kritik der praktischen Vernunft“: der Vorrang der Vernunft, die kategorischen Imperative, die Rolle der Natur. Es dürfte wohl dieser letzte Punkt sein, der die Achse der Überlegungen Kants bildet. Ebenso wie Hobbes denkt auch er, das der Krieg ein natürliches Phänomen ist, da der Naturzustand ein Kriegszustand ist, aber er argumentiert auch, dass die natürliche Entwicklung dazu führt, aus diesem Zustand herauszufinden. Sie führt zwingend dazu, dass sich die Menschen zu einem Staat zusammenschließen, um ihre Sicherheit zu gewährleisten: „Denn es ist nicht die moralische Besserung der Menschen, sondern nur der Mechanismus der Natur, von dem die Aufgabe zu wissen verlangt, wie man ihn an Menschen benutzen könne, um den Widerstreit ihrer unfriedlichen Gesinnungen in einem Volk so zu richten, daß sie sich unter Zwangsgesetze zu begeben einander selbst nötigen, und so den Friedenszustand, in welchem Gesetze Kraft haben, herbeiführen müssen.“[1] Derselbe Prozess ereignet sich in den Beziehungen zwischen den Staaten. Durch die Verschiedenheit der Sprachen und der Religionen werden die Unterschiede zwischen den Staaten aufrechterhalten. Sie sind zwar

1 Zum ewigen Frieden, Erster Zusatz.

Joseph Haydn, Doctor der Tonkunst der königlichen schwedischen Akademie der Musik, Mitglied und Kapellmeister in wirklichen Diensten seiner Durchlaucht des Herrn Fürsten von Esterhazy. Als einer der letzten großen Komponisten in den Diensten eines Herrscherhauses unternimmt Haydn dennoch Reisen und ist unabhängig von seinem Anstellungsverhältnis kreativ und bereitet damit allmählich den Weg hin zum Konzept des eigenverantwortlichen und autonomen Künstlers, der mit seinen Ideen zur intellektuellen Debatte seiner Zeit beiträgt. Musiksammlung der Österreichischen Nationalbibliothek, Wien.

Ursachen für Konflikte, aber der „Handelsgeist" wirkt dieser Tendenz und somit dem Krieg entgegen: „Auf die Art garantiert die Natur, durch den Mechanismus in den menschlichen Neigungen selbst, den ewigen Frieden; freilich mit einer Sicherheit, die nicht hinreichend ist, die Zukunft desselben (theoretisch) zu weissagen, aber doch in praktischer Absicht zulangt, und es zur Pflicht macht, zu diesem (nicht bloß chimärischen) Zwecke hinzuarbeiten."[2]

Ausgehend von diesen Elementen, beruht der ewige Friede zunächst auf dem Bestehen republikanischer Verfassungen in den Staaten[3]. Die Republik garantiert den inneren Frieden. Sie beruht auf drei Prinzipien. Das erste ist die Freiheit der Menschen, das zweite die Abhängigkeit aller von einer einzigen gemeinsamen Gesetzgebung, das dritte die Gleichheit der Staatsbürger. Die Republik gründet sich auf das Recht, beruht aber auch auf der Teilung der Gewalten und auf einer repräsentativen Regierungsform. Die republikanische Verfassung ist eine Garantie gegen den Krieg, weil die Bürger, die die verheerenden Folgen eines kriegerischen Konflikts zu tragen haben, sich sehr bedenken werden, ein so schlimmes Spiel anzufangen.

Der Zusammenschluss der Republiken erfolgt in Form eines Föderalismus freier Staaten. Anders als in der republikanischen Regierungsform, in der die Bürger einem gemeinsamen Gesetz gehorchen, muss die Föderation die Souveränität der Staaten achten, und dies ist nur in einem Völkerbund, nicht aber in einem Völkerstaat möglich. Kant verwirft also die Idee eines Weltstaats zugunsten einer Form der Zusammenarbeit, bei der die Freiheit der Staaten gewahrt bleibt. Der republikanische Parallelismus zwischen der Staatsbildung und der Schaffung eines internationalen Gebildes wird durchbrochen, weil sich die Staaten nicht einem gemeinsamen Gesetz unterwerfen wollen. Die einzige Lösung besteht daher in einer ständigen Allianz gegen den Krieg. Diese Allianz wird sich, ausgehend von der Gründung republikanischer Staaten, die sich einander annähern, schrittweise herausbilden und allmählich über alle Staaten erstrecken. Was die institutionellen Formen anbelangt, so hat Kant lange gezögert und sich

2 ebd.

3 Erster Definitivartikel zum ewigen Frieden

schließlich für eine sehr flexible Institution in Form eines permanenten Staatenkongresses entschieden, der insbesondere eine Schlichterfunktion ausübt.

Dieser letzte Punkt ist es, der die heftigsten Kritiken ausgelöst hat. Einer seiner ehemaligen Schüler, der spätere Schriftführer des Wiener Kongresses Friedrich von Gentz, hat 1800 ein Werk mit dem Titel „Über den ewigen Frieden" veröffentlicht[4]. In diesem faszinierenden kleinen Werk kritisiert er den Entwurf im Namen des politischen Realismus. Ein Bund, der allein auf dem Willen seiner Mitglieder beruhen würde, wäre auf Sand gebaut, wenn er keinem rechtlichen Zwang unterworfen wäre, weil die Staaten ihren Verpflichtungen nur so lange nachkämen, wie es in ihrem Interesse liegt. Gegen den freien Föderalismus Kants plädiert Gentz für die Theorie des Gleichgewichts: „Wenn uns das politische Gleichgewicht (...) auch nur drei oder vier Kriege in jedem Jahrhundert ersparen könnte, so wäre es der Mühe schon wert, die Grundsätze dieses heilsamen Systems mit der äußersten Anstrengung zu studieren." In jüngerer Zeit ist Habermas auf den Entwurf für den ewigen Frieden zurückgekommen und scheint die realitätsbezogene Kritik wiederaufzugreifen, indem er anmerkt, dass die Entwicklung der internationalen Beziehungen zum Zeitpunkt der Veröffentlichung des Werks Kant in seiner Vision in keiner Weise bestätigte[5]. Er tut dies aber, um die Schwächen der vorgeschlagenen institutionellen Struktur aufgrund des Fehlens von Zwangsmöglichkeiten zu unterstreichen. Habermas ist zwar gegen einen Weltstaat, schlägt aber Mechanismen vor, die den Erfordernissen unserer Zeit entsprechen sollen: einen ständigen Gerichtshof, eine Neuorganisation der UNO nach dem Modell der Europäischen Union, weltweite Wahlen ... Die Bedeutung und Originalität Kants liegen jedoch nicht in der Konstruktion eines Rechtssystems – dieser Aufgabe hat sich eine Vielzahl ernsthafter oder exzentrischer Autoren gewidmet – sondern in dem Willen, die Frage nach dem Frieden im Rahmen einer auf praktische Moral und Geschichtsphilosophie gestützten Vision neu zu stellen.

Auf jeden Fall zeugen diese Debatten von der Aktualität Kants. In einigen Punkten war der Entwurf Kants offenbar eine unbewusste Inspirationsquelle für die Union. Zum einen bildete die Suche nach Frieden die ursprüngliche Triebfeder des europäischen Aufbauwerks. Es genügte nicht, den Krieg zu beenden, es mussten auch Mittel gefunden werden, um einen dauerhaften Frieden zu gewährleisten. Des weiteren war der Gedanke, den Prozess des Zusammenschlusses auf eine Wertegemeinschaft – die republikanischen Werte – zu gründen, einer der impliziten Grundsätze der Union, bevor er explizit in den Vertrag von Lissabon aufgenommen wurde. Desgleichen zeugt die Geschichte der Union davon, dass sich dieser Zusammenschluss nur sukzessive, durch eine schrittweise Annäherung verwirklichen lässt. Schließlich versucht Kant – auf seine Weise –, den traditionellen Konflikt zwischen der Souveränität der Staaten und der Notwendigkeit einer internationalen Zusammenarbeit zu lösen.

4 Gesammelte Schriften, Georg Ohms Verlag, 1999.

5 Kants Idee des ewigen Friedens – aus dem historischen Abstand von 200 Jahren. In: Kritische Justiz 28 (1996), Ss. 293-319.

Claude Henry de Rouvroy, Graf von Saint-Simon.
Saint-Simon, Fondateur de la Religion Nouvelle,
Lithografie von Engelmann, 1825.
Bibliothèque nationale de France, Paris.

Claude Henri de Rouvroy, Graf von Saint-Simon

Claude Henri de Rouvroy, Graf von Saint-Simon, französischer Soziologe und Sozialreformer, geboren am 17. Oktober 1760 in Paris, gestorben am 19. Mai 1825 ebenda, stammte aus dem Hochadel. Er wurde im Geist der Aufklärung und der Enzyklopädisten erzogen, nahm als Offizier 1776 am amerikanischen Unabhängigkeitskrieg teil, verzichtete in der Französischen Revolution freiwillig auf Besitz und Standesprivilegien, entkam 1794 knapp der Guillotine. Mit Spekulationen bald zu neuem Reichtum gelangt, verschwendete er ihn ebenso schnell. Er starb in völliger Armut. Saint-Simon, auf den die frühsozialistische Bewegung des Saint-Simonismus zurückgeht, arbeitete als Schriftsteller. Unter der Restauration nach 1815 publizistisch erfolgreich, formulierte er die bürgerliche Kritik am parasitären Adel, beklagte das Elend der Arbeiter und die Verantwortungslosigkeit der Unternehmer; er gilt zugleich als Mitbegründer der Soziologie und als einer der Väter der katholischen Soziallehre: Das industrielle System (1820–1822), Neues Christentum (1825).

Claude Henri de Saint-Simon

Über die Reorganisation der europäischen Gesellschaft oder über die Notwendigkeit und die Mittel, die Völker Europas unter Wahrung ihrer nationalen Unabhängigkeit in einer einzigen Körperschaft zu vereinigen

Über die Generalisierung der parlamentarischen Regierungsform in allen Ländern Europas

Ich habe die alte Organisation Europas untersucht, ihre Vorteile und Fehler aufgezeigt und angedeutet, mit Hilfe welcher Mittel man die einen bewahren und die anderen ausschalten könnte. Ich habe dann gezeigt, dass, wenn es eine an und für sich gute Regierungsform gibt, dies nur die parlamentarische Verfassung ist. Diese Gegebenheiten führen naturgemäß zu folgendem Schluss:

Setzte man in dieser alten Organisation die parlamentarische Regierungsform überall an die Stelle der hierarchischen oder feudalen Form, würde man durch diese einfache Vertauschung eine neue, im Vergleich zu ihr vollkommenere und dauerhaftere Organisation erhalten; denn ihr Wert würde nicht einem bestimmen Zustand des menschlichen Geistes entspringen, der sich mit der Zeit verändern muss, sondern dem sich niemals verändernden Wesen der Dinge. [...]

Vom nationalen Patriotismus

Jeder Mensch, der in irgendeinem Land geboren und Bürger irgendeines Staates ist, nimmt auf Grund seiner Erziehung, seiner Beziehung und der ihm gebotenen Vorbilder stets eine mehr oder minder tief eingewurzelte Gewohnheit an, sein Blickfeld über die Grenzen seines eigenen Wohlbefindens hinaus zu erweitern und sein eigenes Interesse mit dem Interesse der Gesellschaft, deren Mitglied er ist, zu verschmelzen.

Aus dieser verfestigten, in ein Gefühl verwandelten Gewohnheit erwächst die Neigung, seine Interessen zu verallgemeinern, d.h. sie immer in das gemeinsame Interesse einbezogen zu sehen. Diesen Hang, der sich manchmal abschwächt, aber niemals verschwindet, nennt man Patriotismus.

In jeder nationalen Regierung, wenn sie gut ist, verwandelt der Patriotismus, den jedes Mitglied beim Eintritt in die Regierung hineinträgt, sich in Gemeinschaftssinn oder -willen, da es für eine gute Regierung ein notwendiges Attribut ist, dass das Interesse der Regierungen auch das Interesse der Nation sei.

Dieser Gemeinschaftswille bildet die Seele der Regierung und bewirkt, dass alle Handlungen vereint erfolgen, alle Schritte übereinstimmen, alles demselben Ziel zustrebt und derselben Triebfeder entspringt.

Vom europäischen Patriotismus

Mit der europäischen Regierung ist es wie mit den nationalen Regierungen bestellt. Es kann keine Aktion ohne einen allen Mitgliedern gemeinsamen Willen geben. Nun entsteht dieser Gemeinschaftswille, der in einer nationalen Regierung aus dem nationalen Patriotismus erwächst, in der europäischen Regierung nur aus einer größeren Allgemeinheit der Ansichten, aus einem umfassenderen Ziel, das man europäischen Patriotismus nennen kann.

Die Institution formt die Menschen, sagt Montesquieu. Daher wird dieser Hang, den Patriotismus über die Grenzen des Vaterlandes hinausgehen zu lassen, und die Gewohnheit, die Interessen Europas statt der nationalen Interessen ins Auge zu fassen, für diejenigen, die das europäische Parlament bilden sollen, eine notwendige Ausbeute seiner Errichtung sein.

Das ist wahr; aber die Menschen machen auch die Institutionen aus, und eine Institution kann nur gegründet werden, wenn jene für sie vorgebildet sind oder zumindest darauf vorbereitet, es zu sein.

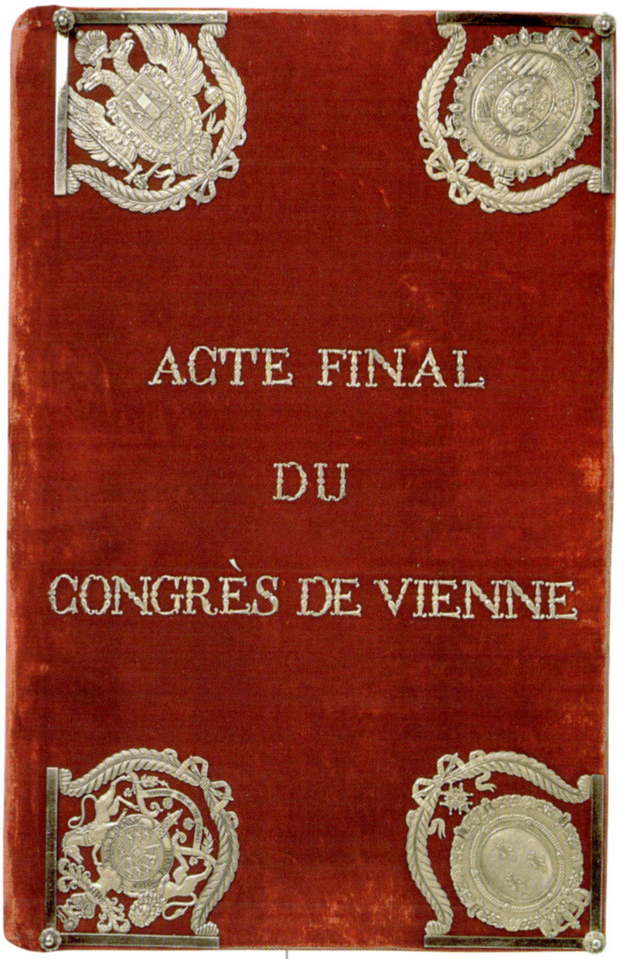

Schlussakte des Wiener Kongresses, 1815. Der Wiener Kongress zeichnet nach dem napoleonischen Epos die politische Karte Europas neu, quer durch kulturelle Grenzen. Staatsarchiv, Wien.

Von der Abgeordnetenkammer des europäischen Parlaments

Daher dürfen zur Abgeordnetenkammer des europäischen Parlaments, d.h. zu einer der beiden aktiven Gewalten der europäischen Verfassung, nur solche Männer zugelassen werden, die durch ihre weitreichenden Verbindungen, ihre nicht in den Kreis heimatlicher Gepflogenheiten eingeschlossenen Gewohnheiten und ihre nicht allein nationalen Belange, sondern allen Völkern dienlichen Arbeiten mehr als andere die Fähigkeit erlangt haben, bald zu dieser Allgemeinheit der Ansichten zu gelangen, die den Gemeinschaftssinn bilden muss, und zu jenem allgemeinen Interesse, welches das Gemeinschaftsinteresse des europäischen Parlaments werden muss.

Kaufleute, Gelehrte, Justiz- und Verwaltungsbeamte allein sollen berufen werden, die Abgeordnetenkammer des großen Parlaments zu bilden.

Und in der Tat lässt sich alles, was es an gemeinsamen Interessen in der europäischen Gesellschaft gibt, auf die Wissenschaften, auf die Künste, auf die Gesetzgebung, auf den Handel, auf die Verwaltung und auf die Industrie zurückführen.

Je eine Million Menschen in Europa, die des Lesens und Schreibens kundig sind, sollten in das Unterhaus des großen Parlaments einen Kaufmann, einen Gelehrten, einen Verwaltungsmann und einen Justizbeamten entsenden. Wenn man annimmt, dass es in Europa 60 Millionen des Lesens und Schreibens kundige Männer gibt, wird die Abgeordnetenkammer aus 240 Mitgliedern bestehen.

Die Wahl jedes Mitglieds wird durch die Körperschaft, der er angehören wird, erfolgen. Alle werden für zehn Jahre ernannt werden. [...]

Vom Oberhaus des europäischen Parlaments

Ebenso wie jeder Pair eines nationalen Parlaments Reichtümer besitzen muss, die ihm in seinem Lande Ansehen verschaffen, werden alle Pairs des europäischen Parlaments Reichtümer haben müssen, die ihnen in ganz Europa zu Ansehen verhelfen.

Jeder europäische Pair wird ein Jahreseinkommen von mindestens 500.000 Franken aus Grundbesitz haben müssen.

Die Pairs werden vom König ernannt werden, ihre Zahl wird nicht begrenzt sein.

Die Pairswürde wird erblich sein.

Déclaration des droits de l'homme et du citoyen, décrétés par l'Assemblée Nationale... Acceptés par le Roi, 1789. Jean-Jacques François Le Barbier (zugeschrieben). Die Monarchie, die die gesprengten Ketten der Tyrannei hält, und das *Génie de la Nation*, das Zepter der Macht schwingend, umrahmen die Präambel der Erklärung.
Musée Carnavalet, Paris.

Im Oberhaus werden zwanzig Mitglieder den Männern oder deren Nachkommen entnommen werden, die durch ihre Leistungen in Wissenschaft, Industrie, Rechtssprechung oder Verwaltung Dinge vollbracht haben, die für die europäische Gesellschaft als nützlichste erachtet wurden.

Diese Mitglieder werden durch das europäische Parlament mit 500.000 Franken Einkommen aus Grund und Boden versehen werden.

Außer diesen zwanzig, die zuerst ernannt werden, wird bei jeder Parlamentserneuerung ein neuer Pair gewählt und ausgestattet werden.

Rolle und Befugnisse des europäischen Parlaments

1. Jede Frage von allgemeinem Interesse für die europäische Gesellschaft wird vor das große Parlament gebracht und von ihm untersucht und entschieden werden. Es wird der einzige Richter in allen Streitfällen sein, die zwischen den Regierungen entstehen können.
2. Wenn irgendein europäischer Bevölkerungsteil, der einer beliebigen Regierung untersteht, den Wunsch hat, eine eigene Nation zu bilden oder unter die Rechtshoheit einer ausländischen Regierung zu treten, so wird darüber das europäische Parlament entscheiden. Es wird seine Entscheidung jedoch nicht im Interesse der Regierungen, sondern im Interesse der Völker treffen und sich die bestmögliche Organisation der europäischen Föderation ständig zum Ziel setzen.
3. Das europäische Parlament sollte das Eigentums- und ausschließliche Hoheitsrecht über eine Stadt und ihr Territorium haben.
4. Das Parlament wird die Befugnis erhalten, von der Föderation alle von ihm für notwendig erachteten Abgaben zu erheben.
5. Das große Parlament wird alle für die europäische Gesellschaft allgemein nützlichen Vorhaben leiten: So wird es z. B. durch Kanalbauten Donau und Rhein, Rhein und Ostsee verbinden usw. […]
6. In ganz Europa wird die öffentliche Bildung der Leitung und Aufsicht des großen Parlaments unterworfen werden.
7. Ein gleichermaßen universaler wie nationaler und individueller Moralkodex wird auf Veranlassung des großen Parlaments ausgearbeitet und in ganz Europa gelehrt werden. In ihm wird bewiesen, dass die Grundsätze, auf denen die europäische Föderation beruht, die besten und zuverlässigsten sind, dass sie allein die Gesellschaft so glücklich machen können, wie sie auf Grund der menschlichen Natur und des Standes der Erkenntnis sein könnte.
8. Das große Parlament wird volle Gewissensfreiheit und freie Ausübung aller Glaubensbekenntnisse ermöglichen, aber es wird jene unterdrücken, deren Grundsätze dem großen Moralkodex, der aufgestellt wird, widersprechen.
9. So wird es zwischen den europäischen Völkern das geben, was Band und Grundlage einer politischen Vereinigung ausmacht: Einheitlichkeit der Institutionen, Einheit der Interessen, Übereinstimmung der Hauptgrundsätze, Gemeinsamkeit der Moral und der öffentlichen Bildung.

Jean-Paul Jacqué

Von periodischen Kongressen zu ständigen Institutionen

Der Comte de Saint-Simon, Großneffe des berühmten Memoirenschreibers Duc de Saint-Simon, nahm im französischen Expeditionskorps unter dem Befehl von Rochambeau und La Fayette am amerikanischen Unabhängigkeitskrieg teil. Während der Französischen Revolution machte er allerlei Geschäfte. Er spekulierte mit nationalen Gütern, wurde daraufhin vom Konvent verhaftet, kam aber nach dem Fall Robespierres wieder frei. Nach seiner Befreiung und dank seiner angehäuften Reichtümer reiste er zunächst umher und widmete sich seinem Studium. Er lebte auf großem Fuß, zehrte auf diese Weise jedoch rasch sein ganzes Vermögen auf und überlebte schließlich nur dank verschiedener kleiner Tätigkeiten und der Barmherzigkeit seiner Verwandten. In seinen ersten Schriften, insbesondere in den Briefen eines Genfer Bürgers an seine Zeitgenossen von 1802, legte er das Fundament für ein System, das er zwar später vertiefte, jedoch nie schlüssig ausarbeiten konnte. Sein Werk wurde somit von seinen Schülern fortgesetzt, die mit ihrer *Exposition de la doctrine saint-simonienne* (Darstellung der Doktrin Saint-Simons, 1828–1839) eine systematische Übersicht über das Denken ihres Meisters vorlegten. Die wesentliche Neuerung Saint-Simons bestand darin, insbesondere bei der Untersuchung soziologischer Phänomene wissenschaftliche Regeln anwenden zu wollen. Seine Methode führte ihn, den Begründer der modernen Soziologie, dazu, die besondere Rolle der Industrie in der Gesellschaft zu erkennen, woraus er folgerte, dass in der Gesellschaft des 19. Jahrhunderts die Produzierenden jene Macht ausüben müssten, die bis dahin den Militärs und den Besitzenden zugefallen war. Die Arbeitspflicht sollte den höchsten Wert der sozialen Organisation bilden, ganz gleich ob es sich um industrielle oder „geistige" Arbeit handelte. Eine neue Religion, die auf Brüderlichkeit und Liebe gründete, sollte die alte Religion ersetzen.

Das gemeinsam mit seinem Sekretär Augustin Thierry verfasste Werk Über die Reorganisation der europäischen Gesellschaft oder über die Notwendigkeit und die Mittel, die Völker Europas unter Wahrung ihrer nationalen Unabhängigkeit in einer einzigen Körperschaft zu vereinigen – Thierry wurde später übrigens einer der herausragenden Historiker des 19. Jahrhunderts – entpuppt sich als erste Fassung einer Studie, die eigentlich hätte vertieft werden sollen. Um der Aktualität willen wurde sie jedoch schon 1814 veröffentlicht, als der Wiener Kongress nach dem Zusammenbruch des napoleonischen Reiches Europa neu gestalten sollte.

Trotzdem handelt es sich dabei nicht um ein Gelegenheitswerk. Wie auch aus dem Titel seines Werks hervorgeht, weist Saint-Simon in seinem Vorwort klar darauf hin, dass er sich die Neuorganisation der europäischen Gesellschaft zum Ziel gesetzt hat. Dies war Saint-Simons beständige Sorge, und so gründete er 1819 eine Zeitschrift mit dem Namen *L'Organisateur*. Seiner Methode treu bleibend, versuchte er objektiv und von einem neutralen Standpunkt aus die Lage Europas zu analysieren und Mittel und Wege zur Verbesserung dieser Lage zu finden. Ohne schulmeisterlich zu werden und sich in unnötigen historischen Betrachtungen zu verlieren, die oft vergleichbare Werke des vergangenen Jahrhunderts kennzeichneten, beschreibt er auf präzise Weise seine Empfehlungen, um Europa aus seiner schwierigen Situation zu retten, in die ihn seiner Meinung nach der Wiener Kongress unweigerlich bringen wird. Dabei sah er sehr wohl, dass sich sein Projekt nicht mit einem Mal umsetzen lässt, und schlägt vor, schrittweise vorzugehen, um langsam aber sicher ans Ziel zu gelangen.

Im Mittelpunkt seiner Überlegungen steht die Feststellung, dass die europäische Ordnung, die aus den Friedensverträgen von Westfalen hervorgegangen ist und auf der Gleichberechtigung der Mächte basiert, nicht den Bedürfnissen der Gesellschaft seiner Zeit entspricht. Saint-Simon hielt die Stärkung des Vereinigten Königreichs für eine Folge dieses Systems: „Aus diesem doppelten politischen System ist der Koloss der englischen Großmacht hervorgegangen, der über die Welt herzufallen droht. Auf diese Weise macht sich England, das im Innern frei und glücklich ist, über ganz Europa lustig und sorgt darin, ganz seinen Launen folgend, ständig für Unruhe." Doch eine Verhandlungsmethode, die allein auf der Repräsentanz der Staaten gründet, kann zu keinem anderen Ergebnis als dem von Westfalen führen, weil in Verhandlungen zwischen mehreren Mächten nur unstabile Kompromisse entstehen können. Daher sei es wichtig, anders vorzugehen, sonst würden die vergangenen Gegnerschaften fortdauern und neue Konflikte gebären. Man täusche sich nicht: Saint-Simons Anliegen ist nicht etwa eine Neuorganisation Europas, um die Macht des Vereinigten Königreichs durch gemeinsame Institutionen zu beschneiden. Vielmehr glaubt er, dass die große Handelsmacht auch eine große Schuldenlast angehäuft habe, derentwegen die britische Regierung nun um Stabilität und Sicherheit fürchte; ein Bündnis mit anderen Mächten könnte hingegen diese Stabilität und Sicherheit gewährleisten: „England lässt sich mit einem großen Handelshaus vergleichen, das umfangreiche Geschäfte gemacht hat, sich aber mit einer riesigen Summe verschuldet hat, um diese Geschäfte zu machen; wenn es einen reichen Partner findet, wird es florieren, sonst wird es unweigerlich zugrunde gehen."

Saint-Simon stellt fest, dass eine Organisation Europas keine Utopie sein kann, weil sie schon zu Zeiten der Christenheit existiert habe. Es gelte daher, diese verlorene Einheit wiederzuerlangen, sie aber auf eine neue Grundlage zu stellen. Ein Bündnis zwischen den europäischen Staaten könne es nur geben, wenn das Bündnis über Institutionen verfüge, die in der Lage sind, seine gemeinsamen Interessen zu erarbeiten. Daher kann ihn der Plan des Abbé de Saint-Pierre nicht überzeugen. Für den Abbé de Saint-Pierre benötigen die Nationen keine Institutionen, die in irgendeiner Form ähnliche Organisationsformen in dem angestrebten europäischen Haus vorfinden. Sein Plan sah einen Bundestag bestehend aus Bevollmächtigten vor, die nur ihre Partikularinteressen berücksichtigten. Ein Zusammenschluss oder eine Föderation würde also auch ohne institutionelle Grundlagen gelingen. Dieser Entwurf bedeutete für Saint-Simon wiederum, die Strukturen des Westfälischen Friedens zu reproduzieren – und zwar mit denselben Ergebnissen. Wenn man die europäischen Staaten einen will, ist es angebracht, eine, wie man heute sagen würde, stark föderalisierende Struktur anzubieten, die auf gemeinsamen Werten beruht. Dies bedeutet aber auch, dass die Mitglieder eine gewisse „konstitutionelle“ Homogenität aufweisen; das föderative Instrument besteht jedoch aus den europäischen Institutionen, die von den nationalen Institutionen unabhängig sind. Auf der Grundlage dieser Prinzipien versucht Saint-Simon nun zu beweisen, dass die parlamentarische Monarchie die einzig rationale Organisationsform ist, insofern, als sie nämlich eine Diskussion erlaubt, die sowohl vom Standpunkt der Einzelinteressen durch das Repräsentantenhaus, also auch vom Standpunkt des allgemeinen Interesses durch die Exekutive (König und Regierung) geführt werden kann. Wobei dem Oberhaus die Rolle einer „mäßigenden“ Kraft zufällt, die verhindert, dass eine der beiden Kräfte die Oberhand gewinnt.

Als Organisationsprinzip und Fundament der europäischen Organisation ist damit das parlamentarische System festgelegt. Wobei Europa nur solche Mitglieder neu aufnehmen darf, die dieses System akzeptiert haben. Europa wäre eine parlamentarisch geführte Föderation, bestehend aus parlamentarischen Staaten, in der die föderative Struktur des Großen Parlaments Europas eine besondere Rolle spielt. Natürlich ist diese Vorstellung eines parlamentarischen Systems eng an die damalige Epoche geknüpft, da Saint-Simon sein Gedankengebäude auf dem britischen und französischen System seiner Zeit errichtet. So erfolgt die Designierung der Mitglieder des Großen Parlaments Europas nicht nur nach Zensuswahlrecht, sondern richtet sich auch nach deren Vermögen. Ausschließlich Händler, Gelehrte, Verwalter und Richter, die über Einkünfte von 20.000 Pfund verfügen, können von ihrer Zunft gewählt werden. Die Forderung nach dem Zensus wird durch die Designierung von zwanzig Mitgliedern pro Wahl abgemildert, die nicht über die für die Wahl erforderlichen Einkünfte von 20.000 Pfund verfügen.

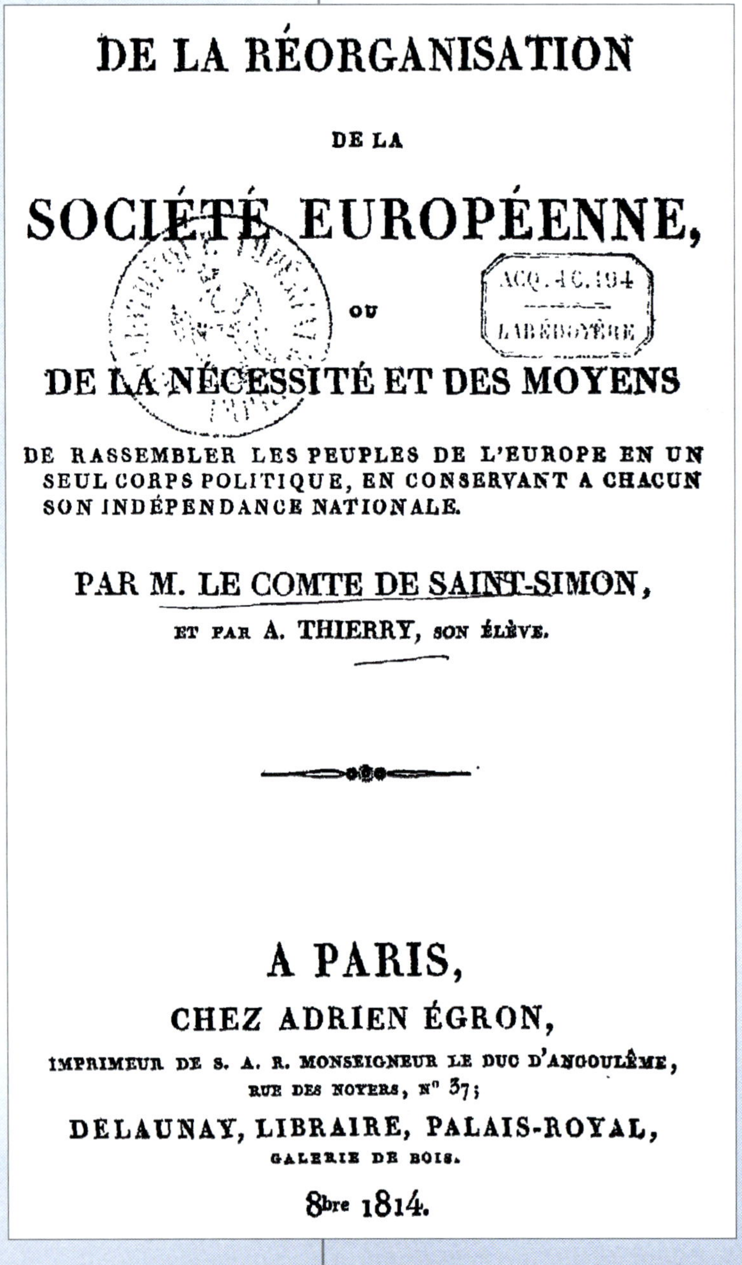
DE LA RÉORGANISATION
DE LA
SOCIÉTÉ EUROPÉENNE,
OU
DE LA NÉCESSITÉ ET DES MOYENS
DE RASSEMBLER LES PEUPLES DE L'EUROPE EN UN SEUL CORPS POLITIQUE, EN CONSERVANT A CHACUN SON INDÉPENDANCE NATIONALE.
PAR M. LE COMTE DE SAINT-SIMON,
ET PAR A. THIERRY, SON ÉLÈVE.
A PARIS,
CHEZ ADRIEN ÉGRON,
IMPRIMEUR DE S. A. R. MONSEIGNEUR LE DUC D'ANGOULÊME, RUE DES NOYERS, N° 37;
DELAUNAY, LIBRAIRE, PALAIS-ROYAL, GALERIE DE BOIS.
8bre 1814.

De la réorganisation de la société européenne, ou de la nécessité et des moyens de rassembler les peuples de l'Europe en un seul corps politique, en conservant à chacun son indépendance nationale, Claude Henri de Rouvroy, comte de Saint-Simon, und Augustin Thierry, veröffentlicht in Paris bei Égron, 1814. Bibliothèque nationale de France, Paris.

Was die Kompetenzen des großen Parlaments betrifft, so werden ihm alle Fragen vorgelegt, die im Interesse der Allgemeinheit liegen; es ist insbesondere für Fragen territorialer Veränderungen zuständig, aber auch – was der Saint-Simon'schen Logik entspricht – für gemeinnützige Projekte wie das Transportwesen, die Erziehung und die Festlegung eines Moralkodex.

Saint-Simon wusste sehr wohl, dass sein Vorhaben sich nicht mit einem Mal verwirklichen lässt. Daher schlug er vor, es allmählich umzusetzen, wobei der erste Schritt einer Art Bündnis zwischen England und Frankreich entsprechen sollte. Im weiteren Verlauf käme Deutschland hinzu, vorausgesetzt, es findet zu einer Einheit und übernimmt das parlamentarische System. Dann würden wie durch einen Sogeffekt weitere europäische Staaten folgen.

Saint-Simons Plan hat unbestreitbar einige innovative Züge. Dazu gehört ganz sicher sein Vorschlag, ein vereintes Europa auf einem wissenschaftlichen Fundament zu gründen. Ebenso zählt seine Forderung nach dem für alle Mitglieder verpflichtenden parlamentarischen System dazu. Die so gegebene einheitliche Sichtweise schaffe eine Wertegemeinschaft, die Zement für den Bau Europas bedeute. Doch das Werk ist auch in einem anderen Sinne mustergültig. Saint-Simon begrenzt die Kompetenzen des Großen Parlaments nicht nur auf rein politische Ziele. Durch wirtschaftspolitische Großprojekte auf dem Bausektor, finanziert durch die öffentliche Hand, erhofft er sich, eine Basis für einen allgemein gesellschaftlichen Austausch zwischen den europäischen Staaten zu schaffen. Er spürt, dass ohne konkrete gemeinsame Projekte die Festigkeit des Gebäudes nicht gewährleistet ist. In dieser Hinsicht kann er als ein Vorläufer der so genannten Monnet-Methode gelten, die darin besteht, anhand konkreter Projekte Solidarität zu schaffen.

Saint-Simons Europa-Gedanke hat ihn überlebt. So schrieb François Guizot 1828 seine *Histoire générale de la civilisation en Europe* (Allgemeine Geschichte der europäischen Zivilisation), um die Existenz einer gemeinsamen Zivilisation nachzuweisen. In einem ganz anderen Plan schlug Auguste Comte, ein Schüler Saint-Simons, 1848 die Einführung einer europäischen Währung vor. Schließlich übernahm Victor Hugo in seiner berühmten Rede, die er am 21. August 1849 während des Friedenskongresses hielt, Saint-Simons Vorstellung von einem europäischen Parlament: „Ein Tag wird kommen, wo es keine anderen Schlachtfelder mehr geben wird als die Märkte, die sich dem Handel öffnen, und die Geister, die für die Ideen geöffnet sind. – Ein Tag wird kommen, wo Kugeln und Bomben durch Wahlzettel, durch das universelle Wahlrecht eines großen souveränen Senats ersetzt werden, der für Europa das sein wird, was für England das Parlament, für Deutschland der Reichstag und die gesetzgebende Versammlung für Frankreich ist."

Doch im Unterschied zu Saint-Simon siedelte Victor Hugos romantische Vision das Zentrum Europas im Bündnis zwischen Frankreich und Deutschland an. Das Europa seiner Fantasie ist das gotische Europa, dessen Mittelpunkt der Rhein bildet. Im Grunde entspricht dies dem Wiederaufbau des vergangenen Europa, das durch das allgemeine Wahlrecht erneuert wird. Im Krieg von 1870/71 läutete jedoch die Totenglocke dieses Europas, das für seine Entstehung auf das Ende des Zweiten Weltkriegs warten musste.

Conrad Georg Friedrich Elias von Schmidt-Phiseldek.
Privatsammlung.

Conrad Friedrich von Schmidt-Phiseldek

Conrad Friedrich von Schmidt-Phiseldek, dänischer Theologe und Philosoph, geboren am 3. Juli 1770 in Braunschweig, gestorben am 16. November 1832 in Kopenhagen, studierte Theologie, Kirchengeschichte und Philosophie. 1789 siedelte er nach Kopenhagen über, beendete dort sein Studium, unterrichtete als Privatdozent und nahm 1794 die dänische Staatsbürgerschaft an. Es folgte die Ernennung zum Assessor am Generallandes- und Kommerzkollegium. Nach verschiedenen Funktionen in der dänischen Staatsverwaltung erhielt er 1804 den Titel eines wirklichen Justizrats und gehörte zum engeren Beraterkreis des Thronfolgers Prinz Frederik. 1813–1818 war er Direktor der dänischen Reichsbank, ab 1819 arbeitete er als Schriftsteller und Publizist, 1822 wurde zum Kommerzrat ernannt. Für die europäische Thematik sind seine Werke Europa und Amerika oder die künftigen Verhältnisse der civilisirten Welt (2 Bde., 1820 und 1832), der Europäische Bund (1821) und Die Politik nach den Grundsätzen der heiligen Allianz (1822) von Bedeutung.

Conrad Friedrich von Schmidt-Phiseldek

Die europäische Föderation und Amerika

Man sage nimmer, Europa sei veraltet. (Europa und Amerika oder die künftigen Verhältnisse der civilisirten Welt, S. 126)

Es kann aber dieser Endzweck kein anderer sein, als, dass für Europa gestiftet werde ein festestehender Rechtszustand, und eine allgemeine innere Ruhe, und einträchtige Beratung über das Gemeinwohl und den gemeinsamen Schutz gegen äußere Feinde, durch Zusammenwirken selbstständiger und in ihren Rechten gleicher Staaten, welche in ihrem Inneren Niemand, in ihren allgemeinen Beziehungen auf die Außenwelt und sich selbst aber nur ihren Gesamtwillen über sich, als Gesetz, erkennen. (Der Europäische Bund, S. 285 f.)

Denn allerdings haben sich seit den letzten fünfzig Jahren, und am merklichsten seit dem Eintritte des neuen Jahrhunderts, die Verhältnisse mächtig geändert, und nicht mehr steht, wie beim Anfange der Nordamerikanischen Unruhen, Staat gegen Staat einander gegenüber, sondern ein Weltteil ist in die Schranken getreten, der mit stets wachsender Riesenkraft dem ganzen Europa die Fehde bietet. Dieser Umstand macht, mehr vielleicht als irgend ein anderer Beweggrund, die von uns geforderte Einheit des Europäischen Staatssystems notwendig. (Der Europäische Bund, S. 146 f.)

Entführung Europas, Meissener Porzellan, 19. Jh. Die ganze graziöse Eleganz eines Schmuckfigürchens. Die potenzielle Brutalität de Stieres ist durch die Eleganz des Pferdes ersetzt. Die heilige Macht der Antike weicht der schönsten Eroberung des Menschen, seinem besten Verbündeten in den Kontinentalkriegen. Musée Curtius, Lüttich.

Der vierte Julius des Jahres 1776 bezeichnet den Eintritt einer neuen Periode der Weltgeschichte. [...] Von diesem Augenblick an kommt der Impuls zu einem neuen Umschwunge der Begebenheiten nicht mehr allein her vom alten Kontinent. (Europa und Amerika oder die künftigen Verhältnisse der civilisirten Welt, S. 11, 13)

Denn nur unter der Bedingung, dass, so wie Amerika durch die größte Freiheit, aber unter gemeinsamem Bande, stark ist, auch Europa sich endlich als ein Staaten-

Vrede in Europa, Stich von W. van Sénus, nach C. van Cuylenburg, 1802. Der Frieden (hier weiblich), Beschützer der Künste, der Wissenschaft und des Überflusses, fordert dazu auf, den Handschlag der Staatschefs zu würdigen, der den finsteren Zerstörungen ein Ende bereitet. KBR, Est., Brüssel.

Ganzes begreife, welches, wenn auch nicht faktisch unter einer Zentralregierung verbunden, dennoch nach der Idee eines, durch Rechtsbegriffe und gemeinschaftliche Interessen nach außen hin konstituierten Gemeinwesens sich selbst regieren, den natürlichen Grundgesetzen jedes organischen Vereins durch die Macht aller Übrigen gegen jede Verletzung abseiten einzelner Kraft und Nachdruck gebe, ist noch Heil für Europa zu hoffen.

An diesem Gesichtspunkt betrachtet ist die alte Königin der Welt noch stark und herrlich auch ohne ihr überseeisches Reich, und ermangelt keines nach unverkünstelter Schätzung wünschenswerten Naturgutes, und keiner der Elemente zu einem der verspäteten Menschheit würdigen Staaten- und Bürgerleben.

Sollen die Dinge also verbleiben, so wird das Versiegen aller Quellen äußerer Zuflüsse uns verderblich werden, und das eigene Gute wird uns nimmer gedeihen. Denn Europa kann seiner natürlichen Herrlichkeit nimmer froh werden, bis seine Herrscher mit Verleugnung aller kleinlichen Bedenklichkeiten sich zu jener großen Idee eines europäischen Staatskörpers zu erheben die glückliche Kühnheit haben. Erst dann kann jene unselige Scheidewand einsinken, welche noch jetzt Staat von Staat, oder einen in Tat und Wahrheit ein Glied desselben Körpers von dem anderen, abgesondert, und gleichsam in feindlicher Stellung wie der Wilde gegen den Wilden zu Verteidigung und Angriff beständig gerüstet ist, zu erhalten dienen. Und ist nicht dennoch Europa, physisch betrachtet, nur ein einziger organischer Körper?

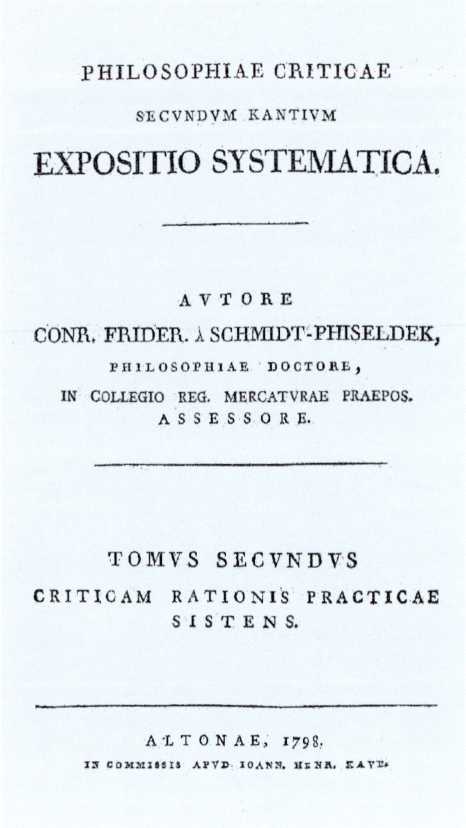
PHILOSOPHIAE CRITICAE
SECVNDVM KANTIVM
EXPOSITIO SYSTEMATICA.

AVTORE
CONR. FRIDER. A SCHMIDT-PHISELDEK,
PHILOSOPHIAE DOCTORE,
IN COLLEGIO REG. MERCATVRAE PRAEPOS.
ASSESSORE.

TOMVS SECVNDVS
CRITICAM RATIONIS PRACTICAE
SISTENS.

ALTONAE, 1798.
IN COMMISSIS APVD IOANN. HENR. KAVEN.

Philosophiae criticae secundum Kantium expositio systematica, Conrad Friedrich von Schmidt-Phiseldek, Band 1-2, veröffentlicht in Kopenhagen, 1796-98. Königliche Bibliothek von Dänemark, Kopenhagen.

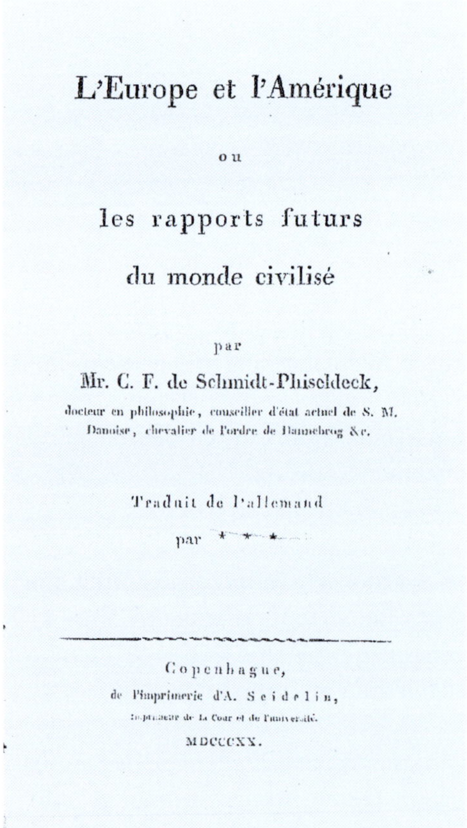
L'Europe et l'Amérique
ou
les rapports futurs
du monde civilisé
par
Mr. C. F. de Schmidt-Phiseldeck,
docteur en philosophie, conseiller d'état actuel de S. M. Danoise, chevalier de l'ordre de Danebrog &c.

Traduit de l'allemand
par ***

Copenhague,
de l'imprimerie d'A. Seidelin,
imprimeur de la Cour et de l'université.
MDCCCXX.

Titelblatt von *L'Europe et l'Amérique, ou les rapports futurs du monde civilisé.* Übersetzung von*** (le comte de Santi), Conrad Friedrich von Schmidt-Phiseldek, veröffentlicht in Kopenhagen, 1820. Königliche Bibliothek von Dänemark, Kopenhagen.

Europa muss sich auf sich selbst zurückziehen, und durch innere Kultur und Erweiterung in seinen nächsten Umgebungen den äußeren Verlust ersetzen. Die Idee eines europäischen Gemeinwesens muss ins Leben treten, dann ist Europa stark und sich selbst genügend ohne überseeischen Besitz; was das Verlassen dieser Idee für Unheil gestiftet, welche Aussichten zum Besseren vorhanden sind. (Europa und Amerika oder die künftigen Verhältnisse der civilisirten Welt, S. 125 ff.)

Denn Europa ist als ein zivilisierter Völkerstaat dermaßen in allen seinen Teilen verbunden und ineinander verschlungen, dass jeder Einzelne nur in der Wohlfahrt Aller gedeihen kann, und das Leiden eines einzelnen Gliedes das Wohl aller übrigen fühlbar angreifen muss; eine isolierte Existenz ist für keinen Staat mehr denkbar, und würde uns in den ursprünglichen Zustand der Rohheit und Unkultur unfehlbar zurückwerfen. (Der Europäische Bund, S. 139)

Die Europäische Föderation würde nur eine Landmacht und eine Marine zu halten haben, um ihre Kontinentalgrenze zu beschützen, ihre Küsten zu bewachen, ihren Handel zu schirmen, und ihrer Flagge auf allen Meeren Achtung zu verschaffen. (Der Europäische Bund, S. 234 f.)

Eine aus sämtlichen Staaten erlesene, den Befehlen des Kongresses allein untergeordnete Bundesmacht müsste zur Vollstreckung der richterlichen Urteile, zum Schirm und tätigen Verteidigung des Ganzen nach außen hin, und zur Vollziehung jeglicher von dem Bunde beschlossenen Maßregel gegen partielle Auflehnung und einseitige Widersetzlichkeit beständig bereitgehalten werden. (Der Europäische Bund, S. 91)

Abschaffung aller partikularen Staatsgeldpapiere, und ihren Ersatz, sofern etwas an die Stelle zu setzen nötig befunden würde, durch ein allgemeines Europäisches Kreditmittel; die Regulierung der Staatsabgaben nach einem Systeme, welches auf eine für den Steuerpflichtigen erträgliche Proportion zwischen seinem Erwerbe und der von ihm geforderten Leistung begründet wäre, und welches die Abschaffung der binneneuropäischen Zölle und mit ihr den ungehinderten und unbeschwerten Verkehr der Produktion des Bodens und der Industrie möglich machte; endlich den, als unerlässliche Konsequenz aus diesen Prämissen, die Beschränkung der Staatsausgaben vorzüglich, aber doch nicht ausschließend, mit Beziehung auf die nach dem neuen Münzfuße zu regulierende Staatsschuld und das forthin nur auf die Polizei und die auswärtigen Beziehungen des gesamten Bundes, nicht aber auf die einheimische Befehdung seiner Glieder zu berechnende Militär. (Der Europäische Bund, S. 192)

Es ist keineswegs unser Gedanke, dass diese neue Münzeinheit bloß als Ideal- oder Rechnungsmünze angenommen werden sollte: vielmehr wünschten wir zur Erleichterung des Umsatzes, und um den Europäischen Bürger den ganzen Umfang der Vorteile genießen zu lassen, welche ein einfacher und gleichförmiger Münzfuß mit sich führt, und allen den offenbaren und versteckten Betrug an der Wurzel abzuschneiden, welches das entgegengesetzte zur Folge hat, dass diejenige Einheit, über welche man sich verständigen würde, und von der wir bloß zur Versinnlichung unserer Idee ein Beispiel gegeben haben, auch kraft eines Europäischen Kongressbeschlusses zum wirklichen Münztaler erhoben, in den Münzstätten Europas gleichförmig ausgeprägt, und als gesetzliches Zahlmittel von allen Regierungen ausgegeben und angenommen würde. (Der Europäische Bund, S. 202)

Defensor pacis, Marsilius von Padua, veröffentlicht in Basel, 1522.
1807 zerstört während eines Artilleriebombardements auf Kopenhagen, eine Episode der napoleonischen Kriege. Königliche Bibliothek von Dänemark, Kopenhagen.

Winfried Schulze

Transatlantischer Wettbewerb: Europa und Amerika

Die Biografie Conrad Georg Friedrich Elias von Schmidt-Phiseldeks führt uns in das Zeitalter des Umbruchs von Ancien Régime, Französischer Revolution, napoleonischem Zeitalter und Heiliger Allianz. Obwohl er selbst in Kopenhagen das ruhige Leben eines Beamten und Wissenschaftlers führen konnte, gelangen ihm außerordentlich scharfsinnige Analysen der fundamental veränderten Lage Europas nach der Unabhängigkeit der Vereinigten Staaten von Amerika und der südamerikanischen Staaten. Diese neue politische und wirtschaftliche Weltordnung bewog ihn zu seinem bemerkenswerten Plan einer Einigung Europas, der sich deutlich von den älteren europäischen Einigungsplänen des 17. und 18. Jahrhunderts unterschied.

Der spätere dänische Staatsbeamte und Schriftsteller wurde als Sohn eines Professors für Geschichte und Jurisprudenz in eine bildungsbürgerliche Familie hineingeboren. Nach dem Besuch des Gymnasiums und intensiver außerschulischer Erziehung durch seinen Vater beginnt er 1786 das Studium in Helmstedt, wo Schmidt-Phiseldek 1789 die Kopenhagener Familie Brun kennen lernt, die er bald darauf auf einer Reise durch Deutschland, Frankreich und die Schweiz begleitet. Der enge Kontakt mit dieser Familie lässt Schmidt-Phiseldek ihr nach Kopenhagen folgen und dort sein Studium fortsetzen. Er erlangt den Titel eines Magisters und Doktors im Fach Philosophie und beginnt seine Vorlesungen als Privatdozent. Bald darauf legt er auch das theologische Examen ab und eröffnet sich damit die Aussicht auf eine kirchliche Laufbahn in Dänemark, zumal er 1794 auch das dänische Indigenatspatent, also seine Einbürgerung, erworben hatte.

Seine akademische Karriere, die zunächst vor allen Dingen durch die Verbreitung der Kantischen Philosophie geprägt war, erfuhr eine Veränderung durch das Angebot des damaligen Finanzministers Ernst Heinrich Graf Schimmelmann, ihm ein Stipendium für ein zusätzliches Kameralistikstudium zu verschaffen. Als Folge dieses Studiums und in Würdigung seiner umfassenden intellektuellen und sprachlichen Talente wurde er bald zum Assessor an Generallandes- und Kommerzkollegium ernannt. In schneller Folge durchlief Schmidt-Phiseldek nun verschiedene Funktionen in der dänischen Staatsverwaltung, die ihn während der Napoleonischen Kriege bis in den engeren Beraterkreis des Thronfolgers Prinz Frederik führten. 1813 wurde er Direktor der dänischen Reichsbank und verwaltete dieses Amt bis 1818, als die Reichsbank zur Nationalbank wurde und damit die Direktorenstelle fortfiel. Für ihn hatte dies jedoch erfreuliche Konsequenzen, weil er sich nun unter Fortzahlung der Bezüge ganz seinen schriftstellerischen Interessen widmen konnte. Erst 1823 ging diese glückliche Zeit der Muße zu Ende, wieder trat er in das Kommerzkollegium ein und wurde 1822 zum Kommerzrat ernannt. Sein enges Verhältnis zum dänischen König erlaubte ihm, auch weiterhin schriftstellerisch tätig zu sein.

Insgesamt kam er in seinem relativ kurzen Leben so auf 30 größere Schriften und zahlreiche Aufsätze, die auf außerordentlich unterschiedliche Gebiete verteilt sind. Sie reichen von der Nationalökonomie über philosophisch historische und philosophische Schriften bis hin zu Gedichtsammlungen.

Schmidt-Phiseldek erscheint uns heute vor allem dadurch interessant, dass er die Diskussionen über eine wirtschaftliche Einigung Europas vorantreibt, wobei er jedoch im Unterschied zu früheren Europaplänen einen in aufeinander folgenden Schritten gedachten Plan zur Einigung Europas entwickelte, der als Basis den feierlichen Gewaltverzicht der Staaten, den „europäischen Landfrieden", voraussetzt. Historischer Ausgangspunkt für seine weitere Konzeption ist der Vergleich mit den Vereinigten Staaten von Amerika, die er als „Nebenbuhlerin" Europas bezeichnet. Mit dem 4. Juli 1776 beginnt für ihn eine neue Epoche der Weltgeschichte. Anders als die älteren Europapläne des 18. Jahrhunderts reagiert seine Idee einer eines Europäischen Bundes nicht auf einen Kriegszustand, der bald beendet werden müsse, sondern ergibt sich aus ökonomischen Zwängen. So wie die Entdeckung Amerikas schon im 16. Jahrhundert enorme Rückwirkungen auf Europa gehabt habe, so verändere jetzt die Unabhängigkeit des amerikanischen Doppelkontinents erneut die Stellung Europas. Es müsse seinem „Weltkönigtum", „wozu es von der Natur nicht auf ewig bestimmt sein kann", entsagen und sich neu orientieren. Er analysiert die Lage der europäischen Staaten in ihrem neuen, jetzt globalen Kontext und entwickelt daraus sein neues Bild der Zukunft Europas. Europa könne sich nicht länger auf die Ausbeutung seiner Kolonien stützen, denn in Zukunft würden sich alle Kolonien von ihren Mutterländern befreien wollen. Europa müsse sich vielmehr auf die drohende Konkurrenz mit Amerika vorbereiten und sei deshalb gezwungen, sich als ein Gesamtstaat zu organisieren. Wenn Amerika sich zu einer „eigenen Handelsregion" entwickeln werde, werde es in Europa ein „Industriesterben" verursachen. Europa müsse sich deshalb auf seine eigenen Ressourcen konzentrieren („innere Kolonisation"), müsse die Entwicklung einer freien Wissenschaft fördern, die er als Grundvoraussetzung aller staatlichen Existenz ansieht. Es müsse die Bedingungen zur Intensivierung des Warenaustauschs schaffen (z. B. eine gemeinsame europäische Haushaltspolitik ohne nationale Haushaltsdefizite und eine gemeinsame Währung („europäischer Taler"). Das föderal geordnete Europa solle durch eine Bundesversammlung (Stimmrecht nach Bevölkerungszahl), ein Bundesgericht, eine Bundesarmee und -marine konstituiert werden, eine europäische Flagge solle die neue Macht symbolisieren.

Schmidt-Phiseldeks gesamtes politisches Denken war dadurch geprägt, dass er die Ordnung der europäischen Völker und darüber hinaus der Welt insgesamt durch ihre Fundierung auf rechtlichen Prinzipien sichern wollte. Die Weltpolitik benötigte seiner Meinung nach die regulierende Kraft verbindlicher Gesetze, während das Interesse der Staaten an einem freien Handel eine neue Form der Weltgesellschaft ermögliche. Seine Vorstellung einer föderalstaatlichen Ordnung Europas sollte das Muster für die Ordnung der Weltgesellschaft bilden. Schmidt-Phiseldeks Europakonzeption verband die Erfahrungen der napoleonischen Zwangseinigung Europas mit den wirtschaftstheoretischen Ansätzen des freien Welthandels und den institutionellen Rahmenbedingungen des Völkerrechts.

Wojciech Jastrezbowski
aus *Wizrunki polskie* (polnische Portraits) von Maximilien Fajans,
veröffentlicht durch den Auteur in Warschau, 1851.
Centralny Instytut Ochrorny Pracy, Warschau.

Wojciech Bogumił Jastrzębowski

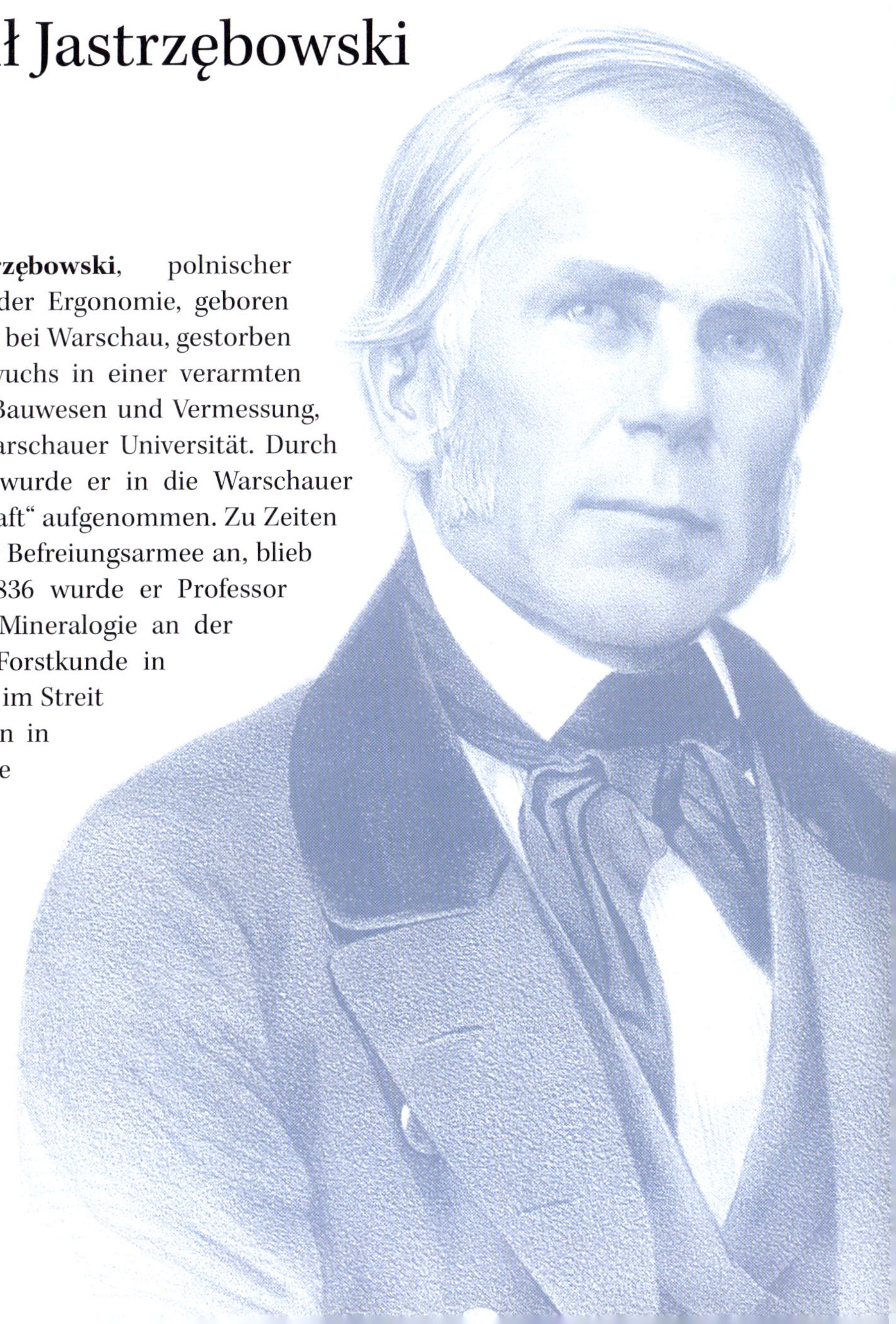

Wojciech Bogumił Jastrzębowski, polnischer Wissenschaftler, Begründer der Ergonomie, geboren am 19. April 1799 in Gierwaty bei Warschau, gestorben am 30. Dezember 1882 in Warschau, wuchs in einer verarmten Adelsfamilie auf. Er studierte zunächst Bauwesen und Vermessung, ab 1828 Naturwissenschaften an der Warschauer Universität. Durch die Erfindung eines Kompass-Modells wurde er in die Warschauer „Gesellschaft der Freunde der Wissenschaft" aufgenommen. Zu Zeiten politischer Unruhen schloss er sich einer Befreiungsarmee an, blieb jedoch von Verhaftungen verschont. 1836 wurde er Professor für Naturkunde, Physik, Zoologie und Mineralogie an der Hochschule für Landwirtschafts- und Forstkunde in Marymont. 1858 verließ er die Akademie im Streit und wurde Inspektor der Bezirksschulen in Warschau. Später fand Jastrzębowski keine adäquate Anstellung mehr, seine letzten Lebensjahre verbrachte er verkannt und nahezu mittellos. Er veröffentlichte u. a.: Vorhersage des Wetters, Regens, Windes und anderen Änderungen der Luft (1847), Mineralogie (1852) und Grundriss der Ergonomie, Wissenschaft oder Lehre von der Arbeit (1857).

Wojciech Bogumił Jastrzębowski

Entwurf einer Verfassung für Europa (1831)

Artikel 1

Alle europäischen Nationen (sofern sie in dauerhaftem Frieden und Glück leben wollen) sollen ihrer Freiheit entsagen und zu Sklaven der Gesetze werden, alle Monarchen hingegen (sofern sie ruhig, mit dem Segen der Völker und ruhmreich herrschen wollen) sollen von nun an nur noch Hüter und Exekutoren dieser Gesetze sein und sich nicht mehr anders als „Väter der Nationen", das heißt Patriarchen, nennen lassen.

Artikel 3

Vor Gott und vor dem Gesetz sind alle Menschen und daher auch alle Nationen gleich.

Artikel 4

Die Gleichheit der Menschen, die eine Nation konstituieren, wird durch nationale Gesetze gewährleistet; die Gleichheit der europäischen Nationen hingegen wird durch die europäischen Gesetze garantiert, welche die Grundlage des ewigen Bundes zwischen den zivilisierten Nationen bilden sollen.

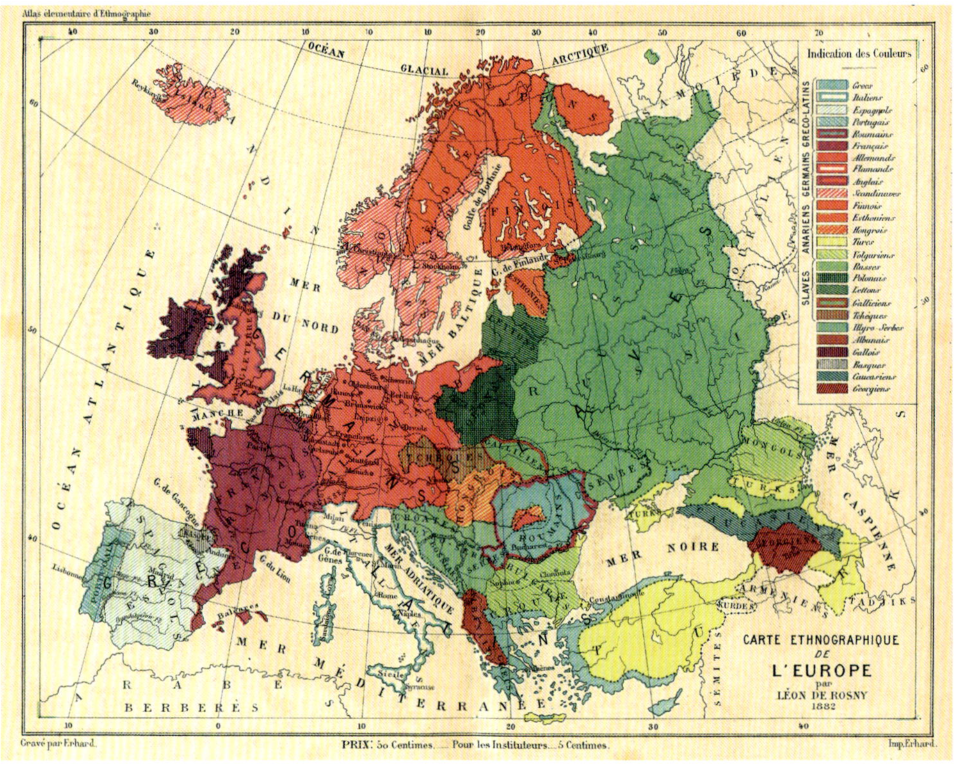

Carte ethnografique de l'Europe, Léon de Rosny, 1882.
... Artikel 33 ... Die in Europa am weitesten verbreitete Sprache wird zur Sprache des Kongresses ...
KBR, Lesesaal, Brüssel.

Artikel 5

Die nationalen Gesetze werden von den Nationen durch ihre Abgeordneten, das heißt durch das Parlament (*Sejm*), geschaffen; die europäischen Gesetze hingegen werden von Europa durch seinen Kongress geschaffen, der sich aus Bevollmächtigten aller Nationen zusammensetzt.

Artikel 7

Die Verabschiedung von Gesetzen erfolgt nach dem Prinzip der Mehrheit der Stimmen unter den Gesetzgebern.

Artikel 9

Von nun an wird es in Europa keine Länder mehr geben, sondern nur noch Nationen. Die bisherigen Grenzen zwischen den Ländern (der Hauptgrund für das Blutvergießen in Europa) werden für immer abgeschafft.

Artikel 12

Die unterschiedliche Zahl der Individuen, die eine Nation bilden, wird deren Gleichheit nicht beschädigen.

Nouvelle carte de l'Europe représentant la population, les forces Militaires de terre et de Mer, le revenu, la dette publique et le commerce de chaque Nation et cætera., dressée et publiée d'après les derniers documents officiels par Ph. Vanderhaeghen, 1862.
… Artikel 35 der Verfassung von Jastrzebowski: *Alle für den Krieg bestimmten Waffen auf europäischem Gebiet werden zum Eigentum Gesamteuropas …*
KBR, Karten und Pläne, Brüssel.

Gewalt an zivilen Opfern im Krieg, Detail der Tapisserie von Bayeux, besticktes Tuch, 11. Jh. (1077?). Mit besonderer Erlaubnis der Stadt Bayeux.

Artikel 14

Alle Nationen, die dem ewigen Bund in Europa angehören, sind in gleicher Weise zur Unterwerfung unter die europäischen Gesetze verpflichtet.

Artikel 26

Unterschiedliche Religionszugehörigkeiten werden keine rechtlichen Unterschiede nach sich ziehen; jeder Mensch wird daher unabhängig von seinem religiösen Bekenntnis gleichermaßen unter der Obhut der nationalen und europäischen Gesetze stehen und das gleiche Recht auf den Zugang zu allen Ämtern und Würden besitzen.

Artikel 32

Der Europäische Kongress wird als dauerhafte Versammlung eingerichtet und soll jedes Jahr von einer anderen europäischen Nation beherbergt werden [...].

Artikel 33

Die in Europa am weitesten verbreitete Sprache wird zur diplomatischen Sprache des Kongresses, die Regierungssprache jeder Nation wird hingegen die Nationalsprache sein. Patriarchen, die über mehrere Nationen herrschen, sollen ihre Beschlüsse in der Sprache derjenigen Nation bekannt machen, die sie betreffen.

Artikel 35

Alle für den Krieg, das heißt zum Blutvergießen, bestimmten Waffen auf europäischem Gebiet werden zum Eigentum Gesamteuropas. Ein Teil von ihnen wird an vom Europäischen Kongress bestimmten Orten zusammengezogen und verwahrt, um im Notfall zur Verteidigung der Rechte und der Sicherheit Europas eingesetzt werden zu können. Der übrige, überflüssige Teil hingegen wird an einem zentralen Punkt dieses Erdteils gesammelt und zur Errichtung eines Tempels zu Ehren Gottes, des Hüters von Recht und Frieden, verwendet.

Artikel 40

Jede Nation, aus welchem Teil der Erde auch immer, hat das Recht, dem ewigen Bund in Europa beizutreten und sich unter die Obhut der europäischen Gesetze zu stellen.

Artikel 44

Eine Verletzung der Rechte einer dem Bund angehörenden Nation durch eine andere, europäische oder barbarische Nation, wird als Verletzung der Rechte ganz Europas aufgefasst werden.

Wojciech Bogumił Jastrzębowski

Agnieszka Bartol-Saurel

Ein Europa der Nationen

1831 war der polnische Staat bereits seit Jahren von der politischen Landkarte Europas verschwunden. Preußen, Österreich und Russland hatten die Schwäche der innerlich zerrütteten Adelsrepublik genutzt und die Eigenstaatlichkeit Polens unter massiven Invasionsdrohungen in den drei so genannten Polnischen Teilungen von 1772, 1793 und 1795 sukzessive ausgelöscht. Von zwei kurzen Intermezzi abgesehen, regierten Polen seit mehr als einem Jahrhundert fremde Herrscher, die ihm von Österreich und Russland aufgezwungen wurden. Trotz des wieder und wieder auflodernden Unabhängigkeitsgedankens, der sich in der Ausarbeitung einer neuen Verfassung äußerste – der ersten progressiven und modernen Verfassung Europas –, setzte sich der Prozess der politischen Exekution bis 1795 fort. Erst 1809 erhielten einige polnische Teilungsgebiete, die bis dahin unter preußischer Besatzung gestanden hatten, durch Napoleon eine eigene nationale Regierung und Verwaltung. Doch das Großherzogtum Warschau, 1807 im Frieden von Tilsit gebildet, hatte nur kurz Bestand. Napoleons Niederlage bedeutete, erneut dem Einfluss Russlands – nun in Personalunion als so genanntes „Kongresspolen" – ausgeliefert zu sein. Paris wurde zum Zentrum der polnischen Emigration, Frankreich die geistige Heimat der polnischen Nationalbewegung.

Leichenfledderei ... Teil der Kriegsbeute vor der Anerkennung allgemeiner Kriegsrechte. Detail der Tapisserie von Bayeux, besticktes Tuch, 11. Jh. (1077?). Mit besonderer Erlaubnis der Stadt Bayeux.

Als Zar Nikolaus I. im November 1830 Truppen aufstellen wollte, um eine Strafexpedition gegen die Juli-Revolutionäre in Paris zu führen, brach innerhalb der Armee die Empörung aus. In der Nacht des 29. November begann in Warschau der sorgfältig vorbereitete Aufstand; die von polnischen Kadetten angeführte Zivilbevölkerung stürmte das Belvedere, den Sitz des Generalgouverneurs. Großherzog Konstantin ergriff die Flucht. Die 80.000 polnischen Aufständischen konnten den ungleichen Kampf gegen die damals größte bewaffnete Armee fast zehn Monate aufrecht erhalten, bevor sie schließlich kapitulieren mussten.

Inmitten dieses blutigen Konflikts – genauer: am Rande der Schlacht von Olszynka Grochowska – schrieb Ende April des Jahres 1831 der junge polnische Soldat Wojciech Bogumił Jastrzębowski seinen Entwurf Freie Augenblicke des polnischen Soldaten oder der Gedanke vom ewigen Frieden zwischen den zivilisierten Nationen nieder, mit der Absicht, einem Europa den Weg zu bereiten, dessen einziges und höchstes Ziel der ewige Frieden sein sollte. Das zentrale Element dieses Werkes ist die „Verfassung für Europa".

Während des Novemberaufstandes und angesichts der politischen Situation Polens schlägt er die Abschaffung der Grenzen zwischen den europäischen Staaten vor. Im Grunde stellt er diesem „Europa der Staaten" – ihm zufolge die Quelle der kriegerischen Konflikte – ein neues „Europa der Nationen" gegenüber. Man ist verblüfft, wie treffend und aktuell Jastrzębowskis Ideen auch heute noch sind. Sein Europa besteht nicht aus Ländern, sondern aus Nationen. Obwohl diese Nationen ihre nationalen Rechte behalten, sind sie europäischen Gesetzen unterworfen, die ihnen unabhängig von der Zahl der Individuen, aus denen sie bestehen, untereinander Gleichheit garantieren sollen. Diese europäischen Gesetze werden von einem Kongress angenommen, in dem jede Nation vertreten ist.

Diese als „ewiger Bund" bezeichnete Organisation verfügt über eine eigene Armee, die den Weisungen des Kongresses untersteht. Die verschiedenen Nationen müssen also zugunsten des Bundes entwaffnet werden, damit keine von ihnen in einen bewaffneten Konflikt mit einer anderen treten kann.

Hic Domus incenditur, Detail der Tapisserie von Bayeux, besticktes Tuch, 11. Jh. (1077?). Soldaten brennen absichtlich das Haus einer Frau nieder, die ihr Kind beschützt. Das ewige gleiche Los der Schwächsten im Krieg. Mit besonderer Erlaubnis der Stadt Bayeux.

Die europäischen Gesetze schützen vor allem das Leben, die Unabhängigkeit, das Eigentum und die Ehre der Bürger. Die Todesstrafe ist abgeschafft. Des Weiteren nimmt Bildung in Jastrzębowskis Entwurf eine zentrale Rolle ein, denn nur durch sie könnten die Bürger dazu gebracht werden, sich gegenseitig zu respektieren und für alle Zeit friedlich zusammenzuleben. Seiner Philosophie nach sollen die Menschen vor allem in Eintracht zusammenstehen.

Dieser mutige und in vielerlei Hinsicht visionäre Entwurf konnte nicht dem Kopf eines Mannes aus einfachen Verhältnissen entsprungen sein. In der Tat ist Wojciech Bogumił Jastrzębowskis Werdegang einzigartig. Er wächst in einer verarmten Adelsfamilie auf und widmet sich später leidenschaftlich unterschiedlichen Studienfächern. 1828 erfindet er ein Modell für einen Kompass, das 1829 mit großem Erfolg in Paris vorgestellt wird. Einige Jahre nach der Niederschlagung des Novemberaufstandes arbeitet er als Professor an der Hochschule für Landwirtschafts- und Forstkunde in der Nähe von Warschau. Während seiner Amtszeit soll er unter anderem ungefähr 400 neue Pflanzenarten entdeckt haben.

Studie zur Entführung Europas, Albrecht Dürer, 1494-1495, Detail. Spannungen und Tumult einer Entführung. Europa deutet noch eine Bewegung des Umdrehens an. Der Stier läuft hier in die Richtung der rechten Seite des Bildes, ein seltener Fall in der westlichen Vorstellung von der Entführung Europas. Museum Albertina, Wien.

Nachdem er den Weg für eine neue Wissenschaft, die Ergonomie (Arbeitswissenschaft), bereitet hat, entdeckt er 1863 seine revolutionäre Berufung und nimmt gemeinsam mit seinen neun Söhnen am – allerdings erfolglosen – Januaraufstand teil.

Die Originalität und Tiefe von Jastrzębowskis Ideen wurde von seinen Zeitgenossen verkannt. Aber konnten sie sie überhaupt erkennen? Schließlich galt unter den unfreien Polen der Patriotismus als höchste Pflicht. Ein Vorschlag, der darauf abzielte, den Nationalstaat als solitäres Machtinstrument zu entwaffnen und abzuschaffen, ihn also im Falle Polens gar nicht erst wieder auferstehen zu lassen, hatte keine Chance, gehört zu werden. Aus diesem Grund blieb die am 3. Mai 1831 (auf den Tag genau vierzig Jahre nach Inkrafttreten der Verfassung von 1791) von Jastrzębowski fertig gestellte Abhandlung, die die Verfassung enthielt, zunächst völlig unbeachtet. Erst 1833 wurde Jastrzębowskis Entwurf heimlich im heute noch existierenden Ossolineum Verlag, dem intellektuellen Zentrum jener Zeit, veröffentlicht.

Mitte des 20. Jahrhunderts musste der Verfassungsentwurf erneut „wiederentdeckt" werden. Janusz Iwaszkiewicz holte die Broschüre aus dem Archiv und veröffentlichte den Inhalt in einer Warschauer Tageszeitung unter der Überschrift „Das unbekannte polnische Projekt einer Liga der Nationen". Das Interesse war und blieb gering.

Fast zwei Jahrhunderte nach seiner Niederschrift hätte der Text von Wojciech Bogumił Jastrzębowski beinahe doch die Berühmtheit erlangt, die ihm die schmerzvolle Geschichte Polens vorenthalten hatte: Kurz nach der Erweiterung Europäischen Union, die den Beitritt Polens besiegelte, hatten polnische EU-Abgeordnete dem Parlamentspräsidenten Josep Borrell einige Auszüge aus der „Verfassung für Europa" zum Geschenk machen wollen. Diese Idee wurde indes fallen gelassen, da sich das allgemeine politische Klima neuen (wie auch alten) Verfassungsideen gegenüber immer weniger aufgeschlossen zeigte. Und damit fiel Jastrzębowskis Idealismus wohl letztmalig der politischen Wirklichkeit zum Opfer.

Pr. James Lorimer,
William Brassey Hole,
Scottish National Portrait Gallery,
Edinburg.

Dr. J. C. Bluntschli, ca. 1850, Hans Notz (1802–1862, Zeichnung), Joseph Atzinger (1814–1885, Lithographie), Lithographie 33,2 x 25,5 cm, Zentralbibliothek Zürich, Graphische Sammlung.

James Lorimer

James Lorimer (1818-1890) war Jurist und Rechtsphilosoph. Nachdem er zunächst als Anwalt tätig war, wurde er 1865 Professor für Völkerrecht an der University of Edinburgh. In seinen Werken beschränkte er sich nie ausschließlich auf eine Auslegung des positiven Rechts; er betrachtete das Recht als ein Produkt des menschlichen Geistes und der Beziehungen zwischen den Menschen sowohl als Einzelner als auch als Mitglieder politischer Gemeinschaften. Aufgrund dieser originellen Sichtweise hatten seine Werke mehr Erfolg auf dem europäischen Kontinent als im Vereinigten Königreich. Sein Hauptwerk *Institutes of the Law of Nations: a Treatise of the general Relations of separate Political Communities* erschien 1883. Er ist einer der Mitbegründer des *Institut de droit international* (1873), einer Gelehrtengesellschaft von Völkerrechtlern, die seit ihrer Gründung in bedeutendem Maß zur Weiterentwicklung des Völkerrechts beigetragen hat.

Johann Kaspar Bluntschli

Johann Kaspar Bluntschli (1808-1881) war oft zugleich in der Politik und in der Lehre tätig. So war er in seiner Geburtsstadt Zürich gleichzeitig Professor an der Universität und Mitglied, dann Präsident des Großes Rates des Kantons, in dem er Vorsitzender der moderaten Konservativen war. Der Sonderbundskrieg zwischen den Kantonen veranlasst ihn, die Schweiz zu verlassen und sich in München, dann Heidelberg niederzulassen, um dort Verfassungsrecht zu lehren. Unter seinen zahlreichen Werken ist sicherlich als Hauptwerk sein *Allgemeines Staatsrecht* (1851-1852) zu nennen, das unter anderem auch ins Französische übersetzt wurde. In Italien setzte er sein politisches Engagement fort. Aufgrund des Österreichisch-Preußischen Krieges von 1866 fühlte er sich veranlasst, „Das moderne Kriegsrecht" zu veröffentlichen das in Europa einen bedeutenden Einfluss hatte und zur Kodifizierung des Kriegsrechts auf den Konferenzen von Den Haag in den Jahren 1899 und 1907 beitrug. Er war Mitbegründer des Institut de droit international und wirkte 1836 auch an der Gründung des Protestantenvereins mit, dessen Ziel die Vereinigung der protestantischen Kirchen war. Bluntschli stellte in seinem Werk den Staat als einen Organismus dar, der wie das Leben eines Menschen einem Zyklus folgt, der von der Geburt bis zum Tod reicht. Wenn der Staat die Bedürfnisse seiner Bürger nicht mehr befriedigen kann, geht er zugrunde. Hierauf basierte sein Engagement für die deutsche und die italienische Einheit. Die kleinen Staaten, Städte und Fürstentümer sollten ihr Ende finden, damit Deutschland und Italien als Staaten entstehen konnten. Auf diese Sichtweise gründeten sich möglicherweise seine Überlegungen zur europäischen Konföderation.

Die Kontroverse zwischen Lorimer und Bluntschli (1877-1878)

J. Lorimer

Plan für die Organisation einer internationalen Regierung

Es wird ein Vertrag über die Einsetzung einer internationalen Regierung geschlossen. Alle anerkannten Staaten werden aufgefordert, sich diesem Vertrag anzuschließen, der in zwei Teile unterteilt sein wird:

Im ersten Teil setzen die Vertragsparteien es sich zum Ziel, ihre jeweiligen nationalen Streitkräfte auf ein Maß zu reduzieren, das sie gegenseitig für notwendig halten, um ihren innerstaatlichen Bedürfnissen gerecht zu werden.

Im zweiten Teil geht es um die Einsetzung einer internationalen Regierung, die eine Legislative, eine Judikative, eine Exekutive und eine Finanzverwaltung umfasst, und zwar nach einem Plan, den ich nun versuchen werde zu skizzieren.

Legislative

Die Legislative setzt sich aus einem Senat und einer Abgeordnetenkammer zusammen.

1° Senat

a) Der Senat wird vom Oberhaus der einzelnen Staaten gewählt oder, in den Staaten, die kein Oberhaus haben, von der Krone oder der höchsten Zentralgewalt des Staates.
b) Die Senatoren werden auf Lebenszeit gewählt.
c) Die Zahl der Senatoren entspricht je Staat einem Drittel der Anzahl der von diesem Staat entsandten Abgeordneten.
d) Jeder Senator erhält einen internationalen Ehrentitel, der auf seinen ältesten Sohn oder einen anderen männlichen Vertreter vererbt werden kann, ihm aber ohne Wiederwahl kein politisches Privileg zuerkennt.

Schweizer Währung, gültig in der latinischen Union, 5-Franc-Münze aus Silber, von Bovy, geprägt in Bern, 1874. KBR, Münzen, Brüssel.

e) Die Inhaber dieser internationalen Titel haben Vorrang vor den gleichrangigen Amtsträgern in den einzelnen Staaten.
f) Die Senatoren, die Personen mit hoher Position und bedeutendem Vermögen sind, erhalten weder ein Entgelt für die Ausübung ihres Amtes noch eine Erstattung von Reisekosten oder sonstigen Kosten.
g) Für das Amt des Senators ist ein Mindestalter von 30 Jahren Voraussetzung.
h) Jeder Senator hat nur eine Stimme.

2° Abgeordnetenkammer

a) Die Abgeordnetenkammer wird vom Unterhaus der einzelnen Staaten gewählt, sofern dieses aus zwei Kammern besteht; in den Staaten, in denen es nur aus einer einzigen Kammer besteht, von dieser, und in denjenigen, die keine repräsentative Regierung haben, von der Krone oder von der Zentralgewalt des Staates.
b) Die Zahl der Abgeordneten beträgt je Staat das Dreifache der Anzahl der von jedem Staat entsandten Senatoren.
c) Jeder der sechs großen Staaten – Deutschland, England, Österreich-Ungarn, Frankreich, Italien und Russland – entsendet zehn Senatoren und dreißig Abgeordnete. Jeder der kleineren Staaten entsendet eine seiner internationalen Bedeutung entsprechende Anzahl von Senatoren und Abgeordneten, die sich nach seiner Bevölkerungszahl, seiner Fläche, dem jeweiligen Staatseinkommen abzüglich der Aufwendungen für den Schuldendienst sowie nach anderen, von den sechs Großmächten festzulegenden Kriterien bemisst.
d) Die internationalen Abgeordneten haben kein erbliches Amt; während ihrer Amtszeit haben sie jedoch Vorrang vor den Mitgliedern der Kammer des Staates, dem sie angehören.
e) Jeder Abgeordnete erhält für jede Sitzungsperiode, in der er sein Amt versieht, einen Betrag, der 1 000 Pfd. Sterling entspricht, als Vergütung.
f) Die Dauer der Amtszeit jedes Abgeordneten wird von dem Staat, dem er angehört, festgelegt.
g) Jeder Abgeordnete hat eine Stimme.
h) Die Abgeordnetenkammer wählt einen Vorsitzenden oder Sprecher, der für jede Sitzungsperiode 5 000 Pfd. Sterling erhält, zuzüglich der 1 000 Pfd. Sterling als Vergütung.

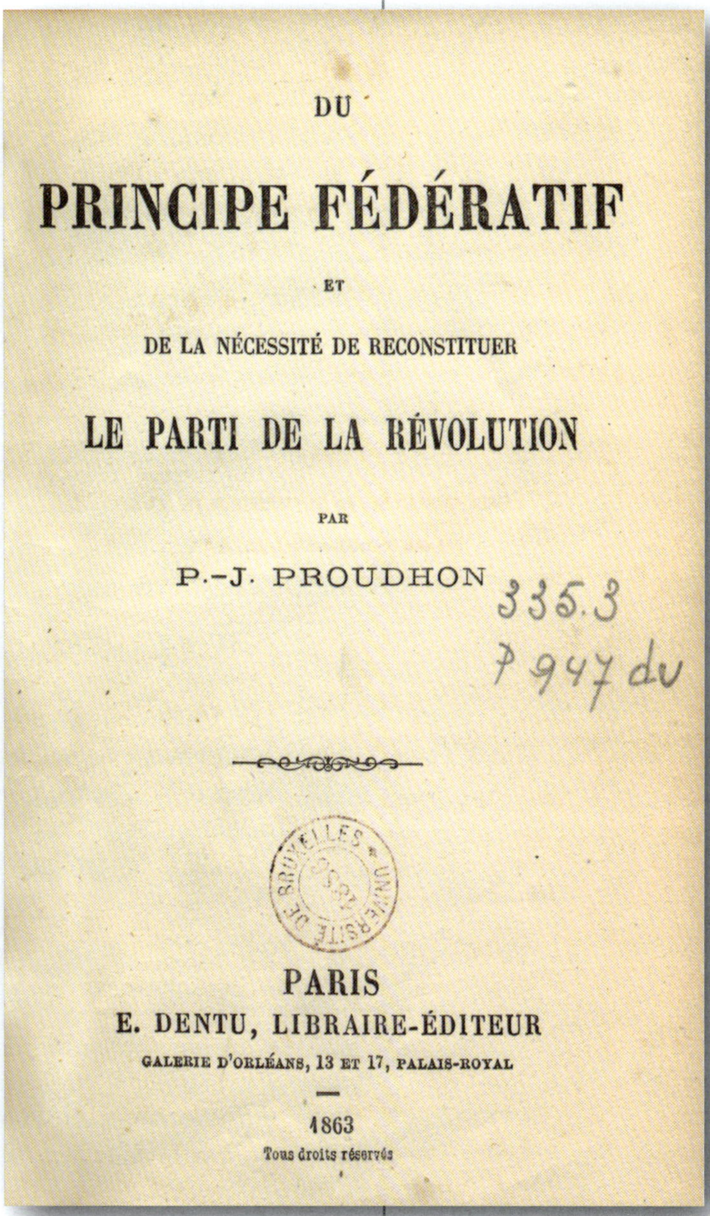
DU
PRINCIPE FÉDÉRATIF
ET
DE LA NÉCESSITÉ DE RECONSTITUER
LE PARTI DE LA RÉVOLUTION
PAR
P.-J. PROUDHON

PARIS
E. DENTU, LIBRAIRE-ÉDITEUR
GALERIE D'ORLÉANS, 13 ET 17, PALAIS-ROYAL
1863
Tous droits réservés

Du principe fédératif et de la nécessité de reconstituer le parti de la révolution, Pierre-Joseph Proudhon, Paris, Dentu, 1863. Université Libre de Bruxelles, Zentralbibliothek.

i) Die Beziehungen zwischen dem Senat und der Abgeordnetenkammer entsprechen so weit wie möglich denen zwischen dem House of Lords und dem House of Commons in England.

3° Präsidium oder Ministerium

a) Das Präsidium setzt sich zusammen aus fünfzehn Mitgliedern, darunter fünf Senatoren, die vom Senat gewählt werden, und fünf Abgeordneten, die von der Abgeordnetenkammer gewählt werden.
b) Die Wahlen finden alljährlich statt, die Mitglieder können aber wiedergewählt werden.
c) Jedes Mitglied des Präsidiums erhält 3 000 Pfd. Sterling, die für die Mitglieder der Abgeordnetenkammer zu der Vergütung, die sie als Abgeordnete erhalten, hinzukommen.
d) Dem Präsidium gehört stets mindestens ein Vertreter jeder der sechs Großmächte an.
e) Das Präsidium wählt aus seiner Mitte den Präsidenten des internationalen Staates, der von Amts wegen Vorsitzender des Senats ist. War er bei seiner Wahl zum Präsidenten Abgeordneter, so wird er Senator auf Lebenszeit.
f) Der Präsident bekleidet sein Amt nur für die Dauer einer Sitzungsperiode. Er kann jedoch nach Ablauf der darauf folgenden Sitzungsperiode wiedergewählt werden.
g) Der Präsident erhält für jede Sitzungsperiode 10 000 Pfd. Sterling.

4° Sitzungsort wird Konstantinopel, das zum internationalen Eigentum erklärt wird.

5° Sitzungszeit ist alljährlich der Herbst, zwischen den Sitzungsperioden der verschiedenen nationalen gesetzgebenden Körperschaften.

6° Geschäftsordnung

a) Das Verfahren für die Einreichung von Vorschlägen entspricht der Praxis der nationalen gesetzgebenden Körperschaften.
b) Die Zustimmung des Präsidenten ist notwendig, um einer von der Mehrheit der beiden Kammern angenommenen Maßnahme internationale Gesetzeskraft zu verleihen. Hat der Präsident seine Zustimmung zu derselben Maßnahme zweimal verweigert, so wird die Maßnahme dem Präsidium unterbreitet und erhält Gesetzeskraft, wenn sie von der Mehrheit des Präsidiums angenommen wird.

7° Zuständigkeiten

a) Jede rein nationale Frage ist von den Beratungen der internationalen Versammlung ausgeschlossen, aber es steht der Versammlung frei zu entscheiden, ob die Frage, die ihr unterbreitet wird, eine nationale oder eine internationale Frage ist.

b) Bürgerkriege fallen im Gegensatz zu Aufständen in die Zuständigkeit der internationalen Versammlung, und es steht der Versammlung frei zu entscheiden, welche nationalen Bewegungen der einen oder der anderen Kategorie zuzuordnen sind.

c) Koloniale oder außereuropäische Fragen sind vom Zuständigkeitsbereich der internationalen Versammlung ausgeschlossen, es sei denn, die Vertreter von außereuropäischen Ländern würden gleichrangig mit denen der europäischen Staaten zugelassen.

d) Forderungen, welche die Ausdehnung eines Hoheitsgebiets oder die Veränderung von Grenzen zum Gegenstand haben, fallen in die Zuständigkeit der Versammlung und können entweder direkt oder durch Verweisung an die Judikative entschieden werden.

e) Auf die ordnungsgemäße Rückzahlung von Schulden, die ein Staat für sich genommen entweder gegenüber einzelnen Geldgebern oder gegenüber anderen Staaten eingegangen ist, wird von der internationalen Regierung mittels eines von ihr für angemessen erachteten Verfahrens hingewirkt.

f) Der Bankrott zieht die Aussetzung der Anerkennung während der gesamten Zeitspanne nach sich und entzieht den Vertretern des bankrotten Staates das Recht, in der internationalen Versammlung zu tagen und sich an Abstimmungen zu beteiligen.

Krönungsurkunde des Erich von Pommern zum ersten König der Kalmarer Union, die eine Vereinigung der Königreiche Schweden, Dänemark und Norwegen war und bis 1521 bestand. Die Union hat einen gemeinsamen König, doch behält jedes Land seine Institutionen und seine Gesetzgebung bei. Dänisches Nationalarchiv, Kopenhagen.

Judikative

Der Gerichtshof besteht aus zwei Kammern, einer Zivilkammer und einer Strafkammer.

Exekutive

Jeder Staat ist für sich genommen verpflichtet, ein Kontingent an Männern im Verhältnis zur Anzahl der ihm zugewiesenen Vertreter oder ein Äquivalent in Geld zu stellen, um die Erlasse der internationalen Versammlung und die Entscheidungen der internationalen Gerichte auszuführen.

Finanzen

Die Ausgaben der internationalen Regierung werden mit Ausnahme der Verwaltung des Hoheitsgebiets, in dem sie ihren Sitz hat, von einer internationalen Steuer gedeckt, die von der Regierung der einzelnen Staaten bei ihren jeweiligen Staatsbürgern zu erheben ist. Der Umfang dieser Steuer steht im Verhältnis zu der Anzahl der Vertreter, die jeder Staat an die internationale Versammlung entsendet.

Dolch der jüngeren Hallstattkultur, ca. 550 v. Chr. In jeder Epoche hat die Beherrschung der Eisenverarbeitung die Stärke der Waffen, die landwirtschaftlichen Erträge ... die Macht vergrößert. Oberösterreichisches Landesmuseum, Linz.

J.C. Bluntschli

Die Organisation des europäischen Staatenvereins[1]

Europa als Staatenbund

Soll das große Problem einer Verfassung für die europäische Staatengenossenschaft gelöst werden, so ist die unerlässliche Grundbedingung dieser Lösung die sorgfältige Wahrung der Selbstständigkeit und Freiheit der verbündeten Staaten.

Die europäischen Staaten fühlen sich als souveräne Personen, und sind alle entschlossen, ihre Hoheit zu behaupten und sich irgendeiner Oberherrlichkeit anderer Staaten zu entziehen. Sie können daher wohl für bestimmte gemeinsame Zwecke mit anderen Staaten zusammenwirken, aber sie werden sich nicht freiwillig einer Verfassungsmacht unterordnen, welche ihnen als eine fremde erscheint. Sie werden niemals auf ihre eigene Regierung und ihr eigenes Heer verzichten und weder einen fremden Universalmonarchen noch ein europäisches Gesamtparlament über sich dulden.

Europa besteht gegenwärtig aus siebenzehn souveränen Staaten, denen noch ein halbsouveräner beizuzählen ist, und welche hinwieder in folgende Gruppen zerfallen:

I. Sechs Großmächte:
Deutsches Reich, Frankreich, Großbritannien, Italien, Österreich-Ungarn, Russland.

II. Westeuropäische Staaten:
Spanien, Portugal, Belgien, Niederlande, Dänemark, Schweden-Norwegen, Schweiz.

III. Souveräne osteuropäische Staaten:
Türkei, Griechenland, Rumänien, Serbien und Montenegro und der halbsouveräne Oststaat: Bulgarien.

Die erstmals am 15. Juni 1215 von König Johann von England unterzeichnete und seither häufig überarbeitete *Magna Charta* ist einer der Grundsteine des englischen Feudalrechts. Die Charta regelt die Aufteilung der Rechte und Pflichten zwischen der Zentralmacht des Königs und seinen Baronen, den örtlichen Vertretern im ständigen Streben nach Autonomie. Kathedrale von Salisbury Foto: Steve Day.

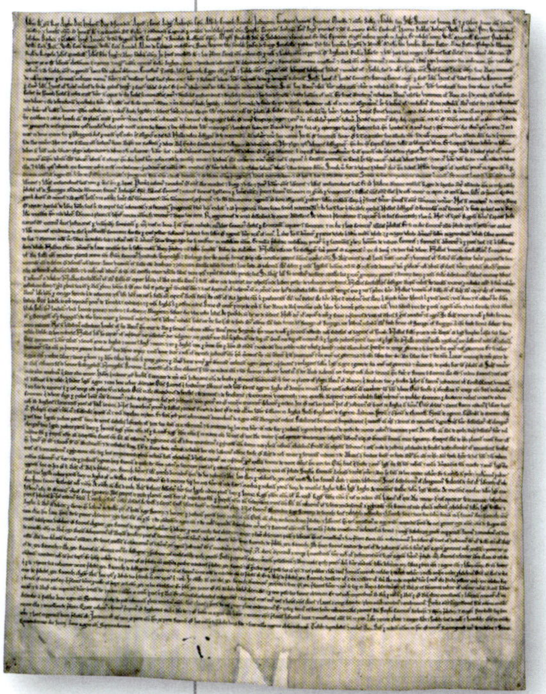

1 J.C. Bluntschli, Die Organisation des europäischen Staatenvereins (Auszug), in *Gesammelte kleine Schriften*, Zweiter Band, 1881, Erstveröffentlichung 1878, S. 299-312.

Die genannten achtzehn Staaten sind die natürlichen Mitglieder des europäischen Staatenvereines. Sie haben alle wesentlich dieselben Rechte der Persönlichkeit. Wenn europäische Fragen entschieden werden, so sind sie alle als Glieder Europas dabei beteiligt. Sie haben daher alle einen natürlichen Anspruch auf Vertretung in den europäischen Bundesorganen. Sie verlangen mit Recht, auch ihre Meinung zu äußern, mitzuberaten und mitzubeschließen.

Wenn aber als Staatspersonen alle achtzehn Staaten wesentlich gleichberechtigt sind, so ist doch neben dieser Rechtsgleichheit auch der ebenfalls natürliche Unterschied zu beachten zwischen den Großmächten und den übrigen Staaten.

Um eine richtige Organisation zu bilden, müssen ferner die Aufgaben erwogen werden, welche der Bund zu lösen berufen ist.

Diese Aufgaben lassen sich übersichtlich nach folgenden Gruppen ordnen:

1) Festsetzung und Aussprache völkerrechtlicher Normen, völkerrechtliche Gesetzgebung;
2) Bewahrung des Völkerfriedens und Ausübung der großen völkerrechtlichen Politik;
3) Besorgung der internationalen Verwaltungssachen;
4) Internationale Rechtspflege.

Völkerrechtliche Gesetzgebung und große Politik.

Zur Aussprache und Verkündung allgemeiner völkerrechtlicher Normen (Gesetze) genügt nach unseren heutigen Begriffen nicht der Zusammentritt der Staatshäupter oder ihrer Minister und Gesandten, sondern ist die Mitwirkung und Zustimmung von repräsentativen Versammlungen unerlässlich, welche die Meinungen und Rechtsansichten auch der Völker vertreten.

Deshalb wird das Organ für die Gesetzgebung zusammengesetzt sein müssen:

1) aus Vertretern der sämtlichen europäischen Staatsregierungen, welche zusammen den europäischen Bundesrat bilden. Man könnte es ohne Bedenken den Regierungen überlassen, ihre Vertreter zu bezeichnen und zu ermächtigen, gleichviel ob ein Staat einen oder mehrere Vertreter entsendet. Aber die Stimmenzahl, auf welche jeder Staat Anspruch hat in dem Bundesrate, muss verfassungsmäßig bestimmt sein. Es dürfte den Verhältnissen entsprechen, wenn jeder Staat in der Regel eine Stimme, auch die zusammengesetzten Staaten nur eine Stimme führen und nur die Großmächte jede zwei Stimmen haben.

   In dem Bundesrate gäbe es dann 24 Stimmen, die eine Hälfte der Großmächte, die andere Hälfte der anderen Staaten.

   Das europäische Repräsentantenhaus oder der europäische Senat, welcher als Vertreter der europäischen Völker dem Bundesrate an die Seite tritt, darf meines Erachtens nicht sehr zahlreich sein, wenn er seiner Aufgabe

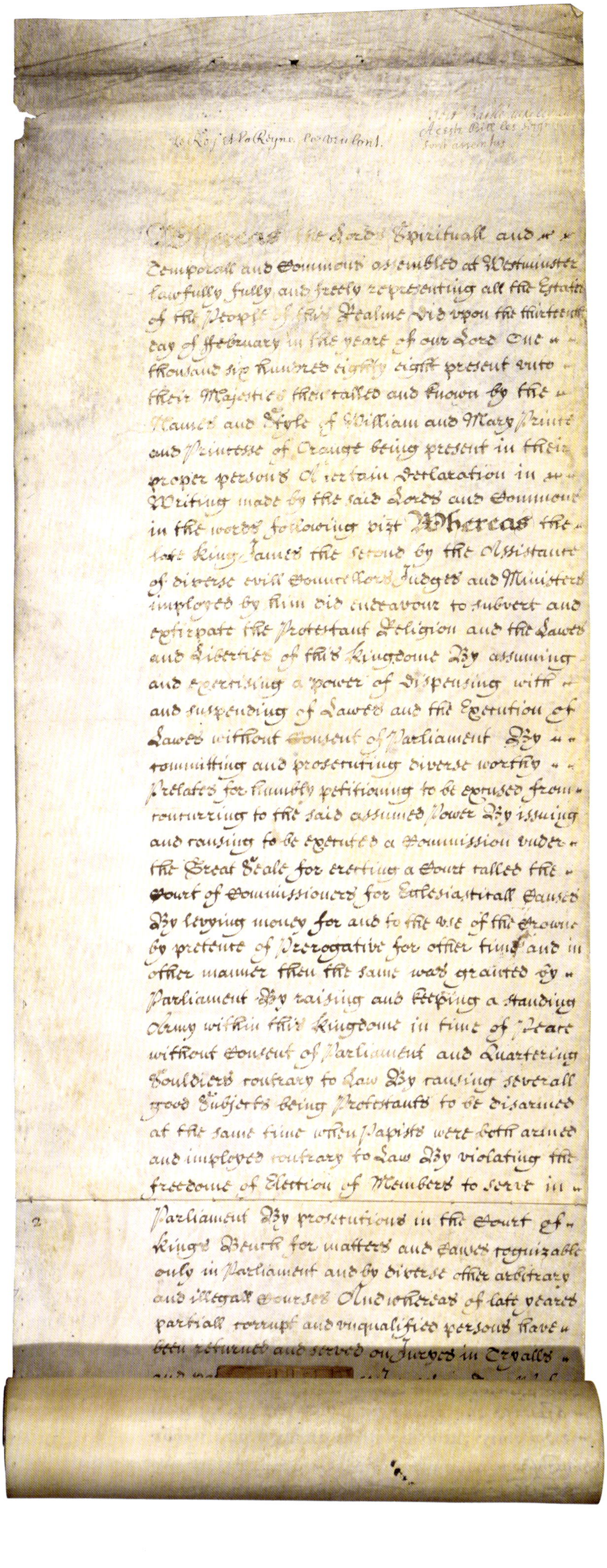

Le Roy et la Royne le veulent.

Whereas the Lords Spirituall and
Temporall and Commons assembled at Westminster
lawfully fully and freely representing all the Estates
of the People of this Realme did upon the thirteenth
day of February in the yeare of our Lord One
thousand six hundred eighty eight present unto
their Majesties then called and knowne by the
Names and Stile of William and Mary Prince
and Princesse of Orange being present in their
proper persons a certaine Declaration in
Writing made by the said Lords and Commons
in the words following viz Whereas the
late King James the Second by the Assistance
of diverse evill Councellors Judges and Ministers
imployed by him did endeavour to subvert and
extirpate the Protestant Religion and the Lawes
and Liberties of this Kingdome By assuming
and exercising a power of dispensing with
and suspending of Lawes and the Execution of
Lawes without Consent of Parliament By
committing and prosecuting diverse worthy
Prelates for humbly petitioning to be excused from
concurring to the said assumed Power By issuing
and causing to be executed a Commission under
the Great Seale for erecting a Court called the
Court of Commissioners for Ecclesiasticall Causes
By levying money for and to the use of the Crowne
by pretence of Prerogative for other time and in
other manner then the same was granted by
Parliament By raising and keeping a Standing
Army within this Kingdome in time of Peace
without Consent of Parliament and Quartering
Souldiers contrary to Law By causing severall
good Subjects being Protestants to be disarmed
at the same time when Papists were both armed
and imployed contrary to Law By violating the
freedome of Election of Members to serve in
2 Parliament By prosecutions in the Court of
Kings Bench for matters and Causes cognizable
only in Parliament and by diverse other arbitrary
and illegall Courses And whereas of late yeares
partiall corrupt and unqualified persons have
been returned and served on Juryes in Tryalls

Diese 1689 unterzeichnete *Erklärung der Rechte (Declaration of Rights)* definiert das Wesen der parlamentarischen Monarchie in England – ein komplexes Machtgleichgewicht zwischen der zentralistischen Monarchie und den nach Unabhängigkeit strebenden Parlamenten. Parliamentary Archives, Houses of Parliament, London.

gewachsen sein soll. Nur Männer, welche des Völkerrechtes und der großen politischen Verhältnisse in Europa kundig sind, passen dahin. Solche Männer gibt es nicht allzu viele.

Ich würde jeder Großmacht etwa acht oder zehn Abgeordnete zuteilen und jedem anderen Staate vier oder fünf. Das gäbe eine Versammlung von 96 oder 120 Mitgliedern.

Die Wahl dieser europäischen Senatoren wäre den einzelnen Staaten zu überlassen, so jedoch, dass wo Volksvertretungen in einer oder in zwei Kammern bestehen, diese die Wahl vorzunehmen hätten.

Die Abstimmung im Bundesrate müsste nach Staaten, nicht nach Individuen geschehen, im Senate dagegen wäre die individuelle Abstimmung möglich und vorzuziehen.

Die Mitglieder des Bundesrates stimmen gemäß ihrer Instruktion und Vollmacht, die Senatoren frei nach ihrer persönlichen Überzeugung.

Völkerrechtliche Normen, über welche sich der Bundesrat und der Senat, jedes Haus mit Mehrheit der vertretenen Stimmen geeinigt haben, werden von dem Bundesrate als völkerrechtliches Gesetz verkündet. Jeder Staatsregierung müsste das Recht zustehen, in dem Bundesrate einen Antrag auf Erlassung eines völkerrechtlichen Gesetzes zu stellen, und ebenso jeder Vertretung der verschiedenen Völker in dem Senate. Die Beschlüsse in beiden Körpern werden aber mit absoluter Stimmenmehrheit der vertretenen Staaten und Völker gefasst.

2) Die Bewahrung des Völkerfriedens und die Beratung und Beschlussfassung in den Angelegenheiten der großen europäischen Politik werden vorzugsweise dem Bundesrat, unter Führung der Großmächte anzuvertrauen sein, immer aber mit der Beschränkung, dass eine dauernde Neuordnung auch der Gutheißung des Senates unterbreitet wird.

Bisher ist der Unterschied der großen Politik im Völkerrechte und der bloßen internationalen Verwaltungs- und Justizsachen wenig beachtet worden. Mir scheint er für die Verfassung des Staatenbundes von ganz entscheidender Wichtigkeit zu sein. Es ist sehr viel leichter, für völkerrechtliche Institutionen zu sorgen, welche die kleinen Verwaltungssachen und Prozesse erledigen, als Organe zu schaffen, welche die staatlichen Lebensfragen zu entscheiden berufen sind.

Zu den Angelegenheiten der großen Politik gehören alle Fragen, welche die Existenz, die Selbständigkeit, die Freiheit der Staaten betreffen, von denen die Lebensbedingungen der Völker, ihre Sicherheit und ihre Entwicklung abhängig sind. Wenn diese höchsten Interessen bedroht erscheinen, dann setzen männliche Völker ihre ganze Kraft dafür ein, dieselbe zu schützen und ziehen es noch immer vor, ihr Gut und Blut im Notfalle für die Behauptung ihres Rechtes zu opfern, als sich einem Gebote irgendeiner fremden Verwaltungsbehörde oder selbst dem schiedsrichterlichen oder richterlichen Spruche internationaler Gerichte zu unterwerfen.

Uraufführung der *Geschichte vom Soldaten* von Igor Strawinski, Aquarell von Theodor Strawinski, im Alter von 11 Jahren. Uraufgeführt am 28. September 1918 unter der Leitung von Ernest Ansermet am Theater von Lausanne, zeichnet die *Geschichte vom Soldaten* das Umherirren eines Soldaten und die Gefahren des gerade beendeten Krieges nach. Fondation Théodore Strawinski, Genf.

Bei solchen Fragen kann nur die Gemeinschaft aller europäischen Staaten unter Mitwirkung einer europäischen Volksvertretung und selbst jene nur unter gewissen Bedingungen zu einer entscheidenden Autorität werden, welcher sich die streitenden Staaten fügen. Nur wenn die Regierungen und Völker zusammenwirken und wo möglich einig werden, oder mindestens eine überwältigende Mehrheit zustande kommt, wird jene Autorität stark genug werden, um Folge zu bewirken. Würden sich Bundesrat und Senat in nahezu gleich starke Parteien spalten, so würden die streitenden Staaten sich an diese Parteien anschließen und ein allgemein anerkanntes Ergebnis, eine neue unbestrittene Rechtsordnung käme nicht zustande.

Wenn daher auch dem Bundesrate die eigentliche Beschlussfassung überlassen und dieser mit Mehrheit Beschluss fassen würde, so würde dieser Beschluss doch nicht anders rechtsverbindlich und vollziehbar werden, als wenn auch das Gutachten oder die Genehmigung des Senates hinzu käme.

Würde Einstimmigkeit im Bundesrate gefordert, so würde die Beschlussfähigkeit desselben zu sehr eingeengt. Die einfache Mehrheit kann aber in solchen Fällen auch nicht entscheiden, wenn ihr eine erhebliche Minderheit etwa von 6 bis 8 Stimmen entschlossen entgegen tritt.

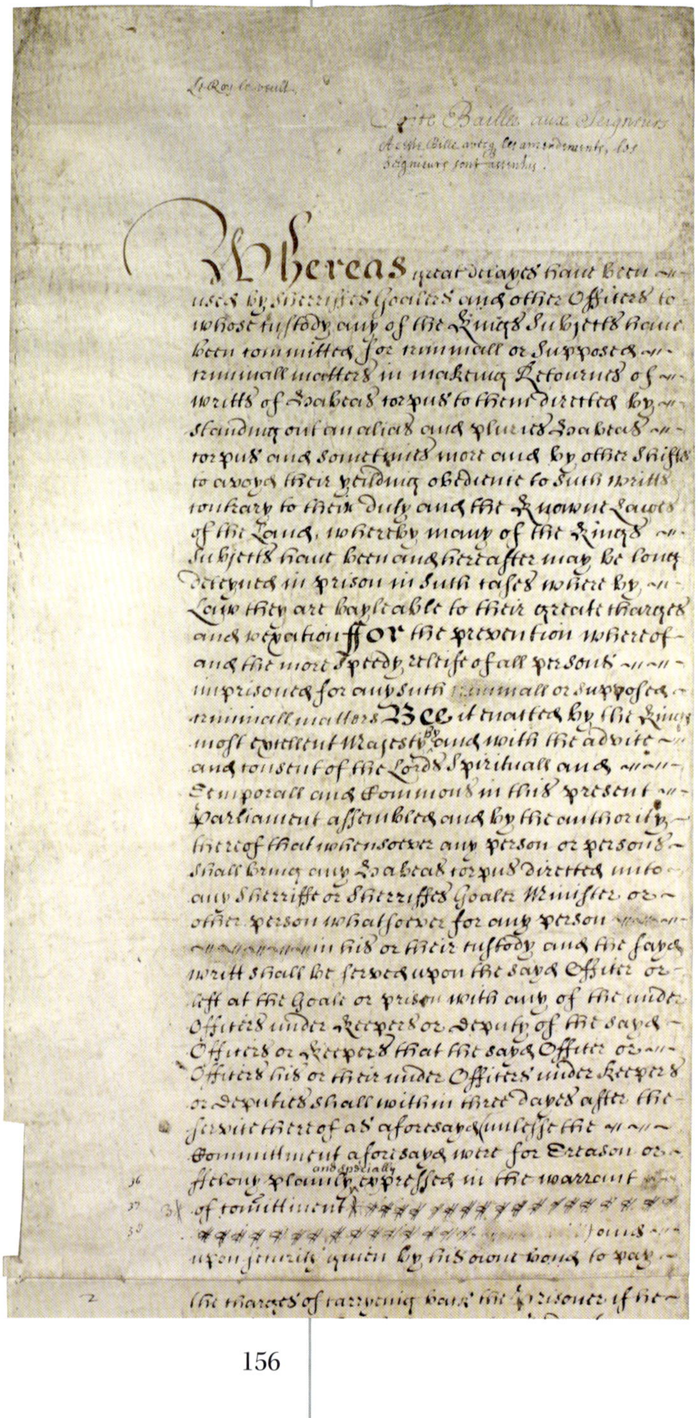
Le Roy le veult.

Soit baillé aux Seigneurs
A cette Bille avecq les amendements, les Seigneurs sont assentus.

Whereas great delayes have beene used by Sheriffes Goalers and other Officers to whose custody any of the Kings Subjects have beene committed for criminall or supposed criminall matters in makeing Returnes of Writts of Habeas Corpus to them directed by standing out an Alias and Pluries Habeas Corpus and sometimes more and by other shifts to avoid their yeilding obedience to such Writts contrary to their duty and the knowne Lawes of the Land whereby many of the Kings Subjects have beene and hereafter may be long detained in prison in such cases where by Law they are bayleable to their great charges and vexation For the prevention whereof and the more speedy releife of all persons imprisoned for any such criminall or supposed criminall matters Bee it enacted by the Kings most excellent Majestie by and with the advice and consent of the Lords Spirituall and Temporall and Commons in this present Parliament assembled and by the authority thereof That whensoever any person or persons shall bring any Habeas Corpus directed unto any Sheriffe or Sheriffes Goaler Minister or other person whatsoever for any person in his or their custody and the said Writt shall be served upon the said Officer or left at the Goale or prison with any of the under Officers under Keepers or Deputy of the said Officers or Keepers that the said Officer or Officers his or their under Officers under Keepers or Deputyes shall within three dayes after the service thereof as aforesaid (unlesse the Committment aforesaid were for Treason or Felony plainely and specially expressed in the warrant of committment) [illegible] upon [illegible] by his owne bond to pay the charges of carrying back the prisoner if he

Der am 30. April 1679 unterzeichnete *Writ of Habeas Corpus* verankert das Grundrecht eines freien Menschen, nicht willkürlich inhaftiert zu werden. Die individuellen Freiheitsrechte werden nach und nach institutionalisiert. Parliamentary Archives, Houses of Parliament, London.

Internationale Verwaltung und Rechtspflege

Ganz anders sind die kleinen Angelegenheiten der völkerrechtlichen Verwaltung und Justiz zu behandeln. Ich rechne zu diesen alle Anordnungen über internationale Verkehrsverhältnisse, über Auslegung von Handels- und Zollverträgen, über Straßen, Eisenbahnen, Posten, Telegraphenwesen, Schifffahrtsverkehr auf offener See oder in den Seehäfen und auf den Strömen, über Auslieferung von Verbrechern, über die Fragen der Staats- und Landesangehörigkeit von Privaten, das gesamte internationale Privat- und Strafrecht, Grenzregulierungen, Sanitätsinteressen, Entschädigungsstreitigkeiten, Maß und Gewicht, Münzwesen, Zeremoniell u. s. f.

Alle derartigen internationalen Verwaltungsämter und Büros sind naturgemäß dem europäischen Bundesrate als der Vertretung aller Staatsregierungen unterzuordnen und ebenso auch die internationalen Gerichte neben ihrer Unabhängigkeit in dem Urteile, mit Bezug auf die äußerliche Zusammensetzung und Ordnung der Oberaufsicht des Bundesrats unterstellt. In dem Bundesrate tauschen die Staaten ihre Meinungen aus und können sie sich leicht über gemeinsame Entschlüsse und Beschlüsse verständigen. In solchen Fällen wird auch ein einfacher Mehrheitsbeschluss genügen.

Verhältnismäßig selten sind die Fragen der großen Politik. Der Bundesrat wird daher um ihrer willen nur von Zeit zu Zeit zusammentreten müssen. Dagegen die Verwaltungssachen erfordern eine fortgesetzte regelmäßige Tätigkeit, so dass wohl alljährlich eine oder ein paar ordentliche Sitzungen des Bundesrates nötig oder zweckmäßig sein werden. Noch auf lange hin würden jedenfalls zwei jährliche Sitzungen von ein paar Wochen ausreichen. Aber eine ständige Bundeskanzlei, in welcher alle Geschäfte mit ihren Akten zusammenlaufen, betrachte ich als unentbehrlich. Dieselbe ist der jeweiligen Präsidialmacht bei- und unterzuordnen. Sie besorgt die Einladungen und Mitteilungen an die verbündeten Staaten.

Vollzug der europäischen Beschlüsse

In den regelmäßigen Verwaltungs- und Justizsachen wird der Vollzug den beteiligten Staaten anheimzugeben sein, oder soweit es sich um Mitteilung von Beschlüssen handelt, durch die Bundeskanzlei besorgt werden.

Nur in einer Klasse von Fällen, die freilich selten eintreten, aber wenn sie eintreten, auch durch ihre hohe Bedeutung schwer wiegen, genügt diese Anordnung nicht. Wenn es ausnahmsweise nötig wird, auch gegen einen Staat einen Zwang auszuüben, dann ist die Bundeskanzlei und selbst der Bundesrat kein geeignetes Organ, um diesen Zwang durchzuführen, denn auch der Bundesrat hat weder die nötigen Finanzmittel noch die Heere und Flotten zur Verfügung, ohne welche dieser Zwang unmöglich ist.

Für solche Fälle bedarf es der Mitwirkung der Großmächte, welche die Macht haben, nach außen einen gewaltsamen Druck zu üben.

Um deswillen tritt jetzt aus dem Bundesrate als mächtiger Vollziehungsausschuss das Kollegium der Großmächte hervor und gewährleistet den Vollzug der als notwendig und vollziehbar erklärten Beschlüsse des Bundesrates.

Um gegen die Unterdrückung irgendeines Einzelstaates durch die Übermacht der Großmächte einen Schutz zu gewähren, ist eine Bestimmung nötig, dass nur solche Beschlüsse nötigenfalls mit Zwang durchgeführt werden dürfen, welche von dem Senate mit Stimmenmehrheit gebilligt worden sind, und für welche sich eine zwei Drittelsmehrheit im Bundesrate und zugleich in dem Kollegium der Großmächte erklärt hat. Unter dieser Voraussetzung schwindet jede Besorgnis vor einem tyrannischen oder herrschsüchtigen oder leichtfertigen Vorgehen einiger Mächte wider einen einzelnen Staat. Es braucht dann kein Staat zu fürchten, dass seiner Eigenart und seiner Freiheit eine rechtswidrige Gewalt angetan werde.

Ob und wann ein weitsichtiger und weitherziger Staatsmann es unternehmen werde, die Idee zu verwirklichen, ist zur Zeit noch unklar. Dass aber die Organisation des europäischen Staatenbundes viel weniger schwierig ist, als die Einigung der deutschen Staaten zu dem deutschen Reiche gewesen ist, aber mindestens ebenso fruchtbar und heilbringend und für die Entwicklung der Menschheit noch wirksamer wäre, ist unzweifelhaft.

Jean-Paul Jacqué

Bundesstaat oder Staatenbund – Auslöser eines Familienstreits

Der derzeitige und der künftige Charakter der Europäischen Union sind Gegenstand permanenter Diskussionen. Die politischen und doktrinären Gegensätze hinsichtlich der föderalen oder konföderalen Struktur der Union haben die Fortschritte beim Aufbau Europas lange begleitet, und die Auseinandersetzung über die Supranationalität, die die Diskussionen über Europa in der Mitte des letzten Jahrhunderts belebt hat, ist noch in wacher Erinnerung. Derzeit haben die Verfechter beider Konzepte ihren Kampf anscheinend aufgegeben und sich wohl auf den Gedanken geeinigt, dass die Union keinem klassischen Modell entspricht und als Sonderfall zu betrachten ist.

In diesem Zusammenhang sind die Visionen zweier großer Juristen des 19. Jahrhunderts nicht uninteressant. Beide kennen die aus dem vorhergehenden Jahrhundert stammenden Entwürfe zum ewigen Frieden, jedoch auch deren Schwächen. Sie verfolgen dasselbe Ziel und legen gleichermaßen Wert auf Effizienz. Zuerst erschien Lorimers Text; Bluntschli widerspricht ihm in seinem Artikel. Diese Schriften wären – außer bei einigen Historikern des Völkerrechts – wahrscheinlich in Vergessenheit geraten, hätte Charles Lemonnier, Präsident der Internationalen Liga für Frieden und Freiheit, sie nicht auf einer Konferenz, die während der Pariser Weltausstellung am Trocadéro stattfand, vorgestellt[1].

Lorimers Artikel erschien in einer der großen wissenschaftlichen Zeitschriften seiner Epoche, der Zeitschrift für Völkerrecht und vergleichende Rechtswissenschaft unter dem Titel *The Ultimate Problem of International Jurisprudence* (Das Kernproblem des Völkerrechts). Er sollte das letzte Kapitel der Vorlesung über Völkerrecht bilden, die Lorimer an der Universität von Edinburgh hielt. Es handelt sich also keinesfalls um einen Vorschlag, der bald verwirklicht werden soll, sondern um eine Reflexion über die Zukunft des Völkerrechts und die Präfiguration einer künftigen universalen internationalen Organisation. Somit ist das Thema nicht auf Europa beschränkt.

Für Lorimer besteht das Kernproblem des Völkerrechts in der Errichtung einer internationalen Regierung, die die Ordnung in der Völkergemeinschaft aufrecht erhalten kann. Er macht sich keine Illusionen über die Aussichten, dieses Ziel in absehbarer Zeit zu erreichen. Er schreibt: „Das Problem, dem ich mich jetzt zuwende, gehört zu denen, für die meine Generation wahrscheinlich keine praktikable Lösung finden wird; aber es ist ein Problem, mit dem sich auch künftige Epochen auseinander

1 Diese Texte wurden in der ausgezeichneten Textsammlung von Patrice Rolland, *L'unité de l'Europe, l'histoire d'une idée*, Bruylant, 2006, neu veröffentlicht.

setzen werden, und die Menschen, die sich in jeder der kommenden Generationen von Berufs wegen damit befassen müssen, haben die Pflicht, mit all ihrer Kraft zu seiner endgültigen Lösung beizutragen." Die Lösungsversuche der Vergangenheit und die Entwürfe zum ewigen Frieden führen seines Erachtens in eine Sackgasse. Jedes System, das auf dem Gleichgewicht der Mächte beruht, ist zum Scheitern verurteilt, denn entweder soll dadurch der Status quo trotz der Veränderungen hinsichtlich der Stärke der jeweiligen Partner erhalten werden, oder es wird erst im Nachhinein auf diese Änderungen reagiert. In jedem Fall lassen sich bewaffnete Konflikte dadurch nicht verhindern, bestenfalls kann zu ihrer Lösung beigetragen werden. Nur ein internationaler Gesetzgeber, der über eine hinreichende Legitimität verfügt, könnte von vornherein eingreifen, bevor die Anwendung von Gewalt als einzig möglicher Ausweg erscheint, woraus sich die Notwendigkeit ständiger Institutionen ergibt.

Selbst für seine Zeit ist diese Feststellung nichts Besonderes. Etwas Besonderes ist jedoch die Zusammensetzung dieser Institutionen. Lorimer schließt sich dem politischen Trend einer Beteiligung der Völker an der Staatsführung an, daher verwirft er den Gedanken, dass sich die Institutionen aus Bevollmächtigten der nationalen Regierungen zusammensetzen. Seiner Ansicht nach entspricht diese Art der Vertretung nicht mehr der Notwendigkeit einer echten Vertretung der Nation: „Daher muss sich in unserer Zeit die internationale Gesetzgebung, wenn sie vertrauenswürdig sein will, viel direkter ... aus dem Willen der Nationen ergeben. Im Hinblick auf diese Notwendigkeit werde ich in den Vorschlägen, die ich zu formulieren wage, eine Klausel einführen, der zufolge das internationale Gesetzgebungsgremium nicht von den Exekutivgewalten der Regierungen, die es vertreten soll, sondern von den gesetzgebenden Körperschaften gewählt wird."

So schlägt er ein Zweikammer-System vor, dessen Mitglieder von den nationalen Parlamenten im Verhältnis zur Größe der einzelnen Staaten benannt werden. Die großen Staaten (Deutschland, Großbritannien, Österreich-Ungarn, Frankreich, Italien und Russland) sind durch zehn Senatoren und dreißig Abgeordnete vertreten, während die „kleineren" Staaten über eine Anzahl von Senatoren und Abgeordneten verfügen, die aufgrund objektiver Kriterien (Bevölkerung, Landesfläche, Volkseinkommen...) festgesetzt wird, wobei die sechs großen und die übrigen Staaten jeweils die gleiche Anzahl besitzen. Jedes Mitglied der Versammlung hat eine Stimme. Die Kammern wählen ein Präsidium von fünfzehn Mitgliedern, in dem die großen Staaten immer vertreten sind, und das Präsidium wählt aus seiner Mitte für die Dauer der Sitzungsperiode einen „internationalen Staatspräsidenten", der den Vorsitz im Senat führt und über ein aufschiebendes Vetorecht für Gesetze verfügt. Es wird ein Gerichtshof eingesetzt. Die Durchführung der Gesetze schließlich wird vom Präsidium mit Hilfe einer stehenden internationalen Armee sichergestellt. Hinsichtlich der Zuständigkeiten ist der Entwurf weitaus ungenauer, aber er beruht auf der Subsidiarität, denn die Angelegenheiten, die die Versammlung als national betrachtet, werden von ihren Beratungen ausgenommen. Die wohl wichtigsten Zuständigkeiten sind die Beilegung von Streitigkeiten zwischen Staaten und die Rückzahlung der Schulden der Mitglieder. Eine Steuer, die sich im Verhältnis zur Anzahl der Vertreter in der Versammlung bestimmt, stellt die Finanzierung des Systems sicher.

Lorimer stellt jedoch eine Vorbedingung für die Einführung seines Systems, und zwar die der allgemeinen Abrüstung. Sicherlich ist er nicht so naiv, an die

Die Kette von Hämeenkoski, 11. Jh. Kette aus Silber, geschmückt mit 17 byzantinischen, angelsächsischen und persischen Münzen. Diese Münzen zeugen von den Handelsverbindungen zwischen Orient und Okzident.
Foto: Nationale Direktion der historischen Denkmäler, Ritva Bäckman, 1996. Finnisches Nationalmuseum, Helsinki.

Möglichkeit einer vollständigen Abrüstung zu glauben; stattdessen schlägt er eine anteilsmäßige Verringerung der Streitkräfte der einzelnen Mitglieder vor, so dass das Gleichgewicht, das beim Inkrafttreten seines Systems bestand, sich nicht verändert, sondern auf einem niedrigeren Niveau bestehen bleibt.

Lorimers Originalität liegt gewiss nicht in dem angestrebten Ziel. Das Streben nach Frieden ist ein gemeinsames Ziel aller „Systemplaner". Das Besondere seines Entwurfs liegt darin, dass die Regierungen der Mitgliedstaaten von der Führung des Systems ausgeschlossen werden und diese Verantwortung einer Versammlung übertragen wird, die die Völker indirekt mittels einer realistischen Repräsentationsform vertritt, da der Grundsatz der Gleichheit der Völker zugunsten einer Beschlussform aufgegeben wird, die auf einer Gewichtung beruht. Darin ist Lorimers Gedanke föderalistisch, obwohl er sich selbst nicht als Föderalist betrachtete. Übrigens handelt es sich um einen primitiven Föderalismus, der die Gedanken von Saint Simon oder Proud'hon außer Acht lässt. Auch hinsichtlich der Aufteilung der Zuständigkeiten und der rein juristischen Aspekte des Föderalismus bleibt er sehr summarisch. In seinem Entwurf ist jedoch ein gewisser Einfluss des amerikanischen Modells spürbar. Allerdings konnten seine Gedanken bei den Experten für Völkerrecht kaum auf Zustimmung stoßen, für die alles auf der Souveränität der Staaten beruht und die im Willen der Staaten die einzige Rechtsquelle sehen. In dieser Hinsicht erscheint das Gegenmodell eines anderen Mitglieds des Instituts für internationales Recht, Johann Kaspar Bluntschli, realistischer.

Bluntschli, der sich als Professor für Rechtswissenschaften in der Schweiz und in Deutschland einen Namen gemacht hatte, erwarb neben seiner Universitätslaufbahn große politische Erfahrung in diesen beiden Staaten. Er wusste, dass die Achtung der Souveränität ein unumgänglicher Faktor ist, wenn es darum geht, eine Struktur für die Zusammenarbeit von Staaten zu schaffen. Auf dieser Grundlage schlägt er ein Modell einer europäischen Organisation vor, die er als Staatenbund bezeichnet und die auf der Souveränität der Staaten beruht. Die Organisation, die er entwirft, bezieht jedoch die Realität, d.h. die Machtunterschiede zwischen den Staaten, mit ein, da er den Großmächten einen besonderen Status zuweist. Diese Verbindung zwischen der Gleichheit der Staaten und der Berücksichtigung der realen Machtverhältnisse spiegelt sich in der Struktur des Staatenbunds wider, der sich aus einem Rat, an dem alle Staaten mitwirken, und einem Senat zusammensetzt, der die Völker vertritt und dessen Mitglieder von den nationalen Parlamenten gewählt werden. Allerdings besitzen die Großmächte im Rat in bestimmten Fragen ein doppeltes Stimmrecht und verfügen im Senat über mehr Vertreter als die übrigen Staaten.

Je nach den behandelten Fragen werden die Beschlüsse auf unterschiedliche Weise gefasst. In bestimmten Bereichen, die der Autor als Verwaltungs- und Justizbereiche bezeichnet und die dem entsprechen, was heute unter den Gemeinschaftsvertrag und die Bereiche Justiz und Inneres fällt, reicht die einfache Mehrheit im Rat und im Senat aus. Für Angelegenheiten der großen Politik (Existenz, Autonomie, Freiheit und Sicherheit der Staaten) verwirft Bluntschli die Einstimmigkeit, verlangt jedoch eine sehr deutliche Mehrheit. Für diese Angelegenheiten ist der Rat zuständig, der allerdings der Zustimmung des Senats bedarf. Die Durchführung der Beschlüsse wird den Mitgliedstaaten überlassen; sind jedoch Zwangsmaßnahmen nötig, wird das Kollegium der Großmächte beauftragt, die erforderlichen Maßnahmen zu ergreifen; durch Zwangsmaßnahmen können jedoch nur die Beschlüsse durchgeführt werden, denen der Senat mit einfacher Mehrheit und die Kollegien der Großmächte und des Rates mit Zweidrittelmehrheit zugestimmt haben.

Richard Nicolaus Coudenhove-Kalergi.
Institut européen de l'Université de Genève, Coppet.

Richard Nikolaus Graf von Coudenhove-Kalergi

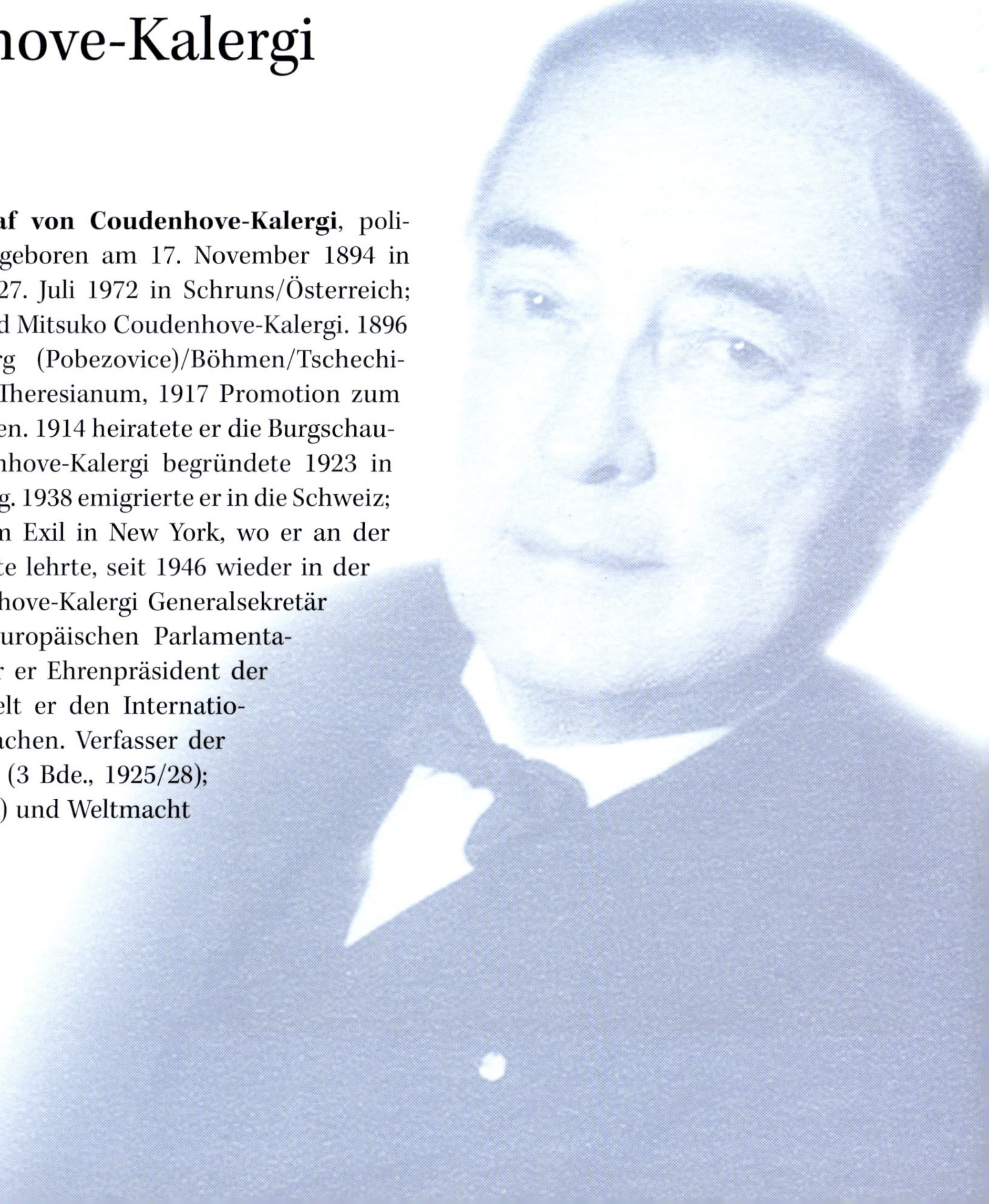

Richard Nikolaus Graf von Coudenhove-Kalergi, politischer Schriftsteller, geboren am 17. November 1894 in Tokio, gestorben am 27. Juli 1972 in Schruns/Österreich; zweiter Sohn von Heinrich und Mitsuko Coudenhove-Kalergi. 1896 Übersiedlung nach Ronsperg (Pobezovice)/Böhmen/Tschechien, 1913 Matura am Wiener Theresianum, 1917 Promotion zum Dr. phil. an der Universität Wien. 1914 heiratete er die Burgschauspielerin Ida Roland. Coudenhove-Kalergi begründete 1923 in Wien die Paneuropa-Bewegung. 1938 emigrierte er in die Schweiz; er lebte von 1940 bis 1946 im Exil in New York, wo er an der Carnegie-University Geschichte lehrte, seit 1946 wieder in der Schweiz. 1947 wurde Coudenhove-Kalergi Generalsekretär der von ihm gegründeten Europäischen Parlamentarier-Union, 1952 bis 1965 war er Ehrenpräsident der Europa-Bewegung. 1950 erhielt er den Internationalen Karlspreis der Stadt Aachen. Verfasser der Werke Kampf um Paneuropa (3 Bde., 1925/28); Die Europäische Nation (1953) und Weltmacht Europa (1971).

Richard Nikolaus von Coudenhove-Kalergi

Entwurf für einen Paneuropäischen Pakt (1930)

Artikel 1.

Dieser Bund führt den Namen „Europäischer Staatenbund“ – Etats Fédérés de l'Europe.

Artikel 2.

Der bedingungslose Beitritt zu diesem Bund steht allen Staaten offen, deren Staatsgebiet (ohne Kolonien) ganz oder größtenteils in Europa liegt. Unter Europa ist der europäische Kontinent mit den dazugehörigen Inseln, einschließlich Großbritannien, Irland und Island zu verstehen.

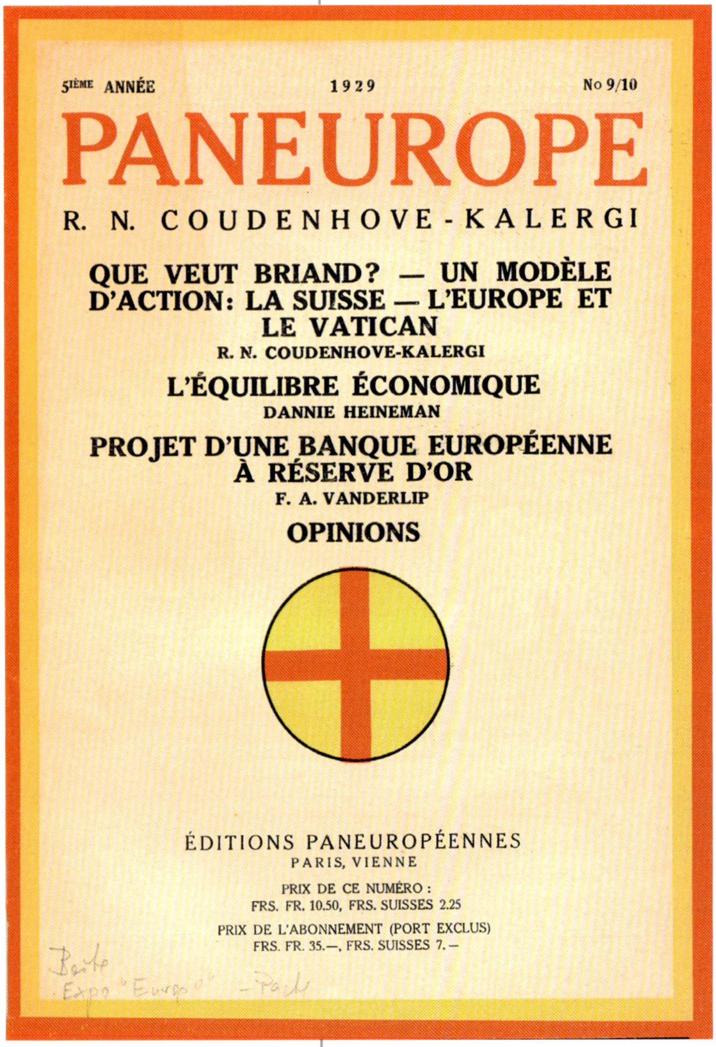
5IÈME ANNÉE 1929 No 9/10

PANEUROPE

R. N. COUDENHOVE-KALERGI

QUE VEUT BRIAND? — UN MODÈLE D'ACTION: LA SUISSE — L'EUROPE ET LE VATICAN
R. N. COUDENHOVE-KALERGI

L'ÉQUILIBRE ÉCONOMIQUE
DANNIE HEINEMAN

PROJET D'UNE BANQUE EUROPÉENNE À RÉSERVE D'OR
F. A. VANDERLIP

OPINIONS

ÉDITIONS PANEUROPÉENNES
PARIS, VIENNE

PRIX DE CE NUMÉRO :
FRS. FR. 10.50, FRS. SUISSES 2.25

PRIX DE L'ABONNEMENT (PORT EXCLUS)
FRS. FR. 35.–, FRS. SUISSES 7.–

Que veut Briand ?, aus *Paneurope*, n° 9/10, 1929. Bibliothek der Vereinten Nationen, Genf. Archive des Völkerbunds und historische Sammlungen. Mit freundlicher Erlaubnis des Büros der Vereinten Nationen in Genf.

Artikel 3.

Der Bund nimmt seinen vorläufigen Sitz in einer europäischen Hauptstadt, die nicht zugleich nationales Zentrum ist. Binnen zehn Jahren bestimmen Bundesrat und Bundesversammlung durch Mehrheitsbeschluss den definitiven Bundessitz.

Artikel 5.

Alle Staatsangehörigen der europäischen Bundesstaaten sind zugleich europäische Bürger.

Artikel 10.

Die Bundesmitglieder gewähren ihren nationalen und religiösen Minderheiten volle Gleichberechtigung vor dem Gesetz sowie freie Ausübung ihrer Muttersprache und ihres Kultes in Schule, Kirche, Presse, vor Gericht und Behörden.

Artikel 15.

Bundesrat.

Der Bundesrat bildet die erste Kammer des europäischen Staatenbundes. Er besteht aus den bevollmächtigten Vertretern der Bundesmitglieder. Jede Regierung entsendet in den Bundesrat einen Vertreter mit einer Stimme. Dem Bundesrat obliegt die Führung der gesamten paneuropäischen Politik. Beschlüsse, die an die Souveränität der Bundesstaaten rühren, bedürfen der Einstimmigkeit sowie der Ratifikation durch alle Bundesstaaten, sofern der Bundespakt keine Ausnahmen festsetzt.

Artikel 16.

Die Bundesversammlung.

Die Bundesversammlung bildet die zweite Kammer des europäischen Staatenbundes. Sie besteht aus Delegierten der gesetzgebenden Körperschaften der verbündeten Staaten. Die Bundesversammlung tritt mindestens zweimal jährlich im Bundespalast zusammen. Sie wird vom Bundeskanzler einberufen. Sie wählt den Bundeskanzler, den Vizekanzler, den Bundesschatzmeister, die Bundesrichter und kontrolliert die Bundesfinanzen. Die Gesetzgebung im Bundesdistrikt steht ihr zu. Sie hat ein Vorschlagsrecht in allen Bundesangelegenheiten.

Artikel 17.

Bundesgericht.

Das europäische Bundesgericht hat folgende Aufgaben:

a) in allen Konflikten zwischen Bundesstaaten, in denen es angerufen wird, zu entscheiden;
b) die Verletzungen des Bundespaktes festzustellen. Dies gilt vor allem für die Bestimmung des Angreifers bei einer Verletzung des Kellogg-Paktes;
c) die Gerichtsbarkeit im Bundesdistrikt auszuüben;
d) in strittigen Fällen die Kompetenzen zwischen den Bundesbehörden und den Regierungen der Bundesstaaten abzugrenzen;
e) den Bundespakt authentisch zu interpretieren.

Das Bundesgericht setzt sich aus drei Kammern zu je fünf Bundesrichtern zusammen, die alljährlich ihren Präsidenten und zwei Vizepräsidenten wählen.

Artikel 18.

Bundesamt.

Das Bundesamt besteht aus dem Bundeskanzler, dem Vizekanzler, dem Bundesschatzmeister, den Bundessekretären und den übrigen Bundesbeamten. Es untersteht der Kontrolle beider Kammern und ist zu ständiger Zusammenarbeit mit dem Bundesrat verpflichtet. Bundeskanzler, Vizekanzler und Bundesschatzmeister werden von der Bundesversammlung auf je vier Jahre gewählt. Sie sind verpflichtet,

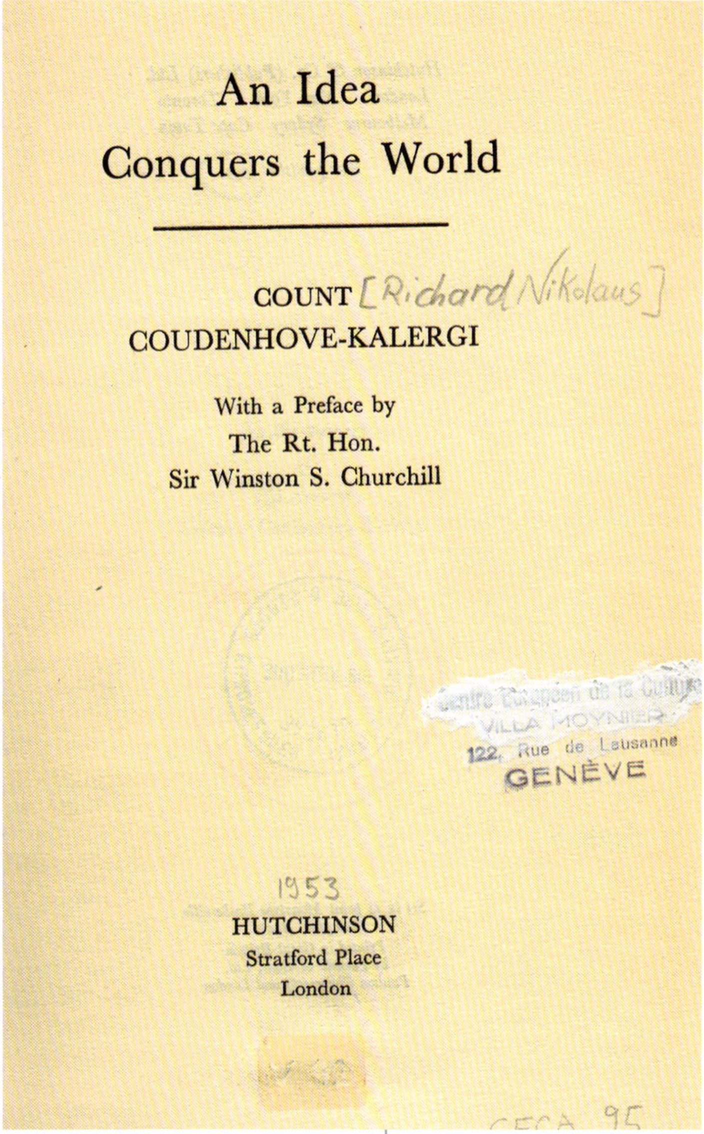
An Idea
Conquers the World

COUNT [Richard Nikolaus]
COUDENHOVE-KALERGI

With a Preface by
The Rt. Hon.
Sir Winston S. Churchill

1953
HUTCHINSON
Stratford Place
London

An Idea Conquers the World, Richard Nikolaus Coudenhove-Kalergi, veröffentlicht in London, undatiert (1953), Titelseite. Vorwort von Sir Winston Churchill.
Institut européen de Coppet, Genf.

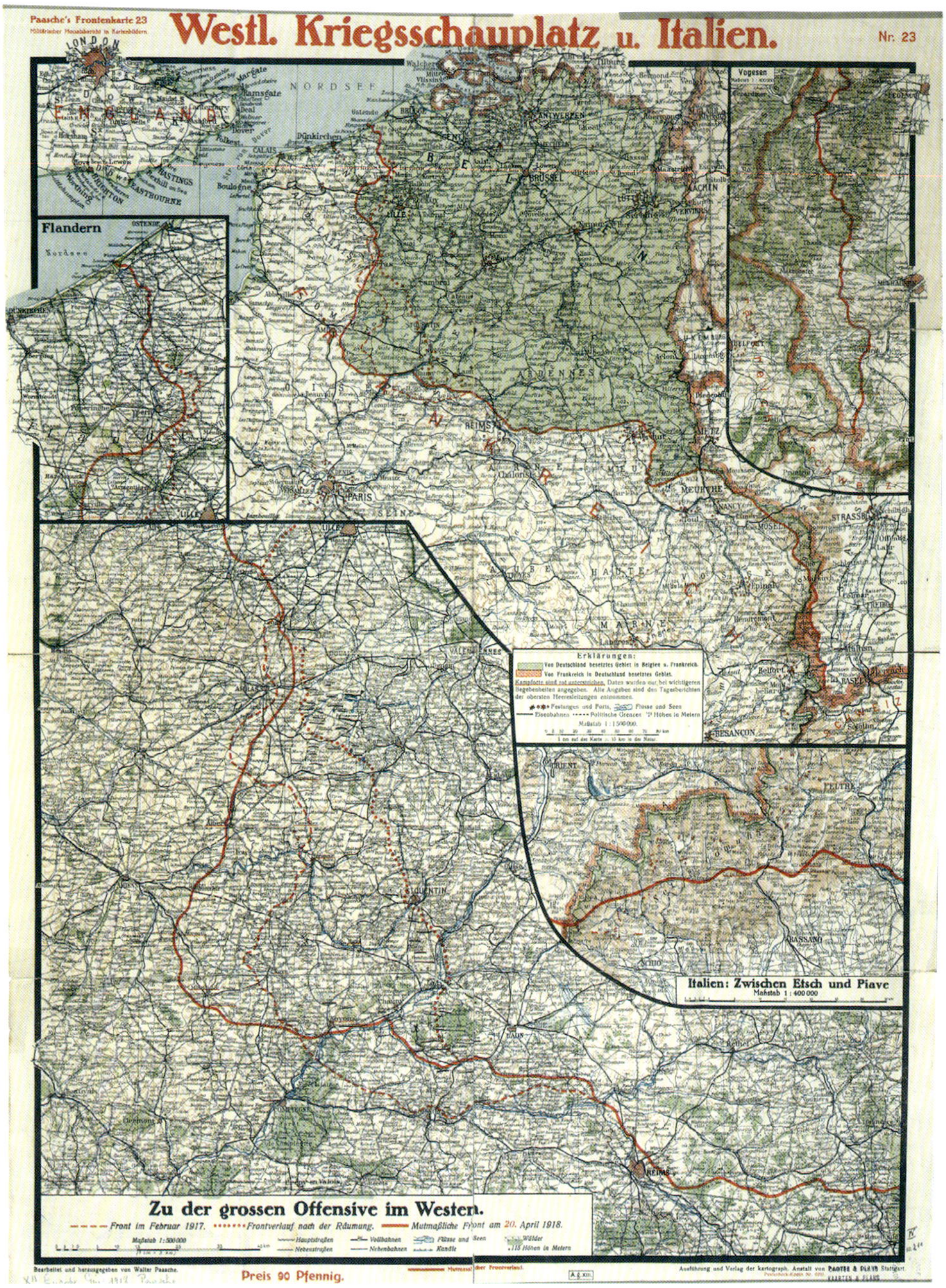

Westl. Kriegsschausplatz u. Italien, Flandern, Vogesen ..., Walter Paasche, 1918. KBR, Karten und Pläne, Brüssel.

gegenüber allen Sonderinteressen der Bundesstaaten die europäischen Bundesinteressen zu wahren und zu vertreten. Der Bundeskanzler ist zugleich Vorsitzender des Bundesrates und der Bundesversammlung.

Artikel 20.

Änderungen dieses Paktes, die das Problem der Souveränität berühren, bedürfen der einstimmigen Annahme durch den Bundesrat und der Ratifizierung durch die Bundesstaaten sowie der Zustimmung der Bundesversammlung.

Alle anderen Paktveränderungen können von einer Zweidrittelmehrheit beider Kammern beschlossen werden.

Anita Ziegenhofer-Prettenthaler

Europa und Paneuropa am Vorabend des Zweiten Weltkrieges

Der bedingungslose Wille, einen neuen Krieg zu verhindern, war für Graf Richard Coudenhove-Kalergi Beweggrund, der Beschaulichkeit eines Daseins als Philosoph das tätige Leben eines Politikers vorzuziehen. Coudenhove widmete sein ganzes Leben dem Projekt Paneuropa, der angestrebten Vereinigung aller demokratischen Staaten Europas zu einer Föderation nach dem Muster der Vereinigten Staaten von Amerika. Dergestalt könne Europa den Frieden erlangen, Konkurrenzfähigkeit gegenüber der aufstrebenden Wirtschaftsmacht USA erzielen und gegen die ideologische Bedrohung seitens der Sowjetunion gerüstet sein.

Im Jahr 1923 erschien das 168-seitige Büchlein Paneuropa, es sollte in fast alle Sprachen der Welt übersetzt werden – und steht am Anfang der im selben Jahr initiierten Paneuropa-Bewegung. Es gelang Coudenhove, den österreichischen Bundeskanzler Ignaz Seipel für die österreichische Paneuropa-Präsidentschaft zu gewinnen, Vizepräsident wurde Karl Renner. Im Jahr 1925 wurde mit Unterstützung der österreichischen Bundesregierung das Zentralbüro der Paneuropa-Bewegung in der Wiener Hofburg gegründet, von wo aus zu fast allen europäischen Hauptstädten, in denen sich Paneuropa-Sekretariate befanden, Kontakt gehalten wurde. Kongresse, die Monatsschrift Paneuropa, Anstecknadeln, Krawatten, Tücher mit dem Logo von Paneuropa – rotes Kreuz auf goldenem Hintergrund – waren weitere Mittel, um Paneuropa zu propagieren.

Der erste Paneuropa-Kongress fand im Oktober 1926 in Wien statt: 2000 Personen nahmen teil, darunter allerdings wenige aktive Politiker. Einige europäische Staatsmänner ließen sich von ihren Botschaftern vertreten oder schickten Grußworte. Ein wesentlicher Erfolg des Kongresses war die Übernahme der Paneuropa-Ehrenpräsidentschaft durch den französischen Außenminister und späteren Premierminister Aristide Briand im Jahr 1927. Coudenhove hoffte, dass mit Briand die Transformation des Europagedankens von der privaten Sphäre auf die offizielle Regierungsebene erfolgen werde. Briand ließ sich Zeit und plädierte erst im September 1929 auf der Völkerbundtagung in Genf für die Schaffung der Vereinigten Staaten von Europa. Im Anschluss an diese Rede beauftragten ihn die europäischen Völkerbundmitgliedstaaten, ein „Memorandum zur Errichtung der Europäischen Union" zu verfassen. Briand nahm diesen Auftrag an und präsentierte sein Memorandum am 17. Mai 1930. Coudenhove, der den 17. Mai zum Europatag erklärte, hatte im Vorfeld gemeinsam mit dem früheren französischen Premierminister Edouard Herriot eine Propagandareise unternommen, die sie nach Wien, Prag und Berlin führte. Der

„Botschafter Europas" publizierte noch vor dem Erscheinen des Memorandums in seiner Zeitschrift Paneuropa einen selbst formulierten Verfassungsentwurf für das Vereinte Europa. Doch sein Wunsch, auf diesem Wege eine Diskussion lostreten zu können, erfüllte sich nicht. Die Forderung nach einer Verfassung als Finalität des Vereinigungsprozesses erhob Coudenhove seit 1930 bis zu seinem Lebensende.

Das Jahr 1930 markiert den Höhepunkt der Paneuropa-Bewegung. Ab 1933 erfolgte, parallel zu den politischen Ereignissen in Deutschland, die das Verbot der Paneuropa-Bewegung in Deutschland bedeuteten, der kontinuierliche Abstieg der Bewegung.

Erfolg und Misserfolg der Bewegung hingen zu einem großen Teil von der Person Coudenhoves ab. Coudenhove konnte viele Sympathisanten gewinnen, darunter Thomas Mann, Franz Werfel oder Stefan Zweig. Der deutsche Großindustrielle Robert Bosch gründete eine Paneuropa-Förderungsgesellschaft. Als Finanziers traten in erster Linie deutsche Industrielle und Banken auf, zum Teil auch Regierungen wie etwa die österreichische und die tschechoslowakische. Coudenhove besaß zweifelsohne Charisma, betrieb intensiven Lobbyismus, wobei ihm seine adelige Herkunft zugute kam, und war intransigent, wenn es darum ging seine Idee umzusetzen. In vielen politischen Fragen seiner Zeit wollte er sich allerdings – um Paneuropa willen – nicht festlegen.

Kompromisslos war er gegenüber Bolschewismus und Nationalsozialismus, deren Gegner er zeitlebens war. Sein unerschütterlicher Enthusiasmus und wohl auch die Tatsache, dass viele seiner Ideen zu früh und zu unverbindlich artikuliert wurden, bewirkten, dass er von einem Großteil der europäischen Politikerelite eher belächelt denn ernst genommen wurde. Schlussendlich scheiterte seine Vision am Festhalten der europäischen Staaten an Nationalismus und Souveränität. Nichtsdestotrotz gelang es Coudenhove, einen Meinungsbildungsprozess über die Notwendigkeit einer Vereinigung Europas wenigstens auf elitärer Ebene auszulösen, weshalb man ihn durchaus als einen der Väter der Europäischen Union bezeichnen kann.

Europäischer Pakt, in *Paneuropa*, 6. Jahrgang, Mai 1930, Einband. Institut européen de l'Université de Genève, Centre européen de Coppet.

EUROPÄER! EUROPÄERINNEN!

Europas Schicksalsstunde schlägt!

In europäischen Fabriken werden täglich Waffen geschmiedet, um europäische Männer zu zerreißen — in europäischen Laboratorien werden täglich Gifte gebraut, um europäische Frauen und Kinder zu vertilgen.

Indessen spielt Europa in unbegreiflichem Leichtsinn mit seinem Schicksal; in unbegreiflicher Blindheit sieht es nicht, was ihm bevorsteht; in unbegreiflicher Untätigkeit läßt es sich willenlos der furchtbarsten Katastrophe entgegentreiben, die je einen Erdteil traf.

Europas Politik steuert einem neuen Kriege zu. Zwei Dutzend neuer Elsaß-Lothringen sind entstanden. Eine Krise löst die andere ab. Täglich kann durch einen Zufall — etwa durch ein Attentat oder durch eine Revolte — der europäische Vernichtungskrieg ausbrechen, der unseren Erdteil in einen Friedhof wandelt.

Dieser Vernichtungskrieg, den die europäische Politik vorbereitet, wird an Schrecklichkeit den Weltkrieg ebenso weit hinter sich lassen — wie dieser den deutsch-französischen. Sein Element wird die Luft sein — seine Waffe das Gift — sein Ziel die Ausrottung der feindlichen Nation. Der Hauptkampf wird sich gegen die Städte des Hinterlandes richten, gegen Frauen und Kinder. Die besiegten Nationen werden vernichtet — die siegreichen tödlich verwundet aus diesem Massenmorden hervorgehen.

Dieser drohende Krieg bedeutet den gründlichen Untergang Europas, seiner Kultur und Wirtschaft. Andere Erdteile werden an dessen Stelle treten. —

*

7

Das Paneuropaïsche Manifest, aus *Kampf um Paneuropa*,
veröffentlicht in Wien und Leipzig, 1925.
Europakolleg, Brügge.

Saint-John Perse am Strand, in der Hand ein Insekt,
Fondation Saint-John Perse.

Alexis Leger, alias Saint-John Perse

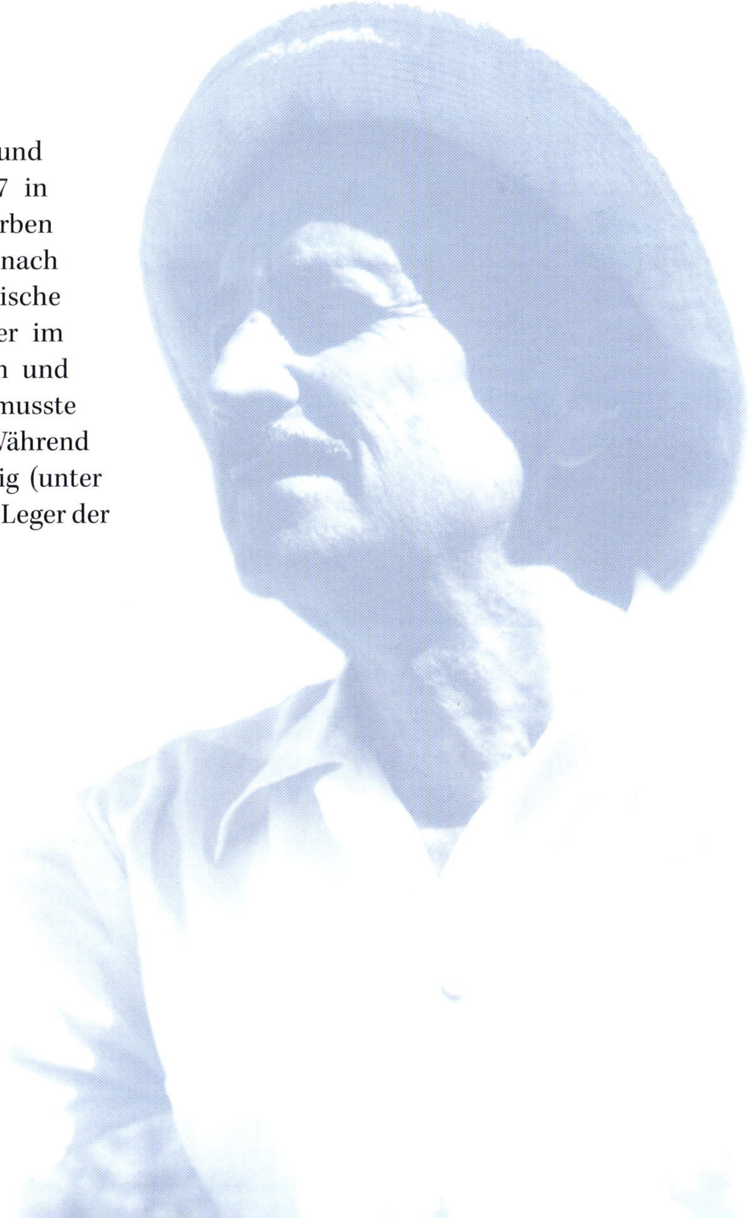

Alexis Leger, französischer Dichter und Diplomat, geboren am 31. Mai 1887 in Pointe-à-Pitre auf Guadeloupe, gestorben am 20. September 1975 in Gien/Var, kam 1898 nach Frankreich, um in Bordeaux Jura und Politische Wissenschaften zu studieren. Ab 1914 war er im diplomatischen Dienst in Paris, China, Japan und den USA tätig. 1940 wurde er denunziert und musste über London ins Exil nach Amerika gehen. Während dieser Jahre war er auch als Schriftsteller tätig (unter dem Pseudonym Saint-John Perse). 1960 wurde Leger der Nobelpreis für Literatur zuerkannt.

Aristide Briand

Memorandum über die Organisation einer europäischen Bundesverfassung vom 1. Mai 1930

(redigiert von Alexis Leger)

Niemand zweifelt heutzutage daran, dass der Mangel an Zusammenhalt in der Gruppierung der materiellen und moralischen Kräfte Europas praktisch das ernsteste Hindernis für die Fortentwicklung und die Wirksamkeit aller politischen und rechtlichen Institutionen darstellt, auf die man die ersten Anfänge einer weltumspannenden Organisation des Friedens zu gründen sucht. Diese Zersplitterung der Kräfte beschränkt in Europa nicht minder bedenklich die Möglichkeiten für eine Erweiterung des Wirtschaftsmarktes, die Intensivierungs- und Verbesserungsversuche auf dem Gebiet der industriellen Produktion und dadurch auch alle Garantien gegen die Krisen auf dem Arbeitsmarkt, welche Quellen politischer und sozialer Schwankungen sind. Die Gefahr einer solchen Zerstückelung wird noch vermehrt durch die große Ausdehnung der Grenzen (mehr als 20.000 km Zollschranken), die durch die Friedensverträge geschaffen werden mussten, um den nationalen Bestrebungen in Europa gerecht zu werden. [...]

Das Werk der Zusammenfassung Europas entspricht Notwendigkeiten, die drinend und lebenswichtig genug sind, um dieser Zusammenfassung ihren Selbstzweck in wahrhaft positiver Arbeit zu geben, die sich niemals gegen irgendjemand richten kann und richten lässt. Ganz im Gegenteil, dieses Werk muss in vollem freundschaftlichen Vertrauen, oft sogar in Zusammenarbeit mit allen anderen Staaten oder Staatengruppen betrieben werden, die an der universalen Gestaltung des Friedens genug aufrichtiges Interesse haben, um zu erkennen, wie wichtig es ist, dass in Europa größere Einheitlichkeit geschafften wird; [...].

Endlich muss die uns vorliegende Frage mit aller Deutlichkeit dem leitenden Gedanken unterstellt werden, dass die Einführung des erstrebten Bundesverhältnisses zwischen europäischen Regierungen keinesfalls und in keinem Maße irgendwie eins der souveränen Rechte beeinträchtigen kann, das den Mitgliedstaaten eines solchen Verbandes zusteht.

Die Unterzeichnung des Vertrags von Versailles im Spiegelsaal des Schlosses von Versailles, 28. Juni 1919, William Oppen, Öl auf Leinwand, erste Hälfte des 20. Jhs. Imperial War Museum, London.

1. Der Pakt

1. Notwendigkeit eines allgemeinen, wenn auch noch so elementaren Vertrags zur Aufstellung des Grundsatzes der moralischen Einheit Europas und zur feierlichen Bekräftigung der zwischen europäischen Staaten geschaffenen Solidarität.
2. Da die Signatarregierungen auf diese Weise offenbar an die allgemeine Einstellung einer gewissen gemeinsamen Politik gebunden sein würden, so würde der Grundsatz der europäischen Union künftig außerhalb jeder Diskussion und über den üblichen Anwendungsregeln stehen: Die Prüfung der Mittel und Wege wäre der europäischen Konferenz oder dem ständigen Organ vorbehalten, das berufen wäre, das lebende Bindeglied für die Solidarität europäischer Nationen zu sein und auf diese Weise die Rechtspersönlichkeit der europäischen Union zu verkörpern.
3. Diesergrundlegende,symbolische Vertrag, in dessen Rahmen in der Praxis die Bestimmung, Organisation und Entwicklung der konstituierenden Elemente des europäischen Verbandes vor sich gehen würde, müsste ziemlich kurz gefasst werden, damit er darauf beschränkt bleibt, die wesentliche Aufgabe dieses Verbandes zu bestimmen. (Wenn die Zukunft der Entwicklung der europäischen Union günstig sein sollte, so könnte künftig vielleicht die Erweiterung dieses grundsätzlichen Vertrags betrieben werden; sie könnte bis zu Schaffung einer ausführlichen Satzung gehen.)

Von links nach rechts: Alexis Leger, Paul Painlevé und Aristide Briand, nach der Rückkehr aus London, ca. 1925. Archive des Außenministeriums, Quai d'Orsay, Paris.

2. Die Europäische Konferenz

1. Notwendigkeit einer Organisation, um der europäischen Union die zur Erfüllung ihrer Aufgabe erforderlichen Organe zur Verfügung zu stellen.
2. Notwendigkeit eines repräsentativen und verantwortlichen Organs in Gestalt einer ordnungsgemäßen Einrichtung der „Europäischen Konferenz", die aus den Vertretern aller dem Völkerbund angehörenden europäischen Regierungen bestehen und das wesentlich leitende Organ der europäischen Union in Verbindung mit dem Völkerbunde bilden würde.
   Die Befugnisse dieser Konferenz, die Organisation ihres Vorsitzes und ihrer ordentlichen oder außerordentlichen Sitzungsperioden müssten bei der nächsten Zusammenkunft der europäischen Staaten bestimmt werden. Auf dieser soll über die Schlussfolgerungen des Berichts über die Umfrage beraten und vorbehaltlich der Zustimmung der Regierungen oder der erforderlichen Rati-

fizierungen durch die Parlamente die Ausarbeitung des Entwurfs der europäischen Organisationen sichergestellt werden.

3. Zur Vermeidung jeden Übergewichts eines europäischen Staates über die anderen müsste der Vorsitz in der europäischen Konferenz jährlich wechseln und der Reihe nach ausgeübt werden.

3. Der ständige politische Ausschuss

1. Notwendigkeit eines Vollzugsorgans in Gestalt eines ständigen politischen Ausschusses, der lediglich aus einer gewissen Anzahl von Mitgliedern der europäischen Konferenz besteht und der europäischen Union praktisch als Studienorgan und gleichzeitig als ausführendes Werkzeug dient.
2. Die Zusammensetzung und die Befugnisse des europäischen Ausschusses, die Art der Ernennung seiner Mitglieder, die Organisation seines Vorsitzes und seiner ordentlichen oder außerordentlichen Sitzungsperioden müssten bei der nächsten Zusammenkunft der europäischen Staaten bestimmt werden. [...]
3. Um den europäischen Ausschuss vor dem Übergewicht irgendwelcher Einzelmacht zu bewahren, müsste sein Vorsitz der Reihe nach geführt werden.
4. Da in dem Ausschuss nur eine beschränkte Anzahl von europäischen Staaten, die Mitglieder des Völkerbundes sind, vertreten sein könnte, müsste er die Möglichkeit behalten, jederzeit die Vertreter der übrigen europäischen Regierungen einzuladen, die ein besonderes Interesse an der Erörterung einer Frage haben, einerlei ob sie Mitglieder des Völkerbundes sind oder nicht. [...]
5. Nach Annahme des allgemeinen Programms des europäischen Zusammenwirkens könnte der Ausschuss die Prüfung gewisser Abschnitte technischen Sonderausschüssen übertragen, wobei er die nötigen Vorkehrungen trifft, damit die Arbeit der Sachverständigen stets unter der Aufsicht und dem unmittelbaren Einfluss des politischen Elements erfolgt, das unmittelbar von den Regierungen ausgeht.

Bilder von der Pakt-Konferenz in Locarno, abgebildet in der *Zürcher Illustrierten*, 1925. Bibliothek der Vereinten Nationen, Genf. Archive des Völkerbunds und historische Sammlungen. Mit freundlicher Erlaubnis des Büros der Vereinten Nationen in Genf.

4. Das Sekretariat

Notwendigkeit eines Sekretariats, mag es anfangs noch so klein sein, um die Durchführung der Weisungen des Vorsitzenden der Konferenz oder des europäischen Ausschusses, den Verkehr zwischen den Signatarmächten des europäischen Vertrags, die Einberufungen der Konferenz oder des Ausschusses, die Vorbereitung ihrer Tagesordnungen, die Eintragung und die Bekanntgabe ihrer Entschließungen usw. verwaltungstechnisch sicherzustellen. [...]

5. Das Programm der europäischen Organisation

1. Notwendigkeit der vorherigen Festlegung der wesentlichen Leitgedanken, welche die allgemeine Einstellung des europäischen Ausschusses bestimmen und ihn bei seinen Vorarbeiten für die Aufstellung des Programms der europäischen Organisation leiten sollen.
2. Allgemeine Unterordnung des Wirtschaftsproblems unter das politische Problem.
   Da jede Fortschrittsmöglichkeit auf dem Wege der wirtschaftlichen Einigung streng durch die Sicherheitsfrage bestimmt wird und diese Frage selbst eng mit der des erreichbaren Fortschritts auf dem Wege der politischen Einigung zusammenhängt, müsste die Aufbaubestrebung, die Europa seine organische Struktur geben soll, zunächst auf dem politischen Gebiet einsetzen. [...]
3. Gedanke des europäischen politischen Zusammenwirkens mit dem Endzweck: ein Bund auf der Grundlage des Gedankens der Einigung, nicht der Einheit; d. h. er muss elastisch genug sein, um die Unabhängigkeit und die nationale Souveränität jedes Staates zu wahren, aber allen den Vorteil kollektiver Solidarität bei der Regelung der politischen Fragen gewährleisten, die das Schicksal der europäischen Gemeinschaft oder das eines ihrer Mitglieder betreffen. [...]
4. Gedanke der wirtschaftlichen Organisation Europas mit dem Endzweck: gegenseitige Annäherung der europäischen Volkswirtschaften unter der politischen Verantwortung der solidarischen Regierungen.

Mittagessen der beim Völkerbund akkreditierten Journalisten, zu Ehren der Mitglieder des Rates und des Präsidenten der 7. Versammlung, Derso und Kelen, 1926. Von bestimmten Mitgliedern des Rates signierte Fassung. Bibliothek der Vereinten Nationen, Genf. Archive des Völkerbunds und historische Sammlungen. Mit freundlicher Erlaubnis des Büros der Vereinten Nationen in Genf.

5. Zu diesem Zweck könnten die Regierungen selbst durch einen allgemeinen und grundsätzlichen Akt, der einen einfachen Vertrag wirtschaftlicher Solidarität darstellen würde, endgültig das Ziel festsetzen, das sie sich als idealen Endzweck ihrer Zollpolitik vornehmen. (Einrichtung eines gemeinsamen Marktes zur Höchststeigerung des Niveaus der menschlichen Wohlfahrt auf dem Gesamtgebiet der europäischen Gemeinschaft.) Mit Hilfe einer solchen allgemeinen Einstellung könnte praktisch die Herbeiführung einer rationellen Organisation der Erzeugung und des europäischen Güteraustausches unmittelbar angestrebt werden, und zwar durch fortschreitende Erleichterung und methodische Vereinfachung des Güter-, Kapital- und Personenverkehrs [...].

6. Der Bereich des europäischen Zusammenwirkens

1. Allgemeine Wirtschaftsfragen. – [...] Kontrolle der Politik der Industrieverbände und -kartelle zwischen verschiedenen Ländern. – Prüfung und Vorbereitung aller künftigen Möglichkeiten in Sachen des fortschreitenden Abbaus der Tarife usw.
2. Wirtschaftliche Ausrüstung. – Zusammenwirken bei den großen öffentlichen Arbeiten der europäischen Staaten (Großverkehrsstraßen für Kraftwagen, Kanäle usw.).
3. Verkehrswesen und Durchgangsverkehr. – Zu Lande, zu Wasser und in der Luft: Regelung und Verbesserung des europäischen Verkehrs [...].
4. Finanzen. – Unterstützung des Kreditwesens für die Aufschließung der wirtschaftlich minder entwickelten Gegenden Europas; europäischer Markt: Währungsfragen usw.
5. Arbeit. – Lösung gewisser europäischer Sonderfragen der Arbeit, [...] wie die Regelung der sozialen Folgen der Wanderung innerhalb Europas (Anwendung der Gesetze über die Betriebsunfälle, die Sozialversicherungen, die Altersversorgung der Arbeiter usw. von Land zu Land).
6. Hygiene. – [...] Austausch von Auskünften und Beamten zwischen den nationalen Hygieneanstalten; wissenschaftliches und verwaltungstechnisches Zusammenwirken im Kampfe gegen die großen sozialen Gebrechen, die Berufskrankheiten und die Kindersterblichkeit usw.
7. Geistige Zusammenarbeit. – Zusammenarbeiten der Universitäten und Akademien; literarische und künstlerische Beziehungen; Zusammenfassung der wissenschaftlichen Forschung [...].
8. Interparlamentarische Beziehungen. – Benutzung der Organisation und der Arbeiten der „Interparlamentarischen Union“ zur Förderung der Fühlungnah-

ES GEHT DARUM, DEN WELTFRIEDEN AUF EINE RECHTLICHE ORDNUNG ZU GRÜNDEN UND DIE INTERNATIONALE SOLIDARITÄT, DIE FAKTISCH SCHON EINE PHYSISCHE REALITÄT BILDET, IN EINE RECHTLICHE UMZUWANDELN.

25. Interparlamentarische Sitzung, 1927

Gedenken an den Beitrag Aristide Briands auf der 25. interparlamentarischen Tagung, 1927, Detail. Außenministerium, Quai d'Orsay, Paris.

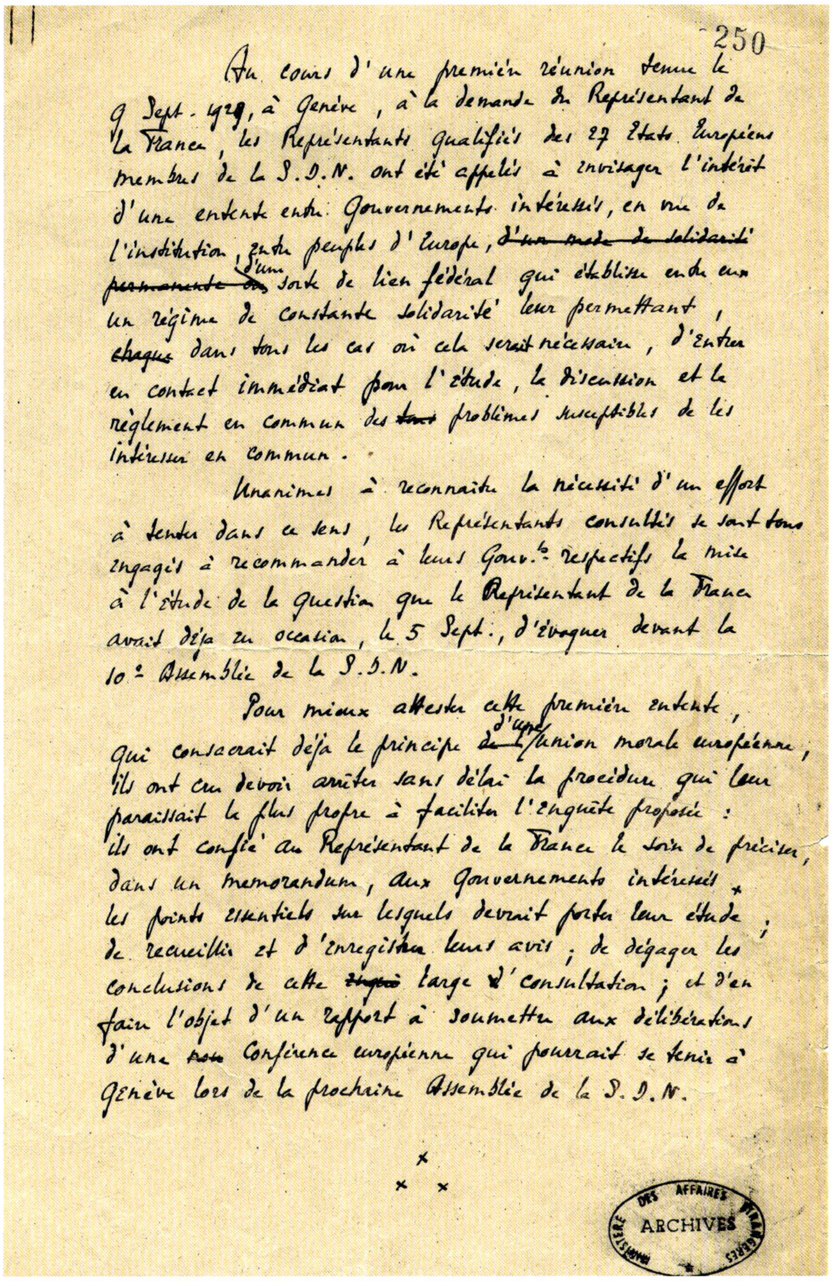
250

Au cours d'une première réunion tenue le 9 Sept. 1929, à Genève, à la demande du Représentant de la France, les Représentants qualifiés des 27 Etats Européens membres de la S.D.N. ont été appelés à envisager l'intérêt d'une entente entre Gouvernements intéressés, en vue de l'institution, entre peuples d'Europe, ~~d'un mode de solidarité permanente ou~~ d'une sorte de lien fédéral qui établisse entre eux un régime de constante solidarité leur permettant, ~~chaque~~ dans tous les cas où cela serait nécessaire, d'entrer en contact immédiat pour l'étude, la discussion et le règlement en commun des ~~tous~~ problèmes susceptibles de les intéresser en commun.

Unanimes à reconnaître la nécessité d'un effort à tenter dans ce sens, les Représentants consultés se sont tous engagés à recommander à leurs Gouv.ts respectifs la mise à l'étude de la question que le Représentant de la France avait déjà eu occasion, le 5 Sept., d'évoquer devant la 10e Assemblée de la S.D.N.

Pour mieux attester cette première entente, qui consacrait déjà le principe ~~de l'~~ d'une union morale européenne, ils ont cru devoir arrêter sans délai la procédure qui leur paraissait la plus propre à faciliter l'enquête proposée : ils ont confié au Représentant de la France le soin de préciser, dans un memorandum, aux Gouvernements intéressés, les points essentiels sur lesquels devrait porter leur étude ; de recueillir et d'enregistrer leurs avis ; de dégager les conclusions de cette ~~[illegible]~~ large d'consultation ; et d'en faire l'objet d'un rapport à soumettre aux délibérations d'une ~~[illegible]~~ Conférence européenne qui pourrait se tenir à Genève lors de la prochaine Assemblée de la S.D.N.

* * *

Ministère des Affaires Étrangères – ARCHIVES

Plan d'Union européenne, handschriftliches Manuskript von Alexis Leger (1930). Archive des Außenministeriums, Quai d'Orsay, Paris.

me und des Meinungsaustausches zwischen parlamentarischen Kreisen der verschiedenen europäischen Länder [...]

7. Die Methoden des europäischen Zusammenarbeitens in den Fragen, die die europäische Konferenz oder der europäische Ausschuss vorbehält

Es könnte die je nach den Fällen empfehlen:

entweder Organe des Zusammenarbeitens und des Studiums zu schaffen, wo solche noch nicht bestehen; [...]

oder die Bemühungen des Völkerbundes in solchen Fragen zu unterstützen, die bereits Gegenstand seiner methodischen Prüfung sind (inbesondere Meinungsaustausch und freundschaftliche Verhandlungen zur Inkraftsetzung der bestehenden Vereinbarungen oder den Anempfehlungen des Völkerbundes in den Beziehungen der europäischen Staaten), [...].

8. Bestimmungen des Zusammenwirkens zwischen der europäischen Union und den außerhalb dieser Union liegenden Staaten

Indem die Regierung der Republik die 26 europäischen Regierungen, von denen sie Auftrag zu dieser Umfrage erhalten hat, um ihre Ansicht über die vier obigen Punkte bittet, legt sie Wert auf die allgemeine Bemerkung, dass sie es für nötig gehalten hat, sich aus rein praktischen Gründen an eine möglichst elementare Auffassung ihrer Befragung zu halten, nicht weil sie im Geiste die Möglichkeiten eines künftigen Ausbaues des europäischen Staatenbundes begrenzen will, sondern weil es bei dem jetzigen Zustand der europäischen Welt und zur Erleichterung der allgemeinen Zustimmung zu einem ersten konkreten Vorschlag, der alle Interessen und alle in Betracht kommenden besonderen Lagen in Einklang zu bringen vermag, wesentlich darauf ankommt, sich an die Grundtatsachen einiger sehr einfacher Gesichtspunkte zu halten. Ist es doch auch methodisch richtig, vom Einfachen zum Komplizierteren vorzuarbeiten und es der Zeit zu überlassen, im Fluss des Lebens durch eine dauernde Entwicklung und eine Art beständiger Neuschöpfung die natürlichen Hilfsmittel, die die europäische Union in sich selbst tragen könnte, zur vollen Entfaltung zu bringen. [...]

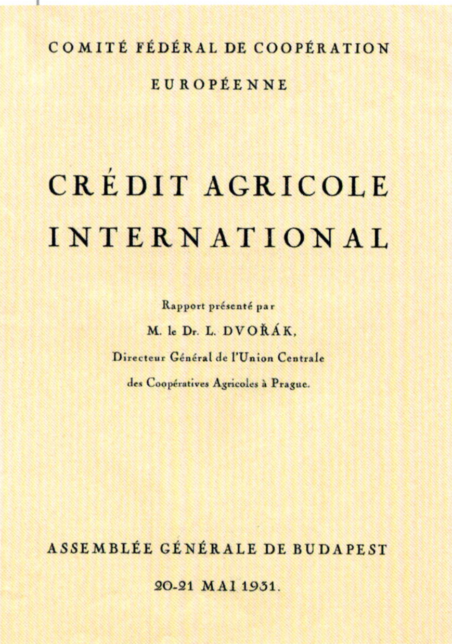

COMITÉ FÉDÉRAL DE COOPÉRATION EUROPÉENNE

CRÉDIT AGRICOLE INTERNATIONAL

Rapport présenté par M. le Dr. L. DVOŘÁK, Directeur Général de l'Union Centrale des Coopératives Agricoles à Prague.

ASSEMBLÉE GÉNÉRALE DE BUDAPEST

20-21 MAI 1931.

Crédit agricole international, veröffentlicht vom Föderalen Komitee der Europäischen Zusammenarbeit, Budapest, 1931. Bibliothek der Vereinten Nationen, Genf. Archive des Völkerbunds und historische Sammlungen. Mit freundlicher Erlaubnis des Büros der Vereinten Nationen in Genf.

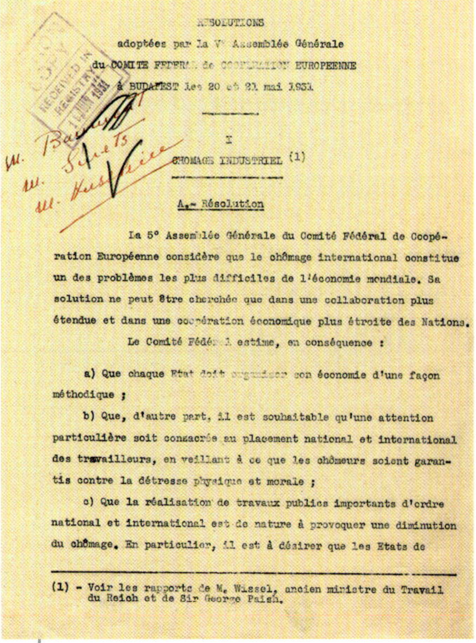

RESOLUTIONS

adoptées par la V° Assemblée Générale du COMITE FEDERAL de COOPERATION EUROPEENNE à BUDAPEST les 20 et 21 mai 1931

I

CHOMAGE INDUSTRIEL (1)

A.- Résolution

La 5° Assemblée Générale du Comité Fédéral de Coopération Européenne considère que le chômage international constitue un des problèmes les plus difficiles de l'économie mondiale. Sa solution ne peut être cherchée que dans une collaboration plus étendue et dans une coopération économique plus étroite des Nations.

Le Comité Fédéral estime, en conséquence :

a) Que chaque Etat doit organiser son économie d'une façon méthodique ;

b) Que, d'autre part, il est souhaitable qu'une attention particulière soit consacrée au placement national et international des travailleurs, en veillant à ce que les chômeurs soient garantis contre la détresse physique et morale ;

c) Que la réalisation de travaux publics importants d'ordre national et international est de nature à provoquer une diminution du chômage. En particulier, il est à désirer que les Etats de

(1) - Voir les rapports de M. Wissel, ancien ministre du Travail du Reich et de Sir George Paish.

Résolutions adoptées par la Ve Assemblée Générale du Comité Fédéral de Coopération européenne à Budapest: Chômage industriel, 1931. Bibliothek der Vereinten Nationen, Genf. Archive des Völkerbunds und historische Sammlungen. Mit freundlicher Erlaubnis des Büros der Vereinten Nationen in Genf.

Kommt es doch nicht darauf an, mit einem Schlage einen Idealbau aufzurichten, der abstrakt allen logischen Bedürfnissen eines gewaltigen europäischen Bundesapparats entspräche, sondern sich vielmehr vor jeder vorgefassten Meinung zu hüten, um sich mit der tatsächlichen Verwirklichung eines ersten Anlaufs zur Fühlungnahme und zur dauernden Solidarität zwischen europäischen Regierungen zu befassen, um gemeinsam alle Probleme zu regeln, die die Organisation es europäischen Friedens und die rationale Gestaltung der Lebenskräfte Europas betreffen. [...]

Einig sein, um zu leben und zu gedeihen – das ist die gebieterische Notwendigkeit,

La terre promise, Les Etats-Unis d'Europe, Derso et Kelen, veröffentlicht im Album *Histoire du Peuple élu* anlässlich der 12. Versammlung des Völkerbundes, 1931. Bibliothek der Vereinten Nationen, Genf. Archive des Völkerbunds und historische Sammlungen. Mit freundlicher Erlaubnis des Büros der Vereinten Nationen in Genf.

vor der fortan die Völker Europas stehen. Das Empfinden der Völker scheint in dieser Hinsicht schon deutlich bekundet zu haben. Sache der Regierungen ist es heute, ihre Verantwortung auf sich zu nehmen, wollen sie es nicht den Zufälligkeiten privater Initiative und regelloser Versuche überlassen, die materiellen und moralischen Kräfte zu gestalten, deren Beherrschung im ganzen zugunsten der europäischen Gemeinschaft und der Menschheit ihre eigene Aufgabe ist.

Jacques Keller-Noëllet

Ein neues politisches Band gegen nationale Egoismen

Versailles 1919 … Nach vier langen Kriegsjahren versuchten die ausgebluteten Sieger und Besiegten, eine Zukunft zu entwerfen, die allerdings durch die materiellen und moralischen Folgen eines auf dem ganzen Kontinent ausgetragenen titanischen Kampfes mit einer schweren Hypothek belastet war. Um unter diesen Bedingungen Frieden schaffen zu können, wäre Klarsicht und Großzügigkeit von demselben Ausmaß wie jenes beispiellosen Dramas nötig gewesen, das Europa gerade durchlebt hatte. Doch leider mangelte es an beidem. Die Sieger, die von ihrer schweren Verantwortung wie erstarrt waren, hielten verkrampft an ihrem „guten Recht" fest und versuchten so viel wie möglich aus ihrem teuer bezahlten Vorteil herauszuschlagen, indem sie den Besiegten ihre auf der europäischen Landkarte eigenmächtig neu gezogenen Grenzen aufzwangen und ihnen – unter dem Deckmantel von Reparationen – unverhältnismäßige Geldstrafen auferlegten. Unter dem Druck des Präsidenten Wilson, der diese Art von Geschäften aus einer anderen Zeit wenig goutierte, und wohl auch weil ihnen die Bedenklichkeit ihres Unternehmens selbst bewusst war, flankierten sie dieses Diktat mit einer neuen Institution: dem Völkerbund, der die Aufgabe hatte, über den Erhalt dieses fragilen Gebäudes zu wachen. Während die Vorstellung von einem „ewigen Frieden" im ätherischen Raum juristischer Begriffe gereift war, stieß ihre Umsetzung auf eine stetig wiederkehrende Schwierigkeit, die schon im Voraus zu erahnen war, nämlich wie man in einer Welt, in der das Souveränitätsprinzip der Einzelstaaten quasi unantastbar ist, durchsetzen kann, dass die Entscheidungen eines supranationalen Organs geachtet werden. Der Versailler Vertrag, ein wahres Flickwerk, das Unerbittlichkeit mit Laxheit verband, oder, einem Wort von Jacques Bainville zufolge, „zu hart war für das, was an ihm weich war, und zu weich für das, was an ihm hart war", schien im Namen eines hartnäckigen Grolls gegenüber den mittleren Reichen und eines missverstandenen Nationalitätenprinzips die Karten neu gemischt zu haben, um das Spiel zwanzig Jahre später noch einmal zu beginnen …!

Dies war eine wenig ermutigende Perspektive für die Politiker und Diplomaten, die am Krankenbett des hoffnungslos rekonvaleszenten Europas standen, bevor es während der Krise von 1929 von einer extremen wirtschaftlichen Schwäche ergriffen wurde. Zwei Männer sollten in Frankreich die beiden möglichen Standpunkte angesichts dieser Lage symbolisieren. Raymond Poincaré, ein jähzorniger und unerbittlicher Lothringer, war fest entschlossen, den Versailler Vertrag aufs Komma genau zu verteidigen. Als er feststellte, dass Deutschland bei den Kohlelieferungen seinen Verpflichtungen nicht nachkam, ließ er am 11. Januar 1923 das Ruhrgebiet besetzen, auch auf die Gefahr hin, dadurch wachsende Spannungen nicht nur mit Deutschland, sondern auch mit seinen ehemaligen Verbündeten hervorzurufen.

Gerade rechtzeitig läuteten die Annahme des Dawes-Plans über die Neuregelung der deutschen Reparationsverpflichtungen und die Ernennung Aristide Briands zum Außenminister eine ruhigere Phase ein, die von dem Wunsch nach Entspannung der internationalen Beziehungen und insbesondere zwischen Deutschland und Frankreich geprägt war. Im Oktober 1925 wurden die Locarno-Verträge – auch Rhein-Pakt genannt – unterzeichnet, die den territorialen Status quo garantierten und die gegenseitige Verpflichtung enthielten, unter keinen Umständen zu Kriegsmitteln zu greifen, was wiederum eine obligatorische Schiedsklausel einschloss …

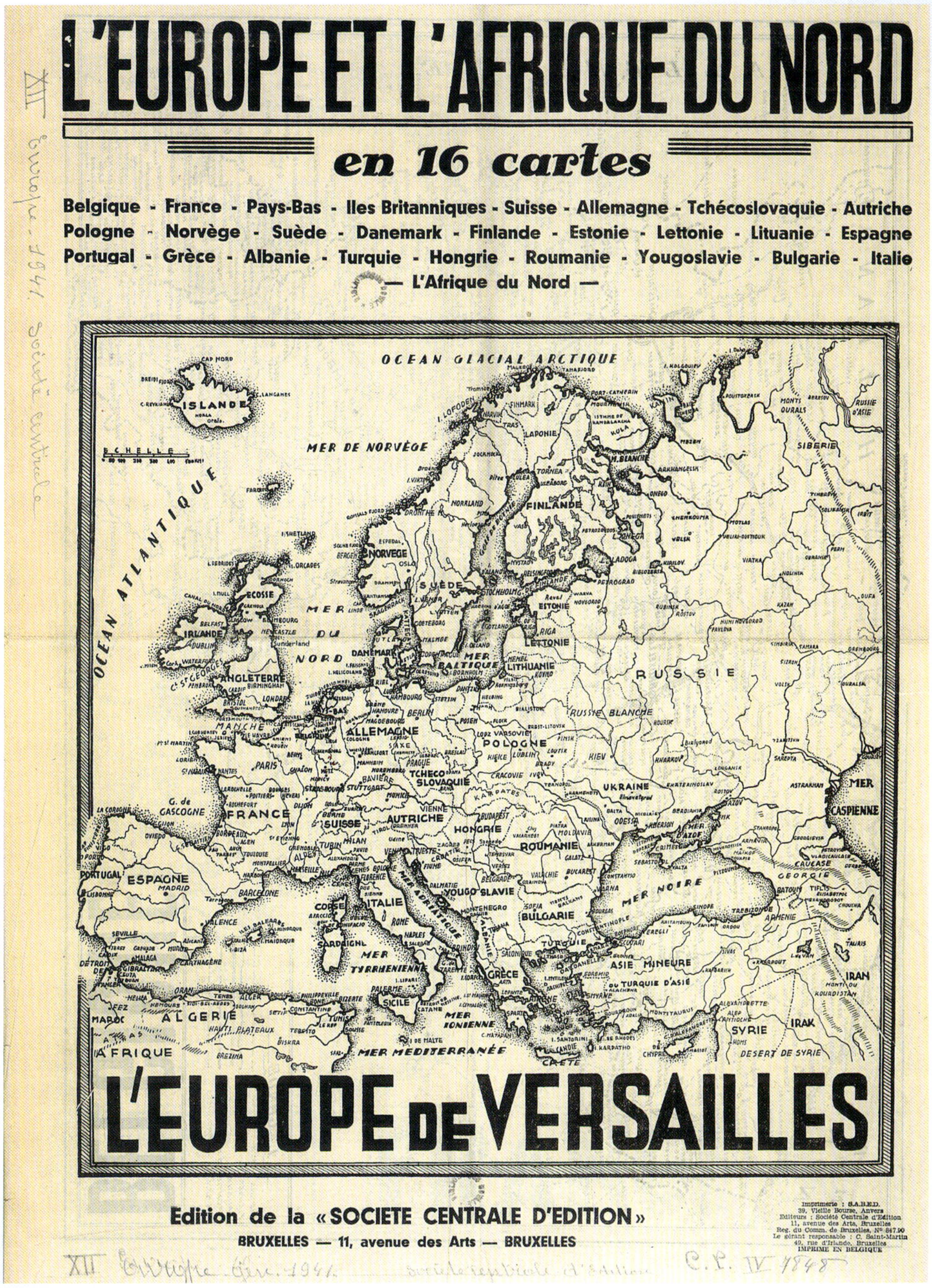

L'Europe de Versailles, aus *L'Europe et l'Afrique du nord en 16 cartes,* Société Centrale d'édition, 1941. KBR, Cartes et Plans, Brüssel.

1926 nahm Gustav Stresemann, als Vertreter Deutschlands, das bis dahin vom Völkerbund ausgeschlossen war, an der Generalversammlung teil, was Briand einige lyrische Formulierungen entlockte, auf die er sich immer gut verstand: „Weicht zurück, Kanonen, Gewehre und Maschinengewehre, weicht zurück, Trauerschleier, macht Platz dem Schiedsabkommen, der Sicherheit und dem Frieden ..." Immer noch im selben Geist unterzeichneten am 27. August 1928 im Salon de l'Horloge am Quai d'Orsay die Gesandten von Deutschland, den USA, Belgien, Frankreich, Großbritannien, Italien, Japan, Polen und der Tschechoslowakei einen Kriegsächtungspakt! Aber die Emphase der Formulierungen, die ebenso hohl wie entschieden klangen, verhüllten nur dürftig die Schwächen eines Systems, in dem kein einziger Begriff – weder der des Angreifers noch der des Rechts zur Selbstverteidigung – klar definiert war, im Übrigen genauso wenig wie die Sanktionen im Falle eines Verstoßes.

Briand, der Ratspräsident geworden war und sich von der Vormundschaft Poincarés befreit hatte, wollte schließlich einen letzten Markstein für seine guten Absichtserklärungen setzen, der den Prozess vollenden und ihn zugleich glaubwürdiger machen sollte. Da er sich der Mängel eines zu laxen und zu uneinheitlichen Systems durchaus bewusst war, wollte er es einengen und gleichzeitig seine Wirksamkeit verstärken, indem er es auf die 27 europäischen Mitgliedstaaten des Völkerbunds beschränkte. Als Briand am 5. September 1929 die Tribune der zehnten Versammlung bestieg, wurde er von begeisterten Beifallsrufen empfangen: der Mann, den man von nun an bewundernd, aber auch spöttisch den Friedensfürst nennt, nach einem von Louise Weiss geprägten Wort, deren Zeitschrift *L'Europe Nouvelle* pazifistische Ideen verbreitet ... Frei von seinem gewohnten Lyrismus und mit weniger sorgfältig abgewogenen Worten gab der Mann, der sich unermüdlich für eine einzige Sache eingesetzt hatte, schließlich eine Art letztes und ernstes Geständnis ab: „Ich denke, dass es zwischen Völkern wie denen Europas, die geografisch eine Gruppe bilden, eine Art föderale Vereinigung geben muss." Für viele in Genf, wo das Gerücht von einem Aufsehen erregenden Unternehmen umging, war dies ein feierlicher Augenblick: Es handelte sich um nichts Geringeres, als innerhalb eines großen Völkerbündnisses eine engere und greifbarere Brüderlichkeit zu schaffen und die Staaten durch neue Bande zu einen, die die Macht der Evidenz hatten, um sie der säkularen Willkür der nationalen Egoismen zu entreißen.

Nachdem der erste Moment der Ergriffenheit vorüber war, wurde als Erstes beschlossen, die französische Regierung, der geistigen Urheberin dieser Idee, mit der Aufgabe zu beauftragen, diesen Gedanken ausführlich in einem Memorandum darzulegen, das sich an die anderen betroffenen Parteien richten sollte. Wem sollte man dies anvertrauen, wenn nicht dem engsten Mitarbeiter Briands, seinem Kabinettsleiter Alexis Leger, der ihn seit jeher auf seinem hartnäckig beschrittenen Weg begleitet hatte? Alexis Leger wird also zur Hand des Fürsten werden; es war eine Hand, die mit den Spitzfindigkeiten der Kanzleramtssprache vertraut war, aber auch die Feder eines Dichters – denn Alexis Leger, alias Saint-John Perse, gehörte neben Giraudoux, Claudel, Morand und noch ein paar anderen zum Zirkel der „Ästheten des Quai d'Orsay" ..., die nebeneinander eine Diplomaten- und eine Literatenkarriere führten.

Bei dem Werk, das dem Völkerbund am 30. Juni 1930 offiziell vorgestellt wurde, genau an dem Tag – ein gewollter Zufall –, da der letzte französische Soldat das Rheinland verließ, handelt sich also um ein zweihändiges Werk genau wie jene von Sully und Heinrich IV. oder von Abbé de St. Pierre und Rousseau.

Entgegen allen Erwartungen wurde er mehr als reserviert aufgenommen ... Die Deutsche Allgemeine Zeitung schrieb, dass Briand „die Sprache des französischen Imperialismus lediglich in ein harmonisches Esperanto übertragen habe", und im *Popolo d'Italia* konnte man lesen, „dass Briands Projekt, von seiner doktrinären humanitären Superstruktur einmal abgesehen, so etwas wie eine große Hypothek darstellte, mit der er Europa belasten wollte".

Was war passiert?

Das Memorandum hatte sein Ziel verfehlt, weil es den politischen Charakter des Projekts wie eine Vorbedingung schwerfällig in den Vordergrund rückte – was von vielen so verstanden wurde, als sollten die Bedingungen von Versailles ein für alle Mal festgeschrieben werden –, und zwar auf Kosten seiner gerade von Deutschland gewünschten wirtschaftlichen Dimension, das „von einer Art europäischem Zollverein" träumte.

Wie in solchen Fällen üblich, wurde unverzüglich eine Untersuchungskommission eingerichtet, die 1932 in der größten allgemeinen Gleichgültigkeit ihre Arbeit abschloss, just in dem Jahr, als ihr Leiter starb, der kein Geringerer war als Aristide Briand selbst. So wurde er gemeinsam mit seinem Projekt unter einem Meer von Blumen beerdigt. [...] Jean Monnet und Robert Schuman sollten ihre Lehre daraus ziehen, als das europäische Projekt wieder in Angriff genommen wurde, nachdem der Zweite Weltkrieg erneut mit der Vergangenheit aufgeräumt hatte.

Was den Streifzug des Dichters durch die trockene Materie der europäischen Integration angeht, so trägt der Stil des Memorandums keinerlei Spuren davon ..., diese verdienstvolle Skizze von einem stabilen institutionellen Kern für das zukünftige Europa entlehnt der Sprache der zukünftigen Verträge – einschließlich des letzten Verfassungsprojekts – bereits jenen notariellen Manierismus, von dem sie sich nie ganz lösen wird.

Als Saint-John Perse – einige Jahrzehnte später – den Nobelpreis für Literatur bekam, rächte er den glücklosen Staatsbeamten Alexis Leger in einer Rede, die er am 20. April 1965 in Florenz anlässlich des 700. Geburtstags von Dante Alighieri hielt, seinem Vorgänger auf dem schmalen Pfad der Pax europeana, dem großen Dante, den er mit folgenden Worten anspricht: „Sei mit uns, ungestüme Seele ... Halte die Vision jenes Menschen in uns aufrecht, der seiner größten Menschlichkeit entgegenstrebt ... Ein großes Stück Geschichte kommt zur Welt und befreit sich für uns aus dem Wickeltuch der Zukunft ..."

Der Dichter war ganz offensichtlich inspirierter als der Diplomat!

Allerdings war der gescheiterte Entwurf von einer Art verstärkten Zusammenarbeit in einem dahinsiechenden Völkerbund mittlerweile für hunderte von Millionen europäischer Bürger zur tagtäglichen Wirklichkeit geworden: Der Gemeinsame Markt war geboren.

Hermann Broch 1937.
Privatsammlung.

Hermann Broch

Hermann Broch, österreichischer Schriftsteller, geboren am 1. November 1886 in Wien, gestorben am 30. Mai 1951 in New Haven (Connecticut, USA). Ehe er ab 1927 nur mehr als freier Schriftsteller tätig war, leitete Broch zwanzig Jahre die Textilfabrik seiner Familie. 1938 emigrierte er in die USA und ließ sich 1949 in New Haven nieder. Broch lässt sich als einer der letzten Polyhistoren bezeichnen, der sich in den unterschiedlichsten Wissenschaftszweigen – der Philosophie, Soziologie, Literatur, Kunstgeschichte, Physik, Mathematik und Psychologie – umtat. Er äußerte sich als Essayist auf dem Gebiet der Literaturtheorie, Literaturkritik, Politik, Jura, Massenpsychologie, Kulturkritik und Erkenntnistheorie. Dennoch sind es vor allem die Romane, besonders *Die Schlafwandler* (1931/32) und *Der Tod des Vergil* (1945), die seinen Ruhm begründet haben. Zeitgenössische Intellektuelle hoben seine Arbeiten auf dem Gebiet des Romans und des kulturkritischen Essays als wegweisend hervor.

Hermann Broch

Aufforderung an einen nichtexistenten Völkerbund (1936/37)

Resolution

Bei aller Anerkennung der Übermacht eines jeden materialen Konfliktstoffes in der praktischen Politik, bei allem Wissen um die Machtlosigkeit rein ethischer Gesichtspunkte in allen Fragen der Gewaltsentscheidung und Gewaltsanwendung –, und dennoch zutiefst überzeugt, dass Friede und Menschenwürde in einem sehr innigen Zusammenhang stehen, und dennoch tief entsetzt vor dem Anblick einer terrorerfüllten Zeit, die mit Menschenleben und Menschenwürde und Menschenleid so unbedenklich wüstet, dass sie sowohl sich selber als auch den Menschen zu einem bloßen Provisorium erniedrigt, erachten die Unterfertigten es für ihre unabweisliche Pflicht, im schlichten Sinne einer ebenso banal-natürlichen wie utopisch-idealistischen humanen Anständigkeit festzustellen, dass jegliche öffentliche Verfügung, sei sie nun innerstaatliches Gesetz oder zwischenstaatliche Vereinbarung, ausschließlich der Würde und dem Wohle der von solchen Maßnahmen betroffenen Menschen sowie dem Schutze ihres realen Lebens in physischer, geistiger und seelischer Beziehung zu dienen habe: und weil sie tief überzeugt sind, dass das Utopische von gestern das Banale von heute ist, das Utopische von heute das Banale von morgen sein wird, ja, dass sich darin der einzige Weg zur Verwirklichung humaner Anständigkeit zeigt, der einzige Weg des Kulturfortschrittes und damit auch der einer stetig straffer werdenden geistigen Friedensorganisation, so halten sie sich für befugt, dem Völkerbund als dem höchsten europäischen Friedensforum die nachstehend angeführten und im Anhang erläuterten Vorschläge zur Wahrung der Menschenwürde zu unterbreiten und das dringliche Ersuchen hinzuzufügen, er möge den Inhalt dieser Vorschläge nach erfolgter Prüfung und Diskutierung zum ergänzenden regulativen Prinzip seines eigenen Status erheben und in gleicher Weise den innerstaatlichen Gesetzgebungen seiner Mitglieder zur Annahme empfehlen.

Prinzipien

[...] Der Völkerbund vertritt die Ansicht, dass es in Fragen, welche die menschliche Würde berühren, keine innerstaatliche Autonomie zu geben hat; denn hier handelt es sich um grundlegende moralische Einstellungen, deren Gemeinsamkeit auch in der innerstaatlichen Gesetzgebung zum Ausdruck kommen muss: jede Zerreibung einer solchen Gemeinsamkeit bedeutet Kriegsgefahr.

[...] Gemäß seiner Friedensmission deklariert sich der Völkerbund zum unbedingten Hüter und Schützer der menschlichen Würde und ihrer Unantastbarkeit; er deklariert ferner, dass alle von ihm getroffenen und zu treffenden Maßnahmen unmittelbar dem Wohle des realen einzelpersönlichen Menschen zu dienen haben, weil in der menschlichen Persönlichkeit und in der Gewahrtheit ihrer physischen und psychischen Integrität, die ihre Würde einschließt, der absolute Quell eines allgemeinverbindlichen friedenstiftenden Ethos und damit jeder kulturfördernden Herrschaftsaufgabe erkannt werden muss, und ebenso entspricht es auch der Herrschaftsaufgabe des Völkerbundes, dass er an seine Mitglieder die Forderung stellt, sie mögen die nämlichen Anschauungen, die nämliche unbedingte Achtung vor der menschlichen Persönlichkeit und vor der Absolutheit menschlicher Würde als regulatives Prinzip in ihren Verfassungen verankern: Staaten, welche die Zustimmung zu diesen Prinzipien verweigern, stören jede Friedensgemeinschaft; sie können nicht als pakt- und friedensfähig gelten und sind nicht imstande, das Mitgliedsrecht am Völkerbund zu erwerben.

Hermann Broch, Portrait von Hans Fronius, Umschlagblatt, *Nur das Herz ist das Wirkliche*, Auswahl von Texten Hermann Brochs, Stiasny Verlag in Graz und Wien, 1959.
Die Portraitskizze entstand während der Zusammenarbeit des Dichters Hermann Broch mit dem Maler und Zeichner Hans Fronius in den Jahren 1936-1937. Privatsammlung.

Desiderata

Mögen auch, bei aller Erstrebenswürdigkeit eines Sofortprogramms, sehr viel praktische Bedenken den dargelegten Prinzipien und ihrer unverzüglichen Umsetzung in die Tat gegenüberstehen, ja, sogar so beachtliche, dass bestenfalls nur mit einer sukzessiven Realisierung gerechnet werden kann, es ist doch noch immer das Maß des praktisch angeblich Erreichbaren weit von dem Maße der menschlichen Kulturkraft übertroffen worden, und darum halten die Unterfertigten es für wichtig, das Augenmerk des hohen Völkerbundes auf die folgend aufgezählten Realisierungsmaßnahmen zu lenken, die ihnen, unabhängig vom verwirklichbaren Durchführungstempo, dringlich wünschenswert, mehr noch, durchaus notwendig erscheinen:

(Propagierung des Völkerbundgeistes)

Erweckung und Widererweckung eines allgemein verbindlichen, absolutheitsnahen Ethos, m. e. W., Erweckung zur Paktfähigkeit kann nur im einzelpersönlichen Menschen erfolgen und nur in ihm Widerhall finden, denn er ist der initiale Träger des ethischen Willens sowie des Wunsches nach kulturbringendem Frieden: an den Menschen schlechthin und an seine Seele hat jede Friedens- und Herrschaftsinstanz, hat der Völkerbund zu appellieren.

Gelingt es dem Völkerbund, diese Aufgabe zu erfüllen, nämlich unter Anrufung der menschlichen Einzelpersönlichkeit und durch deren Vermittlung seine Prinzipien und Tendenzen an das Bewusstsein der Völker heranzutragen

Karl Kraus (1874-1936), 1908. Broch fühlt sich seelenverwandt mit dem scharfen Zeitkritiker und Propheten des österreichischen Untergangs Karl Kraus, dessen klare Ethik und tiefe Anständigkeit er rühmt. Privatsammlung.

und dort ständig wach zu erhalten, so wäre damit das wesentlichste Gegengewicht zu der allerwärts wirkenden geistigen Kriegsverhetzung und Kriegspropaganda geschaffen: es handelt sich um die Mobilisierung der geistigen Gegenkräfte und um die längst fällige Gegenpropaganda, und hierzu hätte der Völkerbund eine eigene Propagandaabteilung zu errichten.

Das Arbeitsgebiet einer solchen Propagandaabteilung ergäbe eine natürliche Gliederung nach zwei Hauptgruppen, u. z. erstens in die eines Büros für direkte Propaganda, das mit allen Mitteln der Werbetechnik, d. h. mit Hilfe der Presse, des Radios und des Films sich zu betätigen hätte, wobei es der Phantasie unbenommen bliebe, an den späteren Bau eines eigenen Völkerbundsenders zu denken, zweitens in die eines Büros für Jugendprobleme, das entgegen der jetzt üblichen Sieg- und Hasserziehung sich mit der Aufgabe zu befassen hätte, den

Kampf- und Hasswillen der Jugend in die Richtung wider das Unrecht zu lenken, die Heroisierung des Unrechtes abzustellen und den jugendlichen Offensivgeist gegen die Menschheitsverbrecher aller Zeiten zu richten, kurzum den Hass wider den Hass zu erzeugen und ihm sein einzig legitimes, sein ethisches Ziel zu geben.

Soll eine solche Friedenspropaganda wirksam durchgeführt werden, so setzt dies die Unterstützung vonseiten der Mitgliedstaaten voraus, d. h. deren Verpflichtung, innerhalb ihrer Machtbereiche allen Empfehlungen und Verfügungen des Völkerbundes entsprechenden Eingang und entsprechende Verbreitung zu sichern, Radio und Presse in diesen Dienst zu stellen und insbesondere in der Jugenderziehung den Völkerbundvorschriften unbedingt Folge zu leisten. [...]

(Verbrechen gegen die Menschenwürde)

Unter Voraussetzung einer Bejahung der vorstehenden regulativen Prinzipien durch den Völkerbund und durch die Mitgliedstaaten, erscheint es notwendig, dass der Bund eine juristische Gruppierung und Kodifikation jener Handlungen anbahne, welche in allen Mitgliedstaaten uneingeschränkt als friedensgefährdende, kriegsfördernde „Verbrechen gegen die Menschenwürde" einheitlich verfolgt und bestraft werden sollen. Insbesondere wären z. B. solche Handlungen unter diese Delikte zu reihen, die – wie etwa die Diffamierung von Völkern oder anderer Gruppen – der Hasspropaganda im Wege der Presse, des Unterrichts oder sonst wie zu dienen beabsichtigen. [...]

(Rechtsangleichung)

Die internationale Schiedsgerichtsbarkeit, verstrickt in dem komplizierten Gewirr imperialistischer, ökonomischer und sozialer Konflikte, hat weder auf dem engeren, noch auf dem weiteren Einflussgebiet der Mächte sehr wesentliche Erfolge aufzuweisen [...].

Trotzdem bilden Schiedsgerichtsbarkeit und einheitliche internationale Institutionen nach wie vor die Wege, auf denen fortgeschritten werden muss, um zur sukzessiven Ausschaltung der Kriegsursachen zu gelangen. Und ebendeshalb muss auch gefordert werden, dass der Völkerbund sich mit seiner überstaatlichen-juristischen Vorbereitungsarbeit dem Projekt einer stufenweise vorzunehmenden Gleichstellung der zivil- und strafrechtlichen Bestimmungen in den Gesetzgebungen der Mitgliedstaaten zuwende und damit einen ebenfalls bereits in der Vorkriegszeit angesponnenen Faden wieder aufnehme. Denn ein künftiges einheitliches und überstaatliches Gesetzbuch entspräche der Idee einer absoluten Gerechtigkeit, entspräche der Stellung des Völkerbundes und seiner Friedensmission.

(Völkerbundhoheit)

All die vorgeschlagenen Verfügungen schließen den Wunsch in sich ein, Vorstufen zur Erreichung eines vorderhand noch utopischen Zieles zu werden, nämlich jenes einzig erstrebenswerten, würdigeren Weltzustandes, in welchem ein wirklicher Bund der Völker kraft der in ihm vereinigten Exekutivgewalt und Herrschaftsbefugnis als ein wahrer primus inter pares, als ein wahres primus unter den Staaten, ausgestattet mit sämtlichen Hoheitsrechten einer Großmacht, berufen sein wird, die Geschicke des zivilisierten Erdkreises zu lenken:

Das ganze Volk sagt am 10. April ja! Nationalsozialistisches Plakat anlässlich der Volksabstimmung über den Anschluss Österreichs an das Deutsche Reich am 10. April 1938. Privatsammlung.

denn worauf immer sich die vorgebrachten Wünsche beziehen mögen, ob auf Propagierung des Völkerbundgeistes oder auf Maßnahmen für eine allgemeine Rechtsangleichung oder auf solche für die zunehmende Gerechtigkeit, es bedeutet die Annahme eines durchgängigen regulativen Prinzipes zum Schutze der Menschenwürde nichts anderes als die Anbahnung einer rationalen Verfassungsgleichheit, es bedeutet den Wunsch nach einer zunehmenden Logosnähe für alles staatliche Leben, und das bedeutet, dass die Institution eines nicht nur ideell, sondern auch realpolitisch gefestigten Völkerbundes einstmals zum moralischen Vaterland für einen jeden werde, der seine Heimat, sein Land, sein Volk, der das menschliche Dasein, die Menschheitskultur und ihren Frieden liebt und deren Bestand gesichert haben will.

Hans Brunmayr

Ein Gesetz zum Schutz der Menschenwürde

Hermann Broch entstammt wie Freud, Adler, Husserl, Wittgenstein, Kelsen, Mahler, Schnitzler, Kafka, Zweig, Kraus, Mach und Menger jenem jüdischen Großbürgertum und Mittelstand, der gegen Ende des 19. Jahrhunderts und in den ersten Dezennien des 20. Jahrhunderts Österreich und insbesondere Wien zu einem einzigartigen geistigen, wissenschaftlichen und kulturellen Zentrum gemacht hat.

Als Autor der monumentalen Romane Die *Schlafwandler*, *Der Versucher* und besonders des Sprachepos *Der Tod des Vergil* stellt sich Broch auf eine Stufe mit den größten Epikern des 20. Jahrhunderts. Wie Marcel Proust, Robert Musil und vor allem James Joyce fahndet Broch im Vergil bei seiner Auseinandersetzung mit dem Todesproblem nach neuen Realitäts- und Ausdrucksschichten und stößt bis an die Grenzen der Romanform vor.

Weiniger bekannt sind die politischen Schriften und die essayistischen Werke des Denkers und Philosophen Broch, die mit den großen Romanepen ein nahtloses Ganzes bilden und schon den jungen Autor als überzeugten Moralisten und Humanisten ausweisen. Für Broch deckt sich „der Begriff des Politischen mit dem der Gerechtigkeit. Eine andere Politik als eine, die zur Gerechtigkeit strebt, gibt es nicht. Das Resultat der Gerechtigkeit ist Freiheit", schreibt er bereits 1918 im Essay Die Straße.

Seine Ethik unterstreicht dies; Goethe folgend ist Dichtung für ihn „sittliche Wirkungsmöglichkeit in der Zeit". Die einzige und ewige Idee und der tiefe metaphysische Drang, die Gesamtheit der Welt dichterisch zu erfassen, soll dabei an rationale Nachvollziehbarkeit gebunden bleiben.

Während er an seinem „Bergroman" (Der Versucher) arbeitet und darin die Aufgabe des Dichters erfüllt, das „unaussprechliche Wissen des Herzens Sprache werden zu lassen", verfolgt der engagierte Intellektuelle Broch, mit langjähriger Erfahrung im praktischen Leben als Textilindustrieller, aufmerksam die politische Entwicklung und beschließt, angesichts der täglich deutlicher werdenden Kriegsdrohung, die von Hitler-Deutschland ausgeht, sich „unmittelbar in den Dienst jener Kräfte zu stellen, welche noch in der Lage waren, sich dem kommenden Unheil zu widersetzen. Wer dies in jenen Tagen nicht tat, der setzte die Sünde der geistigen Arbeiter und Intellektuellen fort, die Sünde des *ivory tower* und seiner Verantwortungslosigkeit." So Broch in seiner „Völkerbundtheorie" von 1936/37. Er ist sich bewusst, dass „ohne realpolitischen Hintergrund keine ethischen Ziele verfolgt werden können", glaubt jedoch, eine Chance zu sehen, den Völkerbund zu dem europäischen Friedensforum zu machen, das er niemals gewesen war.

Geleitet von der Überzeugung, dass der Weltfrieden einschließlich seiner so wichtigen und doch überbewerteten ökonomischen und finanziellen Komponenten von der ethischen Paktfähigkeit des Menschen abhängig ist, und dass „jede Friedensunternehmung lebensunfähig sein muss, wenn sie nicht von vornherein auf ethischen Prinzipien ruht" (Brief an Ludwig von Ficker, November 1937), verfasst Broch im Einvernehmen mit Thomas Mann eine Resolution an den Völkerbund, als der einzigen bestehenden übernationalen Friedensorganisation.

Zentrale Punkte der Broch'schen „Vorschläge zur Wahrung der Menschenwürde", die auf eine ethische Neugründung des Völkerbundes abzielen, sind die Forderung nach Aufgabe innerstaatlicher Autonomie in Fragen, die die menschliche Würde berühren, und die Verankerung dieser grundlegenden moralischen Einstellung in der innerstaatlichen Gesetzgebung. Die unbedingte Achtung der menschlichen Persönlichkeit und Würde sei in den Verfassungen festzulegen und Voraussetzung für die Mitgliedschaft im Völkerbund. In seinen „Desiderata" misst Broch der Propagierung des Völkerbund-Geistes als Gegengewicht zur Kriegsverhetzung und Kriegspropaganda unter Benützung aller modernen Werbe- und Kommunikationsmittel größte Bedeutung bei. Radio und Presse sind in den Dienst der Jugenderziehung im Sinne der Völkerbundvorschriften zu stellen. Er verlangt die Kodifizierung aller Verbrechen gegen die Menschenwürde, die Gleichstellung von zivil- und strafrechtlichen Vorschriften der Mitgliedstaaten und die Annahme eines durchgängigen regulativen Prinzips zum Schutze der Menschenwürde.

Um seiner Resolution Gewicht zu verleihen und ihre moralische Wirkungskraft zu sichern, führt Broch eine umfangreiche Korrespondenz mit Intellektuellen, wie Albert Einstein, Thomas Mann, Stefan Zweig, Jacques Maritain und Ludwig von Ficker mit der Bitte um Unterstützung. Er will alle bedeutenden Organisationen, die sich für Frieden, Menschenrechte und europäische Einigung einsetzen, zur Unterschrift einladen.

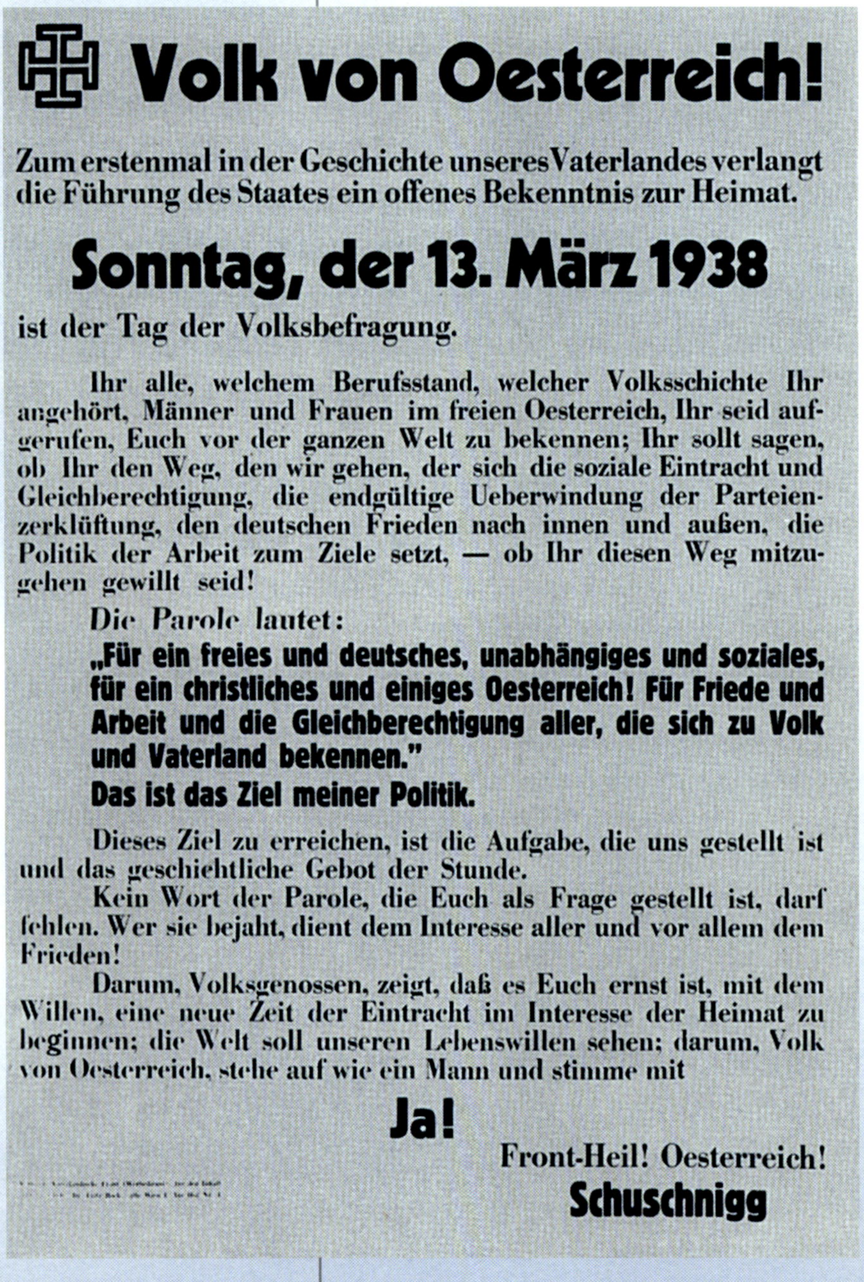
Volk von Oesterreich!

Zum erstenmal in der Geschichte unseres Vaterlandes verlangt die Führung des Staates ein offenes Bekenntnis zur Heimat.

Sonntag, der 13. März 1938

ist der Tag der Volksbefragung.

Ihr alle, welchem Berufsstand, welcher Volksschichte Ihr angehört, Männer und Frauen im freien Oesterreich, Ihr seid aufgerufen, Euch vor der ganzen Welt zu bekennen; Ihr sollt sagen, ob Ihr den Weg, den wir gehen, der sich die soziale Eintracht und Gleichberechtigung, die endgültige Ueberwindung der Parteienzerklüftung, den deutschen Frieden nach innen und außen, die Politik der Arbeit zum Ziele setzt, — ob Ihr diesen Weg mitzugehen gewillt seid!

Die Parole lautet:

„Für ein freies und deutsches, unabhängiges und soziales, für ein christliches und einiges Oesterreich! Für Friede und Arbeit und die Gleichberechtigung aller, die sich zu Volk und Vaterland bekennen."

Das ist das Ziel meiner Politik.

Dieses Ziel zu erreichen, ist die Aufgabe, die uns gestellt ist und das geschichtliche Gebot der Stunde.

Kein Wort der Parole, die Euch als Frage gestellt ist, darf fehlen. Wer sie bejaht, dient dem Interesse aller und vor allem dem Frieden!

Darum, Volksgenossen, zeigt, daß es Euch ernst ist, mit dem Willen, eine neue Zeit der Eintracht im Interesse der Heimat zu beginnen; die Welt soll unseren Lebenswillen sehen; darum, Volk von Oesterreich, stehe auf wie ein Mann und stimme mit

Ja!

Front-Heil! Oesterreich!

Schuschnigg

Aufruf an das österreichische Volk zur Teilnahme an der Volksbefragung am 13. März 1938. Der schließlich abgesagte Versuch Bundeskanzler Schuschniggs, die Unabhängigkeit Österreichs zu erhalten. Privatsammlung.

Aufschlussreich ist in diesem Zusammenhang Brochs Brief an Prof. Jacques Maritain vom 14. November 1937. Broch betont darin die zentrale Bedeutung der Abtretung von Souveränitätsteilen an die überstaatliche Friedensorganisation, die erst dann gelingen werde, wenn die Staaten bereit sind, ihre autonome Handlungsfreiheit unter eine gemeinsame Bindung zu stellen. Es gelte, jene gemeinsame Moral zu finden, auf die sich die Mitgliedstaaten unverbrüchlich verpflichten und derentwillen sie bereit sind, das unheilvolle Autonomieprinzip zu durchbrechen.

Broch umreißt einen Idealzustand, der darin bestehe, dass

a) der Völkerbund, ohne Rücksicht auf irgendwelche materiale Interessen, befugt werde, strikte die Gerechtigkeit in den internationalen Beziehungen zu schützen;

b) der Völkerbund tatsächlich zu einem Bunde aller Staaten werde und dass diese die moralischen Grundprinzipien des Bundes unverbrüchlich in ihren Verfassungen verankerten;

c) der Völkerbund hierzu mit den nötigen materialen Machtmitteln ausgestattet werde, d. h. die internationale Polizeigewalt zur Verhütung bewaffneter Überfälle erhalte;

d) der Völkerbund mit der Kontrolle aller Rüstungsindustrien sowie der für den Krieg notwendigen Rohstoffproduktion betraut werde.

Broch möchte jedoch „durch Überspannung seiner Forderungen den Gegnern nicht im vorhinein den Anlass zu einer Ablehnung geben". Er wünscht, eine öffentliche Diskussion über die in der Resolution niedergelegten Prinzipien in Gang zu bringen. „Manches, das in der Resolution als utopisch bezeichnet werden könnte, wird sich dann plötzlich als durchführbar erweisen, ja es wird sich schließlich eine Verwirklichung der Utopie eröffnen", heißt es im Einladungsbrief für die „Völkerbund-Resolution".

Broch schließt den Brief zur Unterzeichnung seiner Resolution mit der Vision, dass als letzte Utopie bei Respekt der Prinzipien zum Schutz der Menschenwürde „der Traum von einer überstaatlichen europäischen Souveränität als dauernder Friedenshort im Völkerbund zur Realität entstehen" werde.

Der baldige „Anschluss" Österreichs an Nazi-Deutschland veranlasst Broch allerdings, von einer Veröffentlichung Abstand zu nehmen. Angesichts der politischen Entwicklung Europas war das Vorhaben sinnlos geworden. Noch 1938, nach Gestapo-Haft und einem Leben im Untergrund, gelingt Broch u. a. durch Mithilfe von James Joyce, Thomas Mann und Albert Einstein die Flucht über Großbritannien in die USA.

Bis zu seinem Tod in Amerika 1951 bleibt Broch engagierter Befürworter eines „Gesetzes zum Schutz der Menschenwürde". In seinem Essay Ost und West. Paradoxie eines Weltkonfliktes von 1946 fordert er die Gründung einer „Humanitätspartei" zum Schutz der Menschenrechte im Westen und eine „Weltrevolution der Humanität" als Gegengewicht zur Marx'schen Weltrevolution. Neben die „International Bill of Rights" der UNO müsse eine „International Bill of Duties" treten, die Verstöße gegen die Menschenrechte als gemeine Verbrechen an einem „Internationalen Gerichtshof" mit „Internationaler Staatsanwaltschaft" ahndet. Bis zuletzt artikuliert Broch seine tiefe Überzeugung, dass das „irdisch absolute" Menschenrecht für die Politik der einzige Halt ist, der einzige, um vielleicht doch noch dem Chaos dieser Zeit beikommen zu können.

Emil Ludwig, undatiert (30er Jahre?).
Schweizerisches Literaturarchiv (SLA),
Schweizerische Landesbibliothek, Bern.

Emil Ludwig

Emil Ludwig (eigentlich Emil Cohn), deutscher Schriftsteller und Journalist, geboren am 25. Januar 1881 in Breslau (heute Wrocław), gestorben am 17. September 1948 in Moscia bei Ascona, konvertierte 1902 zum Christentum, trat aber nach dem Mord an seinem Freund Walther Rathenau im Jahr 1922 aus Protest wieder zum Judentum über. Er studierte Jura, ging 1906 in die Schweiz und arbeitete während des Ersten Weltkriegs als Korrespondent für das Berliner Tagblatt in Wien und Istanbul. 1932 wurde er Schweizer Staatsbürger, zog 1940 in die USA und publizierte in Zusammenarbeit mit der US-Regierung antifaschistische Texte. Nach dem Zweiten Weltkrieg kehrte er in die Schweiz zurück. Mit seinen historisch-populärwissenschaftlichen Biografien war er nach dem Ersten Weltkrieg einer der erfolgreichsten und am meisten übersetzten Autoren. 1933 wurden seine Bücher von den Nationalsozialisten verbrannt.

Emil Ludwig

Die Vereinigten Staaten Europas (1940)

Entwurf für eine Verfassung

Einleitung

Dies ist keine Utopie; vielmehr wird morgen der Zeitpunkt kommen, wo er [der Entwurf] umgesetzt werden muss. […] Nachdem Europa in einem Jahrhundert dreimal die Stunde seiner Vereinigung verstreichen ließ, wird das Ende dieses Krieges ihm eine vierte Gelegenheit zur Verwirklichung bieten.

Dieser Entwurf, der nicht mehr sein will als ein Vorschlag, enthält ebenso wenig neue Ideen wie seine Vorgänger oder vergleichbare Dokumente. Über diese Themen wurde seit langem nachgedacht; doch hat man stets neue Varianten von ihnen entworfen. […]

La Prusse et l'Europe, veröffentlicht in Paris, 10. Auflage, 1940, Titelblatt. Das Projekt einer Verfassung für die Vereinigten Staaten von Europa beginnt auf Seite 47. Privatsammlung.

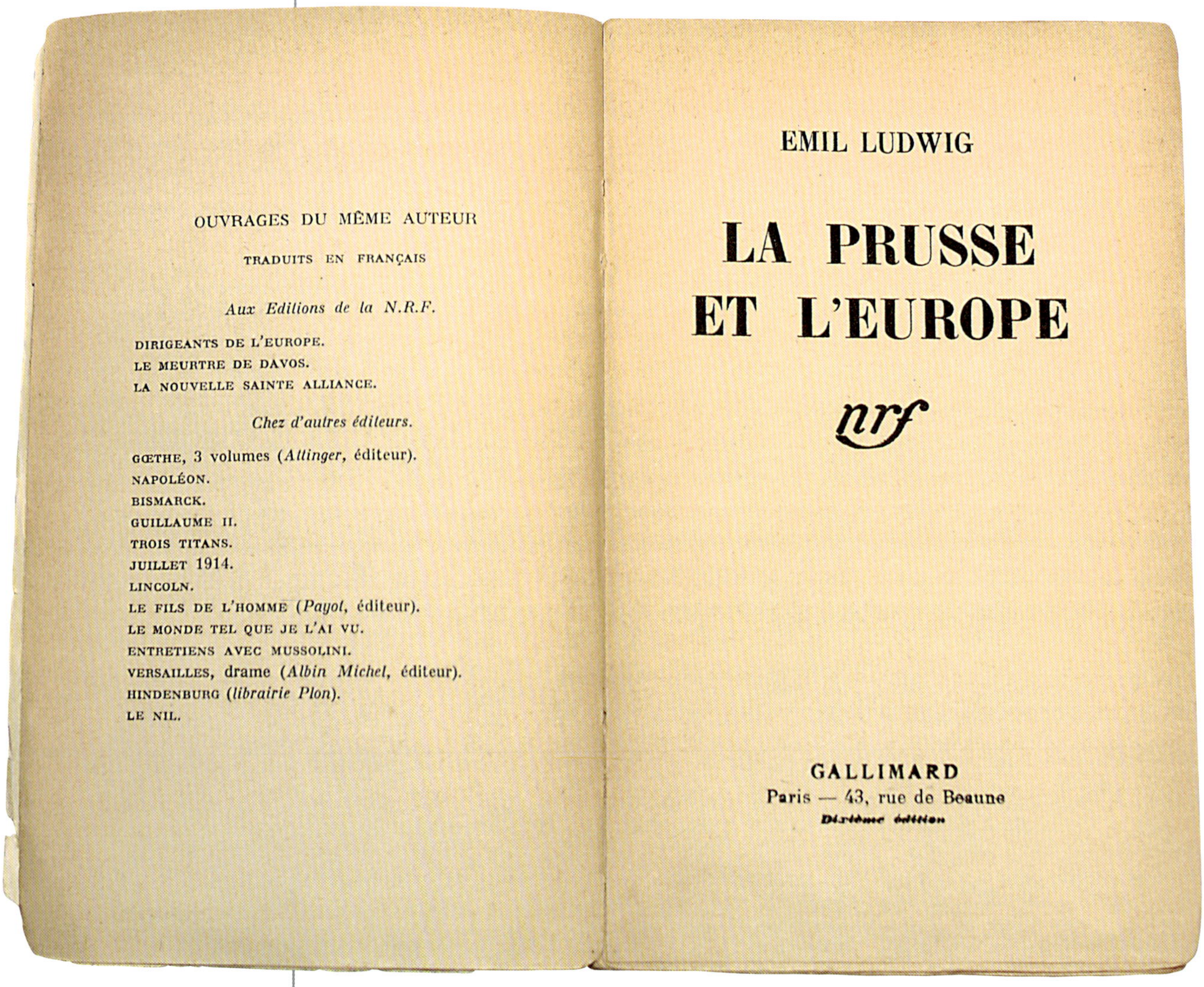

OUVRAGES DU MÊME AUTEUR

TRADUITS EN FRANÇAIS

Aux Editions de la N.R.F.

DIRIGEANTS DE L'EUROPE.
LE MEURTRE DE DAVOS.
LA NOUVELLE SAINTE ALLIANCE.

Chez d'autres éditeurs.

GŒTHE, 3 volumes (*Attinger*, éditeur).
NAPOLÉON.
BISMARCK.
GUILLAUME II.
TROIS TITANS.
JUILLET 1914.
LINCOLN.
LE FILS DE L'HOMME (*Payot*, éditeur).
LE MONDE TEL QUE JE L'AI VU.
ENTRETIENS AVEC MUSSOLINI.
VERSAILLES, drame (*Albin Michel*, éditeur).
HINDENBURG (*librairie Plon*).
LE NIL.

EMIL LUDWIG

LA PRUSSE ET L'EUROPE

nrf

GALLIMARD
Paris — 43, rue de Beaune
Dixième édition

Er muss ein positives Ziel haben: diesem Teil der Erde eine internationale Ordnung geben, indem er die nationalen Hoheitsrechte einschränkt, und zwar im Schutz einer Macht, der jeder Staat und jede Kriegskoalition von Staaten von vorneherein unterworfen wäre. [...]

Der Völkerbund ist gescheitert, weil er gleichzeitig zu viele und zu wenige Dinge im Auge hatte: weil anfangs drei Mächte nicht dazugehörten und zugleich die Breite ihrer Aufgaben über die ganze Welt hinweg im unauflösbaren Widerspruch mit ihrer Verfassung stand, aber vor allem weil ihr die Macht fehlte, um ihre Entscheidungen ausführen zu lassen. [...]

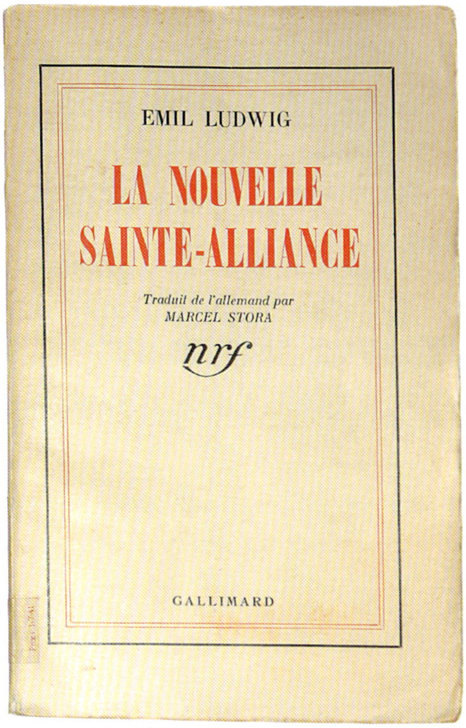

La Nouvelle Sainte-Alliance, Emil Ludwig, veröffentlicht in Paris, 1938, Einband. Ludwig sieht Europa 1938 geteilt in zwei Gruppen: die defensiven und die offensiven Mächte ... Privatsammlung.

Die Grundgesetze

Artikel I

[...] Die Vereinigten Nationen von Europa bilden keinen Staatenbund [...], sondern im Gegenteil einen Staatenzusammenschluss [...], das heißt, seine Gewalt dehnt sich nicht über die verschiedenen Bürger, sondern über die verschiedenen Länder aus. [...]

Artikel II

[...] Jeder europäische Staat behält seine Souveränität, seine Sprache und seine Organisationen, solange sie mit der Verfassung konform geht, die in Kraft ist. Die verschiedenen Länder üben alle Rechte aus, die nicht auf die Union übertragen wurden. Im Gegenzug garantiert die Union den Staaten ihre Grenzen und ihre Freiheiten. [...]

Alles, was im Folgenden nicht als „europäisch" bezeichnet ist, bleibt national, zum Beispiel: die Regierungsform, der Glaube, die Verwaltung, das Wirtschaftssystem, das Zivilrecht und die Justiz, die Presse, die Sitten und Bräuche. [...]

Artikel IV

Zu den Grundrechten der Europäer – die jeder Staat in seiner Gesetzgebung vorsehen muss – gehören das Recht auf Brot und Obdach, auf Kleidung und ärztliche Versorgung, auf Bildung und Zugang zu allen Formen der Kultur, das Recht auf Schutz seines Hauses und seiner Güter, vor einem fremden Richter das Recht auf körperliche Unversehrtheit und Schutz gegen jegliche Körperverletzung und gegen jedes unberechtigte Ermittlungsverfahren, schließlich das unbeschränkte Recht auf freie Meinungsäußerung. [...]

Artikel V

Europäisch sind: das Bürgerrecht, die Armee, die Außenpolitik, [...] Rohstoffe, Zölle, Maße und Münzen, die Pläne für eine allgemeine Wirtschaftspolitik, die Minderheiten, die Arbeit, Hygiene, Bildung. [...]

Artikel VI

Das Bürgerrecht ist europäisch. Hier, genau wie überall, schließt das Attribut europäisch auch die Europäerinnen mit ein, denn bis auf die Wehrpflicht gelten alle Rechte und alle Pflichten der Bürger eines Staates für beide Geschlechter.

Jeder europäische Bürger bleibt zugleich Bürger seines Landes. [...]

Artikel VII

Die Armee ist europäisch. Die Gewalt, die die Union über die Armeen und Flotten ausübt, macht jeden neuen Krieg unmöglich. […]

Artikel VIII

Die Außenpolitik ist europäisch. Die Vereinigten Staaten Europas entsenden ihre Stellvertreter in die fremden Reiche. […]

Artikel XII

Der Handel ist größtenteils europäisch: so auch die Münzen und Maße, die Post und die Reisepässe. So wie der Dollar und das Pfund in zwei Weltreichen überall angenommen werden, wird auch Europa über eine Einheitswährung verfügen; diese wird 30 Währungen in Europa ersetzen. […]

Artikel XIII

Der Schutz der Minderheiten ist europäisch. Es werden die besten Gesetze angewandt werden, die zu diesem Thema in den letzten zwanzig Jahren vorgeschlagen wurden, damit selbst noch die kleinsten sprachlichen oder kulturellen Inseln geschützt werden.

Artikel XIV

[…] Die Grundprinzipien des Bureau International du Travail in Genf (BIT) werden von den Vereinigten Staaten Europas übernommen. Hingegen werden die Vereinbarungen hinsichtlich der Arbeitsdauer, des Gehalts und allem, was damit zu tun hat […], ausschließlich von den Arbeitgebern und Arbeitnehmern getroffen. Die Freizügigkeit und das Bürgerrecht der Europäer werden ihnen freien Personenverkehr gewährleisten […].

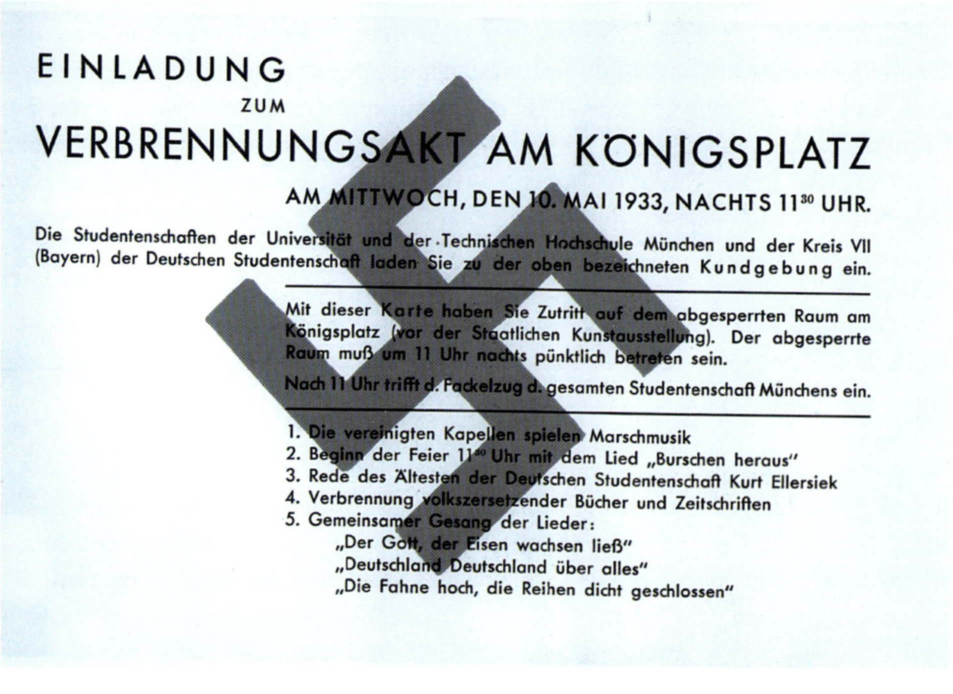

EINLADUNG
ZUM
VERBRENNUNGSAKT AM KÖNIGSPLATZ
AM MITTWOCH, DEN 10. MAI 1933, NACHTS 11^{30} UHR.

Die Studentenschaften der Universität und der Technischen Hochschule München und der Kreis VII (Bayern) der Deutschen Studentenschaft laden Sie zu der oben bezeichneten Kundgebung ein.

Mit dieser Karte haben Sie Zutritt auf dem abgesperrten Raum am Königsplatz (vor der Staatlichen Kunstausstellung). Der abgesperrte Raum muß um 11 Uhr nachts pünktlich betreten sein.

Nach 11 Uhr trifft d. Fackelzug d. gesamten Studentenschaft Münchens ein.

1. Die vereinigten Kapellen spielen Marschmusik
2. Beginn der Feier 11^{30} Uhr mit dem Lied „Burschen heraus"
3. Rede des Ältesten der Deutschen Studentenschaft Kurt Ellersiek
4. Verbrennung volkszersetzender Bücher und Zeitschriften
5. Gemeinsamer Gesang der Lieder:
   „Der Gott, der Eisen wachsen ließ"
   „Deutschland Deutschland über alles"
   „Die Fahne hoch, die Reihen dicht geschlossen"

Einladung zum Verbrennungsakt am Königsplatz, veröffentlicht von den Studentenschaften der Universität und der Technischen Hochschule München am 10. Mai 1933. Vielfältige Zeremonien bei der Verbrennung „volkszersetzender" Bücher und Zeitschriften. Stadtarchiv München, München.

Zweiter Teil

Die Organe

[…] Zu ihrer Sicherheit wird sich die Regierung der Vereinigten Staaten Europas auf einer Insel, der Unions-Insel, niederlassen, die das Eigentum der Vereinigten Staaten Europas sein wird […] die Insel Wight oder die Insel Elba stehen zur Auswahl. […]

Artikel XX

Die Macht der Vereinigten Staaten Europas wird vom Senat und vom Parlament ausgeübt, deren Mitglieder alle vier Jahre in den verschiedenen Staaten gewählt werden.

Für die von beiden Kammern, die über gleiches Stimmrecht verfügen, in öffentlicher Sitzung zu treffenden Entscheidungen genügt die einfache Mehrheit, wenn es um die Gesetzesverkündung geht, die Zweidrittelmehrheit, wenn die Verfassung geändert werden soll. Im Falle einer Uneinigkeit zwischen beiden Kammern gehen die Entwürfe hin und her. […]

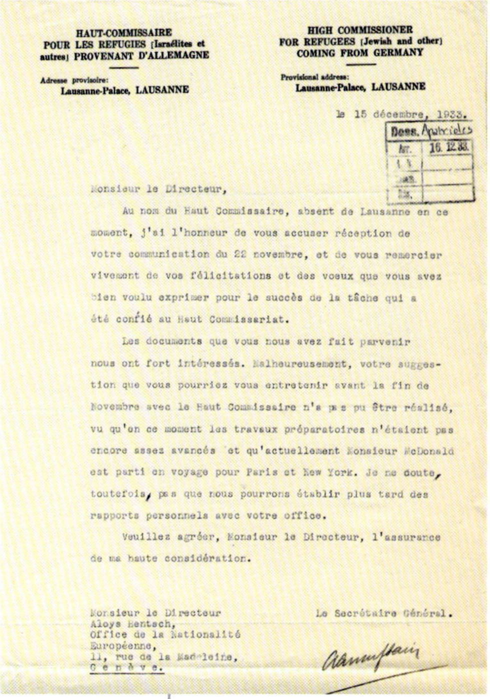

HAUT-COMMISSAIRE POUR LES REFUGIES [Israélites et autres] PROVENANT D'ALLEMAGNE

Adresse provisoire: Lausanne-Palace, LAUSANNE

HIGH COMMISSIONER FOR REFUGEES [Jewish and other] COMING FROM GERMANY

Provisional address: Lausanne-Palace, LAUSANNE

le 15 décembre, 1933.

Doss. / Arr. 16. 12. 33.

Monsieur le Directeur,

Au nom du Haut Commissaire, absent de Lausanne en ce moment, j'ai l'honneur de vous accuser réception de votre communication du 22 novembre, et de vous remercier vivement de vos félicitations et des voeux que vous avez bien voulu exprimer pour le succès de la tâche qui a été confié au Haut Commissariat.

Les documents que vous nous avez fait parvenir nous ont fort intéressés. Malheureusement, votre suggestion que vous pourriez vous entretenir avant la fin de Novembre avec le Haut Commissaire n'a pas pu être réalisé, vu qu'en ce moment les travaux préparatoires n'étaient pas encore assez avancés et qu'actuellement Monsieur McDonald est parti en voyage pour Paris et New York. Je ne doute, toutefois, pas que nous pourrons établir plus tard des rapports personnels avec votre office.

Veuillez agréer, Monsieur le Directeur, l'assurance de ma haute considération.

Monsieur le Directeur
Aloys Hentsch,
Office de la Nationalité
Européenne,
11, rue de la Madeleine,
Genève.

Le Secrétaire Général.

Brief des *Hochkommissars für Flüchtlinge (Israeliten und andere) aus Deutschland* mit vorläufigem Sitz in Lausanne, 15. Dezember 1933.
Erster Versuch, die Bemühungen des Hochkommissariats für Flüchtlinge mit denen des *Office de la Nationalité européenne* mit Sitz in Genf zu vereinen.
Bibliothek der Vereinten Nationen, Genf. Archive des Völkerbunds und historische Sammlungen. Mit freundlicher Erlaubnis des Büros der Vereinten Nationen in Genf.

Artikel XXI

Der Senat besteht aus Stellvertretern der Länderregierungen, die von jeder mit einem Mandat ausgestattet werden; er setzt sich demnach aus ungefähr dreißig Männern oder Frauen zusammen.

Das Parlament besteht aus den Delegierten der nationalen Parlamente. Die drei Länder mit weniger als einer Million Einwohner wählen einen Delegierten, die Länder mit einer bis zehn Millionen Einwohner wählen zwei, und so weiter, sodass die Länder mit mehr als 40 Millionen Einwohnern bis zu sechs Delegierte entsenden können. […]

Artikel XXII

Das dritte Organ der Vereinigten Staaten ist der Unions-Rat. Dieser wird alle vier Jahre durch direkte geheime Wahlen beider Kammern gewählt. Er besteht aus sieben Beratern und repräsentiert die Exekutive. Jedes Jahr wird unter seinen Mitgliedern ein primus inter pares ausgewählt und zum Vorsitzenden ernannt, der jedoch über keine Macht verfügt, sondern nur dazu da ist, den Vorsitz zu führen und zu repräsentieren. […]

Es wird entweder per Gesetz oder Gewohnheitsrecht ein Grundprinzip eingerichtet, demnach es allen Ländern erlaubt ist, so weit wie möglich in den Ämtern vertreten zu sein. Die hohen Beamten Europas werden nicht nach ihrer Nationalität, sondern nach ihren Fähigkeiten ausgewählt. […]

Artikel XXIII

Das vierte Organ ist das Haushaltsamt der Union, das die Einnahmen und Ausgaben verwaltet, Schulden aufnimmt und gewährt. […]

Artikel XXIV

Das fünfte Organ […] ist das Justizamt der Vereinigten Staaten Europas. Es entscheidet bei Unstimmigkeiten zwischen den verschiedenen Ländern, prüft die Gerechtigkeit oder Ungerechtigkeit der Unions-Entscheidungen, untersucht die Beschwerden eines Bürgers gegen ungerechte Handlungen seines Landes. […]

Jacques Keller-Noëllet

Brennpunkt Deutschland

Wer erinnert sich heute noch an Emil Ludwig? Der auf dem Gebiet der Politik in den Zwischenkriegsjahren äußerst beschlagene und renommierte Journalist und Kommentator verfasste Chroniken, die heute nur noch für Spezialisten dieses Zeitraums von Belang sind. Die Biografien dieses Geschichtsschreibers und Verfassers zahlreicher Studien über bedeutende Persönlichkeiten der Vergangenheit und Gegenwart sind aufgrund der ständigen Erneuerung der Quellenlage und eines veränderten, weniger lyrischen Stils, der größere Detailgenauigkeit und Wahrheitstreue erfordert, gealtert. Ludwig war auch Romancier und Autor von engagierten, aber konturlosen Theaterstücken, doch sind seine Dramen und Romane heute in Vergessenheit geraten.

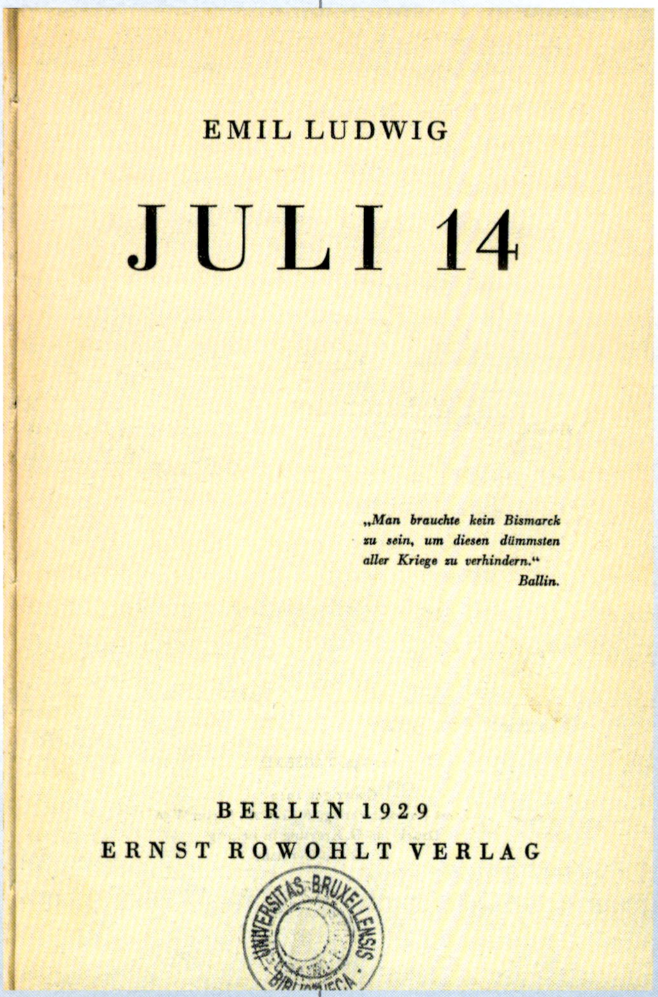
EMIL LUDWIG

JULI 14

„Man brauchte kein Bismarck zu sein, um diesen dümmsten aller Kriege zu verhindern."
Ballin.

BERLIN 1929
ERNST ROWOHLT VERLAG

Juli 1914 von Emil Ludwig, veröffentlicht in Berlin, 1929.
Zitat: *Man muss nicht Bismarck sein, um den Wahnsinn aller Kriege zu verurteilen.* Ballin.
Zentralbibliothek der Université Libre de Bruxelles, Brüssel.

Es ist ein wenig so, als sei Emil Ludwig zu tief in sein Jahrhundert eingetaucht und zu stark von seinen Obsessionen, Verblendungen und Misserfolgen geprägt gewesen, sodass er schließlich gemeinsam mit ihm ins Vergessen stürzte, um weniger unmittelbaren Zeugen Platz zu machen, die ein objektiveres und auch weniger befangenes Urteil abgaben.

In seinem vielfältigen und umfangreichen Werk – das zwar respektabel, aber insgesamt doch veraltet ist – stößt man interessanterweise auf ein kleines Werk mit dem etwas rätselhaftem Titel *La Prusse et l'Europe* (Preußen und Europa), hinter dem sich in Wirklichkeit ein in gehöriger Form verfasster Entwurf für eine europäische Verfassung nebst einigen allgemeinen Betrachtungen verbirgt. Dieser heute so gut wie unbekannte Text von Emil Ludwig stellt durch seine Klarheit, Prägnanz und Stichhaltigkeit einen verdienstvollen Essay dar, der hilfreich ist, um in dem immer wieder in Angriff genommenen Plan, unserem Kontinent ein gemeinsames Gesetz zu geben, das Wesentliche vom Unwesentlichen zu scheiden.

Doch vorerst hatte Emil Ludwig Erfolg. Unmittelbar nach dem Ersten Weltkrieg wurde er durch die Veröffentlichung einer Reihe von

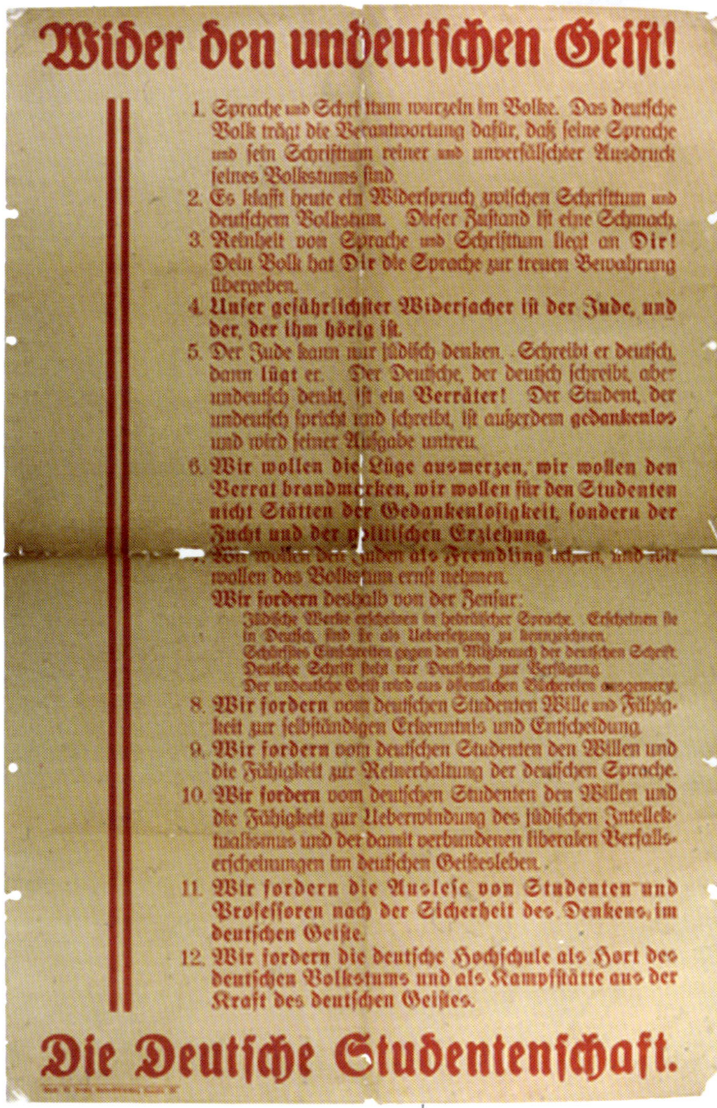

Wider den undeutschen Geist!

1. Sprache und Schrifttum wurzeln im Volke. Das deutsche Volk trägt die Verantwortung dafür, daß seine Sprache und sein Schrifttum reiner und unverfälschter Ausdruck seines Volkstums sind.
2. Es klafft heute ein Widerspruch zwischen Schrifttum und deutschem Volkstum. Dieser Zustand ist eine Schmach.
3. Reinheit von Sprache und Schrifttum liegt an **Dir**! Dein Volk hat **Dir** die Sprache zur treuen Bewahrung übergeben.
4. **Unser gefährlichster Widersacher ist der Jude, und der, der ihm hörig ist.**
5. Der Jude kann nur jüdisch denken. Schreibt er deutsch, dann **lügt** er. Der Deutsche, der deutsch schreibt, aber undeutsch denkt, ist ein **Verräter!** Der Student, der undeutsch spricht und schreibt, ist außerdem **gedankenlos** und wird seiner Aufgabe untreu.
6. **Wir wollen die Lüge ausmerzen, wir wollen den Verrat brandmarken, wir wollen für den Studenten nicht Stätten der Gedankenlosigkeit, sondern der Zucht und der politischen Erziehung.**
7. Wir wollen den Juden als **Fremdling** achten, und wir wollen das Volkstum ernst nehmen.
   Wir fordern deshalb von der Zensur:
   Jüdische Werke erscheinen in hebräischer Sprache. Erscheinen sie in Deutsch, sind sie als Uebersetzung zu kennzeichnen.
   Schärfstes Einschreiten gegen den Mißbrauch der deutschen Schrift.
   Deutsche Schrift steht nur Deutschen zur Verfügung.
   Der undeutsche Geist wird aus öffentlichen Büchereien ausgemerzt.
8. **Wir fordern** vom deutschen Studenten Wille und Fähigkeit zur selbständigen Erkenntnis und Entscheidung.
9. **Wir fordern** vom deutschen Studenten den Willen und die Fähigkeit zur Reinerhaltung der deutschen Sprache.
10. **Wir fordern** vom deutschen Studenten den Willen und die Fähigkeit zur Ueberwindung des jüdischen Intellektualismus und der damit verbundenen liberalen Verfallserscheinungen im deutschen Geistesleben.
11. **Wir fordern die Auslese von Studenten und Professoren nach der Sicherheit des Denkens, im deutschen Geiste.**
12. **Wir fordern die deutsche Hochschule als Hort des deutschen Volkstums und als Kampfstätte aus der Kraft des deutschen Geistes.**

Die Deutsche Studentenschaft.

Flugblatt *Wider den undeutschen Geist*, herausgegeben von der Deutschen Studentenschaft, 12. April 1933.
Dieses Flugblatt wurde in ganz Deutschland verteilt, um die Aktionen der Studentenschaft anzukündigen. 12 Thesen, um eine Sprache und eine Literatur zu definieren, „gereinigt" von jeglichem „jüdischen und ausländischen" Einfluss und „Verfälschung" ... Staatsarchiv Würzburg, Würzburg.

Biografien, insbesondere über Goethe, Wagner, Bismarck, Wilhelm II., Napoleon u. a., die er im romanesken Geschmack seiner Zeit verfasste, bei einem breiten Publikum bekannt – Biografien, die in mehr als zwanzig Sprachen übersetzt wurden und ihn zum Bestseller-Autor von internationalem Renommee aufsteigen ließen.

Leider wurde dieser Ruhm von bitteren Enttäuschungen über sein Heimatland begleitet, wo seine Werke bei der Bücherverbrennung in Berlin am 10. Mai 1933 neben denen von Karl Marx, Thomas Mann, Erich Maria Remarque und vielen anderen in Flammen aufgingen. Im April 1945 war er wiederum an der Suche und „Entdeckung" der aus der Fürstengruft in Weimar verschwundenen Sarkophage von Goethe und Schiller beteiligt.

Der von Emil Ludwig verfasste Entwurf für eine europäische Verfassung mag für ein Gesamtwerk, das hauptsächlich aus populärwissenschaftlichen Geschichtsbüchern und journalistischen Polemiken besteht, ein wenig unerwartet kommen, doch erscheint es bei genauerer Betrachtung als das reife Ergebnis von Überlegungen, die ein ganzes Leben lang weiterentwickelt wurden und sich auf Deutschland, dessen Schicksal und Platz in Europa bezogen haben.

Für Emil Ludwig stellt Deutschland den geografischen Brennpunkt dar, an dem sich alle Widersprüche, die auf dem Kontinent fortwährend für Unruhe sorgen, bündeln: demokratischer Liberalismus und Autoritätshörigkeit, kriegerischer Imperialismus und pazifistischer Internationalismus, Humanismus und Totalitarismus. Dennoch erscheint gerade Deutschland das Haupthindernis für eine dauerhafte Befriedung des Kontinents zu bilden. Daher gibt Deutschland, so der Umkehrschluss, exakt den Ort ab, an dem sich jede Lösung erst bewähren müsse.

Die Lösung hängt natürlich von der Diagnose ab. Für Ludwig ist die Diagnose einfach. Alle Übel, an denen Deutschland – also auch Europa – krankt, haben eine einzige Wurzel: Preußen. Preußen, dieses „geistige Konstrukt" an den Stufen des Alten Reiches, das im Dienst einer permanenten Angriffspolitik auf Kos-ten seiner Nachbarn allmählich auch das restliche Deutschland eingegliedert hat.

Um diese Gefahr endgültig zu bannen, schlägt Emil Ludwig vor, das Reich in zwei Staaten zu teilen: Auf der einen Seite Preußen mit ungefähr 25 Millionen Einwohnern und auf der anderen Süddeutschland mit ungefähr 45 Millionen Einwohnern, wobei beide Teile – und hierin liegt die Originalität seines Entwurfs – in einem neuen europäischen Staatenbündnis vereint wären, das

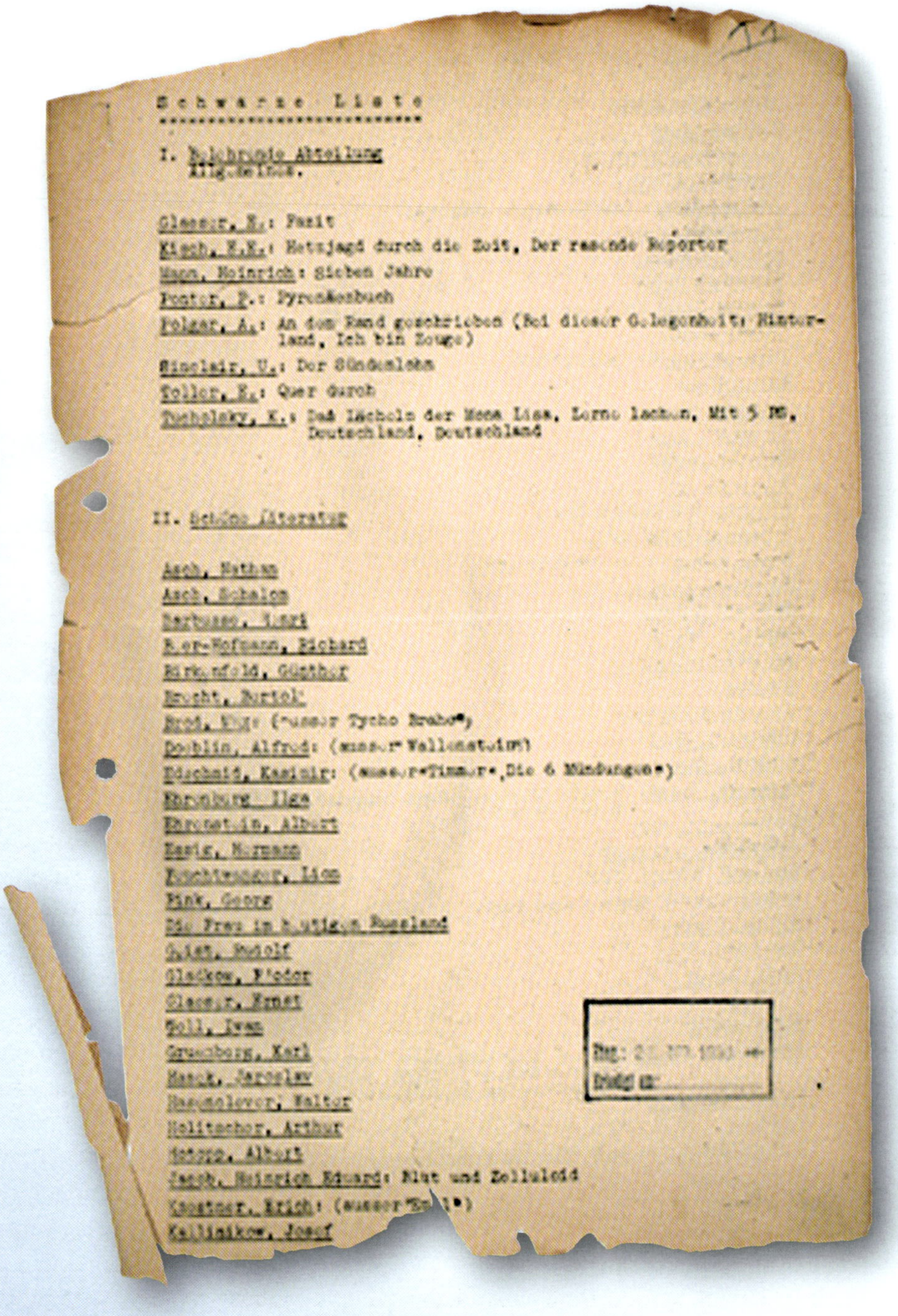

Schwarze Liste
===========================

I. Belehrende Abteilung
Allgemeines.

Glaeser, E.: Fazit
Kisch, E.E.: Hetzjagd durch die Zeit, Der rasende Reporter
Mann, Heinrich: Sieben Jahre
Panter, P.: Pyrenäenbuch
Polgar, A.: An den Rand geschrieben (Bei dieser Gelegenheit; Hinterland, Ich bin Zeuge)
Sinclair, U.: Der Sündenlohn
Toller, E.: Quer durch
Tucholsky, K.: Das Lächeln der Mona Lisa, Lerne lachen, Mit 5 PS, Deutschland, Deutschland

II. Schöne Literatur

Asch, Nathan
Asch, Schalom
Barbusse, Henri
Beer-Hofmann, Richard
Birkenfeld, Günther
Brecht, Bertolt
Brod, Max: (ausser Tycho Brahe")
Doeblin, Alfred: (ausser Wallenstein")
Edschmid, Kasimir: (ausser "Timur", Die 6 Mündungen")
Ehrenburg, Ilja
Ehrenstein, Albert
Essig, Hermann
Feuchtwanger, Lion
Fink, Georg
Die Frau im heutigen Russland
Geist, Rudolf
Gladkow, Fjodor
Glaeser, Ernst
Goll, Iwan
Grünberg, Karl
Hasek, Jaroslav
Hasenclever, Walter
Holitscher, Arthur
Hotopp, Albert
Jacob, Heinrich Eduard: Blut und Zelluloid
Kaestner, Erich: (ausser "Emil")
Kallinikow, Josef

Reg.: [illegible]
Erledigt am: [illegible]

Schwarze Liste, veröffentlicht am 26. April 1933.
Ein Komitee von Bibliothekaren hilft der Deutschen Studentenschaft, die Schwarze Liste zu erstellen, die jüdische, marxistische, sozialistische und liberale Autoren sowie Nazigegner, „kulturell Dekadente", Modernisten, Pazifisten und pan-europäisch Denkende umfasst. Staatsarchiv Würzburg, Würzburg.

über gemeinsame Institutionen und eine gemeinsame Armee verfügte. Auf diese Weise wäre Preußen zweifach gebändigt, innerhalb der deutschen Körperschaft und innerhalb Europas, und würde endlich aufhören, die Ruhe des Kontinents zu stören. Von deutschen und anderen pazifistischen Staaten umringt, könnte es die Welt an seiner Stärke, seiner Arbeit, seinem Organisationsgeist, seinen Entdeckungen und seinem Wissen teilhaben lassen.

Dies war die Ansicht von Emil Ludwig im Februar 1940, als sich Nazideutschland, nachdem es England und Frankreich in den Krieg gedrängt hatte, nun anschickte, in letzteres einzumarschieren, bevor sich seine Armeen endgültig in der unendlichen Weite der russischen Ebenen verlieren sollten…

Abgesehen davon, dass es sich bei Emil Ludwigs Essay um ein Gelegenheitswerk und bissiges Pamphlet gegen Preußen handelt – das umso hämischer ist, als Preußen ganz offenbar eine gewisse Faszination auf ihn ausübt –, enthält es in seinem zweiten Teil den gut gegliederten und kohärenten Entwurf einer verfassunggebenden Charta für Europa. Wie reiht sich nun dieser Entwurf in die lange Liste von Reflexionen zu diesem Thema und Umsetzungsversuchen ein, die die erste Hälfte des Jahrhunderts geprägt haben, aber alle mehr oder weniger ergebnislos waren?

Ludwig gehört ganz klar zu denen, die vom Völkerbund enttäuscht waren. Nachdem er sich zunächst aktiv für diese Organisation eingesetzt hatte, hielt er bei ihrem Scheitern in den dreißiger Jahren den Moment für gekommen, „sie durch eine engere und gesündere Bündnisform zu ersetzen". Dieses radikale Urteil, das im Widerspruch zu den Bemühungen einiger Politiker stand, die eine dahinsiechende Institution wieder zum Leben zu erwecken suchten, stand gewissermaßen der englischen föderalistischen Strömung nahe, wenn es auch nicht alle ihre Schlussfolgerungen teilte.

In der Tat schlägt Emil Ludwig trotz seiner unverhohlenen Bewunderung des föderalen Modells, das er in der Schweiz zunächst als Gast, dann als Bürger ausgiebig beobachten konnte, ein ausdrücklich hybrides System vor, das durchaus Anklänge an die von Jacques Delors vorgeschlagene Föderation von Nationalstaaten hat. Dies ist nicht der einzige Aspekt von Ludwigs Entwurf, der sensible Themen, die erst kürzlich bei der europäischen Debatte erneut aufgeworfen wurden, frontal angeht. Sein deutliches Bemühen, die nationalen Kompetenzen von denen der Union sorgfältig zu trennen (auch wenn die Trennungslinien nicht immer gleich verlaufen), seine klare und deutliche Bejahung des Zuständigkeitsprinzips („alles was im Folgenden nicht als europäisch bezeichnet wird, bleibt national"), seine Weigerung, zwischen verschiedenen sozialwirtschaftlichen Modellen zu wählen, sein Ausschluss der Türkei mit Ausnahme des europäischen Teils (!) oder auch seine Vorstellung von einer auf sieben Mitglieder beschränkten Exekutive muten wie lauter Antworten auf jene Kontroversen an, die die Gemüter des Konvents und der Regierungskonferenz erhitzt und zum Projekt einer Europäischen Verfassung geführt haben.

Als Dilettant auf dem Gebiet der Verfassungsgebung und zugleich als beschlagener Beobachter seiner Zeit hat Emil Ludwig die Leitlinien der politischen Entwicklung des Kontinents erfasst und den Weg für ein mit sich selbst versöhntes Europa vorgezeichnet, der einem pseudoföderalen und durch den gebührenden Respekt gegenüber den alten Nationen gemäßigten Modell folgt. Trotz einiger Naivitäten und Widersprüche muss man anerkennen, dass die Geschichte des letzten halben Jahrhunderts ihm in der Sache weitestgehend Recht gegeben hat. Was die Form anbelangt, könnte die Klarheit und Geradheit seiner Worte sogar anregend auf die Bemühungen der Verfassungsgeber von gestern, heute und vielleicht auch morgen wirken, die immer stärker auf Bürgernähe bedacht sind: nämlich indem sie von Ludwig lernen, die manchmal schwer greifbare Realität der europäischen Integration in einfache und anschauliche Worte zu fassen.

Madame Europa, Oskar Garvens, veröffentlicht 1940 im *Kladderadatsch*, Berlin, Jahrgang 93, Ausgabe 53, Seite 5 Rückseite. Europa erstrahlend in einer weiten Krinoline mit dem Abbild der Weltkarte, im Hintergrund ihr treuer Stier – John Bull – Sir Winston Churchill.
Staats-und Universitätsbibliothek Bremen.

Die frühen britischen Föderalisten

Lord Lothian (Philip Kerr), Ronald Mackay und Ivor Jennings waren drei hoch angesehene Persönlichkeiten, die sich im Zentrum einer Bewegung befanden, die sich die Idee eines europäischen Föderalismus zu eigen machte und die britische Öffentlichkeit zumindest für kurze Zeit zu fesseln vermochte. Sie waren nur drei von vielen und werden hier als Vertreter einer Kernzelle des europäischen Gedankens herangezogen, die Gegenstand dieser kurzen Abhandlung ist.

Philip Kerr, Lord Lothian

Philip Kerr, 11. Marquess of Lothian, britischer Diplomat und Politiker, geboren am 18. April 1882 in London, gestorben am 12. Dezember 1940 in den USA, bekleidete unterschiedliche Ämter innerhalb der Regierung. 1905–1910 war er in Südafrika tätig, 1917–1921 hatte er als Privatsekretär von Premierminister Lloyd George großen Einfluss auf die Außenpolitik, insbesondere während der Pariser Friedenskonferenz 1919. Später entwickelte er als Antwort auf die nationalistischen Bewegungen in Europa Ideen für eine supranationale Organisation. Er übernahm eine führende Rolle in der Föderalisten-Bewegung. 1939/40 war er als britischer Botschafter in den USA maßgeblich am Zustandekommen des Leih- und Pachtgesetzes beteiligt.

Ronald William Gordon Mackay

Ronald William Gordon Mackay, Rechtsanwalt und Politiker, geboren 1902 in Australien, gestorben 1960, war Dozent in Sydney/Australien, bevor er nach London ging und während des Zweiten Weltkriegs den Ministerien für Arbeit und Flugzeugproduktion vorstand. 1940 erarbeitete er einen detaillierten Entwurf für eine „Verfassung der Vereinigten Staaten von Europa". Mackay war 1940/41 Vorsitzender der *Federal Union* und engagierte sich fast sein ganzes Leben lang für die Verwirklichung eines geeinten Europas unter Einbeziehung Großbritanniens. 1947 gründete er die *All-Party-Europe-Group* und regte die Gründung einer „Europäischen Politischen Behörde" an.

Sir William Ivor Jennings

Sir William Ivor Jennings, Jurist und Pädagoge, geboren am 16. Mai 1903 in Bristol, gestorben am 19. Dezember 1965 in Cambridge, war Spezialist für Verfassungsrecht. Er studierte in Bristol und Cambridge und war 1925–1929 Dozent für Jura an der Universität Leeds, 1929–1940 unterrichtete er an der *London School of Economics and Political Science*. Er war als Berater an der Erarbeitung der Verfassungen für Sri Lanka und Malaya beteiligt und gilt als maßgeblicher Architekt der Verfassung Pakistans. 1962 wurde er *Downing Professor of the Laws of England* an der Universität Cambridge. Der große Befürworter eines föderalen Europas legte 1940 seinen Entwurf für eine europäische Verfassung *A Federation for Western Europe* vor.

Auszüge aus Schriften von Anhängern der frühen britischen föderalistischen Bewegung

Lord Lothian (Philip Kerr)

Das Ende von Armageddon (1939)

[...] Die nationale Souveränität ist die eigentliche Ursache der größten Übel unserer Zeit und des stetigen Marsches der Menschheit zurück in tragisches Unglück und Barbarei. Sie ist eine Absage an die Brüderlichkeit der Menschen und an den Grundsatz, dass es nur ein Gesetz, nur eine Souveränität geben sollte, gegründet auf ein moralisches Prinzip, das die gesamte Erde eint und regiert.

Dieses überragende, katastrophale Übel unserer Zeit kann letztlich nur durch eine föderative Union der Völker beseitigt werden, derart, dass jede Nation ihre inneren Angelegenheiten ganz und gar selbst bestimmt, alle Menschen aber, was ihre gemeinsamen Angelegenheiten betrifft, zu einem einzigen Gemeinwesen zusammengeschlossen sind. Die gemeinsamen Angelegenheiten dieser Menschheits-Republik wären im Wesentlichen die folgenden: Ordnung und Verteidigung, Regelung des zwischenstaatlichen Handels und der Migration, Staatsangehörigkeit, Währung und gewisse Formen der Verschuldung und Besteuerung, das zwischenstaatliche Fernmeldewesen sowie die Verwaltung der gemeinsamen Aktiva und Verbindlichkeiten der föderativen Union. Für dieses Prinzip tritt die Bewegung der *Federal Union*, der gleichgesinnte Bewegungen in anderen Demokratien entsprechen, unmissverständlich ein. Nur auf diese Weise kann das Ideal des Pazifismus in die Praxis umgesetzt werden. Nur auf diese Weise kann die Regulierung von Handel und Beschäftigung durch wirtschaftli-

THE OTHER WAR
Being Chapters by JOHN HILTON, P. H. KERR, ALEC LOVEDAY, HAROLD MESS, and JOSEPH THORP on Some Causes of Class Misunderstanding.
LONDON:
GEORGE ALLEN & UNWIN, LTD.,
RUSKIN HOUSE, 40 MUSEUM STREET, W.C.1.
ONE SHILLING NET.

The Other War, veröffentlicht in London. Eine eher soziologisch ausgerichtete Analyse der angespannten Situation unmittelbar vor Kriegsausbruch.
KBR, Lesesaal, Brüssel.

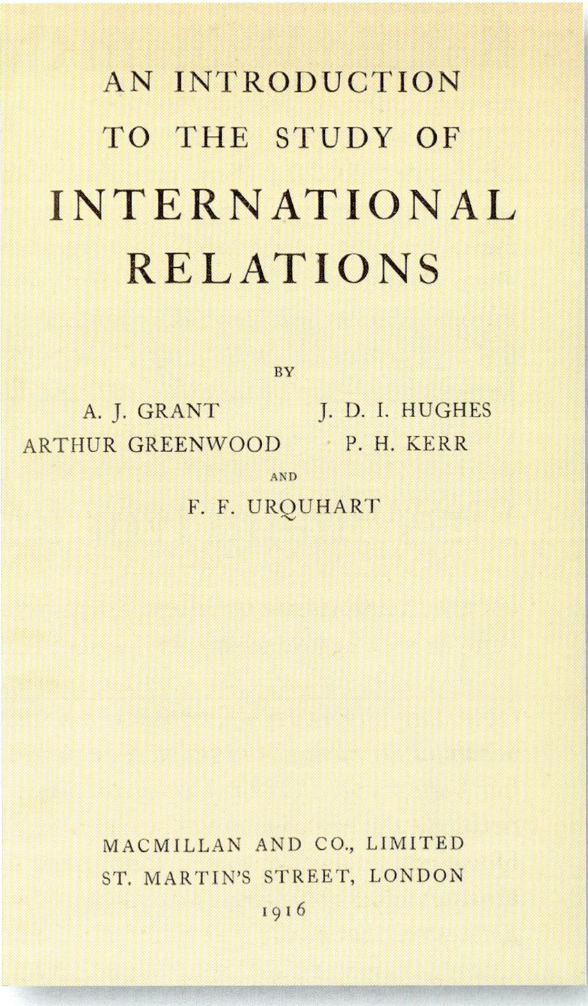
AN INTRODUCTION TO THE STUDY OF
INTERNATIONAL RELATIONS
BY
A. J. GRANT J. D. I. HUGHES
ARTHUR GREENWOOD P. H. KERR
AND
F. F. URQUHART
MACMILLAN AND CO., LIMITED
ST. MARTIN'S STREET, LONDON
1916

Introduction to the study of international relations, veröffentlicht in London, 1916.
KBR, Lesesaal, Brüssel.

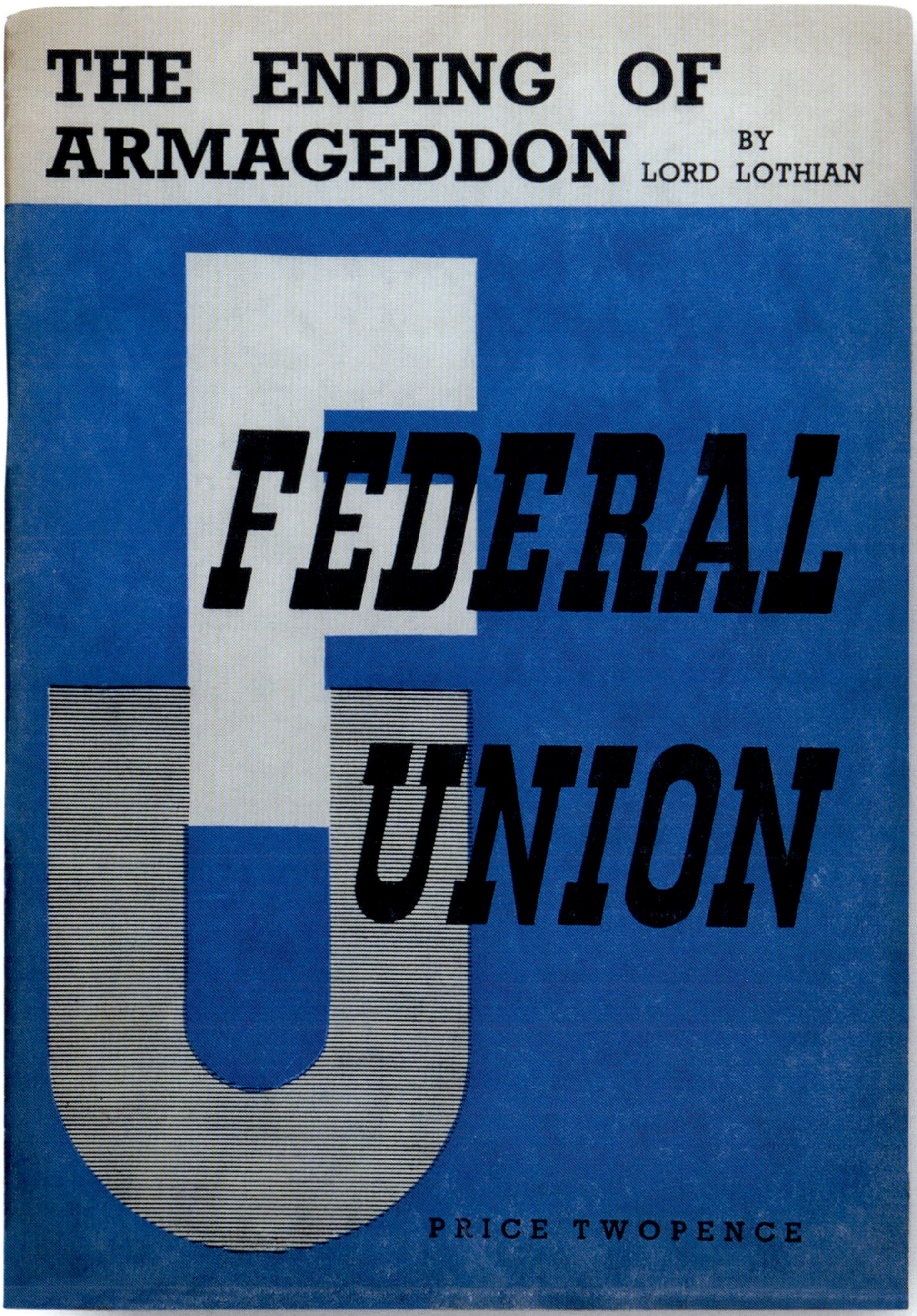

Federal Union. The Ending of Armagedon, Ph. Kerr, veröffentlicht in London, 1939. Privatsammlung.

chen Nationalismus beendet, kann die individuelle und nationale Freiheit gesichert, kann dem Kriege zwischen den Menschen ein Ende gemacht werden. [....]

[...] Die Aufgabe besteht heute darin, eine Verfassungskonstruktion zu schaffen, die über die gegenwärtigen Föderationen von Staaten oder Provinzen hinausgeht und eine föderative Union von Nationen entstehen lässt, welche den nationalen Eigenarten und Gefühlen Spielraum gewährt und zugleich all ihre Einwohner organisch unter einem Verfassungsrecht eint, das selbst den Krieg abschafft, die Freiheit bewahrt und den Wohlstand sichert. Es ist das Wesen einer föderativen Union, die Völker unter der Herrschaft des Rechts und des Prinzips zu einen und nicht unter einer solchen von Menschen. [...]

Ronald William Gordon Mackay

Das föderale Europa (1940)

Die Kompetenzen der Föderation

[…] Die Aufteilung der Kompetenzen sollte derart geregelt sein, dass alles übrige in die Zuständigkeit der Bundesstaaten fällt und die definierten Kompetenzen in die Zuständigkeit der Föderation. Die definierten Kompetenzen werden unterteilt in ausschließliche und konkurrierende. Mit allen Angelegenheiten, die im Rahmen der ausschließlichen Kompetenzen der Föderation übertragen sind, darf sich allein das Bundesparlament befassen. Alle übrigen Kompetenzen kommen – mit Ausnahme der konkurrierenden Kompetenzen – den Bundesstaaten zu, doch bleibt wird jede einzelne konkurrierende Kompetenz so lange in der Zuständigkeit der Parlamente der Bundesstaaten, bis die Föderation sie betreffende Gesetze erlässt. Die Aufteilung der Kompetenzen sollte derart geregelt sein, dass die Bundesbehörde wie ein Staat der modernen Welt zu regieren vermag […].

Peace Aims and the New Order, R.W.G. Mackay, veröffentlicht in London, 1941.
KBR, Lesesaal, Brüssel.

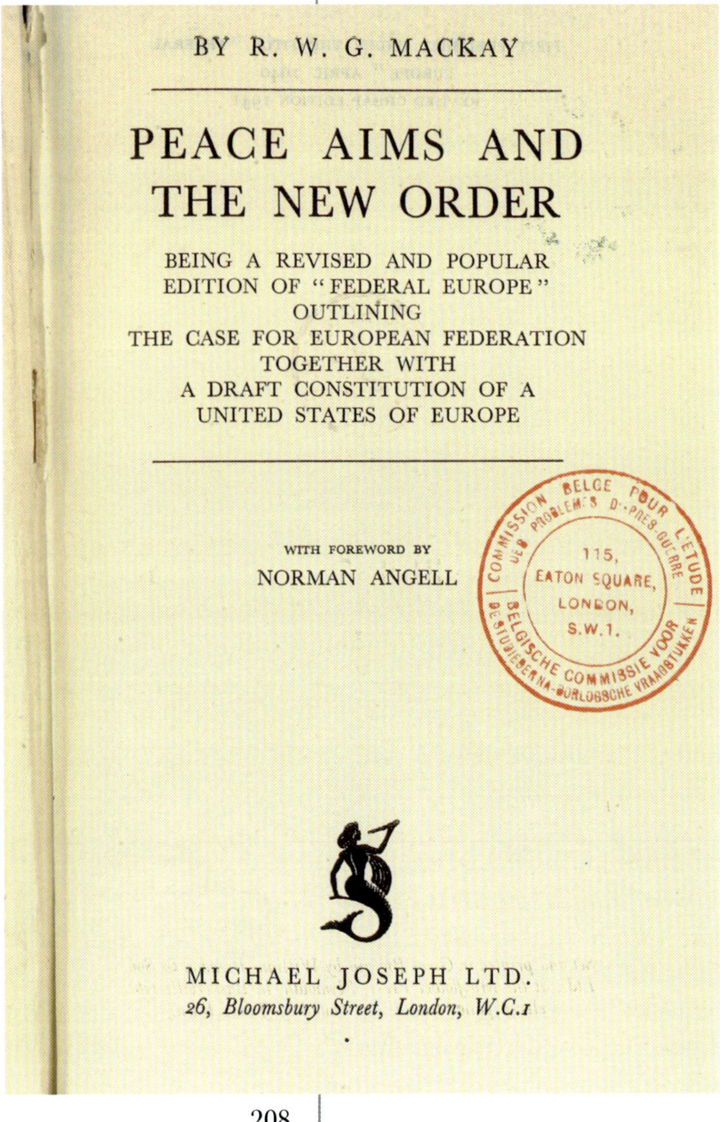
BY R. W. G. MACKAY

PEACE AIMS AND THE NEW ORDER

BEING A REVISED AND POPULAR EDITION OF "FEDERAL EUROPE" OUTLINING THE CASE FOR EUROPEAN FEDERATION TOGETHER WITH A DRAFT CONSTITUTION OF A UNITED STATES OF EUROPE

WITH FOREWORD BY
NORMAN ANGELL

COMMISSION BELGE POUR L'ETUDE DES PROBLEMES D'APRES-GUERRE
115, EATON SQUARE, LONDON, S.W.1.
BELGISCHE COMMISSIE VOOR DE STUDIE DER NA-OORLOGSCHE VRAAGSTUKKEN

MICHAEL JOSEPH LTD.
26, Bloomsbury Street, London, W.C.1

Die wichtigsten Kompetenzen, welche die Föderation besitzen muss, betreffen (a) auswärtige Angelegenheiten und Verteidigung, (b) Zölle und fiskalische Abgaben; (c) Währung, Münzwesen und Kreditsystem sowie (d) die notwendigen Dienstleistungen der Föderation. Diese Kompetenzen […] schließen die wesentlichen Fragen ein, hinsichtlich derer das Bundesparlament vollständige und ungehinderte Gesetzgebungsbefugnis haben muss […].

[…] In einer weiteren Liste sind die Kompetenzen aufgeführt, die die Föderation im Laufe der Zeit für sich beanspruchen könnte. Es sind dies die „konkurrierenden Kompetenzen". Diese Kompetenzen können und werden, solange die Föderation sie nicht ausübt, von den Bundesstaaten ausgeübt werden. In dem Fall, dass die Föderation sie – oder eine von ihnen teilweise – so ausübt, dass sie mit der bisherigen Praxis der Bundesstaaten in dem betreffenden Bereich kollidiert, verlieren einzelstaatliche Gesetze ihre Geltung und an ihre Stelle treten die Gesetze der Föderation. […]

William Ivor Jennings

Eine Föderation für Westeuropa (1940)

Die Institutionen der Föderation

Die Volkskammer

Für jedes wirklich föderative System ist es wesentlich, eine legislative Körperschaft zu besitzen, in der mindestens eine Kammer direkt vom Volk der Föderation gewählt wird. Ich nenne sie die „Volkskammer", weil dieser Ausdruck uns erlaubt, sie von den ersten Kammern in den föderierten Einzelstaaten zu unterscheiden. Es sollte ferner unveränderliche Praxis sein, dass die Völker der Einzelstaaten darin annähernd im Verhältnis zu ihrer Bevölkerungszahl repräsentiert sind. Das ist das einzige gerechte Verfahren der Repräsentation, das sich erreichen lässt, ohne endlos um Zahlen zu feilschen. Natürlich bekommen die größeren Einzelstaaten dadurch ein Übergewicht, und deshalb haben die Vereinigten Staaten – deren Beispiel Australien und die Schweiz gefolgt sind – eine weitere Kammer geschaffen, in der die Einzelstaaten gleichmäßig repräsentiert sind. Im Folgenden werden Vorschläge dazu entwickelt, wie die Dominanz Deutschlands, des Vereinigten Königreichs und Frankreichs durch Einrichtung einer zweiten Kammer ausgeglichen werden könnte. [...]

Die Staatenkammer

Die Frage einer zweiten Kammer ist ein seit jeher umstrittenes Problem. Zu ihren Gunsten wird gewöhnlich angeführt, dass sie ein Gegengewicht zu einer Mehrheit darstellt, die in der ersten Kammer durch die zufälligen Umstände einer allgemeinen Wahl erlangt worden sein könnte, welche vielleicht einige Jahre zuvor abgehalten wurde. Dieses Argument wird gern von konservativen Menschen vorgebracht, die der demokratischen Wahl misstrauen oder der Meinung sind, Beschränkungen der gesetzgebenden Gewalt seien wünschenswert, um „extreme" oder „zügellose" oder „übertriebene" Reformen zu verhindern. Das führt dazu, dass zweite Kammern in der Regel konservative Organe sind, die „radikale" Gesetze verhindern, sich „reaktionären" Gesetzen aber nicht entgegenstellen. Konservative halten eine zweite Kammer deshalb für wesentlich, während Radikale einem solchen Vorschlag mit Argwohn begegnen – und so geht die Debatte weiter.

In einer Föderation ist das Problem jedoch einfacher. Der wesentliche Gesichtspunkt in einem solchen System ist nicht, ob Reformen beschlossen oder verhindert werden, sondern die Bereitschaft der Einzelstaaten, der Föderation beizutreten und sich an der Arbeit ihrer Organe zu beteiligen. Wenn wir in der ersten Kammer eine Repräsentation gemäß der Bevölkerungszahl zulassen, geben wir den bevölkerungsreichen Staaten – in unserem Beispiel Deutschland, dem Vereinigten Königreich und Frankreich – ein Übergewicht. Erfahrungsgemäß verläuft aber, so lehrt uns die Geschichte, die Trennlinie bei Meinungsverschiedenheiten nicht zwischen den großen und den kleinen Staaten. Die kleinen Staaten sind jedoch nicht minder patriotisch und legen auf ihren Status ebensolchen Wert wie die großen Staaten, und es ist nicht zu erwarten, dass sie sich lediglich mit einem geringen Bruchteil an der Repräsentation der Gesamtheit zufrieden geben.

Würde die Volkskammer exakt nach der Bevölkerungszahl gebildet, hätten Deutschland und Frankreich oder Deutschland und das Vereinigte Königreich oder Frankreich und das britische Commonwealth eine Mehrheit. Ich glaube nicht, dass es zu einer solchen Kombination kommen würde, weil die Repräsentation eines Landes sich sicherlich auf verschiedene Parteien verteilen würde und man nicht erleben wird, dass die Repräsentanten einer Großmacht als geschlossener Block abstimmen. Gleichwohl könnte die Möglichkeit den Beitritt kleiner Mächte erschweren.

Dieses Problem wurde in den Vereinigten Staaten, der Schweiz und Australien dadurch überwunden, dass man in der ersten Kammer eine Repräsentation gemäß der Bevölkerungszahl und in der zweiten Kammer eine gleichmäßige Repräsentation der Staaten vorsah. Ein Zusammenschluss kleiner Staaten kann dann in der zweiten Kammer Gesetze verhindern, die in der ersten Kammer durch einen Zusammenschluss großer Staaten durchgesetzt wurden – wenngleich dies, wie ich glaube, in keiner der drei Föderationen je vorgekommen ist. Eine Abwandlung dieses Systems finden wir in Kanada, wo nicht die Provinzen, sondern Gruppen von Provinzen gleichmäßige Repräsentation erhalten haben. [...]

A Federation for Western Europe, W. Ivor Jennings, veröffentlicht in London, 1940. Privatsammlung.

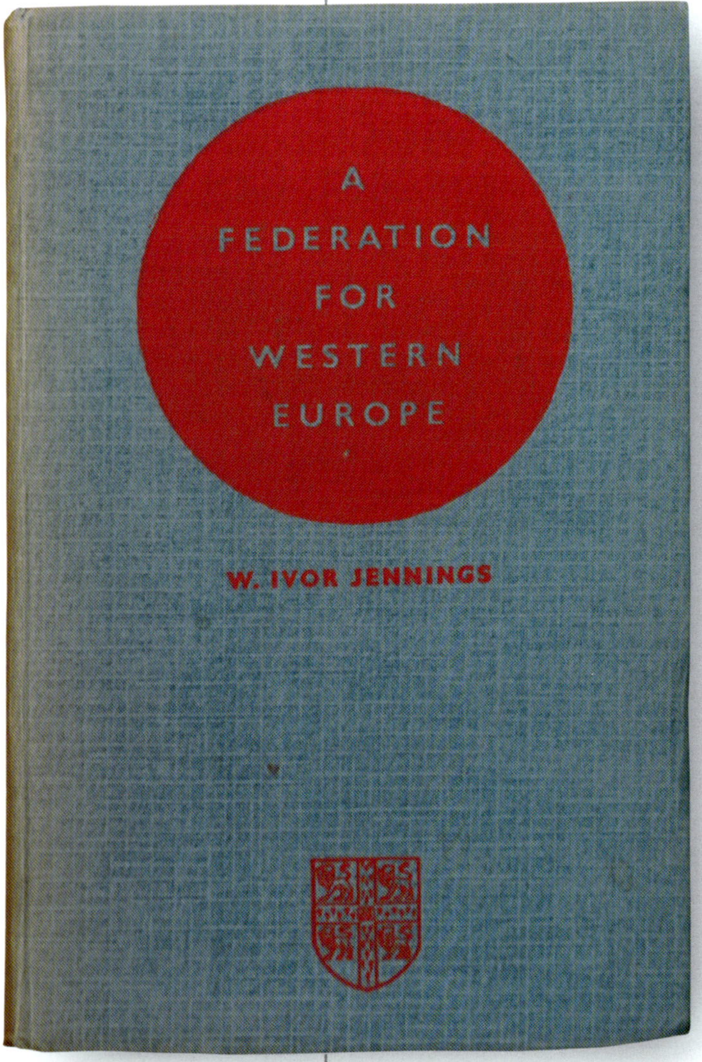

Die Bundesregierung

Unsere bisherige Diskussion [...] führt uns zu der Empfehlung, ein „Kabinett" oder einen Ministerrat zu schaffen, der der Volkskammer verantwortlich ist. Zu diesem Zweck benötigt man eine vergleichsweise unparteiische Person, die den Apparat in Gang setzt, wie es der Souverän in den konstitutionellen Monarchien und die Präsidenten der Republiken tun. Die wichtigste Funktion dieser Person bestünde in der Auswahl eines Premierministers. [...]

Andererseits müsste ein föderaler Patriotismus entstehen, und dazu benötigte man eine Idenfifikationsfigur, auf die sich dieser Patriotismus ausrichten kann. Der Präsident sollte daher die „würdevollen" Funktionen der Föderation ausüben, wie Walter Bagehot es ausgedrückt hat. Er sollte das offizielle Oberhaupt der Föderation sein, er sollte theoretisch die Streitkräfte befehligen, er sollte Botschafter entsenden und empfangen, amtliche Dokumente unterzeichnen und

Benjamin Britten bei einer Probe für das *War Requiem* in Aspen, Colorado, anlässlich einer Reise in die Vereinigten Staaten im Jahr 1964. Britten komponierte sein *War Requiem* im Andenken an die Opfer von Kriegen.
Das Werk entstand 1962 in Coventry, einer Stadt, die 1940/41 bei der Bombardierung durch die deutsche Luftwaffe völlig zerstört worden war, anlässlich der Einweihung der neuen Kathedrale der Stadt. Seither ist der Begriff „coventrisation" in den Militärwortschatz eingegangen und bedeutet soviel wie „dem Erdboden gleichmachen".
Foto: Link Harper, Philadelphia, USA.

dergleichen, allerdings stets nach Anraten, wie wir es nennen, das heißt auf Weisungen des Ministerrats hin. Ich habe für ihn in dem Entwurf keine eigenständige Funktion vorgesehen außer der Ernennung und (unter bestimmten Voraussetzungen) der Entlassung des Premierministers sowie einer Befugnis bezüglich der Auflösung der föderalen Legislative.

[...] Ich habe vorgeschlagen, ihn von beiden Kammern der Legislative in gemeinsamer Sitzung wählen zu lassen. Angesichts der zahlreichen beteiligten Nationalitäten und des wünschenswerten Ziels, dass er nicht eine Stellung erlangt, die den Status des Oberhauptes eines Mitgliedstaates beeinträchtigt, habe ich eine auf nur drei Jahre befristete Amtszeit vorgeschlagen. Aus demselben Grund überlasse ich es der Staatenkammer, seine Rangstellung festzulegen. Ich stelle mir vor, dass er im Vereinigten Königreich eine Stellung unmittelbar nach dem Souverän erhielte.

Seine vorrangige Aufgabe wäre die Ernennung des Premierministers. Die übrigen Minister würde er dann auf Vorschlag des Premierministers ernennen. Wir gehen von einem System des verantwortungsvollen Regierens aus. Es ist, denke ich, nicht notwendig, dies förmlich in der Verfassung festzuhalten. Ich habe jedoch die Möglichkeit vorgesehen, dass der Präsident nach eigenem Ermessen den Premierminister entlassen kann, falls die Volkskammer eine dahin gehende Entschließung gefasst hat. [...]

Die richterliche Gewalt

[...] Wir haben die Herrschaft des Rechts zwar im Inneren erreicht, aber der gegenwärtige Krieg wird deshalb geführt, weil es international nicht gelungen ist, die Herrschaft des Rechts auf einer vergleichbaren Grundlage zu errichten. Wir kämpfen, wie die Politiker aller Parteien erklärt haben, um die Rechtsstaatlichkeit in Europa wiederherzustellen. Der Rechtsstaat oder die Herrschaft des Rechts kann erst auf eine feste Grundlage gestellt werden, wenn alle Streitigkeiten durch richterliche Entscheidungen beendet werden.

Die richterliche Gewalt ist aus diesem Grunde kein nebensächlicher Aspekt der Gewaltenteilung, kein Mittel für andere Zwecke, sondern ein Zweck in sich. Daher muss es eine der ersten Aufgaben der Föderation sein, einen Obersten Bundesgerichtshof zu schaffen, dem es obliegt, alle Streitigkeiten zwischen den föderierten Staaten zu entscheiden. Die anzuwendenden Regeln, sofern sie nicht schon in der Verfassung oder in Bundesgesetzen enthalten sind, die aufgrund verfassungsmäßiger Befugnis erlassen wurden, wären die Regeln des Völkerrechts. Zum ersten Mal gäbe es in Europa ein Tribunal, das auf alle Streitigkeiten zwischen föderierten Staaten die Regeln anwenden würde, die seit Jahrhunderten hoffnungsfroh von internationalen Rechtsgelehrten vorgetragen worden sind. Kontroversen innerhalb der Föderation würden durch das Recht und nicht mit Gewalt geregelt.

Die Föderation wäre selbst ein neuer Staat, und entsprechend würden Streitigkeiten zwischen der Föderation und einem föderierten Staat unter die Zuständigkeit des Obersten Bundesgerichtshofes fallen. [...]

Die Auslegung der Verfassung oder von Bundesgesetzen kann natürlich nicht den Gerichten der Einzelstaaten allein überlassen werden. Man ließe sonst zu, dass in verschiedenen Staaten unterschiedliche Auslegungen gelten. Es muss daher ein Rechtsmittel beim Obersten Bundesgerichtshof geben. [...] Der Oberste Gerichtshof wäre dann der endgültige Interpret der Verfassung. Sollte sich der Oberste Gerichtshof eine unglückliche Auslegung zu Eigen machen, könnte die Entscheidung nur durch eine Verfassungsänderung rückgängig gemacht werden. Seine Auslegungen von Bundesgesetzen hingegen könnten aufgehoben werden, denn die Gesetze könnten, wie es in England oft geschieht, von der Legislative geändert werden.

Die *Women's League for Peace and Freedom* gibt ihre Ansicht
zur Wiederbesetzung der Ruhr bekannt. 1923.
Bibliothek der Vereinten Nationen, Genf. Archive des Völkerbunds und historische
Sammlungen. Mit freundlicher Erlaubnis des Büros der Vereinten Nationen in Genf.

10/25459x/25760

Women's International League

BRITISH SECTION OF THE WOMEN'S INTERNATIONAL LEAGUE FOR PEACE AND FREEDOM.

TELEPHONE AND TELEGRAPHIC ADDRESS: MUSEUM 3179.
INQUIRIES: 11 A.M. TO 4 P.M.

Secretary: Miss DOROTHY E. EVANS,
INTERNATIONAL HOUSE,
55 GOWER STREET, LONDON, W.C.1

14th September, 1923.

The Women's International League welcomes much of the British Note to France dated August 11th, 1923, and in particular the declarations in paragraph 25 (on the participation of America, Neutrals in the late war and "Germany herself" in the proposed expert commission on reparations) and in pars. 27, 28 and 29 (on the advantages of "willing over enforced undertakings"), as well as the clear evidence the note gives of a desire on the part of the British Government for a settlement.

At the same time the Women's International League notes with dismay the declaration (in par. 35) that the British Government, having, from the first held the view that the French invasion of the Ruhr was illegal, yet refrained from bringing this view to the test of an impartial judicial authority and allowed the Treaty of Versailles to be broken, in deference to an ally. The Women's International League is of opinion that, having helped in the disarmament of Germany, Great Britain was in honour bound to protect her from an illegal use of force in the carrying out of the reparation clauses.

Further, the Women's International League considers it injurious to the reputation of this country that, having on August 11th made definite proposals for international action to prevent the crushing of Germany, the British Government should have allowed four weeks to elapse and the economic situation in Germany to reach its present disastrous condition when, once more, any settlement will be an enforced one.

The Women's International League urges that the Government should make every effort, by concessions to France in the matter of her debt to Great Britain, to secure the liberation of the Ruhr and Rhineland and the settlement of reparations. The continued occupation of the Ruhr puts the Allies into a false position in regard to other military occupations undertaken or threatened whether in Corfu, or Fiume or elsewhere, and prejudices the judicial character of the League of Nations.

Guy Milton

Die frühen britischen Föderalisten

Die mit der Gründung des Völkerbunds verbundenen hohen Ideale trugen keine Früchte. Weiteren Bemühungen, insbesondere dem Memorandum von Aristide Briand aus dem Jahre 1930, wurde eine Abfuhr erteilt. Die Weltwirtschaftskrise förderte Mitte der dreißiger Jahre in Europa den Aufstieg extrem nationalistischer Bewegungen, deren expansionistische Bestrebungen – namentlich Mussolinis Einmarsch in Abessinien und Hitlers Besetzung des Rheinlands – der Völkerbund nicht einzudämmen vermochte.

Der junge Philipp Kerr hatte als Privatsekretär von Premierminister Lloyd George an der Aushandlung des Friedensvertrags von Versailles teilgenommen und die Gründung des Völkerbundes miterlebt. 1935, nunmehr Lord Lothian, hielt er eine Grundsatzrede, in der er die Ursachen für dessen Versagen analysierte: Der Völkerbund sei „auf der Grundlage der vollen Souveränität der Signatar- und Mitgliedstaaten" errichtet, aber die „Tatsache der staatlichen Souveränität ist sein entscheidender Mangel ... Die Souveränität des Nationalstaats war die Hauptursache des Scheiterns des Völkerbundes und der Friedensbewegung nach dem Kriege sowie die eigentliche Ursache des Weltkriegs, und sie wird die treibende Kraft des nächsten Krieges sein, es sei denn, wir könnten sie rechtzeitig abschwächen." Prophetische Worte.

In dem 1939 erschienenen Artikel Das Ende von Armageddon entwickelte Lothian aus diesen Argumenten ein Plädoyer für die Schaffung einer föderativen Union. Stark beeinflusst von Clarence Streit, dessen Buch *Union Now!* im selben Jahr erschien, gingen Lothians Föderationsideen weit über Europa hinaus und umfassten auch alle übrigen westlichen Demokratien in Nordamerika und Australasien.

Das Münchner Abkommen vom September 1938 war ein Katalysator für jene, die nach einer Alternative zur staatlichen Souveränität und zum Nationenbegriff als Grundlage der internationalen Beziehungen suchten. Die Gründung der *Federal Union* Anfang 1939 löste unter britischen Denkern eine Flut von Ideen zur Schaffung eines föderativen Europas aus, die schnell anschwoll, aber ebenso schnell wieder verebben sollte.

Die *Federal Union* verdankt ihre Entstehung drei Oxford-Absolventen, Charles Kimber, Derek Rawnsley und Patrick Ransome, allesamt keine Personen des öffentlichen Lebens. Es gelang ihnen dennoch, eine Institution zu gründen, die schon nach einem Jahr über zehntausend Mitglieder hatte, darunter eine beträchtliche Zahl berühmter Persönlichkeiten. Angetrieben von dem „Fiasko von München", wie sie es empfanden, verständigten sich die drei auf die Schaffung einer

Organisation, die das supranationale Ideal fördern sollte. Sie legten ihre Gedanken in einer kurzen Abhandlung dar, die sie auf eigene Kosten drucken ließen, um sie Freunden, Politikern und Prominenten zukommen zu lassen.

Die Botschaft fand – angesichts des Krieges – Widerhall in der gebildeten Öffentlichkeit. Die Organisation berief eine Gruppe von illustren Beratern, darunter Lord Lothian (der im selben Jahr zum britischen Botschafter in Washington berufen wurde), Wickham Steed, Herausgeber der *Times* von 1919 bis 1922, Barbara (spätere Baroness) Wootten, Hochschullehrerin und zukünftige Labour-Politikerin, sowie Lionel Curtis, *Fellow* des *All Souls College* Oxford und Gründer des *Royal Institute of International Affairs*. Eine „Grundsatzerklärung" wurde zur Unterzeichnung ausgelegt.

Anfang 1940 gab die Federal Union ein wöchentliches Informationsblatt heraus und wurde unter der Leitung eines *National Council*, der aus zahlreichen, auf ihrem Gebiet bekannten Persönlichkeiten bestand, in Ortsgruppen wie auf nationaler Ebene aktiv. Sie fand weithin Zulauf. Besonders attraktiv aber war sie für die akademische Welt, für die Medien, für Politiker (unterschiedlicher Couleur) und die Kirche.

Die Kritik an der nationalen Souveränität, die Lord Lothian 1935 so eloquent formuliert hatte, wurde von William Curry, einem Schulleiter und fortschrittlichen Pädagogen, weiterentwickelt. Im Herbst 1939 veröffentlichte er ein Buch mit dem Titel *The case for Federal Union*, das in sechs Monaten über hunderttausend Mal verkauft wurde. Curry hatte sich wie Lothian von Clarence Streit inspirieren lassen. Er entwickelte dessen Argumente gegen den Nationalismus weiter und kam zu dem Schluss, dass die bestehenden, auf der Souveränität des Nationalstaats beruhenden politischen Strukturen durch die wissenschaftliche und technische Entwicklung überholt seien. Wie Lothian und Streit beschränkte er seine Vision nicht auf Europa, sondern trat für eine weltweite Föderation ein.

Andere sahen in der wachsenden Begeisterung für einen Zusammenschluss eine Gelegenheit, konkrete Vorschläge für eine Nachkriegs-Föderation in Westeuropa auszuarbeiten. Das 1940 als Ableger der *Federal Union* geschaffene Forschungsinstitut bot diesen Ideen ein Forum. Was das Institut in seinen Anfängen hervorbrachte, war sowohl quantitativ als auch qualitativ beeindruckend.

Besondere Aufmerksamkeit widmete es Verfassungsfragen. Ronald W. G. Mackay, von 1940 bis 1941 Vorsitzender der *Federal Union* und nach dem Krieg Labour-Abgeordneter, veröffentlichte 1940 in seinem Buch *Federal Europe* einen Verfassungsentwurf für Europa. Andere Überlegungen wurden dem Verfassungsausschuss des Instituts als Diskussionsmaterial unterbreitet; ihre Verfasser waren allesamt ausgewiesene Fachleute. Arthur Goodhart, Professor der Jurisprudenz in Oxford, und Kenneth Wheare, *Fellow* des *University College Oxford*, legten einen gemeinsamen Entwurf vor. Ein weiterer Vorschlag stammte von William Ivor Jennings, einem der hervorragendsten Verfassungsrechtler der Zeit. Er hat die Vorstellungen, die am Institut entwickelt wurden, wohl am besten zusammengefasst. Er sah ein Zweikammersystem vor, das die Völker und Staaten getrennt repräsentieren sollte. Exekutivfunktionen sollten bei einem Ministerrat liegen, mit einem Premierminister an der Spitze. Ein Präsident sollte die übergeordnete Repräsentationsfigur sein. Ein Oberster Bundesgerichtshof sollte über die Kompetenzverteilung zwischen der Bundesregierung und den Staaten wachen.

Der gebürtige Amerikaner Goodhart stellte in seinem Beitrag zu den veröffentlichten Ergebnissen der Diskussionen im Verfassungsausschuss Vergleiche zwischen den Vereinigten Staaten und dem vorgeschlagenen europäischen Modell an. Der Erfolg der US-Verfassung beruhte für ihn unter anderem darauf, dass die Vereinigten Staaten eine geografische und sprachliche Einheit bildeten und eine beträchtliche Übereinstimmung der politischen Ideen und wirtschaftlichen Interessen in den verschiedenen Teilen des Landes aufwies, „ausgenommen die unvermeidlichen Gegensätze zwischen Landwirtschaft und Industrie".

Das Institut schuf außerdem Ausschüsse, die die wirtschaftlichen Aspekte des Föderalismus untersuchen und der wichtigen Frage nachgehen sollten, wie man innerhalb einer föderalen Struktur das Verhältnis zu den Kolonien regelt.

Hinsichtlich der wirtschaftlichen Aspekte war man sich einig über die Notwendigkeit, innerhalb der vorgeschlagenen Föderation Freihandel einzuführen, was bedeutete, nicht nur Zölle und Quoten abzuschaffen, sondern auch nichttarifliche Hemmnisse zu beseitigen. Stärker waren die Meinungen in der Frage geteilt, ob eine gemeinsame Währung geschaffen werden sollte, doch bejahten selbst diejenigen, die gegen eine vollständige Vereinheitlichung des Geld- und Bankwesens waren, die Notwendigkeit einer gewissen Koordination der Wirtschaftspolitik. Harold Wilson, der spätere britische Premierminister, schrieb 1940, dass „keine Notwendigkeit für eine föderale zirkulierende Währung besteht […] Es könnte aber ein föderales nichtzirkulierendes Geld geben, das von der *Bank for Inter-State Settlements* zu Clearingzwecken benutzt wird. Daran könnten die einzelstaatlichen Währungen zu einem Kurs gekoppelt sein, der in etwa den Wechselkursen von 1939 entspricht."

Da sich weite Teile der Welt unter europäischer Kolonialherrschaft befanden, ließ sich die Frage des Verhältnisses zwischen der Föderation und den Kolonien nicht umgehen. Viele waren der Meinung, man solle der Föderation eine unmittelbare Aufsichtsfunktion übertragen; andere, namentlich Lord Lugard, der in der Kolonialverwaltung tätig gewesen war, traten dafür ein, die Zuständigkeit für die

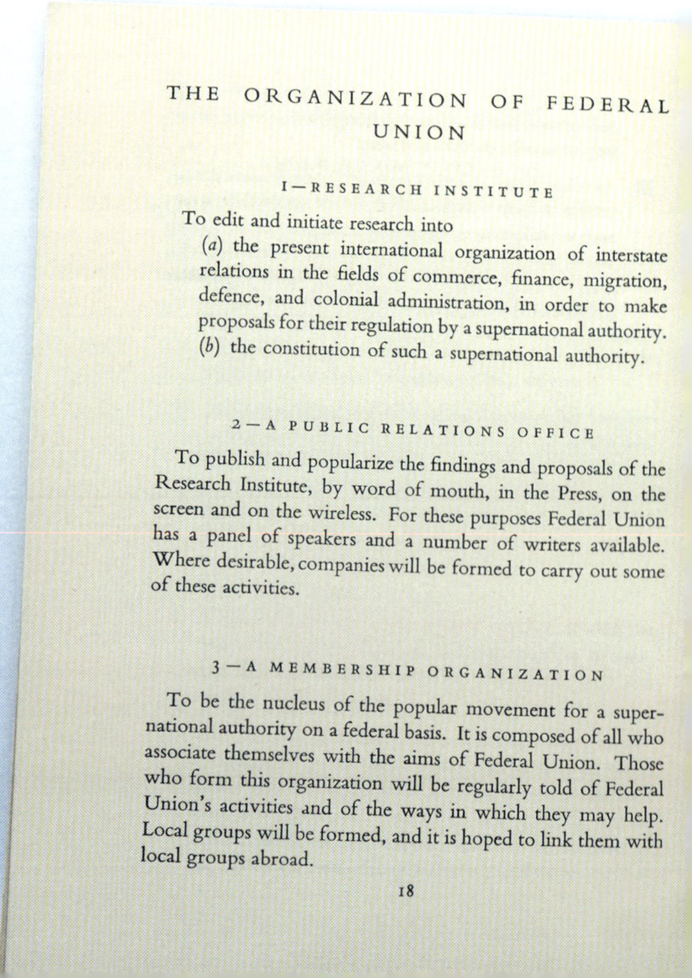

THE ORGANIZATION OF FEDERAL UNION

1—RESEARCH INSTITUTE

To edit and initiate research into

(*a*) the present international organization of interstate relations in the fields of commerce, finance, migration, defence, and colonial administration, in order to make proposals for their regulation by a supernational authority.

(*b*) the constitution of such a supernational authority.

2—A PUBLIC RELATIONS OFFICE

To publish and popularize the findings and proposals of the Research Institute, by word of mouth, in the Press, on the screen and on the wireless. For these purposes Federal Union has a panel of speakers and a number of writers available. Where desirable, companies will be formed to carry out some of these activities.

3—A MEMBERSHIP ORGANIZATION

To be the nucleus of the popular movement for a supernational authority on a federal basis. It is composed of all who associate themselves with the aims of Federal Union. Those who form this organization will be regularly told of Federal Union's activities and of the ways in which they may help. Local groups will be formed, and it is hoped to link them with local groups abroad.

18

Kolonien auf der einzelstaatlichen Ebene zu belassen. Lugard wagte sogar die Prognose, dass jeder Vorschlag, eine föderale Aufsicht über die Kolonien auszuüben, „die Akzeptanz des Föderationsprojekts gefährden wird".

Die Faszination, welche die föderale Idee in der kurzen Zeit von 1939 bis 1941 auslöste, sollte nicht anhalten. Sie war im wesentlichen eine Reaktion auf die politische Krise dieser Jahre und den Schock, den das erneute Versinken Europas im Krieg auslöste. Das Krisengefühl führte in einigen Fällen zu Ideen, die die Grenzen des Realismus überschritten; ein besonders deutliches Beispiel hierfür war das Angebot der Briten nach dem Fall Frankreichs im Jahre 1940, eine unauflösliche englisch-französische Union zu bilden, in der „Frankreich und Großbritannien nicht länger zwei Nationen sein werden" und „die Verfassung gemeinsame Organe der Verteidigung, der Außen-, Wirtschafts-, Finanz- und Wirtschaftspolitik vorsehen wird".

Für das Abebben des Enthusiasmus für ein vereintes Europa war auch die Tatsache verantwortlich, dass sich etliche der Beteiligten aufgefordert sahen, ihre Fähigkeiten in den Dienst des Krieges zu stellen. Im Juni 1941 griff Hitler die Sowjetunion an, und im Dezember desselben Jahres traten nach dem Angriff auf Pearl Harbor die Vereinigten Staaten in den Krieg ein. Damit hatte der Kampf ums Überleben eine globale Dimension erhalten, und auch eine Nachkriegsregelung würde aus einer globalen Perspektive betrachtet werden müssen.

Auch wenn die frühen britischen Föderalisten zunächst von ihren Landsleuten vergessen wurden, so blieb ihr Beitrag dennoch nicht vollkommen unfruchtbar. Viele ihrer Texte las Altiero Spinelli während seiner Haftzeit auf der Insel Ventotene. Sie inspirierten ihn zu jenen Ideen, die schließlich zur Gründung der Europäischen Gemeinschaft führten. Die Entwürfe der Föderalisten erwiesen sich auch als brauchbarer Bezugspunkt, als die Briten schließlich darüber nachzudenken begannen, dass es möglicherweise nicht schlecht wäre, selbst eine Rolle in diesem Projekt zu spielen.

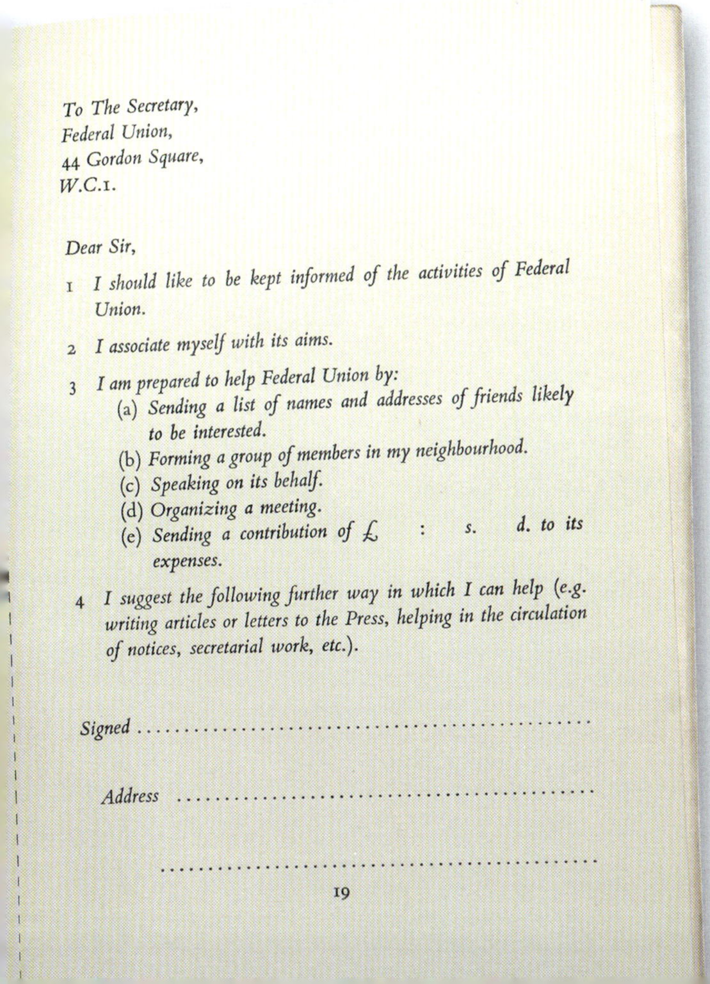
To The Secretary,
Federal Union,
44 Gordon Square,
W.C.1.

Dear Sir,

1 *I should like to be kept informed of the activities of Federal Union.*

2 *I associate myself with its aims.*

3 *I am prepared to help Federal Union by:*
(a) *Sending a list of names and addresses of friends likely to be interested.*
(b) *Forming a group of members in my neighbourhood.*
(c) *Speaking on its behalf.*
(d) *Organizing a meeting.*
(e) *Sending a contribution of £ : s. d. to its expenses.*

4 *I suggest the following further way in which I can help (e.g. writing articles or letters to the Press, helping in the circulation of notices, secretarial work, etc.).*

Signed ....

Address ....

....

19

A Federation for Western Europe, W. Ivor Jennings, Beitrittserklärung … Privatsammlung.

Salvador de Madariaga.
Aus *de Madariaga, S., Liber Amicorum*, De Tempel, Tempelhof, Brügge, 1966 (Sammelband mit Studien und Aussagen von Zeitzeugen, herausgegeben anlässlich des 80. Geburtstags von Salvador de Madariaga, von H. Brugmans und R. Martinez Nadal).
Fondation Européenne Madariaga, Brüssel.

Salvador de Madariaga

Salvador de Madariaga, spanischer Journalist, Schriftsteller, Politiker und Diplomat, geboren am 23. Juli 1886 in La Coruña, gestorben am 14. Dezember 1978 in Luzern, studierte Bergbau und Maschinenbau in Paris. Ab 1911 war er Ingenieur bei der nordspanischen Eisenbahngesellschaft, ab 1916 schrieb er Leitartikel für die Times in London. 1921 arbeitete in der Pressestelle beim Sekretariat des Völkerbundes in Genf, wo er von 1922 bis 1928 die Leitung der Abrüstungsabteilung übernahm. 1928 übernahm er in Oxford den Lehrstuhl für spanische Literatur. 1931 – nach Proklamation der Spanischen Republik – kehrte er nach Spanien zurück und war für kurze Zeit Abgeordneter in der Nationalversammlung, 1932–1934 Botschafter in Washington und Paris, bis 1936 Chefdelegierter Spaniens beim Rat des Völkerbundes. Nach dem Ausbruch des Spanischen Bürgerkrieges ging er nach Oxford, dann in die Schweiz, wo er lehrte sowie schriftstellerisch und publizistisch tätig war. 1973 erhielt er den Karlspreis der Stadt Aachen.

Salvador de Madariaga

Der große Plan (1939)

„Die Aufgabe unseres Zeitalters und der Menschen, die in einem Blutmeer geboren wurden, sollte darin bestehen, jenen blutrünstigen und gefährlichen Kindern, die wir Nationen nennen, zu helfen, ihre Volljährigkeit zu erlangen und zur Vernunft zu kommen. Wir müssen sie voller Liebe betrachten; und zwar mit einer Liebe, die sich nicht auf das eigene Land beschränkt. Wer liebt schon sein eigenes Kind, wenn er Kinder nicht liebt? Wer liebt wirklich sein Vaterland, wenn er die anderen Länder nicht liebt? Wir müssen den Patriotismus überwinden, diesen rein tierischen Instinkt, der die Herde dazu treibt, gemeinsam in der Wärme und dem Geruch ihrer Spezies zu leben; jenen Patriotismus, der jedes Ding und jede Person jenseits der Hecke um das Feld, auf dem die Herde weidet, argwöhnisch beäugt."

Salvador de Madariaga (erste Reihe, zweiter von links) auf der Tribüne des Kongresses des Internationalen Komitees für die Koordinierung der Bewegungen für die europäische Einheit in Den Haag im Mai 1948. Fondation Européenne Madariaga, Brüssel.

„[...] wir schlagen vor, dass sich alle auf eine Rechtsprechung einigen, die von einer kleinen Gruppe Unparteiischer festgelegt wird. Uns ist klar, dass diese Personen vermutlich Irrtümer begehen werden. Daher werden wir sie sorgfältig auswählen, damit sie so unabhängig, unparteiisch und frei von jeder Tendenz wie möglich sind, und einigen uns darauf, dass wir ihnen von unseren Problemen berichten werden. Kurz gesagt: Wir gründen ein Gericht.

Der Gerichtshof ist für den Frieden unabdingbar. So lange nicht alle Mitglieder einer Gemeinschaft darin übereingekommen sind, dem Gerichtshof ausnahmslos all ihre Streitigkeiten vorzulegen, ist die wichtigste und grundlegendste Voraussetzung für den Frieden in der Gemeinschaft nicht erfüllt. [...]

Der Gerichtshof löst gleichzeitig die vier Probleme der Rechtsprechung: die Feststellung dessen, was ist und was sein sollte; und die Variationen dieser beiden Faktoren in Zeit und Raum. Denn der Gerichtshof ist in der Lage, sich die bestmöglichen Informationen über die Tatbestände zu sichern, sowie unter den besten Voraussetzungen der Unparteilichkeit nach den Lösungen zu suchen, die sich am besten umsetzen lassen. [...]

Obgleich diese Betrachtungen in juristischer Sprache zum Ausdruck gebracht wurden, können und müssen sie auf den politischen Aspekt der internationalen Institutionen ausgedehnt werden. Denn in unseren Prämissen hindert uns nichts daran, den Schluss zu ziehen, dass die wichtigste Bedingung für die Gerechtigkeit und folglich für den Frieden die Existenz dauerhafter Einrichtungen in der Gemeinschaft ist, die mit Befugnissen und einer Rechtsprechung ausgestattet sind, um Konflikte entweder per Gesetz, nach Billigkeit oder politisch zu lösen."

„Friede erfordert Gerechtigkeit. Gerechtigkeit erfordert ein Gesetz; ein Gesetz erfordert eine Weltgemeinschaft, die als organische Einheit begriffen wird: als Republik der Menschen und Nationen."

„Was Europa betrifft, hätte sich der Zusammenschluss auf föderalem Wege fast unter idealen Bedingungen vollziehen können. Es gibt keine sachlichen Gründe, die ihn verhindern. Das Hindernis liegt allein in den Mentalitäten – in von der Geschichte erfundenen Fiktionen, die die Leute glauben lassen, Deutschland, Frankreich, Italien oder Polen seien autonome Gebilde, die nur dann leben könnten, wenn sie unversöhnliche Ziele anstrebten, obwohl sie nur verschiedene Varianten ein und desselben europäischen Genius darstellen, die einerseits äußerst solidarisch sind, sich aber andererseits gegenseitig nicht verstehen. Die Europäische Union würde eine großartige Basis für eine Weltunion bilden."

Der Geist Europas (1952)

„Europa verdankt seinen außergewöhnlichen geistigen Reichtum der großen Vielfalt an Nationen, aus denen es besteht. Diese Vielfalt kann nicht ohne eine europäische Ordnung existieren, in der keine dieser Nationen die Vorherrschaft hat; diese Ordnung muss ein gerechtes Gleichgewicht von nationalen Souveränitäten unter einer europäischen Souveränität herstellen, die wiederum mit einem Minimum an unverzichtbaren Befugnissen ausgestattet ist [...]. Europa muss eine Einheit werden, aber die europäischen Nationen und ihre Menschen müssen sich in diesem neuen Europa noch freier fühlen als in dem anarchischen und zersplitterten Europa der Vergangenheit."

Sir Winston Churchill im Mittelpunkt, vom Kongress in Den Haag als Held empfangen.
Mediathek der Europäischen Kommission.

Von der Angst zur Freiheit (1954)

„Glücklicherweise vermag die Natur uns vor Lächerlichkeit und dem Versinken im Chaos zu bewahren. Seht die Meere: Sie zeichnen den Umriss der Kontinente, in denen unsere Länder verwurzelt sind. Wir wollen mit der Föderalisierung allmählich voranschreiten. Seht Europa: Sobald dieser Alptraum, in dem unsere Miteuropäer im Osten leben, sich verzogen hat, wird es föderalisiert werden müssen. Bis es soweit ist, muss das freie Europa föderalisiert werden. Aber noch einmal: keine durch allgemeine Wahlen bestimmte Versammlung [...]. Denn wir sind zu der Ansicht gelangt, dass den Gemeinschaften, die den Menschen am nächsten stehen – also den Kommunen, Landstrichen und Regionen –, die größtmögliche politische Freiheit gelassen werden sollte, daher kann es nicht unser Wille sein, die politischen Freiheiten der Nationen leichtfertig auf dem Altar des Superstaates zu opfern. Wir sind Föderalisten, weil wir das gesamte Gemeinschaftsleben als Pyramide sehen, die aus Föderationen besteht; aber wir fragen uns besorgt, ob nicht viele ihrer Verfechter, die ernsthaft glauben, Föderalisten zu sein, eigentlich Zentralisten sind, die die Macht in einem europäischen Superstaat übermäßig zentralisieren wollen. Daher vertreten wir die Auffassung, dass zwar föderiert werden muss, aber nur das, was wirklich notwendig ist und kein Stück mehr. Denn es ist immer klug, die Macht aufzuteilen. Sicher, heute ist sie auf internationaler Ebene mehr denn je aufgeteilt, ja teilweise bis zur Inkohärenz. Diese Inkohärenz wird man durch die Koordination und den Sinn für das Ganze, der aus den föderalen Einrichtungen hervorströmen wird, korrigieren müssen; aber das darf nicht zur Konzentration führen."

„[...] Europa ist keine Nation und wird es nie sein. Europa ist eine Traube von Nationen. Nie wird es uns gelingen, ganz gleich, was wir tun, eine europäische Wählerschaft zu bilden. Die europäischen Föderalisten müssten schon ein ganz eigenes Werk erschaffen und weder ein existierendes europäisches Land wie Frankreich, noch eine bereits erschaffene Föderation wie die Schweiz oder die Vereinigten Staaten nachahmen. Europas ist *sui generis*. Es ist mit nichts anderem vergleichbar. Daher muss es sich mit eigenen Institutionen ausstatten.

Es steht außer Zweifel, dass die Grundlage für diese Institutionen eine Versammlung sein muss. Aber für den wahren Liberalen steht fest, dass diese Versammlung von den Parlamenten der nationalen Föderationen gewählt wird. Die im Hinblick auf die gemeinsamen Interessen des Kontinents mit vergleichbaren Befugnissen wie die nationalen Parlamente ausgestattete Versammlung würde wiederum die Regierung wählen. Man darf sich keine Illusionen darüber machen, in welchem Maße die Nationen bereit wären, dieser europäischen Regierung Befugnisse zu übertragen. Die bewusste Solidargemeinschaft wird sich nur ganz allmählich entwickeln, und es wird noch lange dauern, bis die europäische Versammlung oder die europäische Regierung über eine vergleichbare Autorität verfügt wie die Nationalstaaten. Es ist sogar wahrscheinlich, dass die von der Versammlung verabschiedeten europäischen Gesetze erst nach der Ratifizierung durch die Nationalräte voll in Kraft treten.

Wie dem auch sei, der europäische politische Körper muss über genügend Autorität verfügen, um seinen eigenen Haushalt zu verabschieden und die Lasten an die Nationen zu verteilen, aus denen er besteht; um seine Justiz und seine Polizeikräfte zu organisieren und um die Streitkräfte dieser Nationen zu koordinieren, entweder indem er sie zu einer europäischen Streitmacht verschmilzt oder indem er sie zu einem dauerhaften Gefüge zusammenschließt. Tendenziell würden auch die Wirtschaftsabteilungen einem kontinentalen Integrationsprozess unterzogen werden, wobei die nationalen Interessen berücksichtigt blieben."

Kritik an Europa (1959)

„Zur Verdeutlichung hier nun einige Betrachtungen zur Hauptstadt Europas. Denis de Rougemont fragt: ›Wozu eine Hauptstadt?‹ Und von einem gewissen Standpunkt aus gesehen hat er Recht. Die europäischen Nationen haben sich (mit Ausnahme der Schweiz) um einen Mittelpunkt ›kristallisiert‹, einen Gerichtshof, der anfangs noch keinen festen Sitz hatte, sich dann aber an einem Ort niedergelassen hat. Der Bau Europas schreitet anders voran, sodass man nicht vorhersagen kann, ob es eine Hauptstadt geben wird.

Doch sie wird nötig sein; denn diese Föderation könnte sich ohne Verwaltungszentrum, ohne politisches Zentrum nicht verwalten und regieren. Das tritt schon darin zutage, dass die Frage nach der Wahl einer Hauptstadt sich bereits für das europäische Embryo stellt, das sich bisher gebildet hat, und schon streiten mehrere Städte um die Ehre und das Vergnügen [...] und das Geschäft, Hauptstadt zu werden.

Wir müssen im Provisorium bleiben, und das aus zwei Gründen. Der erste ist, dass weder die Sechs noch die Fünfzehn das Recht haben, im Namen ganz Europas zu sprechen, von dem sie nur einen Teil bilden; und der zweite ist, wenn wir das Provisorium verlassen, müssten wir heute eine westliche Stadt wählen, und wenn wir beide Entscheidungen zusammennähmen, hätte dies sehr negative Auswirklungen auf die Moral der Völker in Osteuropa. Dabei ist die Moral dieser Völker heute eines der beiden mächtigsten Hindernisse für die weitere Ausdehnung der Sowjetunion nach Westen (wobei das andere das Gleichgewicht in der atomaren Rüstung ist).

Anarchy or Hierarchy, veröffentlicht bei Allen & Unwin in London, 1937.

Wenn man diesen wesentlichen Punkt berücksichtigt, wäre es sogar wünschenswert, dass die Sechs bei der Wahl ihrer Hauptstadt deutlich machen, dass es sich dabei nur um eine provisorische Lösung handelt, weil die endgültige Hauptstadt im Herzen des Kontinents liegen müsse. Dies wäre eine Vorgehensweise, die den positivsten Einfluss auf die Gesamtlage hätte."

„Eine direkt und allgemein gewählte Versammlung setzt voraus, dass es eine Nation gibt. Doch Europa ist keine Nation und wird es nie sein. Europa ist eine Traube von Nationen. Ihre Versammlung muss daher von den nationalen Parlamenten gewählt werden.

Im Gegenzug wäre es vielleicht angebracht, über eine Erweiterung des Systems nachzudenken, die es ermöglichen würde, dass eine bestimmte Anzahl von Mitgliedern der Europäischen Versammlung von der Versammlung selbst hinzugewählt wird. Meiner Meinung nach könnte diese Zahl ziemlich hoch sein; sogar die

Hälfte der Gesamtzahl erreichen. Die von jeder Nation gewählten Parlamentarier sollten freilich ihre europäische Solidarität zeigen, indem sie auf diese Weise ihre nationalen Grenzen überwinden."

Salvador de Madariaga am 5. Oktober 1964 bei der Eröffnungszeremonie zum neuen Studienjahr. Europakolleg, Brügge.

Ramón Jiménez Fraile

Salvador de Madariaga (1886-1978)

Schon von frühester Jugend an setzt sich Salvador de Madariaga mit der Realität Europas auseinander. Als Kind Galiziens, der Region im äußersten Nordwesten Spaniens, wird er in seiner Jugendzeit geprägt vom Niedergang, den das Land zum Ende des 19. Jahrhunderts erlebt. Sein Vater, ein Berufssoldat, nimmt 1898 am Kubakrieg zwischen den Vereinigten Staaten und Spanien teil. Mit diesem Krieg verschwinden die letzten Überreste des einstigen Kolonialreiches, und die amerikanische Nation betritt die internationale Bühne. In Anbetracht des offensichtlichen technologischen Rückstands Spaniens, entscheidet sich der junge Salvador für ein Studium in Paris an der angesehenen Ecole Polytechnique und der Ecole Nationale Supérieure des Mines.

Zurück in Spanien nimmt Madariaga eine Stelle bei einer Eisenbahngesellschaft an, wendet sich jedoch 1916 von der Ingenieurslaufbahn ab, um nach London zu gehen. Dort arbeitet er als Journalist und nimmt ein Studium der Komparatistik auf, was ihm erlaubt, die Psychologie der Völker und die Seele der Nationen zu ergründen.

Seine politische und diplomatische Karriere beginnt 1921 beim Sekretariat des Völkerbundes in Genf. Er arbeitet dort zunächst als einfacher Beamter und steigt allmählich zum Direktor der Abteilung „Abrüstung“ auf. Dieses Amt bekleidet er bis zu seinem Ausscheiden im Jahr 1927. Später wird er als Vertreter seines Landes zum Völkerbund zurückkehren.

Als Inhaber des Lehrstuhls für spanische Literatur in Oxford und von 1931 an als Botschafter der neuen spanischen Republik in Washington ist Madariaga Zeuge des stürmischen Jahrzehnts, in dem sich Europa und mit ihm die ganze Menschheit mit großen Schritten der Katastrophe nähern. Ohne Umschweife benennt er die Hauptschuldigen: *„Der Zusammenbruch der demokratischen Institutionen, der die Welt bedroht, ist zum Großteil auf die Feigheit der Staatsführer zurückzuführen, die wiederum eine Folge ihres Gefühl ist, als Staatsführer versagt zu haben. Ein Staatsführer, der sich aus ethischer Sicht seines eigenen Wertes und seiner Kompetenz bewusst ist, hat den Mut, einen Staat zu führen, hat den Mut, der öffentlichen Meinung vorauszueilen und sie zu formen.“* Dieser Passus stammt aus „Anarchie oder Hierarchie?“, einem visionären Werk, das 1935 erschien und an das sich, wie Richard Nikolaus Graf von Coudenhove-Kalergi es einmal ausdrückte, *„die Welt erinnern wird, wenn sie zur Rettung der Demokratie dazu gezwungen sein wird, diese zu reformieren“.*

Am Vorabend des Spanischen Bürgerkriegs von 1936 meldet sich noch ein anderer spanischer Intellektueller zu Wort: José Ortega y Gasset (1883–1955), der noch heute als der „Philosoph Europas“ angesehen wird. Ortega betrachtet die Überstaatlichkeit als einen natürlichen Zustand, für den die Europäischen Staaten – als Folge ihrer Reife – gewissermaßen prädestiniert seien. Angesichts des Niedergangs Europas, den er besorgt beobachtet und auf den allgemeinen Werteverlust zurückführt, sieht er in der *„staatlichen Einheit Europas"* den einzig gangbaren Weg, damit Europa seine Vorrangstellung in der Welt zurückerlangt. Ortega zufolge würde ein beliebiges Ereignis zum Abschluss des unaufhaltsamen europäischen Einigungsprozesses führen, wie *„der geflochtene Zopf eines Chinesen, der hinter dem Ural auftaucht, oder das Beben des großen islamischen Magmas"*.

Doch dass die Situation viel gefährlicher ist, als es scheint, unterstreicht Ortega in seinem 1930 erschienenen Hauptwerk „Der Aufstand der Massen": *„Die Zeit verrinnt, und der Europäer läuft Gefahr, sich an den jetzigen Mollton des Daseins zu gewöhnen. Er wird sich damit abfinden müssen, nicht mehr zu kommandieren oder zu entscheiden. So werden sich all seine höheren Tugenden und Fähigkeiten in Luft auflösen."*

Zur gleichen Zeit verficht Salvador de Madariaga die europäische Sache, aber die *„europäische Union"*, die er in seinen Vorkriegsschriften erwähnt, ist nur eine Zwischenetappe auf dem Weg zu einer *„Weltunion"*.

Nach dem Krieg kämpft Madariaga weiter für sein europäisches Ideal, wobei er sich in seiner Argumentation auf die Erfahrung des gescheiterten Völkerbunds stützt. Als Mann der Tat spielt er 1948 eine wichtige Rolle beim Kongress von Den Haag, der zur Gründung des Europarates führen wird. Er ist engagiertes Mitglied der Europäischen Bewegung und zählt zu den Initiatoren des Europa-Kollegs in Brügge, dieser flämischen Stadt, der er sich verbunden fühlt, wie schon der spanische Humanist Juan Luis Vives (1492-1540), der in Paris aufwuchs und sich lange in Brügge aufhielt.

Madariagas Bild von Europa war zutiefst pazifistisch und von der Achtung der Rechte und Freiheiten des Menschen geprägt; er erinnert damit an Vives sowie an den Portugiesen Damien de Gões (1502–1574). Beide waren Wegbegleiter und Schüler des Erasmus von Rotterdam (1467–1536) und stellten im Angesicht der Inquisition, die damals die Halbinsel beherrschte, zwei herausragende Verfechter der Toleranz dar.

Vives propagiert in „De Europae statu ac tumultibus" – genau wie Gões in „Hispania" und in „De Bello Cambaico" – einen Christenbund und den ewigen Frieden auf dem Kontinent. Ebenfalls im 16. Jahrhundert verfechten der Dominikaner Francisco de Vitoria (1483-1546) und der Jesuit Francisco Suárez (1548–1617) das Recht der Völker *„jus gentium"* gegenüber der Souveränität der Staaten.

Das vereinte Europa, wie Madariaga es sich vorstellt, ist ein pragmatisches Gebilde, das stets den höchsten Werten der individuellen Freiheit verbunden und also den Werten eines „Superstaat" vollkommen entgegengesetzt ist. Madariaga empfiehlt, nur das Nötigste, das Unverzichtbare föderal zu organisieren. Dies entspricht einer gewissenhaften Anwendung des Subsidiaritätsprinzips, dem es zu verdanken ist, dass das Agieren der EU von den europäischen Nationen keineswegs als eine Bedrohung wahrgenommen werden kann, sondern als ein Instrument, das ihnen ihre Freiheit garantiert.

Ernst Jünger.
Deutsche Schillergesellschaft, Schiller-Nationalmuseum – Deutsches Literaturarchiv, Handschriftenabteilung, Marbach am Neckar.

Ernst Jünger

Ernst Jünger, deutscher Schriftsteller, geboren am 29. März 1895 in Heidelberg, gestorben am 17. Februar 1998 in Riedlingen/Württemberg, nahm 1914–1918 als Freiwilliger am Ersten Weltkrieg teil. 1919–1923 in der Reichswehr, studierte er nach seinem Ausscheiden Zoologie und Philosophie in Leipzig und Neapel. Ab 1926 war er freier Schriftsteller in Berlin, Mitarbeit an den Zeitschriften Die Standarte, Der Vormarsch und Der Widerstand. Trotz seiner Sympathie für die Idee einer nationalen Revolution hielt sich Jünger, nach anfänglichen Kontakten, von der NSDAP fern. 1939–1941 arbeitete er im Stab des Militärbefehlshabers Frankreich. Nach dem Krieg verweigerte er die Formalien der Entnazifizierung und erhielt daraufhin 1945–1949 Publikationsverbot; 1959 erhielt er das Große Bundesverdienstkreuz, 1974 den Schiller-Gedächtnispreis, 1978 die Friedensmedaille der Stadt Verdun, 1982 den Goethe-Preis der Stadt Frankfurt/Main; Werke (u. a.): In Stahlgewittern (1920) Auf den Marmorklippen (1939) Strahlungen (1949).

Ernst Jünger

Der Friede

1.

Wohlan, wenn jemals, so ist heute die Stunde zur Vereinigung gekommen und damit die Stunde, in der Europa in der Vermählung seiner Völker sich gründet, sich Hoheit und Verfassung gibt. Die Sehnsucht nach dieser Einheit ist älter als die Krone Karls des Großen, doch war sie nie so brennend, so dringend wie in unserer Zeit. [...] Und wirklich lehrt das Bild der Erde auch stumpfe Augen, dass neue, stärkere Einheit notwendiger, wichtiger ist als Brot. [...]

2.

[Im Innern muss] der Friede [...] unverbrüchlich gesichert sein. Das ist nur möglich durch Verträge höchsten Ranges, die in ihrem Wesen der Ehe gleichen: durch Bündnisse von Leib und Gut, bei dem die einzelnen Nationen sich selbst zur Mitgift bringen dem neuen Hause, das nun das ihre wird. [...] Hier sind allein die Quellen des wahren Friedens, des Reichtums, der Sicherheit, der Macht. [...]

3.

[Außen muss] Europa [...] Partner der großen Imperien werden, die auf dem Planeten sich bilden und ihre endgültige Form anstreben. [...]

Hände weg von französischen und belgischen Waren solange Deutschland vergewaltigt wird, Frenzel, 1923. Bibliothek der Vereinten Nationen, Genf. Archive des Völkerbunds und historische Sammlungen. Mit freundlicher Erlaubnis des Büros der Vereinten Nationen in Genf.

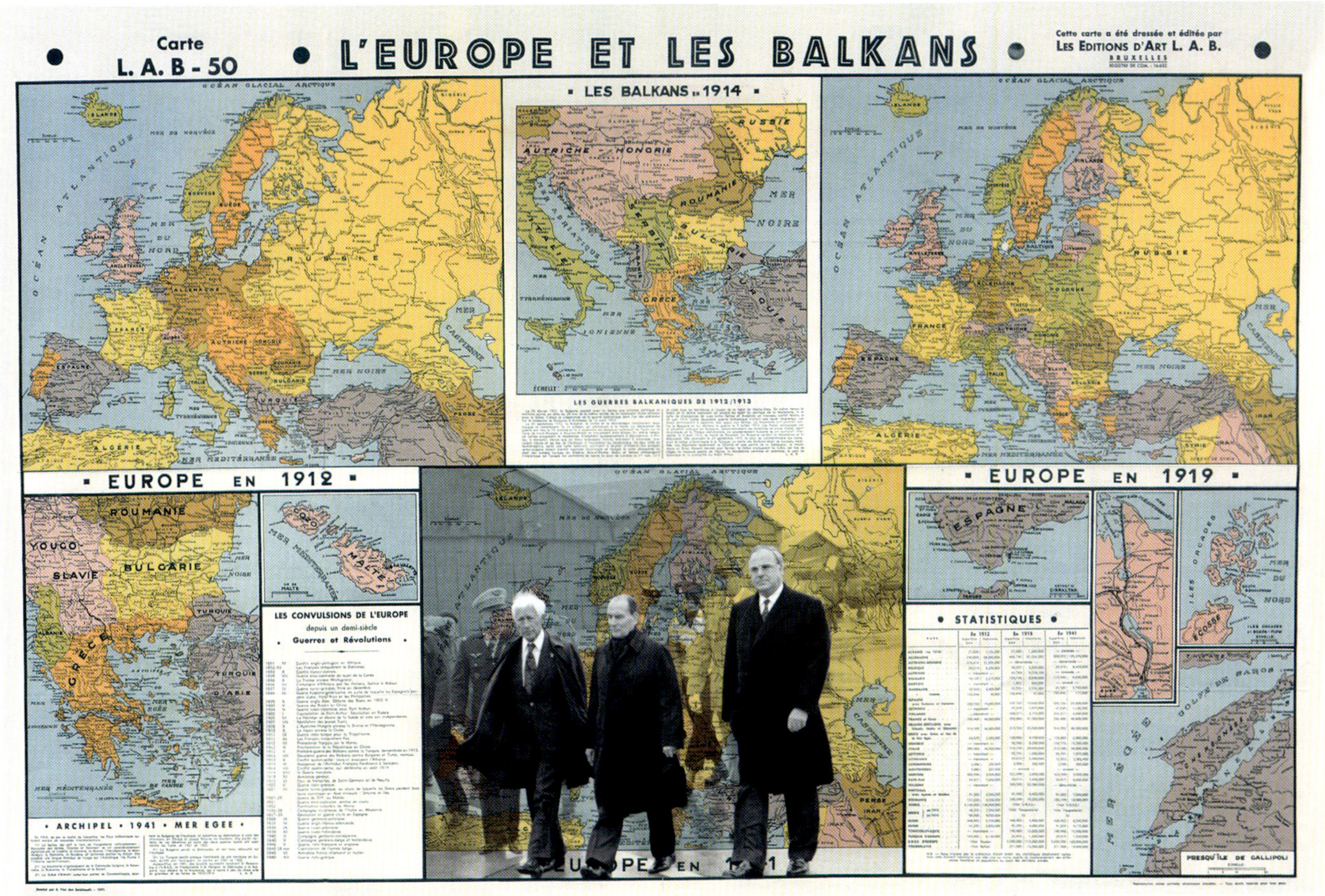

Ernst Jünger nimmt an den Feierlichkeiten zum Gedenken an den Ersten Weltkrieg 1984 in Verdun teil, die von François Mitterrand und Helmut Kohl geleitet werden. Präsidentschaft der Französischen Republik, Fotodienst, Paris.

L'Europe et les Balkans, éditions d'Art L.A.B., 1941. KBR, Cartes et Plans, Brüssel.

4.

Europa muss aus den Gliedern geschaffen werden, dann stellen sich das neue Leben, der starke Atem, der weitere Kreislauf ein. Der Mensch steht hier vor einem promethischen Werk. [...] es handelt sich bei der Gründung Europas darum, einem Raume, den die geschichtliche Entwicklung gliederte, geopolitische Einheit zu verleihen. Die großen Schwierigkeiten liegen im Alter der Überlieferung, im eigenen Leben, das sich in den Völkern bildete. [...]

5.

Die Formen des Miteinanderlebens im neuen Hause werden durch die Verfassung eingeführt. Hierüber in Einzelheiten einzutreten, hat keinen Sinn. Doch gibt es zwei oberste Prinzipien, die in der Verfassung zum Ausdruck kommen müssen, wie immer sie in ihrem Aufbau beschaffen sei. Die beiden Prinzipien sind das der Einheit und das der Mannigfaltigkeit. Das neue Reich muss einig in seinen Gliedern sein, doch unter Achtung ihrer Eigenart. [...]

6.

Einheit zu organisieren ist alles, was die Technik, die Industrie, die Wirtschaft, den Verkehr, den Handel, das Maß und die Verteidigung betrifft. Diese Zweige ähneln den großen Straßen und Schienenwegen, die ein Reich durchstrahlen und die sich in allen seinen Marken und Gauen gleichen, wie immer auch Land und Leute beschaffen sind. Der Mensch als Kind der Zeit und als zivilisiertes Wesen kann sich auf ihnen bewegen, ohne auf Grenzen zu stoßen, und er wird überall zu Hause sein.

New Scheme for Settlement of Reparations Problem, Aron Kahan, veröffentlicht in London, 1923. Bibliothek der Vereinten Nationen, Genf. Archive des Völkerbunds und historische Sammlungen. Mit freundlicher Erlaubnis des Büros der Vereinten Nationen in Genf.

7.

Freiheit dagegen hat zu walten im Mannigfaltigen – dort, wo die Völker und Menschen verschieden sind. Das gilt für ihre Geschichte, ihre Sprache und Rasse, für ihre Sitten, Gebräuche und Gesetze, für ihre Bildung, ihre Kunst und ihre Religion. Hier können nicht zuviel Farben auf der Palette sein.

8.

So muss die Europäische Verfassung die kulturellen und zivilisatorischen Schichten kunstreich scheiden wie Bild und Rahmen, um ihren Vorteil für den Menschen zu vereinigen. Sie hat die raumpolitische Einheit zu schaffen unter Wahrung der historischen Verschiedenheit. [...]

9.

Europa kann Vaterland werden, doch bleiben viele Mutterländer, bleibt manche Heimat in seinem Raum. In diesem Rahmen werden die großen und kleinen Völker kräftiger blühen als bisher. [...]

10.

Im Augenblick, in dem Europa sich zum Kontinent erhebt, wird auch die Schwerkraft Amerikas fühlbarer. [...] Dem wirkt die ungeheure Schwerkraft der Geschichte [Europas] entgegen, der Schatz an altem Erbe, der nicht nur durch Geist und Kunst gebildet, sondern auch in den Menschen noch lebendig ist. In diesem Sinne sind die großen Reiche vielmehr Möglichkeiten, die Europa aus sich heraus verwirklichte, sind Lebensmotive aus seinem Geist und Blut. Und wie ein Echo kehren die Motive vereinfacht, doch zwingender zurück. [...]

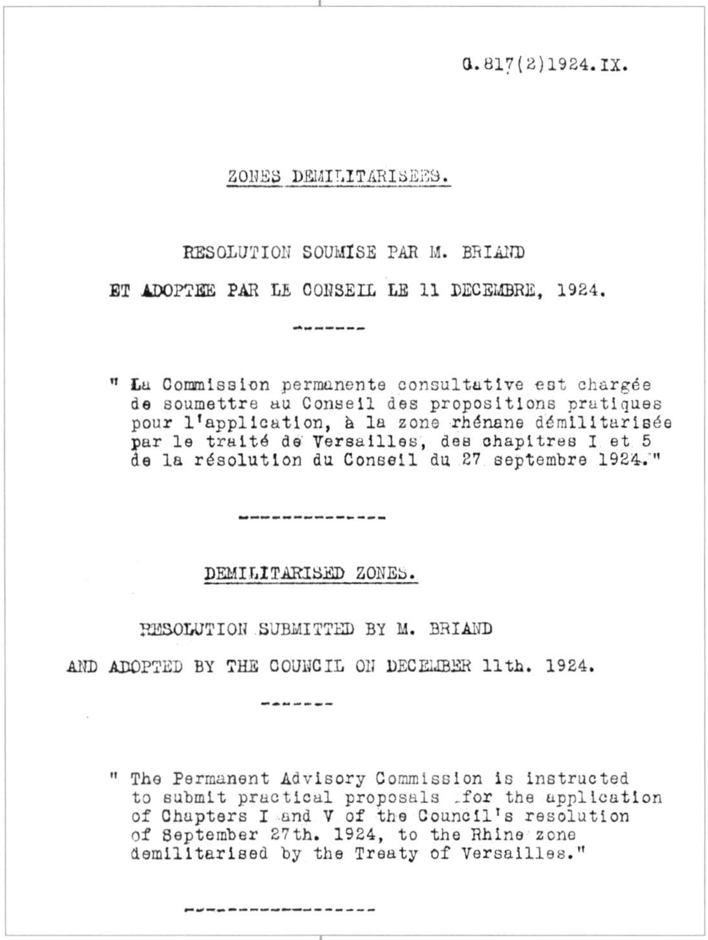

C.817(2)1924.IX.

ZONES DEMILITARISEES.

RESOLUTION SOUMISE PAR M. BRIAND

ET ADOPTEE PAR LE CONSEIL LE 11 DECEMBRE, 1924.

" La Commission permanente consultative est chargée de soumettre au Conseil des propositions pratiques pour l'application, à la zone rhénane démilitarisée par le traité de Versailles, des chapitres I et 5 de la résolution du Conseil du 27 septembre 1924."

DEMILITARISED ZONES.

RESOLUTION SUBMITTED BY M. BRIAND

AND ADOPTED BY THE COUNCIL ON DECEMBER 11th. 1924.

" The Permanent Advisory Commission is instructed to submit practical proposals for the application of Chapters I and V of the Council's resolution of September 27th. 1924, to the Rhine zone demilitarised by the Treaty of Versailles."

Resolution über die entmilitarisierten Zonen, dem Völkerbund von Aristide Briand vorgelegt und am 11. Dezember 1924 vom Rat angenommen. Bibliothek der Vereinten Nationen, Genf. Archive des Völkerbunds und historische Sammlungen. Mit freundlicher Erlaubnis des Büros der Vereinten Nationen in Genf.

Jacques Keller-Noëllet

Ernst Jünger oder der „Frieden" der Generäle

Innerhalb der Geschichte der europäischen Idee nimmt Ernst Jünger eine Sonderstellung ein. Aufgrund seiner Persönlichkeit sowie der besonderen Umstände, unter denen er 1942 seinen Friedensappell aus dem Schoß des Leviathan selbst ergehen ließ – dem Generalstab der Wehrmacht in Paris –, während des tiefsten Dunkels und angesichts des blutigsten Dramas, das der Kontinent je erlebt hatte, zeigt uns Jünger, dass es unterschiedliche Wege zu einer Einheit Europas geben kann und dass ihre Anhänger die unterschiedlichsten sozialen und politischen Hintergründe haben können.

Ernst Jünger lief mit 18 Jahren von zu Hause weg, um sich der Fremdenlegion anzuschließen. Bei seiner Rückkehr nach Deutschland meldete er sich im August 1914 als Freiwilliger im Hannoverschen Füsilier-Regiment 73. Der vierzehnfach Verletzte zeichnete sich durch eine außergewöhnliche Kühnheit aus, die ihm die – angesichts seines Grads und seines Alters doch ziemlich ungewöhnliche – Verleihung des Ordens „Pour le mérite", der höchsten Auszeichnung der Preußischen Armee, durch Generalfeldmarschall Hindenburg eintrug. Gezeichnet von seiner vierjährigen Erfahrung in den Schützengräben, schrieb Jünger seine Kriegserlebnisse nieder, in zwei Büchern, die von einem manchmal schwer erträglichen Realismus geprägt sind. Trotzdem werden *In Stahlgewittern* und *Das Wäldchen 125* rasch ein großer Erfolg. Doch Jünger setzt sich nicht nur mit seinen Erinnerungen auseinander, gleichzeitig versucht er den Krieg als Abenteuer und Kampf um die innere Erfahrung darzustellen. Er philosophiert darüber, ob diese Erfahrung nicht geeignet sei, den besten Teil unseres Wesens zu verwirklichen. Darüber hinaus verfasste er, etwas prosaischer, einige Handbücher über Kriegstaktiken, die insbesondere die Aufmerksamkeit der Generalstäbe bei ihrer Suche nach neuen Konzepten für einen Bewegungskrieg auf sich zogen.

Jünger, zutiefst erschüttert von der für ihn unverständlichen Niederlage der Deutschen im Ersten Weltkrieg, ließ sich einige Zeit von nationalistischen Doktrinen verführen, anfangs in Veteranenvereinigungen, dann in den intellektuellen Zirkeln des „revolutionären Nationalismus" um Ernst Niekisch und seine Zeitschrift Der Widerstand herum. Diese Periode fieberhafter Suche sollte ihn später dazu führen, einige zweifelhafte Figuren wie die des „Arbeiters" zu entwerfen, die nicht ohne Anklänge an die totalitäre Vulgata sind, während er gleichzeitig die Avancen der zukünftigen Herren des Dritten Reichs hochmütig zurückwies. So lehnte er das Angebot, einen Sitz im Parlament anzunehmen, schroff ab, mit der Begründung, „dass er lieber einen einzigen Vers schreibt als 60.000 Idioten im Reichstag zu vertreten", oder verkündete, „dass es keinen Platz für ihn in einer Armee gibt, in der Göring Marschall ist". Als seine Ideen nicht den erhofften Widerhall fanden, zog sich Jünger 1933 endgültig aus der Politik zurück, genau zum Zeitpunkt, als Hitler die Macht übernahm, und widmete sich nun ausschließlich den liebenswerten Wissenschaften, der Insektenkunde und der Botanik, ohne die Literatur aus den Augen zu verlieren.

Im August 1939 wurde Jünger mit dem Grad eines Hauptmanns eingezogen, er nahm 1940 am Frankreichfeldzug teil und wurde auf Empfehlung Leutnants Speidel nach dessen Abschluss zum Generalsstab der Wehrmacht in Paris unter dem Befehl der Generals Heinrich von Stulpnagel abkommandiert. Zwischenzeitlich war sein Roman *Auf den Marmorklippen* erschienen, der einen entscheidenden Wendepunkt in seinem Werk markiert. Diese allegorische Fiktion, die er von einem Traum ausgehend innerhalb von sechs Monaten niederschrieb, setzt den ungleichen Kampf zwischen den Horden des Bösen, die von dem „Oberförster" angeführt werden, (in dem einige Hitler oder Göring wiederzuerkennen meinen) und dem kraftlosen Widerstand eines dekadenten Humanismus in Szene, der ein letztes Mal antike Ufer aufblitzen lässt ... Den unerbittlichen Aufstieg der Barbarei angesichts der schwachen Dämme der Intelligenz – all dies erlebte Jünger täglich im besetzten Paris, dem Symbol für Kultur und Freiheit. Als ohnmächtiger Zuschauer, der von der Hartnäckigkeit des alten Europas, sich mit Leib und Seele in einem nie zuvor da gewesenen mörderischen Bruderkampf zu verlieren, fasziniert ist, schrieb Jünger im Januar 1942 über die *Marmorklippen* in sein Tagebuch: „Das Buch bleibt offen; es zieht keine Schlüsse; es setzt sich in den Ereignissen selbst fort; ein Buch kann die Tatsachen beeinflussen, aber genauso kann es das Schicksal des Autors beeinflussen."

Fontaine Palatine, rue Garancière, Paris.
Der Brunnen wurde den Einwohnern des Viertels 1715 von Prinzessin Anne von Bayern geschenkt, der Witwe des Prinzen Henri-Jules de Bourbon. Der Brunnen gehörte ursprünglich zu ihrem Palais du Petit Luxembourg.
Rat der Europäischen Union.

Parallel entwarf er einen Appell an die Jugend über den „Frieden". Drei Monate wird Jünger das Werk unablässig überarbeiten, um endlich – in einer extremem Spannung, in die sich die Angst, entdeckt zu werden, und der dringende Wunsch, seine Botschaft weiterzuleiten, mischt – ein paar Dutzend Seiten in der Hand zu halten, die er sorgfältig in einem Safe des Hotel Majestic aufbewahrt. Ein langer Reifeprozess hatte seine Wirkung hinterlassen: zwischen den Zwängen des Dienstes und den Spaziergängen durch die Straßen des alten Paris, insbesondere durch die Rue Garancière bei Saint Sulpice, wo sich zweihundertfünfzig Jahre zuvor sein Landsmann Gottfried Wilhelm Leibniz aufgehalten hatte, und dort vielleicht über seine Vorstellungen von einer universalen Monarchie gearbeitet hatte. Am 19. Mai 1944, wenige Wochen vor der Landung der Alliierten in der Normandie, übergab General Speidel, der Beschützer und Vertraute Jüngers, das Manuskript Marschall Rommel. Angesichts der damals von einem Teil des deutschen Generalstabs noch immer gehegten Hoffnung auf einen Teilfrieden im Westen begrüßte Rommel Jüngers Überlegungen im Wesentlichen. Doch die Alliierten hielten selbstverständlich ihre Forderung nach einer bedingungslosen Kapitulation des Deutschen Reiches, die im Januar 1943 auf der Konferenz von Casablanca zwischen Franklin D. Roosevelt und Winston Churchill aufgestellt worden war, aufrecht. Nachdem das Attentat auf Hitler vom 20. Juli 1944 fehlgeschlagen war, starb auch Erwin Rommel, der schon bald als geistiger Mittäter verdächtigt wurde, durch Selbstmord. Jünger selbst entkam den umfassenden staatlichen Nachforschungen wie durch ein Wunder.

Der Text *Der Friede* machte zunächst im Freundeskreis des Autors die Runde. Als Jünger nach Deutschland zurückkehrte und versuchte, ihn zu veröffentlichen, wurden die Fahnen sowohl von der englischen als auch später von der amerikanischen Besatzungsmacht beschlagnahmt. Der Appell an die Jugend Europas und der Welt konnte daher offiziell erst 1946 erscheinen, gleichzeitig auf Französisch – in der kleinen Zeitschrift *Synthèse* in Brüssel – und auf Deutsch – im Erasmus Verlag in Amsterdam. Das sind *in nuce* die verschlungenen Wege eines Textes, dessen Veröffentlichungsgeschichte durchaus an die Tradition der Pamphlete aus dem Jahrhundert der Aufklärung erinnert: ein anonymes Manuskript, das verbotene Zirkulieren unter der Hand, Zensur, Schwarzdrucke.

War ein Anwalt des Friedens immer noch oder schon wieder zu subversivem Handeln gezwungen?

Konnte der Text zum Zeitpunkt seines Entstehens, 1942, als das Dritte Reich die Welt mit einem barbarischen Krieg überzog, noch als widerständige Idee verunglimpft oder anerkannt werden, so hatte sich im Jahre 1946 die politische Situation grundlegend geändert. Vier Jahre später, als das Dritte Reich zusammengebrochen war und der Welt die Grausamkeiten des Naziregimes offenbart wurden, erschien einigen die Suche nach einem ehrenhaften Frieden doch als eine etwas unangebrachte Initiative seitens eines Besiegten, der überdies die Aufmerksamkeit der Entnazifizierungsbehörden auf sich zog. Jünger, der Polemiken gewohnt war, begriff dies und war darüber nicht empört.

1960 dehnte er seine Vision eines organischen Europas in dem Essay *Der Weltstaat* auf die gesamte Welt aus. Der Text unternimmt den Versuch, eine zukünftige politische Situation, der auf technischer und wirtschaftlicher Ebene bereits begonnene Globalisierung, zu beschreiben. Jünger stellt sich den Entwurf einer neuen Welt als Antithese zu der barbarischen Ordnung vor, die Europa durch Schwert und Feuer unterjochen will.

Weitere Friedenspläne zirkulierten während des Krieges in den deutschen Widerstandsgruppen, die gewiss auch daraufhin konzipiert waren, den Alliierten nach der Beendigung des Krieges ein Friedenspfand zu reichen. Zugleich zeugen diese Pläne aber auch eindrucksvoll von dem tatsächlichen Anliegen, das verhängnisvolle Räderwerk des Krieges zu stoppen. Die Umsetzung dieser Idee spricht ausdrücklich von der unverzichtbaren Voraussetzung, eine wirkliche europäische Föderation zu gründen. Zu diesen mutigen Entwürfen zählte der des Kreisauer Kreises, der sich von den Konzepten Pierre Joseph Proudhons (1809–1865) inspirieren ließ, oder jener der Gruppe der europäischen Union, einer 1942 in Berlin entstandenen Untergrundbewegung. Einige Namen – unter vielen anderen – verdienen besondere Erwähnung: Hans Schönfeld, Max Josef Metzger, Helmuth James von Moltke – der Großneffe des berühmten Marschalls –, Adam von Trott zu Solz und Carl Friedrich Goerdeler. Letzterer entwarf im August 1943 einen ehrgeizigen Plan, in dem wortwörtlich von einer europäischen Union mit einem Vorsitzenden, einem Außenminister, einem Wirtschaftsminister und einer gemeinsamen Verteidigung gesprochen wurde.

Der in seinem Wortlaut vielleicht weniger prophetische Text *Der Friede* spricht deshalb nicht minder deutlich zu den heutigen Lesern. So erscheint der Zusammenschluss der nationalen Räume, die der Gemeinschaft „als Mitgift mitgebracht" werden, gewiss als Antwort auf das quälende Problem des Lebensraums, aber er weist auch schon auf jenen von Grenzen befreiten Raum hin, wo, von den Gründungsverträgen eingefordert, Menschen, Ideen, Waren, Dienstleistungen und Kapital zum Wohle aller frei zirkulieren sollen. Ebenso bringt die Unterscheidung zwischen der wirtschaftlichen Technostruktur, die sich natürlich von einer europäisch integrierenden Vorgehensweise herleitet, und dem Kulturbereich in einem weit gefassten Sinne, der der jeweiligen Nation zu eigen bleibt, jene klare Kompetenzteilung zwischen Union und Mitgliedstaaten zum Ausdruck, die auch von dem jüngsten Verfassungsprojekt gewollt ist.

Was die komplementären Grundsätze der Einheit und Vielfalt angeht, die im Mittelpunkt des Jünger'schen Plans stehen, so hat der Verfassungsvertrag daraus die Devise der EU gemacht: „In Vielfalt vereint". Welch schönere Hommage hätte man einem Mann erweisen können, der, zunächst den Taumel des integralen Nationalismus bis an den Rand des Abgrunds begleitend, aus diesem negativen Beweis die Inspiration für eine richtige Vision des europäischen Ideals ziehen konnte!

Altiero Spinelli, 1984.
Mediathek der Europäischen Kommission.

Altiero Spinelli

Altiero Spinelli, italienischer Journalist und Politiker, geboren am 31. August 1907 in Rom, gestorben am 23. Mai 1986 ebenda, schloss sich als Jugendlicher der Kommunistischen Partei an, wurde 1927 verhaftet und nach der Gefangenschaft zur Verbannung begnadigt. Der Beschäftigung mit Schriften der englischen Föderalisten folgte die Distanzierung vom Kommunismus. In der Verbannung verfasste er 1941 mit Ernesto Rossi und Eugenio Colorni das Manifest von Ventotene, das als ein Gründungsdokument der Europäischen Union gilt. 1943 gründete er die Union der europäischen Föderalisten. 1954-1960 organisierte er eine Art außerparlamentarischen *„Congresso del Popolo europeo"*, der sich gegen neue nationalstaatliche Bewegungen wendete. 1970-1976 war Spinelli Mitglied der EG-Kommission, 1976-1986 Mitglied des Europäischen Parlaments. Unter seiner Federführung nahm das Europäische Parlament 1984 den Entwurf eines Vertrags zur Gründung einer Europäischen Union an; die darin enthaltenen Vorschläge sind später teilweise in die Einheitliche Europäische Akte (EEA) und den Vertrag von Maastricht eingeflossen.

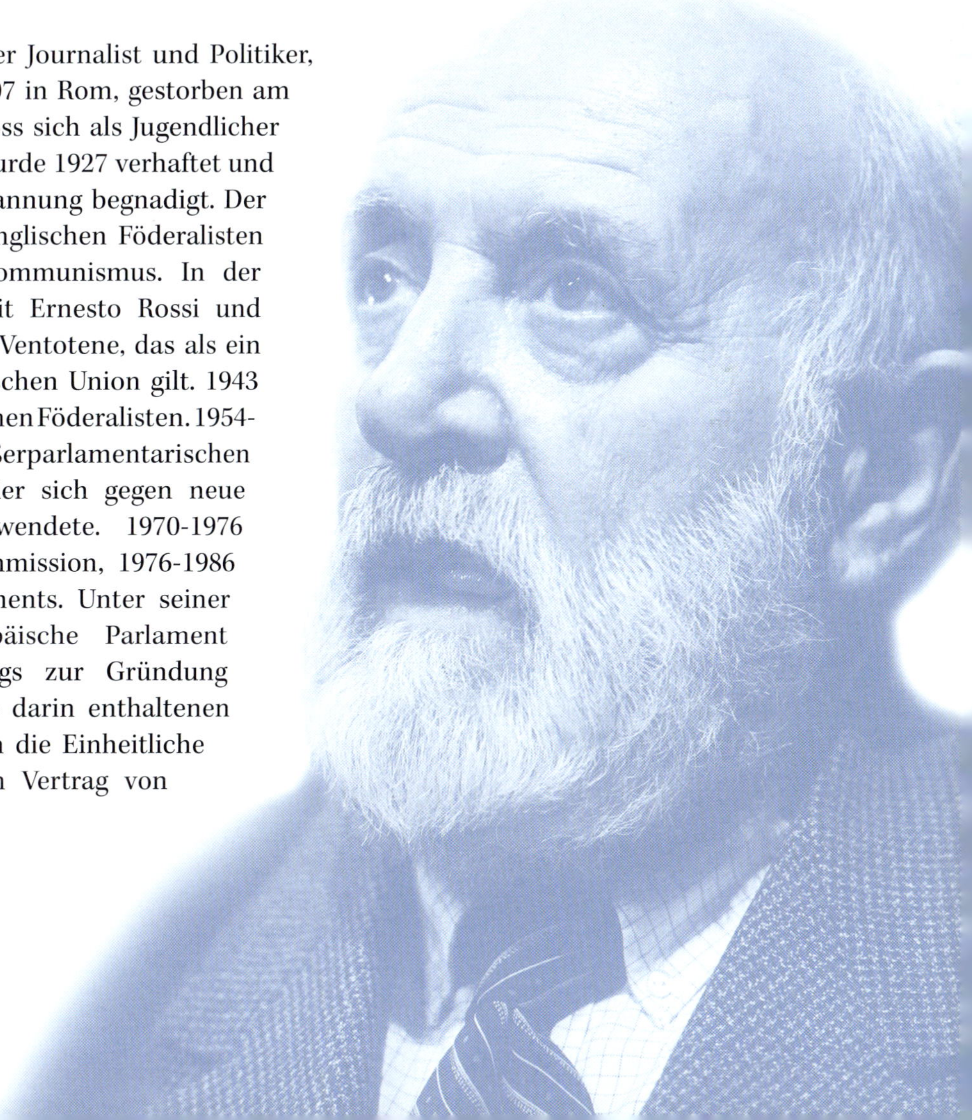

Altiero Spinelli

Das Manifest von Ventotene (1941)

II. Aufgaben der Nachkriegszeit – Die europäische Einheit

Die Niederlage Deutschlands würde jedoch nicht automatisch die unserem Kulturideal entsprechende Neuordnung Europas mit sich bringen. […]

Die wahre revolutionäre Bewegung muss aus denen hervorgehen, die die alten politischen Einstellungen zu kritisieren vermocht haben. Sie wird es verstehen müssen, mit den demokratischen Kräften zusammenzuarbeiten, mit den Kommunisten und allgemein mit all denen, die zur Zerrüttung des Totalitarismus beitragen, ohne sich indes in irgendeiner Weise von deren politischen Gepflogenheiten umgarnen zu lassen.

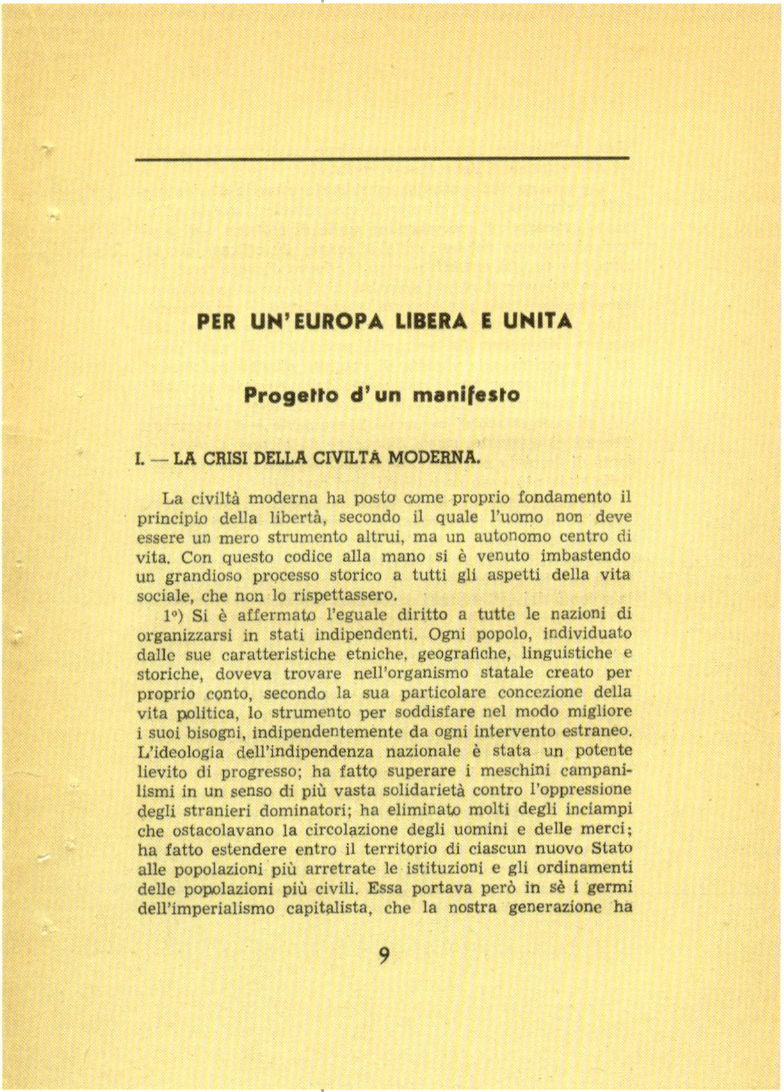

PER UN'EUROPA LIBERA E UNITA

Progetto d'un manifesto

I. — LA CRISI DELLA CIVILTÀ MODERNA.

La civiltà moderna ha posto come proprio fondamento il principio della libertà, secondo il quale l'uomo non deve essere un mero strumento altrui, ma un autonomo centro di vita. Con questo codice alla mano si è venuto imbastendo un grandioso processo storico a tutti gli aspetti della vita sociale, che non lo rispettassero.

1°) Si è affermato l'eguale diritto a tutte le nazioni di organizzarsi in stati indipendenti. Ogni popolo, individuato dalle sue caratteristiche etniche, geografiche, linguistiche e storiche, doveva trovare nell'organismo statale creato per proprio conto, secondo la sua particolare concezione della vita politica, lo strumento per soddisfare nel modo migliore i suoi bisogni, indipendentemente da ogni intervento estraneo. L'ideologia dell'indipendenza nazionale è stata un potente lievito di progresso; ha fatto superare i meschini campanilismi in un senso di più vasta solidarietà contro l'oppressione degli stranieri dominatori; ha eliminato molti degli inciampi che ostacolavano la circolazione degli uomini e delle merci; ha fatto estendere entro il territorio di ciascun nuovo Stato alle popolazioni più arretrate le istituzioni e gli ordinamenti delle popolazioni più civili. Essa portava però in sè i germi dell'imperialismo capitalista, che la nostra generazione ha

9

Für ein freies und geeintes Europa… Manifest von Ventotene, Altiero Spinelli, E. Rossi und E. Colorni, 1941, heimlich veröffentlicht, 1944. Europäisches Hochschulinstitut Florenz, Sammlung Spinelli, Florenz.

Die reaktionären Kräfte verfügen über geschickte Leute und Kader, die zum Befehlen erzogen worden sind und ihre Vorherrschaft hartnäckig verteidigen werden. Im kritischen Augenblick werden sie sich geschickt zu verstellen wissen und beteuern, wie sehr ihnen die Freiheit, der Friede, der allgemeine Wohlstand der benachteiligten Klassen wichtig seien.

Vor allen Dingen werden sie die Wiederherstellung des Nationalstaates anstreben. Sie gewinnen so jenes Volksempfinden für sich, das am weitesten verbreitet ist, am stärksten von den neuesten Bewegungen gedemütigt worden ist und somit am leichtesten zur Beute reaktionärer Manipulation wird: das patriotische Gefühl. So können sie auch hoffen, dem Gegner leichter Sand in die Augen zu streuen, wo doch die einzige bis heute von den Volksmassen erworbene politische Erfahrung auf das nationale

PROCLAMATION DE LA NATIONALITÉ EUROPÉENNE

Rédigée et mise en circulation à l'occasion de la Conférence Européenne des Intérêts Economiques du Tourisme

NICE, 9-15 Janvier 1933

TEXTE DE LA PROCLAMATION

Art. 1. — Les « Européens » veulent la Paix.

Art. 2. — La « Paix Européenne » ne peut être établie que par la volonté collective de créer entre les nombreuses nationalités européennes actuelles, et sans leur porter la moindre atteinte politique, un *lien commun* pour la défense de leur « culture commune », actuellement en péril.

Cette affirmation d'existence de l'Union Européenne implique la proclamation d'une nationalité nouvelle correspondant au nouvel esprit fédéral européen, à savoir : la *Nationalité Fédérale Européenne.*

L'initiative à cet égard doit être prise, soit par l'ensemble, soit par un premier groupe des vingt-sept Etats membres de la S. D. N., qui fondèrent le 26 Septembre 1930, à Genève, sous la présidence d'Aristide Briand, la « Commission d'Etude pour l'Union Européenne ».

Il leur suffira de s'inspirer de deux précédents historiques : d'une part, la création, depuis le ~~29 Mai 1874~~ [handschriftlich: 16 mars 1816], de la « Confédération Helvétique », entre les vingt-deux cantons suisses, où vivent en état d'association parfaite : Allemands, Français et Italiens, et, d'autre part, depuis l'élection du Président Washington, en Mars 1789, — tout d'abord entre un premier groupe de pays et, au bout d'un demi-siècle, entre l'ensemble de ses quarante-huit Etats — la constitution de la « Confédération des Etats-Unis d'Amérique », laquelle n'est, en réalité, qu'un « Nouveau Monde Européen » : l'« Europe d'Outre-Mer ».

Art. 3. — La « Paix Européenne » n'est, elle-même, qu'une partie constructive de la « Paix Mondiale ».

S'inspirant de ces principes, les « Européens », signataires de la présente « Proclamation », n'entendent pas constituer une Europe animée d'un esprit agressif ou autarchique dirigé contre aucun autre Etat ou Union d'Etats. Bien au contraire, ils désirent pratiquer avec toutes les nations la plus *étroite solidarité.* Le fait par eux de s'unir, après avoir été, au cours des siècles, si longtemps divisés, est un acte, mûrement et loyalement réfléchi, destiné à apporter au monde la preuve manifeste de leurs intentions conformes en tous points aux aspirations pacifiques des signataires du Pacte de la Société des Nations.

Qu'est-ce donc que l'Europe ?

Du point de vue géographique, l'Europe représente, à peu près, le vingtième des terres émergées de la planète et environ un quart de leurs habitants (6 millions 02, contre 131 millions, 8 de km2 et 498 millions 5, contre deux milliards environ d'habitants du globe terrestre).

Mais l'Europe est autre chose qu'une expression géographique.

L'Europe est une *Civilisation* et le monde entier a intérêt à ce que cette *Civilisation* demeure et progresse.

C'est cette *Civilisation*, actuellement en péril du fait de la perpétuité inquiétante de la division des Etats Européens, qu'il s'agit de sauver, en s'efforçant de trouver un moyen pratique d'appliquer à tous ces Etats la parole prophétique d'Aristide Briand, prononcée le 16 Janvier 1931 à Genève : « *S'unir pour Vivre* ».

S'unir, c'est-à-dire désarmer, pour empêcher toute possibilité d'un nouveau conflit qui étendrait ses ravages, comme en 1914, sur le monde entier.

Or, les nombreuses Conférences réunies à Genève et ailleurs, depuis 1918, nous ont appris qu'il y a trois formes indissolublement liées du désarmement : le *désarmement politique*, dont le prélude essentiel est le désarmement militaire ; le *désarmement économique* qui doit commencer par le désarmement douanier et le *désarmement moral* qui est basé sur la solidarité des nombreuses races européennes sans distinction d'origines.

Les conflits européens à redouter sont, en effet, avant tout, des conflits de nationalismes : nationalismes qui s'accusent mutuellement de prétendre à l'hégémonie, aussi bien en matière politique qu'économique ; Gouvernements qui proclament à Genève la nécessité de cesser la course aussi bien aux armements militaires qu'aux armements douaniers, mais dont les représentants, une fois de retour dans leurs capitales, se heurtent à des Parlements qui prétendent, tantôt ne pouvoir renoncer aux armements militaires à cause de leur sécurité menacée, tantôt ne pouvoir renoncer aux armements douaniers parce qu'en cas de conflit ils devraient constituer une économie autarchique capable de se suffire à elle-même.

C'est pourquoi il est venu à la pensée d'un premier groupe d'*Européens*, désireux de s'atteler à une œuvre pratique d'application des principes de Genève, de rédiger la « *Proclamation* » ci-contre :

Carte des 27 États Européens, membres de la S.D.N.

Voir au verso la « Statistique » des trente-neuf Etats Européens.

— 1 —

Proklamation der Europäischen Staatsbürgerschaft, verfasst und verteilt anlässlich der Europäischen Konferenz für Wirtschaft und Fremdenverkehr, Nizza, 9.-15. Januar 1933. Bibliothek der Vereinten Nationen, Genf. Archive des Völkerbunds und historische Sammlungen. Mit freundlicher Erlaubnis des Büros der Vereinten Nationen in Genf.

Gebiet beschränkt geblieben ist; es fällt daher leicht, sie und die kurzsichtigeren unter ihren Anführern auf das Terrain des Wiederaufbaus der Staaten zu lenken, die das Unwetter zerschlagen hat.

Würde dieses Ziel erreicht, hätte die Reaktion gesiegt. Wenn auch diese Staaten dem Anschein nach demokratisch und sozialistisch sein würden, die Rückkehr der Macht in die Hände der Reaktion wäre nur eine Frage der Zeit. Die gegenseitige nationale Missgunst würde aufs Neue gedeihen, und jeder Staat würde einzig auf Waffengewalt zurückgreifen, um seine Bedürfnisse zu befriedigen. Früher oder später würde das Hauptziel wieder darin bestehen, Völker in Heere zu verwandeln. Bald würden die Generäle wieder die Macht ergreifen, die Monopolisten sich die Autarkie zunutze machen, die bürokratischen Einrichtungen sich ausdehnen, die Priester die Massen zahm halten. Sämtliche Errungenschaften der ersten Zeit würden verschwinden, angesichts der Notwendigkeit, erneut zum Krieg zu rüsten.

Die erste anzugehende Aufgabe, ohne deren Lösung jeglicher Fortschritt ein trügerischer Schimmer bleiben würde, ist die endgültige Beseitigung der Grenzen,

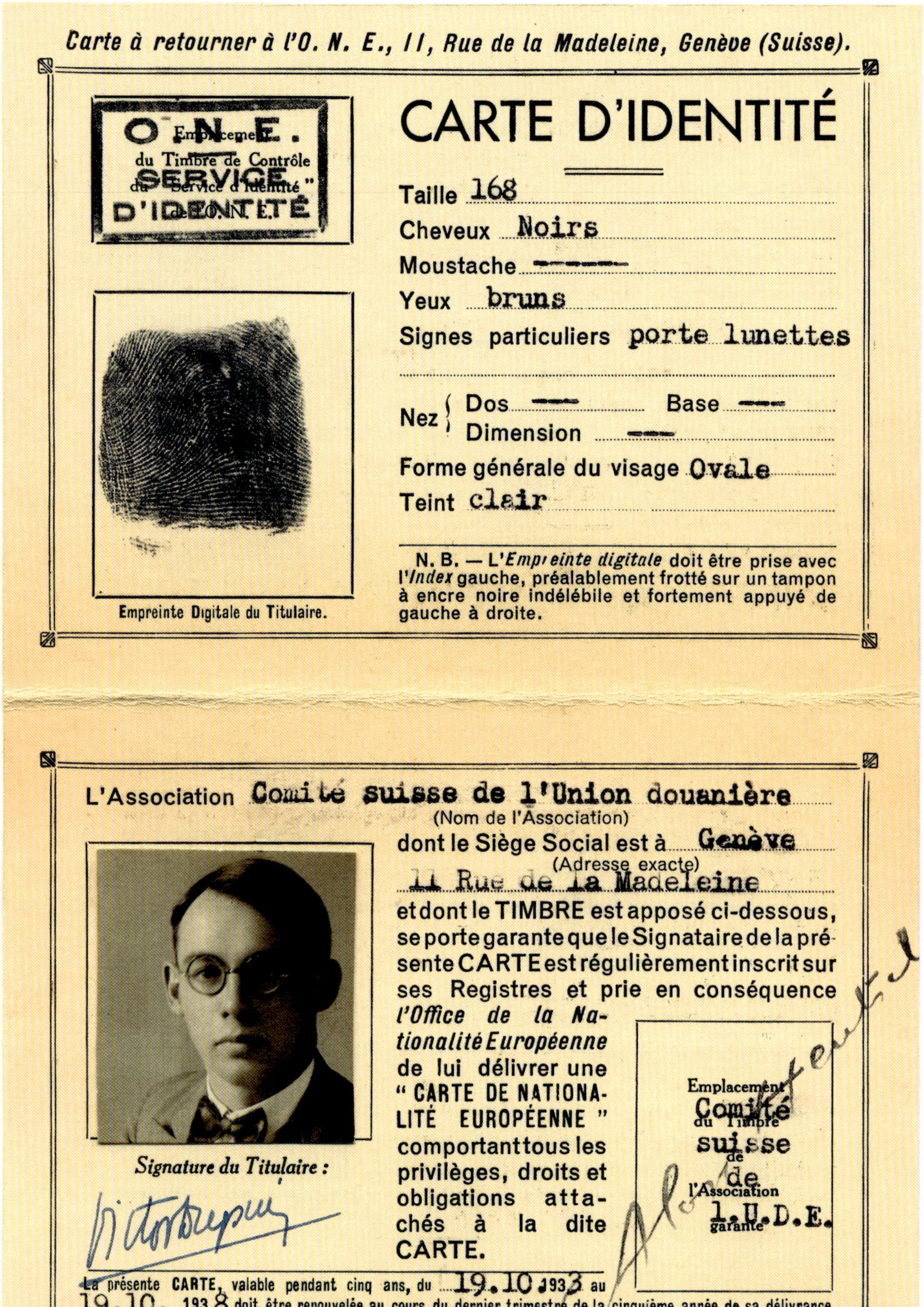

Carte à retourner à l'O. N. E., 11, Rue de la Madeleine, Genève (Suisse).

O. N. E. SERVICE D'IDENTITÉ

Emplacement du Timbre de Contrôle du "Service d'Identité" de l'O.N.E.

CARTE D'IDENTITÉ

Taille 168

Cheveux Noirs

Moustache ——

Yeux bruns

Signes particuliers porte lunettes

Nez { Dos —— Base ——
Dimension ——

Forme générale du visage Ovale

Teint clair

N. B. — L'*Empreinte digitale* doit être prise avec l'*Index* gauche, préalablement frotté sur un tampon à encre noire indélébile et fortement appuyé de gauche à droite.

Empreinte Digitale du Titulaire.

L'Association Comité suisse de l'Union douanière
(Nom de l'Association)
dont le Siège Social est à Genève
(Adresse exacte)
11 Rue de la Madeleine
et dont le TIMBRE est apposé ci-dessous, se porte garante que le Signataire de la présente CARTE est régulièrement inscrit sur ses Registres et prie en conséquence *l'Office de la Nationalité Européenne* de lui délivrer une " CARTE DE NATIONALITÉ EUROPÉENNE " comportant tous les privilèges, droits et obligations attachés à la dite CARTE.

Signature du Titulaire :

Emplacement du Timbre de l'Association garante
Comité suisse de l'U.D.E.

La présente CARTE, valable pendant cinq ans, du 19.10.1933 au 19.10.1938 doit être renouvelée au cours du dernier trimestre de la cinquième année de sa délivrance.

Europäischer Personalausweis, ausgestellt vom *Office de la Nationalité européenne*, hier validiert vom schweizerischen Komitee der Europäischen Zollunion, Vorder- und Rückseite, 1933. Bibliothek der Vereinten Nationen, Genf. Archive des Völkerbunds und historische Sammlungen. Mit freundlicher Erlaubnis des Büros der Vereinten Nationen in Genf.

die Europa in souveräne Staaten aufteilen. Die Tatsache, dass ein großer Teil der europäischen Staaten von der deutschen Walze erfasst worden ist, hat ihre Geschicke zu einem verschmolzen. Entweder geraten sie alle unter das Hitlerregime, oder aber, falls dieses zerfällt, in eine revolutionäre Krise, die ein Erstarren und eine Aufteilung in feste staatliche Strukturen nicht zulässt. Die Gemüter sind heute, weit mehr als früher, schon auf eine föderalistische Neugestaltung Europas anzusprechen. Die Härte der vergangenen Jahrzehnte hat auch denen die Augen geöffnet, die sie vorher vor der Wirklichkeit schlossen, und hat viele unserem Ideal günstige Umstände geschaffen.

Alle vernünftigen Menschen haben endlich eingesehen, dass die Aufrechterhaltung des Gleichgewichts unabhängiger europäischer Staaten, und darunter ein gleichberechtigter Militärstaat Deutschland, nicht weiter erhalten bleiben kann; ebenso wenig wie man Deutschland nach seiner Niederlage zerstückeln und es mit „dem Fuß auf dem Nacken" am Boden klein halten kann. Es hat sich gezeigt, dass kein Land Europas abseits stehen kann, während die anderen kämpfen, dass Neutralitätserklärungen und Nichtangriffspakte nichts nutzen. Ebenso hat sich die Nutzlosigkeit, ja sogar die Gefährlichkeit von Organismen wie dem Völkerbund erwiesen, der vermeinte, die Einhaltung des internationalen Rechts gewährleisten zu können, ohne Anwendung militärischer Gewalt und unter Wahrung der absoluten Souveränität seiner Mitgliedstaaten. Als absurd hat sich das Nichteinmischungsprinzip erwiesen, wonach es jedem Volk freigestellt sein soll, sich nach Belieben eine despotische Regierung zu geben. Als ob die innere Verfassung eines Staates nicht von lebenswichtiger Bedeutung für alle anderen europäischen Länder wäre! Unlösbar sind die zahlreichen Probleme geworden, die das internationale Leben unseres Kontinents erschweren: das Abstecken von Grenzen in Gebieten mit gemischter Bevölkerung; die Verteidigung sprachlicher Minderheiten; der Zugang zum Meer für die Binnenländer; der Balkan; die irische Frage; usw. Die europäische Föderation hingegen könnte dieses Problem ohne weiteres lösen, so wie es früher der Fall für jene Kleinstaaten war, die sich einer weiter gefassten nationalen Einheit anschlossen; ihre Probleme verloren dadurch an Schärfe, der Tatsache wegen, dass sie nun innerhalb der Beziehungen zwischen Provinzen geregelt wurden. […]

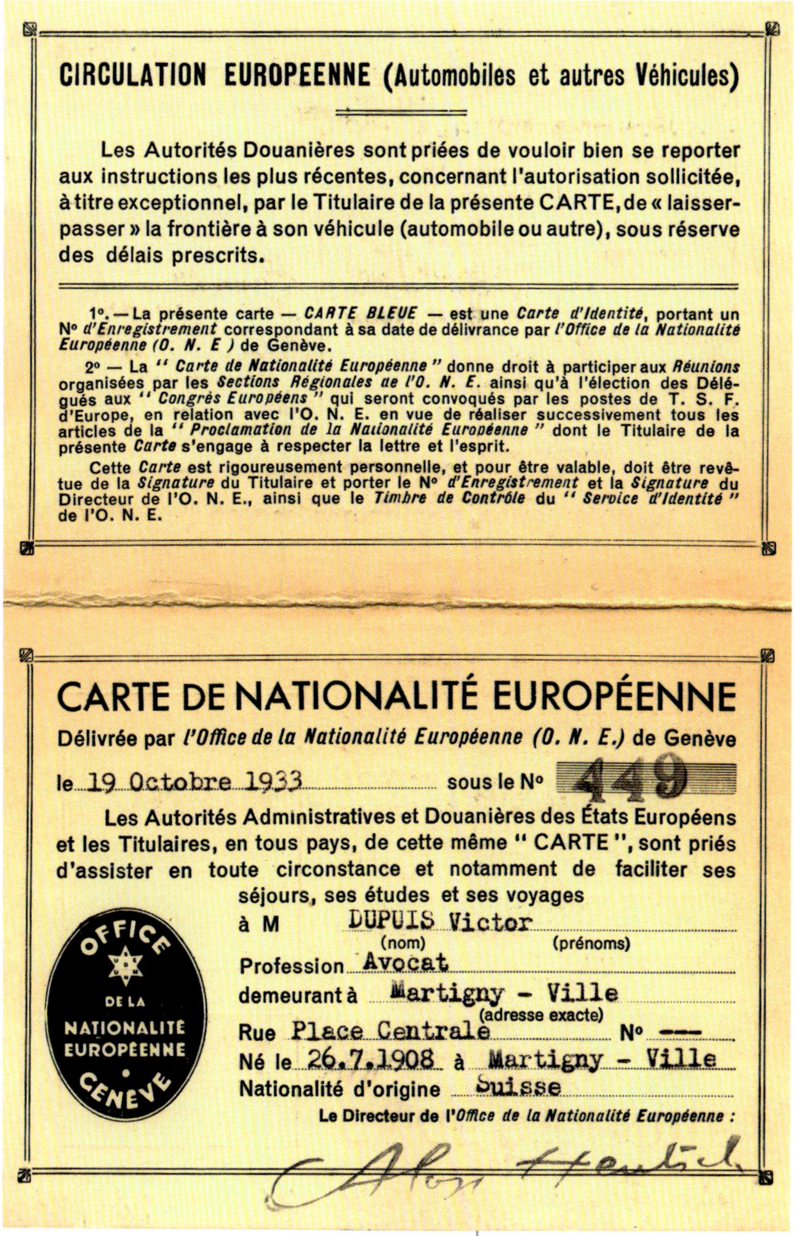

CIRCULATION EUROPEENNE (Automobiles et autres Véhicules)

Les Autorités Douanières sont priées de vouloir bien se reporter aux instructions les plus récentes, concernant l'autorisation sollicitée, à titre exceptionnel, par le Titulaire de la présente CARTE, de « laisser-passer » la frontière à son véhicule (automobile ou autre), sous réserve des délais prescrits.

1°. — La présente carte — *CARTE BLEUE* — est une *Carte d'Identité*, portant un N° *d'Enregistrement* correspondant à sa date de délivrance par *l'Office de la Nationalité Européenne (O. N. E)* de Genève.

2° — La " *Carte de Nationalité Européenne* " donne droit à participer aux *Réunions* organisées par les *Sections Régionales de l'O. N. E.* ainsi qu'à l'élection des Délégués aux " *Congrès Européens* " qui seront convoqués par les postes de T. S. F. d'Europe, en relation avec l'O. N. E. en vue de réaliser successivement tous les articles de la " *Proclamation de la Nationalité Européenne* " dont le Titulaire de la présente *Carte* s'engage à respecter la lettre et l'esprit.

Cette *Carte* est rigoureusement personnelle, et pour être valable, doit être revêtue de la *Signature* du Titulaire et porter le N° *d'Enregistrement* et la *Signature* du Directeur de l'O. N. E., ainsi que le *Timbre de Contrôle* du " *Service d'Identité* " de l'O. N. E.

CARTE DE NATIONALITÉ EUROPÉENNE

Délivrée par *l'Office de la Nationalité Européenne (O. N. E.)* de Genève

le 19 Octobre 1933 sous le N° 449

Les Autorités Administratives et Douanières des États Européens et les Titulaires, en tous pays, de cette même " CARTE ", sont priés d'assister en toute circonstance et notamment de faciliter ses séjours, ses études et ses voyages

à M DUPUIS Victor
(nom) (prénoms)
Profession Avocat
demeurant à Martigny - Ville
(adresse exacte)
Rue Place Centrale N° ---
Né le 26.7.1908 à Martigny - Ville
Nationalité d'origine Suisse

OFFICE DE LA NATIONALITÉ EUROPÉENNE GENÈVE

Le Directeur de l'*Office de la Nationalité Européenne* :

Europäischer Personalausweis, ausgestellt vom *Office de la Nationalité européenne* für den europaweiten Verkehr von Automobilen und anderen Gefährten, 1933. Bibliothek der Vereinten Nationen, Genf. Archive des Völkerbunds und historische Sammlungen. Mit freundlicher Erlaubnis des Büros der Vereinten Nationen in Genf.

Blickt man über den alten Erdteil auf alle Völker der Menschheit hinweg, muss man zugeben, dass die Europäische Föderation die einzige Garantie bietet, die Beziehungen mit den asiatischen und amerikanischen Völkern auf eine Basis friedlicher Zusammenarbeit zu stellen, bis es soweit sein wird, dass die politische Einheit aller Völker der Welt erreicht werden kann.

Die Grenze zwischen fortschrittlichen und reaktionären Parteien verläuft demnach nicht mehr längs der formellen Linie ihrer größeren oder geringeren

Demokratie, oder des Ausmaßes des einzuführenden Sozialismus. Der Bruch vollzieht sich zwischen denen, die immer noch das alte Endziel der Eroberung der nationalen politischen Macht im Auge haben, und dadurch, sei es auch unfreiwillig, den reaktionären Kräften Vorschub leisten, indem sie die glühende Lava der Volksbegeisterung in den alten Formen erstarren lassen, und den anderen, denen die Schaffung eines stabilen internationalen Staates am Herzen liegt, und die die Kräfte des Volkes in diese Richtung lenken. Die ferner, sollten sie die nationale Macht erobern, diese in allererster Linie als Mittel zur Verwirklichung der internationalen Einheit handhaben würden.

Man bediene sich der Propaganda und der Aktion und scheue keine Mühe, Übereinstimmung und Beziehungen zwischen den einzelnen Bestrebungen zu schaffen, die zweifellos in den verschiedenen Ländern im Gange sind, um schon jetzt den Grundstein einer neuen Bewegung zu legen, die alle Kräfte zu mobilisieren vermag und dem neuen Organismus, der die größte und erneuerndste Schöpfung seit Jahrhunderten in Europa sein wird, zum Durchbruch verhilft. Es gilt, einen

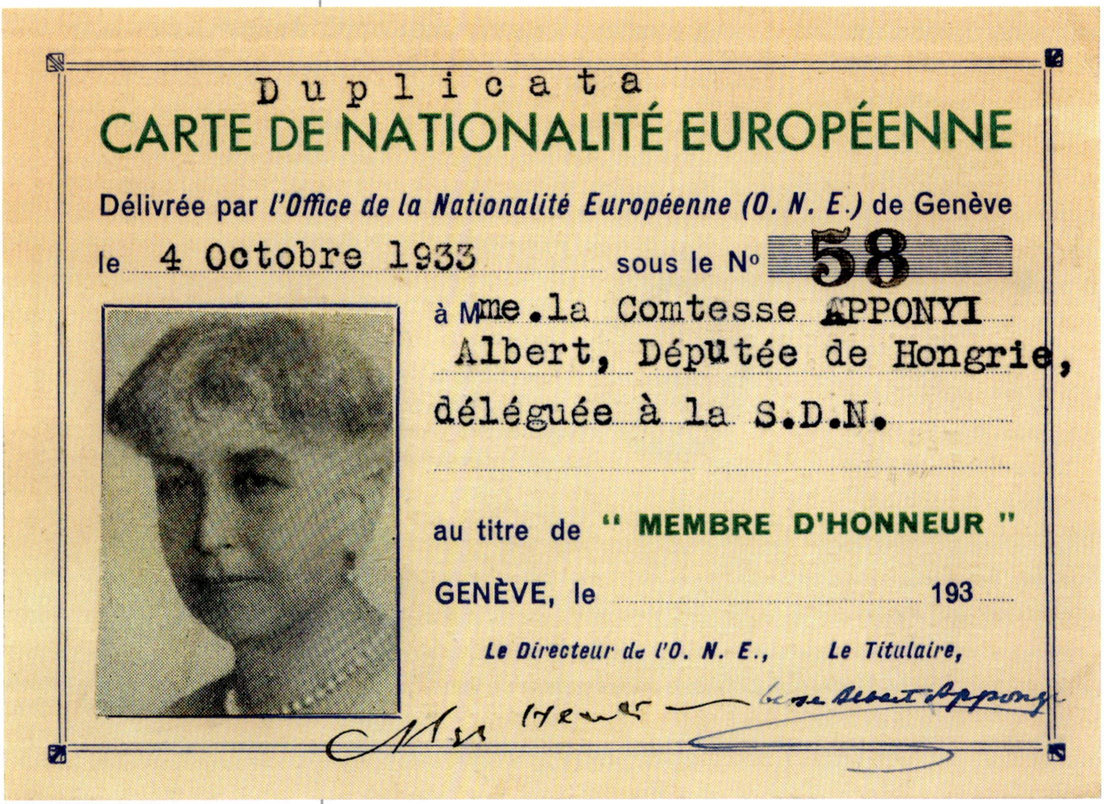
Duplicata
CARTE DE NATIONALITÉ EUROPÉENNE
Délivrée par *l'Office de la Nationalité Européenne (O. N. E.)* de Genève
le 4 Octobre 1933 sous le N° 58
à Mme. la Comtesse APPONYI Albert, Députée de Hongrie, déléguée à la S.D.N.
au titre de " MEMBRE D'HONNEUR "
GENÈVE, le .... 193...
Le Directeur de l'O. N. E., *Le Titulaire,*

Europäischer Personalausweis der Gräfin Apponyi, Abgeordnete Ungarns, Delegierte beim Völkerbund, 1933.
Bibliothek der Vereinten Nationen, Genf. Archive des Völkerbunds und historische Sammlungen. Mit freundlicher Erlaubnis des Büros der Vereinten Nationen in Genf.

Erste allgemeine Wahl der 410 Mitglieder des Europäischen Parlaments, die anschließend sofort Simone Veil zur Präsidentin des Parlaments wählen, 1979.
Rat der Europäischen Union.

Bundesstaat zu schaffen, der auf festen Füßen steht und anstelle nationaler Heere über eine europäische Streitmacht verfügt. Es gilt, endgültig mit den wirtschaftlichen Autarkien, die das Rückgrat der totalitären Regime bilden, aufzuräumen. Es braucht eine ausreichende Anzahl an Organen und Mitteln, um in den einzelnen Bundesstaaten die Beschlüsse, die zur Aufrechterhaltung der allgemeinen Ordnung dienen, durchzuführen. Gleichzeitig soll den Staaten jene Autonomie belassen werden, die eine plastische Gliederung und die Entwicklung eines politischen Lebens, gemäß den besonderen Eigenschaften der verschiedenen Völker, gestattet.

Erkennen in den europäischen Ländern genügend Leute diese Notwendigkeit, werden sie sich bald durchsetzen. Die gegenwärtige Lage und der allgemeine Gemütszustand sind für ihr Vorhaben günstig. Entgegenstrebende Parteien und Neigungen sind bereits durch die verheerenden Erfahrungen der letzten zwanzig Jahre entwertet. Und da die Zeit reif ist, neue Werke zu vollbringen, wird es auch die Zeit neuer Menschen sein: die Zeit der BEWEGUNG FÜR EIN FREIES UND VEREINTES EUROPA.

Jean-Paul Jacqué

Ein Kassiber für Europa

Altiero Spinelli trat bereits mit siebzehn Jahren in die kommunistische Partei ein und arbeitete intensiv mit Antonio Gramsci zusammen. 1927 wurde er inhaftiert. Während seiner Gefangenschaft studierte Spinelli Kant und Hegel sowie Sprachen. Nach seiner Begnadigung im Jahr 1936 wurde er auf die Insel Ventotene im Tyrrhenischen Meer verbannt. Dort distanzierte er sich von der kommunistischen Partei, die ihn 1937 ausschloss. Im Laufe seiner Verbannung auf Ventotene begegnete Spinelli den Antifaschisten Ernesto Rossi, Eugenio Colorni, Luigi Einaudi und seiner späteren Frau Ursula Hirschmann (die Schwester des späteren Wirtschaftsnobelpreisträgers Otto Albert Hirschmann). Zu diesem Zeitpunkt lernte er dank seines heimlichen Büchertauschs das Werk von Lord Lothian (i. e. Philip Kerr) kennen. Dessen Ideen wie die Entwürfe der frühen britischen Föderalisten-Bewegung insgesamt hatten von nun an großen Einfluss auf sein politisches Denken. 1941, noch auf Ventotene, verfasste er im Wesentlichen das Manifest für ein freies und geeintes Europa, besser bekannt als das Manifest von Ventotene. Ein Mitarbeiter war u. a. besagter Ernesto Rossi, der nach kurzer journalistischer Arbeit für Mussolinis Zeitung *Popolo d'Italia* ebenfalls auf der Insel eine Verbannungszeit verbrachte. In diesem Text entwerfen die Autoren einen politischen Plan für die Nachkriegszeit. Das Manifest greift unverhohlen sozialistische Anregungen auf und sein dritter Teil enthält sogar ein Aktionsprogramm, das der Umsetzung des Sozialismus dienen soll.

Für unsere Thematik entscheidend ist jedoch Spinellis Feststellung, dass die Form des Nationalstaats für die totalitären Regimes verantwortlich zu machen sei: „Die absolute Souveränität der Nationalstaaten hat zum unbedingten Herrschaftswillen jedes einzelnen von ihnen geführt, weil sich jeder durch die Macht der anderen bedroht fühlte und immer größere Territorien für seinen ›Lebensraum‹ beanspruchte, die ihm Bewegungsfreiheit und die Mittel zur Bestreitung des Lebensunterhalts garantieren sollten, ohne von irgendjemandem abhängig zu sein. Dieser Herrschaftswille könnte allein durch die Vormachtstellung eines stärksten Staates, dem die anderen unterworfen sind, gebändigt werden." In der unmittelbaren Nachkriegszeit streiten insbesondere die progressiven Parteien eines europäischen föderalen Staates, der als einziges Mittel gilt, um die Rückkehr des Totalitarismus zu verhindern.

Ursula Hirschmann schmuggelte das auf Zigarettenpapier geschriebene Manifest von der Insel. Es wurde zunächst von den Untergrundbewegungen gelesen, bevor es eine größere Verbreitung erfuhr. Das quasi als Kassiber in die politische Diskussion geschleuste Manifest gilt seitdem unbestritten als einer der Gründungstexte des europäischen Föderalismus. Im August 1943, nach dem Sturz Mussolinis, wird Spinelli befreit und begründet die Union europäischer Föderalisten (*Movimento Federalista Europeo*). Nach kurzem Aufenthalt in der Schweiz nimmt er an der Befreiung seiner Heimat von den deutschen Besatzern teil.

Sein Entwurf für ein geeintes Europa wird nach dem Wiederaufbau Italiens aufgegriffen, vielfach diskutiert und fortgeführt. In den fünfziger Jahren stellen Spinellis Ideen zum Beispiel die Antithese zu jenen Jean Monnets dar. Der französische Politiker amtierte als Vorsitzender des „Aktionskomitees für die Vereinigten Staaten von Europa" (1955–1975). Doch schon in den Jahren als Präsident der Hohen Behörde der Montanunion (1952–1954) organisierte diese Institution auf Grundlage seiner konkreten Solidaritätsvorstellungen. Spinelli hingegen verfolgte entschieden den allgemein-rechtlichen Weg der Verfassungsgebung. Seinem Engagement war es u. a. zu verdanken, dass die Versammlung der EVG ein Mandat mit verfassunggebendem Charakter erhalten sollte. Lediglich das Veto Frankreichs, das eine Ratifizierung des föderalistischen Entwurfs zugunsten nationaler Interessen ablehnte, verhinderte dessen die Inkraftsetzung.

Von 1970 bis 1976 war Spinelli Mitglied der Kommission der Europäischen Gemeinschaften und begleitete das Ressort Industrie- und Forschungspolitik. Als die Kommission ihren Beitrag zum Bericht über Reformvorschläge zur Weiterentwicklung der Europäischen Union verfasst, der vom Ratsvorsitzenden und belgischen Ministerpräsidenten Leo Tindemans in Auftrag gegeben wurde, kann er einige seiner Ideen zur Prüfung und Diskussion vorlegen. Schließlich wurde Spinelli ins europäische Parlament gewählt, wo er von 1976 bis 1986 einen Sitz innehatte. Diese Jahre nahm er als Gelegenheit ernst, seinen letzten großen politischen Kampf zu führen. Gemeinsam mit mehreren Parlamentariern, die seinen Standpunkt – den des *„club du crocodile"* [dt.: Krokodilsklub, Name eines Restaurants in Straßburg] – teilten, rief er eine parlamentarische Initiative für eine institutionelle Reform der Gemeinschaft ins Leben. Das Parlament nahm diese Initiative an; Spinelli wurde zum Berichterstatter ernannt. Am 14. Februar 1984 wurde mit 237 gegen 41 Stimmen der Vertragsentwurf für eine Europäische Union angenommen. Das Ziel des Unternehmens musste es nun sein, die nationalen Regierungen davon zu überzeugen, diesen Text zu ratifizieren. Der Vertragsentwurf stellte zweifellos eine echte europäische Verfassung dar. Er formuliert neue Ansätze, enthält deutliche Modifikationen überholter Standpunkte und schließt wichtige aktuelle Begriffe und Begriffsfelder wie Kompetenzverteilung und Subsidiaritätsprinzip, Sanktionsverfahren gegen Mitgliedstaaten, die legislative Mitbestimmung von Parlament und Rat, die Einbeziehung der Außenpolitik in die Kompetenzen der Union usw. ein. Doch die Mitgliedstaaten waren nicht bereit, diese Ideen zu übernehmen, und verhandelten in ihrer klassischen funktionalistischen Vorgehensweise über die europäische Einheitsakte. Aber das stellte nur eine vorübergehende Niederlage dar: Die wichtigsten Vorstellungen des Entwurfs finden sich, wenn auch in abgemilderter Form, im Maastricht-Vertrag wieder und haben sich bei den nachfolgenden Reformen weitgehend durchgesetzt.

Spinelli starb 1986, ohne dass die von ihm angestrebte europäische Verfassung umgesetzt worden wäre. Doch der als unorthodox und pragmatisch bekannte Europapolitiker konnte trotzdem auf einen originären Beitrag zum europäischen Einigungsprozess verweisen. So sehr er sich auch gewünscht hätte, dass die europäische Verfassung den Beginn der europäischen Integration einläutet, so sehr war er sich doch im Klaren, dass diese nur ihre Krönung sein würde.

Spinelli, der für die verfassunggebende Bewegung steht, wird immer zu den Gründungsvätern der Europäischen Union gehören. Die Lektüre seiner Memoiren und seines Tagebuchs liefert dem Leser faszinierende Einblicke in die Geschichte der Union und die Rolle, die der Autor darin gespielt hat.

Luigi Einaudi,
Fotografie von Domenico Riccardo Peretti Griva, 1948.
Fondazione Luigi Einaudi, Turin.

Luigi Einaudi

Luigi Einaudi, italienischer Ökonom und Politiker, geboren am 24. März 1874 in Carrù/Italien, gestorben am 30. Oktober 1961 in Rom, unterrichtete Finanzwissenschaften an der Universität Turin und wurde 1943 zu deren Rektor ernannt. 1919 wurde Einaudi Mitglied des Senats. Er war Mitarbeiter des *Corriere della sera* und Herausgeber der Zeitschrift *Riforma Sociale.* Nach dem Attentat auf Giacomo Matteotti trat er in Opposition zu Mussolini. Gemeinsam mit seiner Frau flüchtete er 1943 in die Schweiz. Zuerst lebte er in einem Flüchtlingslager in Lausanne, dann in Basel und ab März 1944 in Genf, wo er im Flüchtlingslager Vorlesungen hielt. Am 9. Dezember 1944 kehrte Einaudi nach Italien zurück und wurde Präsident der italienischen Nationalbank. 1947 wurde er zum Finanzminister ernannt; es gelang ihm, die Währung zu stabilisieren. Von 1948 bis 1955 war Einaudi italienischer Staatspräsident. Werke: *Principi di scienza delle finanze* (1932); *Il buon governo* (1954); *Prediche inutili* (1956–59).

Luigi Einaudi

Uns steht eine lange Reise bevor (1948)

I.

Wer Frieden will, muss auch den **Staatenbund** wollen, die Einrichtung einer höheren Macht, die den einzelnen souveränen Staaten übergeordnet ist. Alles andere ist bloßes, hohles Gerede, das oft nur dazu dient, die Kriegs- oder Eroberungspläne von Staaten zu vertuschen, die sich als friedlich bezeichnen. Daher kommen wir zur derselben Schlussfolgerung, die sich uns bereits angesichts der Atombombe aufgedrängt hat. Es genügt nicht zu rufen: „Nieder mit der Atombombe, es lebe der Frieden!", um die Bombe loszuwerden und den Frieden sicherzustellen. Diese Worte bleiben hohl, wenn man nicht sieht oder nicht sehen will, welche Bedingung – allein – erfüllt sein muss, damit diese beiden Ziele erreicht werden. Und diese Bedingung ist eine **Macht, die den souveränen Staaten übergeordnet ist,** ein Staatenbund.

II.

Dieser **Super-Staat** kann weder irgendein Völkerbund noch eine Organisation der Vereinten Nationen sein. Am 18. Januar 1918 habe ich den Standpunkt vertreten, dass der Völkerbund – der damals noch nicht gegründet war, aber bereits von vielen idealistischen Träumern lauthals verfochten wurde, und am lautesten von genau jenem Benito Mussolini, der ihn später verpönen und zu seinem Auseinanderbrechen beitragen sollte, – eine eitle und zum Scheitern verurteilte Idee sei. Und wir haben keinerlei Grund, heute anders über seine Nachfolgeorganisation zu denken.

III.

Ein Völkerbund ohne militärische Streitkräfte setzt sich unweigerlich Hohn und Gespött aus. Solange die Schweiz ein loser Bund aus souveränen Kantonen war, die alle über eine eigene Armee, eigene Zölle und eigene diplomatische Vertretungen bei den ausländischen Mächten verfügten, blieb sie äußeren Einflüssen ausgesetzt und besaß keine echte nationale Einheit. Erst 1848, als nach den traurigen Erfahrungen des Sonderbundkriegs endlich eine **Bundesregierung** gegründet wurde, die internen Zölle abgeschafft wurden und das Recht, Zölle an den Bundesgrenzen zu erheben, Münzen zu prägen, eine Armee zu unterhalten und Beziehungen zum Ausland zu knüpfen, von den Kantonen auf die Konföderation übertragen wurden, konnte eine vereinte föderale Schweiz entstehen.

IV.

Eine analoge Erfahrung wurde über ein halbes Jahrhundert zuvor auf dem Territorium der späteren Vereinigten Staaten von Amerika gemacht. Dass die USA entstehen und wachsen konnten, dass heute niemand den Frieden in der Republik unter dem Sternenbanner bedroht, ist einzig das Verdienst von

Joseph Bech, links, filmt den Fotografen unter den amüsierten Blicken seiner Kollegen Paul-Henri Spaak und Johan Beyen. Ein Augenblick der Entspannung auf der Konferenz von Messina, Taormina, 1955. Mediathek der Europäischen Kommission.

Washington und seinen Mitarbeitern: Sie hatten richtig erkannt, dass der nach einem Befreiungskrieg gegründete Staat zum Scheitern verurteilt gewesen wäre, wenn sie nicht den Sprung gewagt und jeden Staat dazu gebracht hätten, auf sein Recht zu verzichten, sich mit Zollgrenzen zu umgeben, Münzen zu prägen, eine eigene Armee und diplomatische Vertretungen im Ausland zu unterhalten. **Durch den Verzicht auf einen Teil ihrer Souveränität** wahrten die dreizehn Gründungsstaaten das Übrige und damit das Wesentliche, nämlich die moralischen und geistigen Güter des Volkes. Dieser große Schritt wurde mit der Verfassung vom 26. Juli 1788 [21. Juni 1788] getan, wie der berühmte Satz *„We the people of the United States* [...]"zeigt: „Wir, das Volk der Vereinigten Staaten" – nicht etwa „wir, die dreizehn Staaten", sondern „wir, das gesamte Volk der Vereinigten Staaten" – haben beschlossen, eine vollkommenere Union zu gründen.

V.

Die einzige Möglichkeit, den Krieg auf den Territorien Europas abzuschaffen, besteht darin, dem Beispiel der amerikanischen Verfassung von 1788 zu folgen, also völlig auf die militärische Souveränität, auf das Recht auf Auslandsvertretungen

LA VISITE DES TROIS ANGES SOVIÉTIQUES A LA COMMISSION EUROPÉENNE

1. Pendant la chaleur du jour, le président était assis à l'entrée de sa tente et fumait sa cigarette accoutumée. Et voici que trois étrangers couverts de poussière s'avancèrent.

2. Quand il les aperçut, il courut à eux et dit : « Seigneurs, si j'ai trouvé grâce à vos yeux, prenez place dans mon humble tente et permettez qu'on apporte un peu d'eau pour vous laver les pieds. »

3. Il répondirent : « Merci, vous êtes trop aimable. »

4. Alors, Briand alla promptement vers Sir Eric Drummond et lui souffla à l'oreille : « Recevons avec honneur ces trois gentlemen. Ils ont l'air tout à fait bien. Vite, mon cher François-Poncet, mon serviteur diligent, trois mesures de fleur de farine ! Pétris et fais d'excellents gâteaux ! »

5. Et lui-même, courant à son troupeau, prit un veau tendre et se hâta de l'apprêter.

6. Pendant qu'ils mangeaient, un des étrangers s'écria, la bouche pleine : « Mais où est donc ta Commission Européenne ? »

7. « Elle est là, sous cette tente », répondit Briand. Les étrangers jetèrent un regard sur la Commission qui, avec les années, avait perdu pas mal de ses charmes. Et l'un des étrangers dit : « Au temps fixé par le plan quinquennal, je reviendrai vers toi à cette même époque et la Commission aura un fils, de toi... »

8. Briand et sa Commission étaient très avancés en âge, ils ne pouvaient plus espérer un enfant. La Commission, qui écoutait à l'entrée de la tente, se mit à rire en disant : « Je sais que je suis stérile et mon seigneur est vieux. Comment pourrais-je espérer un fils ? »

9. « Pourquoi rit-elle ? » demanda sévèrement l'un des trois étrangers. « Je suis Litvinoff. Y a-t-il rien d'impossible aux Soviets ? Le plan quinquennal réussira et, au temps fixé, vous aurez un enfant ! Sinon, le dumping ne vaudrait pas une chandelle ! »

10. Et Briand, tirant sur sa moustache, s'écria : « Vous êtes des anges, mes amis ! » Puis, après avoir aspiré une longue bouffée de sa cigarette, il dit seulement : « Pourvu que le gosse ne soit pas bolchevick ! »

— 12 —

Besuch der drei sowjetischen Engel, Derso und Kelen, aus *Histoire du peuple élu*, Genf, 1931.
Der Prophezeiung zufolge wird die Europäische Kommission nicht ewig fruchtlos bleiben ... .
Bibliothek der Vereinten Nationen, Genf. Archive des Völkerbunds und historische Sammlungen. Mit freundlicher Erlaubnis des Büros der Vereinten Nationen in Genf.

und auf einen Teil der finanziellen Souveränität zu verzichten. Es ist notwendig und möglich, mit kleinen Schritten auf diesem Weg voranzuschreiten, segnen wir daher die Zollunion, die zwischen den Niederlanden, Belgien und Luxemburg geschlossen wurde (Benelux), und das Abkommen, das Italien und Frankreich unterzeichnet haben. Aber eines muss klar sein: Es handelt sich hierbei lediglich um einen Anfang. Uns steht eine lange Reise bevor, die entschieden und ohne weiteres Zögern unternommen werden muss.[1]

1 Luigi Einaudi, *Chi vuole la pace? Corriere della Sera*, 4 April 1948, aus: *Scritti sull'unità politica europea, Istituto italiano per gli studi filosofici* Neapel, 1995

Le Testament de Genève, Derso und Kelen, aus *Histoire du peuple élu*, Genf, 1931.
Selbst im Paradies bestimmen Spiele, Strategien, Drohungen und Versuchungen den Lauf der Welt. Die Schlange in Gestalt des § weist möglicherweise auf die Fülle der vom Völkerbund hervorgebrachten Bestimmungen und Resolutionen hin.
Bibliothek der Vereinten Nationen, Genf. Archive des Völkerbunds und historische Sammlungen.
Mit freundlicher Erlaubnis des Büros der Vereinten Nationen in Genf.

Amadeu Lopes Sabino

Luigi Einaudi und der italienische europaorientierte Liberalismus

Luigi Einaudi gehört zu jenen Geistern, die die Zeit des Faschismus durchlebten, ohne den Glauben an eine künftige Renaissance des Liberalismus als Garant von Freiheit und Weltbürgertum zu verlieren. Er lehrte zunächst als Jurist an der Universität Turin und der Bocconi-Universität Mailand, veröffentlichte mehrere wirtschaftswissenschaftliche Studien und war als Redakteur bei *La Stampa* und dem *Corriere della Sera* tätig. 1929 wurde er zum Senator auf Lebenszeit gewählt, blieb der Politik Mussolinis gegenüber jedoch distanziert, was sich konkret darin äußerte, dass er 1935 gegen den Krieg in Äthiopien stimmte. Als die Diktatur sich zu verfestigen begann, gab er seine journalistische Tätigkeit bei den inzwischen regierungsnahen Tageszeitungen auf, blieb aber Leiter der von ihm gegründeten Zeitschrift *Riforma Sociale*, bis diese im Jahr 1935 von der Zensur zur Schließung gezwungen wurde. Als das faschistische Regime zusammenbrach, ging Einaudi 1943 ins Schweizer Exil und veröffentlichte in *Il Risorgimento Liberale* eine Reihe von Artikeln, die zur Entwicklung des wirtschaftlichen und politischen Programms der demokratischen italienischen Republik beitrugen. Während seiner Schweizer Zeit konnte er mit den antifaschistischen Emigrantenmilieus in Verbindung treten, hatten doch in der Schweiz Verfolgte aus allen politischen Lagern Zuflucht gefunden: Kommunisten, Liberale, Christdemokraten und Sozialisten entwarfen in einer der ältesten Demokratien Europas die Grundlagen einer künftigen italienischen Demokratie. Nachdem die Regierung Badoglio mit den Alliierten einen Waffenstillstand geschlossen hatte (8. September 1943), flüchteten ungefähr 40.000 italienische Soldaten auf Schweizer Territorium und entkamen auf diese Weise– genau wie Einaudi – den deutschen Truppen sowie der Republik von Salò, die im Norden Italiens von Mussolini gegründet wurde. So entwickelte sich die Schweiz zu einem kleinen Italien: dem Italien der Zukunft.

Als die Befreiung durch den endgültigen Sieg der Alliierten gesichert war, kehrte Einaudi 1945 nach Rom zurück. Er bekleidete in den Folgejahren hohe Staatsämter und wurde schließlich zum italienischen Staatspräsidenten gewählt. Am Ende seines Mandats trat Einaudi wieder sein früheres Senatorenamt an und veröffentlichte *Lo Scrittoio del Presidente*, eine Textsammlung, die begeistert aufgenommen wurde. Am Ende seines Lebens erlebte er voller Enthusiasmus dem Beginn der europäischen Integration.

Als ein von Jugend an überzeugter Europa-Anhänger schrieb sich Luigi Einaudi in jene Reihe italienischer Intellektueller und Politiker ein, die in der Tradition des *Risorgimento* an die revolutionären Kräfte des Liberalismus und eines grenzüberschreitenden Denkens glaubten. Sein Lebensweg, aber auch seine moralische und intellektuelle Bedeutung rücken ihn in die Nähe von Benedetto Croce

(1866–1952), einem der bedeutendsten Repräsentanten des geistigen Widerstands gegen Faschismus und Barbarei. Nachdem Croce sich in seiner Jugend zunächst vom Marxismus angezogen gefühlt hatte (den er später heftig kritisieren sollte), fühlte er sich später dem hegelschen Idealismus verpflichtet. Wie in seiner „Philosophie des Geistes" deutlich wird, die er als „Historismus" bezeichnete, entspringt der Sinn von Geschichte aus dem allmählichen Sichtbarwerden der Freiheit und der schöpferischen Tätigkeit (*Teoria e storia della storiografia*/Theorie und Geschichte der Historiographie, 1912). Nachdem er Senator (1910) und schließlich Minister der letzten Regierung Giolittis (1920–1921) gewesen war, zog er sich bei der faschistischen Machtübernahme aus der aktiven Politik zurück. Während der Jahre der Diktatur verfasste er literarische Kritiken und Geschichtswerke, zu denen die 1932 erschienene *Storia d'Europa nel secolo decimonono* (Geschichte Europas im neunzehnten Jahrhundert) gehört. Dieses Buch, das inmitten der Unruhen der aufkommenden Extremismen geschrieben wurde, definiert die Freiheit als eine höchst europäische Idee, die in der Nation wurzele, nun aber von den Nationalismen bedroht werde. Um diesen Gefahren zu begegnen, sieht Croce nur einen Weg: den „europäischen Vereinigungsprozess", basierend auf einem Liberalismus, der sich jenseits von Wirtschaft und Politik als laizistische Freiheitsreligion verstehe. Um den Prozess der europäischen Einigung wirksam voranzutreiben, stelle die moderne, europäische Philosophie des Liberalismus die geeigneten Grundlagen und Mittel bereit – insbesondere zur Bekämpfung der Feinde des „Geistes": Katholizismus, Jakobinertum, Faschismus und Kommunismus.

Croce befürwortete politische und gedankliche Freiheit ebenso wie die Möglichkeit individueller Entscheidungen, die es dem Menschen erlaubten, selbst „angesichts des Tyrannen" frei zu handeln. In Einaudis Denken hingegen standen stets die notwendigen Voraussetzungen für die Ausübung der Freiheit im Vordergrund – ihm war jeglicher philosophischer Idealismus fremd. Daher konzentrierte sich sein Denken nicht auf das gleichsam erhabene Individuum, sondern auf die Freiheit des Einzelnen als Bürger eines Staates. Trotz der langwierigen Debatten, die diese beiden bedeutenden Persönlichkeiten des italienischen Idealismus miteinander führten – sie hatten beide den Faschismus samt seiner Zwänge und der staatlichen Zensur miterlebt –, orientierten sie sich, was die Verteidigung der individuellen Freiheit anbelangt, eindeutig an gemeinsamen Werten. Schon 1922 übernahm

La naissance du Sauveur, Carmelite House oder Die Geburt des Erlösers, Derso et Kelen, 1926, aus *Histoire du peuple élu*, Genf, 1931. Aloys Derso und Imre Kelen, beide ungarische Juden, werfen einen amüsierten Blick auf die Ehrfurcht für die Resolutionen des blutjungen Völkerbundes, in dem manch einer den Messias sieht. Bibliothek der Vereinten Nationen, Genf. Archive des Völkerbunds und historische Sammlungen. Mit freundlicher Erlaubnis des Büros der Vereinten Nationen in Genf.

Les Lévites, Derso und Kelen, aus *Histoire du peuple élu*, Genf, 1931. Nach jüdischer Tradition sind die Leviten – die Mitglieder des Stammes Levi – die einzigen Israeliten, die bei ihrer Ankunft im Land Kanaan keinen Landbesitz, sondern Stadtbesitz erhielten, „weil der Herrgott selbst ihr Erbteil ist". Die Leviten übernahmen religiöse Aufgaben und politische Zuständigkeiten. Als Gegenleistung schuldeten ihnen die Stämme, denen das Land gehörte, Zehenter. Hier abgebildet die Dienstbeflissenheit der Mitglieder des Völkerbundes – die Diener ohne Land – gegenüber Briand, dem einbeinigen Pilger, stets die Zigarette in der Hand. Bibliothek der Vereinten Nationen, Genf. Archive des Völkerbunds und historische Sammlungen. Mit freundlicher Erlaubnis des Büros der Vereinten Nationen in Genf.

L'Arche de Briand, Derso und Kelen, aus *Histoire du peuple élu*, Genf, 1931. „Briand schickte die Taube aus, und zurück kam eine Ente mit dem Olivenzweig." Eine Impression von der Konferenz von Locarno, der Rolle der Presse und lauernden Haien. Man beachte die Schnecke als Galionsfigur der Arche Briands und die Mitpassagiere von Schubert, Chamberlain, Luther, Scialoja, Vandervelde und Bénès. Bibliothek der Vereinten Nationen, Genf. Archive des Völkerbunds und historische Sammlungen. Mit freundlicher Erlaubnis des Büros der Vereinten Nationen in Genf.

Einaudi in einem Artikel in *La Riforma Sociale* Croces These, derzufolge der „Liberismus" ein Konzept sei, dem der weiter gefasste Begriff des „Liberalismus" überlegen sei, denn der Liberismus stelle bloß „die empirische Anwendung auf konkrete wirtschaftliche Probleme einer ethisch viel weiteren Vorstellung dar: des Liberalismus". Zwei Jahrzehnte später unterstreicht Einaudi in seinem Essay *Liberismo e consumismo*, der 1941 in *Argomenti* veröffentlicht wird, dass der Liberismus kein bloßes Laisser-faire sei, sondern eine Intervention des Staates, die Vorgabe eines Rahmens, innerhalb dessen die Privatperson agieren kann.

Dieser interventionistische Zug in Einaudis liberalem Denken, das er als Mitglied der Nachkriegsregierungen anwendete und das ihn in die Nähe der Christdemokraten rückte, war determinierend für seine Vorstellung von Europa. Während seines Schweizer Exils schlug er eine Brücke zu den Föderalisten, insbesondere zu Ernesto Rossi und Altiero Spinelli, und veröffentlichte zu diesem Thema *I problemi economici della Federazione europea* (1945). In dieser Zeit vertrat der italienische Universalismus, der für die Kultur der Halbinsel stets prägend war, einen entschieden pro-europäischen und föderalistischen Standpunkt. Die Vorstellung von einer Föderation der Staaten und Nationen als Voraussetzung für den Frieden zwischen den Völkern gehörte nicht nur zum Denken der damaligen Politiker, sondern auch der Industriellen und Intellektuellen aller Lager. Zu nennen wäre hier Andrea de Chirico (1892–1952), Bruder des Malers und selbst Maler, Musiker und Schriftsteller (unter dem Pseudonym Alberto Savinio), eine der markantesten Persönlichkeiten des Surrealismus, der 1945 *Sorte dell'Europa* veröffentlichte. Hier entwickelt er die Vorstellung von einer „natürlichen Einheit" Europas, die nicht auf einer „vertikalen", „zentralistischen" und „ptolemäischen", also auf der Macht eines Menschen, Königs, Staatschefs oder einer herrschenden Nation basierenden Idee gegründet ist, sondern auf einer „expansiven", „horizontalen" und „kopernikanischen". Chirico vertritt damit ebenso eine gesamteuropäisch demokratische Auffassung.

Der europäische Vereinigungsprozess verdankt den italienischen Liberalen, die die Einheit und Zukunft Italiens vom *Risorgimento* bis zur Befreiung in die breitere Perspektive einer europäischen Vereinigung einzubetten wussten, sehr viel. 1834 gründete Giuseppe Mazzini (1805–1872), einer der Väter Italiens neben Giuseppe Garibaldi und Camillo Benso Graf von Cavour, die Bewegung *„Giovine Europa"*, die sich zum Ziel setzte, einen Europäischen Kongress einzuberufen, der auf dem ganzen Kontinent die republikanischen Werte der Freiheit, Gleichheit und Brüderlichkeit verteidigen sollte. Unmittelbar vor dem Zusammenbruch des Faschismus und dessen, was man als *Secondo Risorgimento* bezeichnet, verfassten Altiero Spinelli und andere Antifaschisten, die auf die Insel Ventotene verbannt worden waren, ein Manifest, in dem sie eine föderale Regierung für das Europa der Nachkriegszeit empfehlen, die den Völkern und nicht etwa den Staatsregierungen gegenüber verantwortlich ist.

La Chaste Suzanne, Derso und Kelen, aus *Histoire du peuple élu*, Genf, 1931. In scherzhafter Anlehnung an die Episode „Susanne und die Greise" badet der Gouverneur der Banque de France Moret „unschuldig" im Geld, unter den äußerst interessierten Blicken des Gouverneurs der Bank of England, Norman Montagu, und des Direktors der Reichsbank, Luther. Bibliothek der Vereinten Nationen, Genf. Archive des Völkerbunds und historische Sammlungen. Mit freundlicher Erlaubnis des Büros der Vereinten Nationen in Genf.

Einaudis europäisches Projekt gründet auf folgendem Postulat: Wer in Europa Frieden will, muss einen Staatenbund mit einer supranationalen Autorität wollen. Seine Sichtweise ist klar: Die Antagonismen zwischen den verschiedenen europäischen Nationen erfordern „eine Macht, die über den souveränen Staaten steht", einen „Superstaat". Nach dem Ersten Weltkrieg hat er in *La guerra e l'unità europea* bereits davor gewarnt, falsche Hoffnungen in einen intergouvernementalen „Völkerbund" zu setzen, eine Organisation also, die von souveränen Nationen geleitetet würde, ohne dass diese die „höhere Macht" rückhaltlos anerkennen. Die Vorstellung von einem Staatenbund drängte sich Einaudi mit solcher Selbstverständlichkeit auf, dass er es nicht einmal für nötig hielt, dessen Institutionen und Organe zu skizzieren: Vielmehr verweist er auf die historischen Beispiele der Schweiz und der Vereinigten Staaten – die Zollunion, den Verzicht auf militärische Souveränität und nationale Diplomatie sowie auf einen Teil der finanziellen Autonomie. „Mein Vater", schrieb sein Sohn Roberto, „pflegte die Schweiz als Beispiel für unabhängige Staaten mit verschiedenen Sprachen anzuführen, denen es gelingt, innerhalb einer vereinten Föderation friedlich miteinander zu leben, auf Kosten eines Teils ihrer Unabhängigkeit und ihrer Souveränität [...]. Für ihn stellte die Schweiz das Ideal des vereinten Europas dar."

Konrad Adenauer, Alcide De Gasperi, Robert Schuman, Dirk Uipko Stikker und Joseph Bech, vermutlich bei der Eröffnung der Konferenz für eine europäische Armee (CED), Paris, 15. Februar 1951. Mediathek der Europäischen Kommission.

Die Gründerväter

Die Gründerväter

Die Gründerväter

Die Gründung der EGKS und dann später der Europäischen Wirtschaftsgemeinschaft ist das Werk einer politischen Generation, die vom Krieg geprägt war und gemeinsame Werte teilte, die in einigen Fällen auf die Zugehörigkeit der Personen zur christlich-demokratischen Strömung zurückzuführen waren. In der unmittelbaren Nachkriegszeit lenkte sie die Geschicke der sechs Gründerstaaten der Europäischen Gemeinschaften. Ihre politischen Führer werden gemeinhin als „Gründerväter" bezeichnet.

Konrad Adenauer (1876-1967) wurde in Köln geboren. Er war von Beruf Jurist und wurde 1917 Oberbürgermeister von Köln und dann Präsident des Preußischen Staatsrats. Hitlers Machtergreifung setzte Adenauers politischer Karriere ein Ende. Er wurde mehrfach festgenommen und nach dem Attentat auf Hitler in einem Lager interniert. Nach dem Krieg nahm er seine früheren Tätigkeiten wieder auf und beteiligte sich an der Gründung der christlich-demokratischen Partei (CDU), deren Vorsitzender er wurde. 1949 wurde er der erste Bundeskanzler der Bundesrepublik Deutschland und übte dieses Amt bis 1963 aus. Von diesem Zeitpunkt an war er bestrebt, die Gleichberechtigung Deutschlands wieder zu erlangen. In seiner Besorgnis angesichts der Haltung der Alliierten und insbesondere Frankreichs, das deutsche Fabrikanlagen demontierte, schlug er im Austausch für die Einstellung dieser Politik Beteiligungen an deutschen Unternehmen und die Einbeziehung Deutschlands in einen Wirtschaftsverbund vor, dem Frankreich, Italien und die Benelux-Staaten angehören sollten. Die deutschen Sozialdemokraten lehnten diesen Gedanken vehement ab. Es ist jedoch verständlich, warum Adenauer dem Vorschlag Schumans von Anfang an zustimmte. Nach der Gründung der EGKS und dem Scheitern der EVG unterstützte er die Bemühungen um eine Wiederbelebung des europäischen Integrationsprozesses und die Schaffung der Europäischen Wirtschaftsgemeinschaft. Schließlich unterhielt er zum Frankreich des Generals de Gaulle Beziehungen, die auf eine enge Zusammenarbeit gerichtet waren und 1963 in den deutsch-französischen Freundschaftsvertrag mündeten. Er war nicht nur einer der Architekten des europäischen Aufbauwerks, sondern stattete dieses mit dem später als „deutsch-französischen Motor" bezeichneten Element aus, ohne das die Union nicht in der Lage gewesen wäre, voranzukommen.

Joseph Bech (1887 - 1975) wurde in Diekirch (Luxemburg) geboren. Er war von Beruf Jurist und wurde 1914 ins luxemburgische Parlament gewählt. 1921 wurde er Bildungsminister und war von 1926 bis 1937 Ministerpräsident, wobei er gleichzeitig das Amt des Außenministers ausübte. Danach übernahm er verschiedene Ministerämter. Während des Kriegs ging er nach London ins Exil. 1953 wurde er erneut Ministerpräsident und gleichzeitig Außenminister und blieb dies bis 1958. Als Freund Schumans wirkte Joseph Bech an der Schaffung der EGKS mit, doch war er nach dem Scheitern der EVG vor allem einer der Akteure der Wiederbelebung des europäischen Integrationsprozesses. Ausgehend von einer Note der Benelux-Länder wurde die Konferenz von Messina für den 1. bis 3. Juni 1955 einberufen. Auf dieser Konferenz wurde der Prozess eingeleitet, der schließlich zur Schaffung der Europäischen Wirtschaftsgemeinschaft und von Euratom führte. Die Schlusserklärung der Konferenz beginnt mit folgenden Worten: „Die Regierungen [...] halten dafür, daß der Augenblick gekommen ist, eine neue Phase auf dem Wege zum Bau Europas einzuleiten. Sie sind der Ansicht, dass dies vor allem auf wirtschaftlichem Gebiet zu erfolgen hat. Sie erachten es als notwendig, die Schaffung eines Vereinigten Europas durch den Ausbau der gemeinsamen Institutionen, durch die schrittweise Fusion der nationalen Wirtschaften, durch die Schaffung eines gemeinsamen Markts und durch die schrittweise Koordination ihrer Sozialpolitik fortzusetzen." Nach der Schaffung der EWG hat Joseph Bech das Amt des Ministerpräsidenten bis 1958 und das Amt des Außenministers bis 1959 inne. Von 1959 bis 1964 war er Präsident des Abgeordnetenhauses.

Johan Willem Beyen (1897 - 1976) wurde in Utrecht geboren und war zunächst im Finanzministerium, dann beim Unternehmen Philips tätig, bevor er eine große Karriere als Bankier machte. Er war insbesondere Vizepräsident und von 1935 bis 1940 Präsident der Bank für internationalen Zahlungsausgleich und dann von 1946 bis 1955 Exekutivdirektor dieser Bank. Als Außenminister (1952 - 1956) hatte er bei den Verhandlungen über die EVG und den Beratungen über die Europäische Politische Gemeinschaft vergeblich vorgeschlagen, eine Zollgemeinschaft zu schaffen, die für die Niederlande als Exportland vorteilhaft gewesen wäre. Die Krise im Anschluss an das Scheitern der EVG brachte ihn dazu, sein Projekt zu überarbeiteten, das sich zu einem gemeinsamen Markt hinentwickelte. Am 4. April 1955 unterbreitet er Bech und Spaak sein Projekt und erhielt deren Zustimmung. Der Text in Form eines an die drei anderen EGKS-Mitgliedstaaten gerichteten Memorandums der Benelux-Staaten sollte das grundlegende Dokument der Konferenz von Messina sein, die zur Schaffung der Europäischen Politischen Gemeinschaft führte. Von 1958 bis 1963 war Beyen Botschafter in Paris. Er starb am 29. April 1976 in Den Haag.

Alcide de Gasperi (1881 - 1954) wurde in Pieve Tesino in der damals österreichischen Region Trient geboren. Sein Studium absolvierte er in Wien. Da er Deutsch sprach, in Wien studiert hatte und aus einer Grenzregion stammte, stand er Adenauer und Schuman in kultureller Hinsicht nahe. 1911 wurde er als Abgeordneter ins österreichische Parlament gewählt und verteidigte dort den italienischen Charakter seiner Heimatprovinz, war aber gegen den ersten Weltkrieg. 1921 wurde er als Abgeordneter ins italienische Parlament gewählt, da die Region Trient in den Friedensverträgen Italien zugesprochen wurde. Er wurde Vorsitzender der christlich-demokratischen Volkspartei. In jener Zeit fand in Köln seine erste Begegnung mit Adenauer statt. Nach der Machtübernahme durch die Faschisten verlor er sein Abgeordnetenmandat und wurde inhaftiert. Nach seiner Freilassung fand er eine Anstellung in der Vatikanischen Bibliothek. Nach dem Krieg wurde er als Neubegründer der christlich-demokratischen Partei mehrmals Regierungschef und Außenminister. Er verfolgte ein ähnliches Ziel wie Adenauer, nämlich die Wiedereingliederung Italiens in das europäische Staatengefüge. Im August 1948 hatte Italien vorgeschlagen, die europäische Organisation für wirtschaftliche Zusammenarbeit durch die Zuweisung von wirtschaftlichen, sozialen und kulturellen Kompetenzen und durch die Schaffung eines Politischen Ausschusses und eines Gerichtshofs umzugestalten. Er zog diesen Vorschlag zurück, nachdem dieser von den Europäern zurückhaltend aufgenommen worden war. 1950 hatte er die Petition der Europäischen Union der Föderalisten für einen europäischen föderalen

Staat unterzeichnet, denn er dachte, dass der Aufbau Europas ohne gemeinsame Währung und ohne gemeinsames Heer schwierig sein würde. Er konnte daher dem Gedanken der Schaffung der EGKS nur zustimmen, auch wenn er einer Föderation mit einer weiter reichenden Zielsetzung den Vorzug gegeben hätte. Seine Zustimmung war zum Großteil der Überzeugungskraft seines Außenministers, Graf Carlo Sforza, zu verdanken, der ihn davon überzeugte, dass der Schuman-Plan für Italien von großem wirtschaftlichem Interesse sein konnte. Angesichts seiner föderalistischen Zielvorstellung zeigte er sich sehr aufgeschlossen für die Schaffung der EVG, deren Scheitern er jedoch nicht mehr erleben sollte.

Jean Monnet (1888 - 1979) stammte aus einer im Cognac-Handel tätigen Kaufmannsfamilie und war lange im Familienunternehmen tätig. Sein erster Auftritt im öffentlichen Leben fand während des ersten Weltkriegs statt, als er aus eigener Initiative die Koordinierung der Güterversorgung der Alliierten übernahm. Nach dem Krieg wurde er Stellvertretender Generalsekretär des Völkerbundes, doch trat er 1923 von diesem Amt zurück, um sich um das Familienunternehmen zu kümmern und eine Laufbahn als Finanzberater insbesondere in den Vereinigten Staaten, dann in China bei Tschiang Kai-schek einzuschlagen. Zu Beginn des zweiten Weltkriegs war er maßgeblich am Projekt einer Britisch-Französischen Union vom Juni 1940 beteiligt. Dieses Projekt wurde nicht durchgeführt, weil Ministerpräsident Paul Raynaud durch Marschall Pétain ersetzt wurde. Monnet wurde im August 1940 von der Regierung Churchill in die Vereinigten Staaten gesandt, um dort Verhandlungen über Rüstungskäufe zu führen, und danach koordinierte er die Tätigkeiten im Rahmen des Kriegseinsatzes zwischen Großbritannien und dem Vereinigten Königreich. Nach der Befreiung Frankreichs wurde er Leiter des französischen Planungsamts mit der Aufgabe, die französische Wirtschaft wieder in Schwung zu bringen. In Ausübung dieses Amtes legte er dem französischen Außenminister, Robert Schuman, die Initiative für die Errichtung eines Gemeinsamen Markts für Kohle und Stahl vor. In diesem Plan kommt Monnets Pragmatismus zum Ausdruck. Seine Erfahrungen beim Völkerbund hatten ihn ein gewisses Misstrauen gegenüber groß angelegten politischen Projekten gelehrt, die oft nur tote Buchstaben bleiben. Durch seine Mitwirkung bei der Koordinierung der Tätigkeiten im Rahmen des Kriegseinsatzes hatte er hingegen gesehen, wie leicht es war, Fachleute für die Zusammenarbeit an einem gemeinsamen Projekt zu gewinnen. Durch die EGKS wurde es ermöglicht, dass Staaten, die gestern noch Feinde waren, zur Zusammenarbeit fanden, sobald sie an einem gemeinsamen Projekt mitwirkten. Jean Monnet wurde der erste Präsident der Hohen Behörde der EGKS. Nach der Ablehnung der Europäischen Verteidigungsgemeinschaft durch Frankreich trat er jedoch zurück, um das Aktionskomitee für die Ver-

Jean Monnet, bei einer Pressekonferenz, Brüssel, 3. Mai 1973. Mediathek der Europäischen Kommission.

einigten Staaten von Europa zu gründen und sein Werk für die europäische Integration auf diese Weise fortzusetzen.

Robert Schuman, 1963. Mediathek der Europäischen Kommission.

Robert Schuman (1886 - 1963) wurde in Luxemburg-Clausen geboren. Sein Vater hatte infolge der Annexion von Elsass-Lothringen im Jahr 1870 die deutsche Staatsangehörigkeit. Als er 1947 französischer Ministerpräsident wurde, brachte ihm seine deutsche Abstammung heftige Vorwürfe seitens der kommunistischen Partei ein. Er besuchte die Grund- und Sekundarschule in Luxemburg und studierte Rechtswissenschaften in Bonn, München, Berlin und Straßburg. Wegen seiner Herkunft aus Ostfrankreich, einer durch die deutsch-französischen Kriege verheerten Region, waren ihm die Kulturen beider Länder und der Wunsch nach Frieden bestens bekannt. In Metz war er als Rechtsanwalt tätig und engagierte sich im politischen Leben, und nach dem ersten Weltkrieg wurde er als Abgeordneter in die französische Nationalversammlung gewählt. Er wurde regelmäßig wieder gewählt und wurde 1940 Unterstaatssekretär für Flüchtlinge. Er stimmte für die Ermächtigung von Marschall Pétain zur Ausarbeitung einer neuen Verfassung, wurde aber nicht in die Regierung berufen und kehrte nach Metz zurück, wo er von der Gestapo verhaftet und unter Hausarrest gestellt wurde, aber es gelang ihm, in die nicht besetzte französische Zone zu flüchten. Nach dem Krieg wurde er als Abgeordneter von Moselle in die Nationalversammlung gewählt und war 1946 und 1947 Finanzminister. 1947 wurde er Ministerpräsident, und mithilfe der Sozialisten konnte er die von Gewalttätigkeiten begleiteten Streiks meistern, die von der kommunistischen Partei ausgelöst worden waren. Nach dem Sturz seiner Regierung im Jahr 1948 übernahm er das Amt des Außenministers und bekleidete dieses Amt bis 1953. Durch diese lange Amtszeit konnte er erfolgreich im Dienst des europäischen Aufbauwerks wirken - so kam es zur Schaffung des Europarats, zur Gründung der EGKS und zu den Verhandlungen über die Europäische Verteidigungsgemeinschaft. Das visionäre Projekt von Jean Monnet konnte ihn überzeugen, weil es seine eigenen Überzeugungen widerspiegelte. Nachdem er vom Amerikaner Dean Acheson und dem Briten Bevin beauftragt worden war, Vorschläge zur Wiedereingliederung Deutschlands in das europäische Staatengefüge auszuarbeiten, erklärte er am 18. Dezember 1949 in Brüssel: „Der Beitritt Deutschlands zur europäischen Organisation bewirkt, wenn er diesem Land eine Unterordnung unter die Bedürfnisse der Gesamtheit auferlegt, im Gegenzug eine Art Rehabilitierung und für uns eine Garantie." Damit war das Ziel vorgegeben und die Vorschläge von Monnet verliehen diesem Ziel Substanz. Der Erfolg der EGKS, den er als Beginn des

Prozesses sah, ermutigte ihn dazu, mit seinen Bemühungen fortzufahren; dies galt um so mehr, als die Frage der deutschen Wiederbewaffnung wegen des Koreakriegs stark in den Vordergrund gerückt war. Das Scheitern der Europäischen Verteidigungsgemeinschaft bedeutete nicht das Ende seines Engagements. 1956 wurde er zum Präsidenten der Europäischen Bewegung gewählt und 1958 zum Präsidenten des Europäischen Parlaments. 1962 zog er sich aus dem politischen Leben zurück und verstarb 1963 im Alter von 77 Jahren.

Paul-Henri Spaak (1899 - 1972) wurde in Schaerbeek (Brüssel) geboren. Von Beruf Rechtsanwalt und Mitglied in der Brüsseler Anwaltskammer ging er in die Politik und wurde 1932 zum sozialistischen Abgeordneten für Brüssel gewählt. Er bekleidete Ministerämter von 1936 bis zum Krieg und verbrachte die Kriegszeit mit der Exilregierung in London. Nach dem Krieg wurde er Regierungschef (1946 - 1949) und übernahm gleichzeitig das Amt des Außenministers. Von 1952 bis 1954 war er Präsident der Gemeinsamen Versammlung der Europäischen Gemeinschaft für Kohle und Stahl (EGKS). 1954 wurde er wieder Außenminister. Sein große Leistung sollte die Schaffung von EWG und Euratom sein. Er hatte die von Beyen vorgelegte Initiative zur Gründung eines gemeinsamen Markts unterstützt, die dem Memorandum der Benelux-Staaten zugrunde lag. Er nahm an der Konferenz von Messina im Juni 1955 teil und wurde zum Vorsitzenden des Ausschusses ernannt, der den Auftrag zur Ausarbeitung eines Berichts über die Fortsetzung der europäischen Integration erhalten hatte. Der Bericht verfolgte einen pragmatischen Ansatz. In ihm wurde vorgeschlagen, einen gemeinsamen Markt zu errichten und eine Einigung über die Atomenergie herbeizuführen. Auf institutioneller Ebene wurde die Beibehaltung desselben Grads an Supranationalität wie im EGKS-Vertrag durch den Umfang und die Art der neuen Aufgaben erschwert. Die Befugnisse der Kommission als Nachfolgerin der Hohen Behörde wurden zugunsten der Befugnisse des Ministerrats eingeschränkt, aber der institutionelle Rahmen wurde gewahrt. Der Bericht wurde auf der Konferenz von Venedig im Mai 1956 wohlwollend aufgenommen und Paul-Henri Spaak führte dann bei der Ausarbeitung des EWG- und des Euratom-Vertrags den Vorsitz. Von 1957 bis 1961 war er NATO-Generalsekretär und übernahm dann von 1961 bis 1965 noch einmal das Amt des Außenministers.

Handschlag zwischen **Paul-Henri Spaak und Jean Monnet**, 1951. Mediathek der Europäischen Kommission.

Robert Schuman

Für Europa[1]

Wir müssen dem Krieg seine Daseinsberechtigung nehmen, ja sogar der geringsten Versuchung widerstehen, ihn zu führen. Niemand, auch nicht die skrupelloseste Regierung, darf ein Interesse daran haben, Krieg zu führen. Ich gehe noch weiter: Wir wollen ihr die Mittel entziehen, einen Krieg vorzubereiten und auf eigene Kosten zu riskieren. Selbst die Rücksichtslosesten werden künftig außerstande sein, einen Angriff vorzubereiten. Statt des Nationalismus vergangener Zeiten, statt der leicht verletzbaren und misstrauischen Unabhängigkeit verbinden wir nun die Interessen, die Entscheidungen und das Schicksal dieser neuen Gemeinschaft von vormals miteinander rivalisierenden Staaten.

Diese neue Politik gründet sich auf Solidarität und wachsendes Vertrauen.

Anders als bei Jean-Jacques Rousseau und seinem – seit zwei Jahrhunderten so grausam widerlegten – Glauben an das Gute im Menschen stellt sie ein Bekenntnis zum Glauben an die Vernunft der Völker dar, die endlich eingesehen haben, dass ihr Wohl in der Verständigung und der Zusammenarbeit liegt, so fest geschmiedet, dass keine der beteiligten Regierungen sich ihnen entziehen kann.

Diese Idee eines versöhnten, geeinten und starken Europas möge von nun an zum Wahlspruch der jungen Generationen werden, die von dem Wunsch erfüllt sind, der endlich von Hass und Angst befreiten Menschheit zu dienen, die nach allzu langer Selbstzerfleischung wieder zur christlichen Brüderlichkeit zurückfindet.

Selbstverständlich muss schrittweise und in Bereichen vorgegangen werden, für die die Menschen innerlich schon reif sind und wo besondere technische Möglichkeiten ein spektakuläres Ergebnis erwarten lassen.

Wir müssen die Menschen darauf vorbereiten, europäische Lösungen zu akzeptieren, indem wir allseits nicht nur Hegemonieansprüchen und dem Glauben an die eigene Überlegenheit, sondern auch der Engstirnigkeit des politischen Nationalismus, dem auf Autarkie bedachten Protektionismus und dem kulturellen Isolationismus entgegentreten. An die Stelle aller dieser Tendenzen, die uns von der Vergangenheit hinterlassen wurden, muss ein Gefühl der Solidarität treten, das heißt die Überzeugung, dass das wahre Interesse jedes Einzelnen darin besteht, in der Praxis die gegenseitige Abhängigkeit aller zu erkennen und zu akzeptieren. Egoismus zahlt sich nicht mehr aus.

Die europäische Gemeinschaft wird weder einem Reich noch einer Heiligen Allianz gleichen; sie wird sich auf die demokratische Gleichberechtigung, übertragen auf die Beziehungen zwischen den Nationen, gründen. Das Vetorecht ist mit einer derartigen Struktur unvereinbar, die von dem Grundsatz der Mehrheitsentscheidungen ausgeht und eine diktatorische Ausnutzung der materiellen Überlegenheit ausschließt.

Dies ist der Sinn der Supranationalität, bei der noch allzu oft lediglich der Verzicht auf Freiheiten, nicht aber die hinzu gewonnene Autorität und die erlangten Garantien wahrgenommen werden. Sie darf übrigens nicht auf die Kultur übertragen werden, die alle besonderen Ausprägungen achtet.

Madonna von Jean Gros, Roger Van der Weyden, ca. 1455/60. Öl auf Holz. Die Jungfrau, im europäischen Mittelalter Inbegriff der schützenden universellen Liebe, wird meist mit einem blauen, bestirnten Mantel dargestellt. Musée des Beaux-Arts, Tournai

1 Schuman, Robert, *Pour l'Europe*, Seite 45, 2. Auflage, Edition Nagel, Paris, 1963.

Jean Monnet

„Gemeinsame Institutionen ...“[2]

Wir schicken uns an – und daran wird unser Erfolg gemessen werden –, zu beweisen, ob eine Instanz, die von sechs Nationen frei geschaffen wurde, die aufgrund ihrer nationalen Souveränität über lange Jahrhunderte hinweg voneinander getrennt waren, ihre Entscheidungen im Interesse dieser sechs Nationen treffen und von den Unternehmen und den Nationen vollstrecken lassen kann.

Zum ersten Mal seit Jahrhunderten verwirklicht Europa genau diesen Schritt.

Die Europäische Gemeinschaft für Kohle und Stahl wurde 1950 von der französischen Regierung – mit ihren eigenen Worten – als erster Schritt auf dem Weg zu einer europäischen Föderation vorgeschlagen. Ihr eigentliches Ziel besteht darin, einen wesentlichen Beitrag zur Gründung der Vereinigten Staaten von Europa zu leisten. Ihr erstes Ziel ist, was uns anbelangt, die Schaffung eines gemeinsamen freien Marktes für Kohle und Stahl zwischen diesen sechs Nationen. Hierzu wurden Kohle und Stahl ausgewählt, weil sie unseres Erachtens die Grundlagen der modernen Wirtschaft sind.

Die Vorgehensweise besteht darin, die souveränen Befugnisse jeder dieser sechs Nationen an gemeinsame Institutionen zu delegieren. Zu diesem Zweck wurde zwischen den sechs Nationen ein Vertrag ausgehandelt, von den jeweiligen Regierungen unterzeichnet und den sechs Parlamenten zur Ratifizierung vorgelegt. Hier ist das Grundprinzip der Schaffung Europas mit Händen greifbar, nämlich in Form der völlig freiwilligen Übertragung von souveränen Befugnissen von Nationen, die bislang nur auf der Grundlage ihrer nationalen Souveränität fortbestanden haben und die nun einen Teil dieser Souveränität an gemeinsame Institutionen delegieren, die sie in ihrem Namen ausüben.

Die an gemeinsame Institutionen delegierten souveränen Befugnisse werden durch eine Reihe von Organen wahrgenommen, die die ersten föderalen Organe Europas darstellen. Es besteht ein System der Kontrolle und Ausgewogenheit, das eine demokratische Kontrolle aller Entscheidungen gewährleistet.

Zum ersten Mal werden die traditionellen Beziehungen zwischen den Staaten einer Neugestaltung unterzogen. In der Vergangenheit haben sich die europäischen Staaten selbst dann, wenn sie von der Notwendigkeit eines gemeinsamen Handelns überzeugt waren, und selbst dann, wenn sie eine internationale Organisation ins Leben gerufen haben, ihre volle Souveränität vorbehalten. Dementsprechend kann eine solche internationale Organisation weder Entscheidungen noch Durchführungsmaßnahmen treffen, sondern lediglich Empfehlungen an die Staaten aussprechen. Eine derartige Vorgehensweise ist außerstande, unsere nationalen Gegensätze zu überwinden, die unweigerlich hervortreten, solange das Denken in Kategorien nationaler Souveränität nicht überwunden ist.

Heute dagegen haben sechs Parlamente nach reiflicher Überlegung und mit überwältigender Mehrheit beschlossen, die erste Europäische Gemeinschaft zu bilden, die einen Teil der nationalen Souveränitätsrechte in sich vereinigt und sie dem gemeinsamen Interesse unterordnet.

2 Monnet, Jean, *Les Etats-Unis d'Europe ont commencé*. Robert Laffont, Paris, 1955.

Im Rahmen der Befugnisse, die ihr mit dem Vertrag übertragen wurden, wurde die Hohe Behörde von den sechs Staaten beauftragt, in vollkommener Unabhängigkeit Entscheidungen zu treffen, die in ihrem gesamten Hoheitsgebiet unmittelbar Rechtskraft erlangen. Die Hohe Behörde steht in direkter Verbindung mit allen betroffenen Unternehmen.

Die Hohe Behörde wird mit Finanzmitteln ausgestattet, die nicht aus Beiträgen der Staaten stammen, sondern aus Abgaben auf die ihr unterstehende Produktion von Waren. Sie ist rechenschaftspflichtig nicht gegenüber den Staaten, sondern gegenüber einer europäischen Versammlung. Die Versammlung wurde von den nationalen Parlamenten gewählt, und es ist bereits vorgesehen, dass sie direkt vom Volk gewählt werden kann. Die Mitglieder der Versammlung sind durch kein nationales Mandat gebunden; sie stimmen frei und individuell, und nicht nach Nationen ab. Jedes Mitglied der Versammlung vertritt nicht sein Land, sondern die Gemeinschaft als Ganzes. Die Versammlung ist das Kontrollorgan für unser Handeln. Sie hat die Befugnis, uns ihr Vertrauen zu entziehen. Sie ist die erste europäische Versammlung, die mit souveränen Befugnissen ausgestattet ist.

Gegen die Rechtsakte der Hohen Behörde kann vor Gericht Beschwerde eingelegt werden. Diese Beschwerden werden nicht an nationale Gerichte gerichtet, sondern an ein europäisches Gericht, den Europäischen Gerichtshof.

Alle diese Institutionen können im Lichte der Erfahrung verändert und verbessert werden. Was jedoch nicht in Frage gestellt wird, ist die Tatsache, dass es supranationale – und wir können es ruhig deutlich sagen – föderale Institutionen sind. Diese Institutionen sind im Rahmen ihrer Kompetenzen souverän, d.h. dass sie Entscheidungs- und Durchführungsbefugnisse besitzen.

Kohle und Stahl sind jedoch nur eine Komponente des Wirtschaftslebens. Daher gilt es, für eine ständige Verbindung zwischen der Behörde und den Regierungen zu sorgen, die für die gesamtwirtschaftliche Politik ihrer Staaten verantwortlich bleiben. Der Ministerrat wurde ins Leben gerufen, nicht um eine Kontrolle oder Vormundschaft auszuüben, sondern um diese Verbindung herzustellen und den Gleichklang zwischen der Politik der Behörde in ihrer Verknüpfungsfunktion und der Politik der Mitgliedstaaten zu gewährleisten.

Daher gibt es einen fundamentalen Unterschied zwischen dem Ministerrat der Gemeinschaft und den internationalen Organisationen bisheriger Prägung. Außer in Ausnahmefällen wurde bei Entscheidungen auf die Einstimmigkeitsregel verzichtet. Es geht darum, dass der Rat zu einer gemeinsamen Sicht der Dinge gelangt, und nicht darum, einen Kompromiss zwischen Partikularinteressen zu suchen. In den im Vertrag vorgesehenen Fällen, in denen Ihre Zustimmung zu den von der Behörde zu treffenden Entscheidungen erforderlich ist, sind Sie auf diese Weise in die Ausübung dieser neuen Souveränität, die unsere Gemeinschaft kennzeichnet, eingebunden.

Detail einer Kette aus Silber, geschmückt mit 17 byzantinischen, angelsächsischen und persischen Münzen. Diese Münzen zeugen von den Handelsverbindungen zwischen Orient und Okzident. Foto: Nationale Direktion der historischen Denkmäler, Ritva Bäckman, 1996. Finnisches Nationalmuseum, Helsinki.

Paul-Henri Spaak

Rede vor der Gemeinsamen Versammlung der Europäischen Gemeinschaft für Kohle und Stahl (EGKS)[3]

Am 13. März 1956 hat Paul-Henri Spaak, Präsident des von der Messina-Konferenz eingesetzten Zwischenstaatlichen Ausschusses, der in Brüssel zusammengetretenen Gemeinsamen Versammlung der Europäischen Gemeinschaft für Kohle und Stahl (EGKS) über den Stand der Arbeiten berichtet:

Für den Schluss meiner Ausführungen über den gemeinsamen Markt habe ich eines der wichtigsten Dokumente, nämlich das über die Institutionen aufgehoben. Es handelt sich dabei nicht um ein so ausgesprochen fachliches Problem wie das Problem der Zölle oder der Kontingente. Es betrifft jedoch eine größere Anzahl von Personen, und wir wissen aus Erfahrung, dass es zu sehr langen Auseinandersetzungen und zu derartigen Schwierigkeiten geführt hat, dass in einem bestimmten Augenblick die Form der Institutionen einer der Gründe war, woran die EVG scheiterte. Ich hoffe, dass wir diesmal nicht auf das gleiche Hindernis zusteuern oder dass wir es wenigstens mit anderen Mitteln nehmen werden.

Als dieses Problem im Kreise der Sachverständigen auftauchte, habe ich ihnen wiederholt empfohlen, zunächst eine Liste der technischen Schwierigkeiten aufzustellen und das Problem der Institutionen erst an letzter Stelle zu prüfen. Ich bat sie, Lösungen für die technischen Schwierigkeiten vorzuschlagen und dann erst die Frage zu untersuchen, ob die Schaffung von besonderen Institutionen

Arbeitssitzung der Kommission für eine Europäische Union, Genf, Mai 1931.
Bibliothek der Vereinten Nationen, Genf. Archive des Völkerbunds und historische Sammlungen. Mit freundlicher Erlaubnis des Büros der Vereinten Nationen in Genf.

3 Spaak, Paul-Henri, Rede vor der Gemeinsamen Versammlung der Europäischen Gemeinschaft für Kohle und Stahl (EGKS) in Brüssel am 13. März 1956

notwendig sei, damit der gemeinsame Markt in der Weise funktionieren könne, wie man sich ihn ursprünglich vorstellte. Sollten die Sachverständigen auf diese Frage verneinend antworten, so wäre das Problem gelöst. Sollten sie dagegen bejahend antworten, so wären wir an das Problem der Institutionen herangegangen.

Ich habe mir dabei eine einzige Empfehlung erlaubt: ich habe die Sachverständigen gebeten, ganz sachlich an das Problem der Institutionen heranzugehen. Ich habe ihnen nicht gesagt, dass man danach trachten müsse, supranationale Organe zu schaffen. Ich habe sie vielmehr gebeten, nach bestem Wissen und Gewissen die Schaffung von Institutionen zu empfehlen, die sie für das Funktionieren des gemeinsamen Marktes für notwendig hielten, nicht aber von Institutionen, durch die wir in eine Sackgasse geraten könnten. Dann würden wir es den Juristen überlassen, uns zu sagen, ob diese Institutionen supranational sind oder nicht. Das war die Art unseres Vorgehens, und ich möchte, dass Sie und die Öffentlichkeit hierüber volle Klarheit haben.

Bei unseren Arbeiten und Aussprachen haben wir zunächst die Feststellung gemacht, dass das Problem der Institutionen umso mehr an Bedeutung gewinnt, als der Vertrag elastisch ist und die gegebenen Verhältnisse berücksichtigt. Wenn sich die Anhänger eines vereinigten Europa meiner Auffassung anschließen, so sollten sie es wiederholen und unterstreichen.

Will man dem Problem der Institutionen aus dem Wege gehen, so muss man einen Vertrag ausarbeiten, in dem nichts dem Zufall überlassen bliebe. Dann müsste versucht werden, die gesamte Wirtschaftsentwicklung während zwölf Jahren bereits heute und bis in die letzten Einzelheiten zu regeln. Man müsste sogar bereits heute festzustellen versuchen, wie z. B. die Schutzklauseln unter den verschiedenen Voraussetzungen anzuwenden wären. Es genügt, einen solchen Gedanken auszusprechen, um uns über seine Undurchführbarkeit klar zu werden.

Auf der anderen Seite ist in den Verhandlungen und Erörterungen der letzten Jahre eine andere Tendenz sichtbar geworden, die darauf abzielt, eine gewisse Freiheit und Elastizität zuzulassen. Ich halte das für klug und richtig, und zwar aus den Gründen, die ich Ihnen vorhin darlegte. Wenn Sie aber ein solches System annehmen, dann müssen Sie sich auch mit seinen Folgen einverstanden erklären. Die Institutionen werden eine große Aufgabe zu erfüllen haben, weil ihnen die Auslegung eines Vertrages obliegt, der eine gewisse Freiheit bestehen lässt.

Um der Wahrheit willen muss ich hier eine weitere Feststellung machen. Die Sachverständigen, die wir mit dieser Aufgabe betraut haben, haben, glaube ich, keine vorgefasste Meinung gehabt und haben sich bemüht, die von mir gegebenen Richtlinien rückhaltlos zu befolgen.

Sie gelangten dabei zu Schlussfolgerungen, die mich gleichzeitig überraschten, erfreuten und sogar in gewissem Sinne um einige Jahre zurückversetzten, denn im Grunde ist das, was wir Ihnen vorschlagen, nichts weiter als die Verwirklichung der ersten Erklärung, welche die Versammlung des Europarats in Straßburg angenommen hatte. Nach meiner Ansicht besteht der einzige Ausweg darin, eine Institution mit beschränkter Zuständigkeit, aber mit wirklichen Vollmachten zu schaffen.

Ich darf Ihnen gleich sagen, dass dann, wenn wir uns über die Art der Einrichtung klar werden, wir nicht mehr in die leidenschaftlichen Erörterungen verfallen werden, die sich so oft bei anderen Anlässen ergeben haben. Das muss einmal gesagt werden. Aber es ist klar, dass die Gesamtheit der Schlussfolgerungen, zu denen wir auf dem Gebiet der Institutionen gelangt sind, zur Schaffung einer Europäischen Kommission mit begrenzter Zuständigkeit und wirklichen Befugnissen führt.

Diese Institutionen sind nicht besonders neuartig: es handelt sich dabei um einen Ministerrat, eine Europäische Kommission – diese Bezeichnung haben wir schließlich festgelegt –, um einen Gerichtshof und um eine parlamentarische Versammlung.

Zunächst der Ministerrat: Der allgemeine Grundsatz, auf dem seine Tätigkeit beruht, ist die Regel der Einstimmigkeit bei allen Angelegenheiten der allgemeinen Politik der Regierungen. Diesen Punkt muss ich unterstreichen. Ich glaube, dass wir im Augenblick, wo wir an das Problem der Institutionen herangehen, uns genau darüber klar werden müssen, dass die neue Institution, von der ich vorhin sprach, nämlich die Europäische Kommission, nur auf einem einzigen Gebiet Entscheidungen treffen kann, nämlich bei der Durchführung der Vertragsbestimmungen über den gemeinsamen Markt, dass sie dagegen in die allgemeine Politik der Regierungen nicht eingreifen kann. Während ich mit dieser Arbeit beschäftigt war, zogen eine Reihe von Gestalten an meinem geistigen Auge vorüber (Heiterkeit), und ich fragte mich, bei welchen von ihnen unser Vorschlag Unterstützung und bei welchen er Gegnerschaft finden würde.

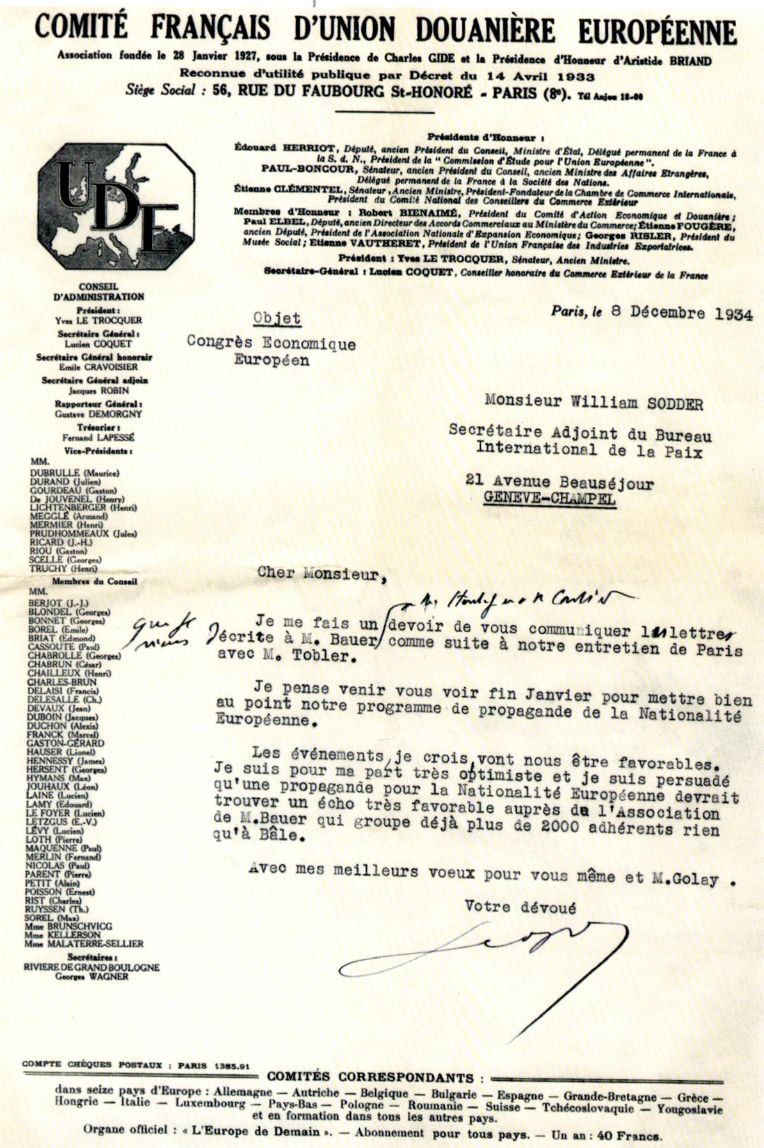

COMITÉ FRANÇAIS D'UNION DOUANIÈRE EUROPÉENNE

Association fondée le 28 Janvier 1927, sous la Présidence de Charles GIDE et la Présidence d'Honneur d'Aristide BRIAND
Reconnue d'utilité publique par Décret du 14 Avril 1933
Siège Social : 56, RUE DU FAUBOURG St-HONORÉ - PARIS (8e). Tél Anjou 18-00

Présidents d'Honneur :
Édouard HERRIOT, *Député, ancien Président du Conseil, Ministre d'État, Délégué permanent de la France à la S. d. N., Président de la "Commission d'Étude pour l'Union Européenne".*
PAUL-BONCOUR, *Sénateur, ancien Président du Conseil, ancien Ministre des Affaires Etrangères, Délégué permanent de la France à la Société des Nations.*
Étienne CLÉMENTEL, *Sénateur, Ancien Ministre, Président-Fondateur de la Chambre de Commerce Internationale, Président du Comité National des Conseillers du Commerce Extérieur*
Membres d'Honneur : Robert BIENAIMÉ, *Président du Comité d'Action Economique et Douanière;* Paul ELBEL, *Député, ancien Directeur des Accords Commerciaux au Ministère du Commerce;* Étienne FOUGÈRE, *ancien Député, Président de l'Association Nationale d'Expansion Economique;* Georges RISLER, *Président du Musée Social;* Etienne VAUTHERET, *Président de l'Union Française des Industries Exportatrices.*
Président : Yves LE TROCQUER, *Sénateur, Ancien Ministre.*
Secrétaire-Général : Lucien COQUET, *Conseiller honoraire du Commerce Extérieur de la France*

CONSEIL D'ADMINISTRATION
Président : Yves LE TROCQUER
Secrétaire Général : Lucien COQUET
Secrétaire Général honorair Emile CRAVOISIER
Secrétaire Général adjoin Jacques ROBIN
Rapporteur Général : Gustave DEMORGNY
Trésorier : Fernand LAPESSÉ
Vice-Présidents :
MM.
DUBRULLE (Maurice)
DURAND (Julien)
GOURDEAU (Gaston)
De JOUVENEL (Henry)
LICHTENBERGER (Henri)
MEGGLÉ (Armand)
MERMIER (Henri)
PRUDHOMMEAUX (Jules)
RICARD (J.-H.)
RIOU (Gaston)
SCELLE (Georges)
TRUCHY (Henri)
Membres du Conseil
MM.
BERJOT (J.-J.)
BLONDEL (Georges)
BONNET (Georges)
BOREL (Emile)
BRIAT (Edmond)
CASSOUTE (Paul)
CHABROLLE (Georges)
CHABRUN (César)
CHAILLEUX (Henri)
CHARLES-BRUN
DELAISI (Francis)
DELESALLE (Ch.)
DEVAUX (Jean)
DUBOIN (Jacques)
DUCHON (Alexis)
FRANCK (Marcel)
GASTON-GÉRARD
HAUSER (Lionel)
HENNESSY (James)
HERSENT (Georges)
HYMANS (Max)
JOUHAUX (Léon)
LAINE (Lucien)
LAMY (Edouard)
LE FOYER (Lucien)
LETZGUS (E.-V.)
LÉVY (Lucien)
LOTH (Pierre)
MAQUENNE (Paul)
MERLIN (Fernand)
NICOLAS (Paul)
PARENT (Pierre)
PETIT (Alain)
POISSON (Ernest)
RIST (Charles)
RUYSSEN (Th.)
SOREL (Max)
Mme BRUNSCHVICG
Mme KELLERSON
Mme MALATERRE-SELLIER
Secrétaires :
RIVIERE DE GRAND BOULOGNE
Georges WAGNER

Paris, le 8 Décembre 1934

Objet
Congrès Economique Européen

Monsieur William SODDER
Secrétaire Adjoint du Bureau International de la Paix
21 Avenue Beauséjour
GENEVE-CHAMPEL

Cher Monsieur,

Je me fais un devoir de vous communiquer la lettre écrite à M. Bauer comme suite à notre entretien de Paris avec M. Tobler.

Je pense venir vous voir fin Janvier pour mettre bien au point notre programme de propagande de la Nationalité Européenne.

Les événements, je crois, vont nous être favorables. Je suis pour ma part très optimiste et je suis persuadé qu'une propagande pour la Nationalité Européenne devrait trouver un écho très favorable auprès de l'Association de M. Bauer qui groupe déjà plus de 2000 adhérents rien qu'à Bâle.

Avec mes meilleurs voeux pour vous même et M. Golay.

Votre dévoué

COMPTE CHÈQUES POSTAUX : PARIS 1385.91

COMITÉS CORRESPONDANTS :
dans seize pays d'Europe : Allemagne — Autriche — Belgique — Bulgarie — Espagne — Grande-Bretagne — Grèce — Hongrie — Italie — Luxembourg — Pays-Bas — Pologne — Roumanie — Suisse — Tchécoslovaquie — Yougoslavie et en formation dans tous les autres pays.
Organe officiel : « L'Europe de Demain ». — Abonnement pour tous pays. — Un an : 40 Francs.

Brief eines Vertreters des französischen Komitees der Europäischen Zollunion an den stellvertretenden Sekretär des Internationalen Büros für den Frieden in Genf, 8. Dezember 1934. Bibliothek der Vereinten Nationen, Genf. Archive des Völkerbunds und historische Sammlungen. Mit freundlicher Erlaubnis des Büros der Vereinten Nationen in Genf.

Die einen werden finden, dass wir zu gemäßigt vorgegangen sind, andere, dass wir zu weit gegangen sind. Ich stehe nicht an, zu sagen: der Gesichtspunkt, den ich den Sachverständigen vorgeschlagen habe und unter dem wir gearbeitet haben, war, dass die Annahme des allgemeinen Grundsatzes, nach welchem die Einstimmigkeit im Ministerrat für alle Gebiete, die mit der allgemeinen Politik der Regierungen in Beziehung stehen, die Regel bleibt. Wenn es sich jedoch um die Angleichung der Gesetze der einzelnen Länder, die Beschäftigungspolitik, das finanzielle Gleichgewicht und die Stabilisierung der Konjunkturlage handelt, alles Gebiete, die unmittelbar mit dem Funktionieren des gemeinsamen Marktes in Verbindung stehen, so muss die Europäische Kommission die Möglichkeit zur Unterbreitung von Vorschlägen erhalten, die mit einer qualifizierten Mehrheit des Rats angenommen werden können, falls es z. B. eines Tages notwendig wäre, bei Zahlungsbilanzschwierigkeiten eines Staates eine gegenseitige Hilfeleistung durchzuführen.

Für die Höhe des Außenzolltarifs und die Beseitigung der Verzerrungen wird ein fortschreitendes Verfahren vorgeschlagen werden, bei dem die Regel der Einstimmigkeit für, sagen wir, acht Jahre beibehalten wird, während nach dieser Frist eine qualifizierte Mehrheit in Frage käme.

Schließlich schlagen wir vor, dass, sobald das System einer qualifizierten Mehrheit in Kraft tritt, der Grundsatz einer Gewichtung der Stimmen zugelassen wird. Gegen diesen Grundsatz wurden allerdings von einigen Delegationen Einwände erhoben. Ich persönlich bin durchaus dafür. Die zweite Institution des gemeinsamen Marktes ist das, was wir als Europäische Kommission bezeichnet haben.

Ich möchte darauf hinweisen, dass diese Institution auf dem betreffenden Gebiet mit Mehrheit beschließt. Wir glauben, dass die Mitglieder der Europäischen Kommission nicht allzu zahlreich sein sollten, damit sie von den Regierungen einstimmig ernannt werden können. Diese Ernennung wäre von der Versammlung mit einfacher Mehrheit zu bestätigen. Die Tätigkeit der Europäischen Kommission soll sich auf vier verschiedene Gebiete erstrecken. Es handelt sich darum, für die Durchführung des Vertrages und die Beachtung der von den Ländern übernommenen Verpflichtungen zu sorgen, sodann die Einhaltung der Vorschriften durch die Unternehmen zu überwachen, Entscheidungen über die Beseitigung der Subventionen und anderer Organisationssysteme sowie schließlich über die Anwendung der Schutz- und Ausnahmeklauseln zu erlassen.

Konrad Adenauer unterzeichnet den EGKS-Vertrag, Paris, 1951. Mediathek der Europäischen Kommission.

Auf diesen vier Gebieten, die wir als die Durchführung des Vertrages bezeichnet haben, werden die Entscheidungen, wie bereits gesagt, durch Mehrheitsbeschluss erlassen. Wir haben jedoch vorgesehen, dass sowohl ein Staat als auch eine Industrie beim Gerichtshof Klage erheben kann.

Auf dem Gebiet der allgemeinen Politik würde es der Europäischen Kommission freistehen, den im Rat vereinigten Regierungsvertretern Vorschläge über die Politik der Beschäftigung, des finanziellen Gleichgewichts und der Konjunktur zu unterbreiten.

Die Europäische Kommission würde also die Rolle eines Beraters des Ministerrats spielen. Auf dem Gebiet der Beseitigung der Verzerrungen und der Wirtschaftsverhandlungen würde es Aufgabe der Europäischen Kommission sein, Vorschläge zu unterbreiten, zu deren Ausführung nach Ablauf des ersten Vierjahresabschnitts keine Einstimmigkeit mehr, sondern nur noch eine Zweidrittelmehrheit im Rat erforderlich wäre.

Die Zuständigkeiten der Gemeinsamen Versammlung der Europäischen Gemeinschaft für Kohle und Stahl müssten erweitert werden, um den Erfordernissen eines allgemeinen gemeinsamen Marktes gerecht zu werden. Ich denke, Sie werden mit uns darin einig sein, dass die Schaffung einer weiteren europäischen Versammlung nicht in Frage kommt. Wir müssen also unter den bereits bestehenden wählen.

Wir waren nun der Ansicht, dass die Gemeinsame Versammlung der Europäischen Gemeinschaft für Kohle und Stahl unter Berücksichtigung des von ihr wahrgenommenen Aufgabengebiets, ihrer Erfahrungen und auch ihrer Zusammensetzung sich am besten dazu eignen würde, auch die Versammlung des allgemeinen gemeinsamen Marktes zu werden.

Ich komme nun zu den Aufgaben dieser Versammlung. Sie hat die Ernennung der von den Regierungen bezeichneten Mitglieder, welche die gemeinsame Institution bilden sollen, mit einfacher Mehrheit zu bestätigen. Die Versammlung kann mit einfacher oder gegebenenfalls mit einer noch festzusetzenden Mehrheit ihr Misstrauen gegen die allgemeine Politik der gemeinsamen Institution aussprechen. Sie hat mit einfacher Mehrheit über den Verwaltungshaushalt der Institution der Gemeinschaft abzustimmen, wobei sich diese Abstimmung nur auf die „en bloc"-Annahme bzw. -Ablehnung des Haushalts erstrecken kann, wie dies in Großbritannien üblich ist. Die Versammlung könnte den Präsidenten der gemeinsamen Institution aus der Mitte der bereits bezeichneten Mitglieder ernennen.

Über Zusätze und Änderungen am Vertrag, d. h. Änderungen der Zölle oder Kontingente nach dem ersten Vierjahresabschnitt, die Angleichung der Organisationssysteme der landwirtschaftlichen Märkte und die fortschreitende Einbeziehung der Dienststellen in den gemeinsamen Markt stimmt die Versammlung auf Antrag der Europäischen Kommission mit einfacher Mehrheit ab. Die auf diese Weise von der Versammlung angenommenen Anträge müssen vom Ministerrat mit Zweidrittelmehrheit bestätigt werden.

Aus dem, was ich Ihnen bisher vorgetragen habe, werden Sie sicherlich schon geschlossen haben, dass im Rahmen dessen, was wir aufbauen wollen, der Gerichtshof eine sehr wichtige Aufgabe zu übernehmen hat. Wir waren ferner der Ansicht, dass es nicht klug wäre, einen neuen Gerichtshof zu schaffen. Unserer Ansicht nach müsste also der Gerichtshof der Montanunion diesen neuen Aufgaben angepasst werden.

Der Gerichtshof der Europäischen Gemeinschaft für Kohle und Stahl ist das rechtsprechende Organ, das für die Einhaltung der Rechtsvorschriften bei der Auslegung und Anwendung des Vertrages und der Durchführungsvorschriften zu sorgen hat. Gegebenenfalls wäre die Anzahl der Richter zu erhöhen. Um über die Klagen zu entscheiden, die gegen bestimmte Entscheidungen der Europäischen Kommission angestrengt werden, bei denen es sich im Wesentlichen um die Beurteilung eines wirtschaftlichen Sachverhalts oder Tatbestands handelt, ist die Kammer des Gerichtshofs oder das Plenum des Gerichtshofs durch Beisitzer zu ergänzen, die für wirtschaftliche Angelegenheiten besonders kompetent sind. Dies bedeutet eine Neuerung im Rahmen der europäischen Einrichtungen dieses Gerichtshofs, ist aber an sich kein neuer Gedanke. In jedem unserer Länder gibt es eine Reihe von Gerichten, die sich sowohl aus Richtern als auch aus technischen Sachverständigen zusammensetzen.

Die Aufgabe des Gerichtshofs würde darin bestehen, Verstöße eines Landes oder eines Unternehmens gegen den Vertrag auf Antrag der Europäischen Kommission zu prüfen, wie ich dies bereits früher gesagt habe.

Ich glaube, dass ich Ihnen damit genug gesagt habe, vielleicht nicht so sehr, um Sie von der Vorzüglichkeit des Systems zu überzeugen, das wir vorzuschlagen beabsichtigen, sondern um Ihnen zu zeigen, dass für die meisten der aufgeworfenen Probleme – ich hoffe, möglichst wenig vergessen zu haben – der Bericht, den wir vorlegen werden, einen Vorschlag zur Lösung enthält.

Jean-Paul Jacqué

Die Gründerväter

Der Vertrag über die Gründung der Europäischen Gemeinschaft für Kohle und Stahl war das erste konkrete Ergebnis aus mehreren Jahrhunderten Überlegungen über eine europäische Einigung. Auf den ersten Blick kann man sich des Gedankens fast nicht erwehren, dass hier der Berg eine Maus gebar. Heute, nach mehr als fünfzig Jahren europäischer Integration, wissen wir aber, dass dem nicht so war. Waren die Gründerväter also Visionäre? Nun, es wäre genauso falsch, davon auszugehen, dass sie alle Folgen ihres Wirkens genau vorhersehen konnten, wie den Gedanken aufkommen zu lassen, dass ihre pragmatische Vorgehensweise jeder langfristigen Sicht der Dinge entbehrte. Wie aus dem Text der Schuman-Erklärung[1] hervorgeht, setzten sie mit diesem ersten Schritt einen Prozess in Bewegung, der einen langen Weg der Integration bewirken sollte.

Aus dem Haager Europa-Kongress und der daraus folgenden Gründung des Europarats hatten sie gelernt, dass jeder ehrgeizige Ansatz zum Scheitern verurteilt war, da die Staaten nicht bereit waren, wesentliche Elemente ihrer Souveränität an gemeinsame Institutionen abzugeben. Auch wenn einige durchaus Sympathien für ein föderal ausgerichtetes Einigungswerk hatten, haben sie daher doch ein bescheideneres Konzept gewählt. Es ist ihnen jedoch gelungen, dieses Konzept in eine langfristige Vision einzubetten. Diese Vision, die all jenen gemeinsam war, die sich mit dem europäischen Aufbauwerk beschäftigten, von Emeric de Crucé bis Aristide Briand, war das Streben nach Frieden. Monnet und Schuman wussten aus Erfahrung, dass dieser Frieden nur verwirklicht werden konnte, wenn es möglich war, das besetzte Deutschland dauerhaft wieder in das europäische System einzubinden.

Die Schuman-Erklärung trägt diesem Ansinnen Rechnung. Aufgrund seiner persönlichen Erfahrungen zwischen Deutschland, Frankreich und Luxemburg war Schuman kein naiver Pazifist; so erklärte er 1949 vor der französischen Nationalversammlung anlässlich der Debatte über die Ratifizierung des Atlantikpakts zur Beteiligung Deutschlands: „Die Frage kann sich weder heute noch künftig stellen. Deutschland hat noch keinen Friedensvertrag. Es hat keine Armee und es wird auch keine haben." Er sah jedoch bald ein, dass der Frieden nur möglich war, wenn Frankreich es vermied, die gleichen Fehler wie nach dem Vertrag von Versailles zu begehen. Deutschland durfte nicht diskriminiert werden, im Gegenteil, es musste als gleichwertiger Partner behandelt werden.

Die Beziehungen zwischen Frankreich und Deutschland waren 1950 jedoch von Spannungen geprägt. Der neue deutsche Bundeskanzler Konrad Adenauer hatte Schuman bei seinem offiziellen Besuch in Bonn einen kühlen Empfang bereitet. Es mangelte in der Tat nicht an strittigen Themen: die Frage des Statuts des Saarlands, das eben in den Europarat aufgenommen worden war, die Beschränkungen der Stahlproduktion ... alles Themen, bei denen sich Adenauer unnachgiebig zeigte. Es musste ein Weg gefunden werden, um wieder gute Beziehungen herzustellen. Die Lösung kam von Jean Monnet, damals Leiter des Generalkommissariats für den Plan, der Schuman den Entwurf einer in einer ersten Fassung vom Rechtsprofessor

1 vom 9. Mai 1950.

Paul Reuter erarbeiteten Erklärung vorlegte, mit der die EGKS ins Leben gerufen werden sollte. Die grundlegende Absicht bestand darin, Frankreich und Deutschland in konkreten Bereichen einander näher zu bringen, indem Deutschland gleiche Rechte gewährt wurden. Die Wahl fiel logischerweise auf Kohle und Stahl, da diese Produktionsbereiche entscheidend für den Wiederaufbau Europas waren und da es gerade in diesen Bereichen erhebliche Meinungsverschiedenheiten zwischen Deutschland und Frankreich gab. Mit der Integration dieser Bereiche, die zuvor für Differenzen sorgten, wurde die Grundlage für das europäische Aufbauwerk geschaffen; außerdem konnte man dieses Modell im Falle eines Erfolgs auch in anderen Bereichen einsetzen. Die Geschichte der Erklärung ist bekannt: Beratungen vorab mit Kanzler Adenauer, der zustimmte, Beratung mit dem US-Außenminister Dean Acheson, offizielle Verkündung am 9. Mai 1950, Annahme des Plans durch Italien und die Benelux-Länder, Ablehnung durch Großbritannien, Aufnahme der Verhandlungen am 20. Juni 1950, Unterzeichnung des Vertrags am 18. April 1951.

Dieser Erfolg ist zu einem großen Teil auch auf die persönlichen Beziehungen zwischen den verantwortlichen Politikern der Mitgliedstaaten zurückzuführen. Schuman, der einen Teil seines Studiums vor dem ersten Weltkrieg in Deutschland absolviert hatte, sprach die gleiche Sprache wie Adenauer. Als Christdemokrat teilte er zudem die Wertvorstellungen von Alcide de Gasperi und insbesondere des italienischen Außenministers Graf Sforza.

Er verbrachte seine Jugend in Luxemburg und unterhielt freundschaftliche Beziehungen zum damaligen Außenminister Joseph Bech. Ein Teil seiner Familie lebte in Belgien; daher verstand er sich auch rasch mit Paul van Zeeland und Paul-Henri Spaak. Diese Gemeinsamkeiten haben zu dem zügigen Verlauf der Verhandlungen beigetragen. Das bedeutet jedoch nicht, dass es ein einfaches Unterfangen war. Wirtschaft und Unternehmen meldeten starke Zweifel an, und einige Staaten – darunter Italien, das einen Vertrag durchaus befürwortete – forderten konkrete Bestimmungen zum Schutz ihrer Produktion. Die Niederlande hatten sehr starke Vorbehalte gegen die Errichtung einer supranationalen Behörde. Die Tatsache jedoch, dass für jeden die gleichen Einschränkungen gegenüber der Hohen Behörde gelten würden, führte zu einem Gefühl der Solidarität. Daneben gab es mehrere gewichtige Faktoren, die eine größere Akzeptanz des Vorhabens begünstigten, nämlich die Gefahr einer Überproduktion von Stahl und somit einer Krise, falls jeder Staat ungehindert seine eigene Politik fortsetzen würde, die Erinnerung an die deutschen Stahlkonzerne der Vorkriegszeit und die Rolle von Eisen und Stahl in der Rüstungsindustrie.

Der EGKS-Vertrag war geprägt von einer Vorgehensweise, die später als Monnet-Methode bezeichnet wurde: Zuerst wird faktische Solidarität zu konkreten Fragen geschaffen, um dann – aufbauend auf den damit erzielten Erfolgen – deren Geltungsbereich auszuweiten. Der Grundgedanke bei Monnet orientiert sich jedoch an einem föderalen Konzept. Die Mitgliedstaaten delegieren dabei – in genau festgelegten Bereichen – souveräne Befugnisse an gemeinsame Institutionen. Dabei handelt es sich in den Worten von Monnet um föderale Institutionen. Das Modell ist einfach. Die Verwaltungsbefugnisse werden einer Hohen Behörde übertragen, deren Mitglieder unabhängig von den Staaten und gegenüber einer parlamentarischen Versammlung rechenschaftspflichtig sind. Der Ministerrat wird konsultiert und wacht über die Abstimmung der Politik der EGKS mit jener der Mitgliedstaaten. Ein Gericht kontrolliert das Handeln der Institutionen. Die Gründerväter legten sehr viel Wert auf die Institutionen: Sie wussten, dass es jederzeit möglich war, große politische Fortschritte im Angesicht zwingender Umstände zu erzielen, aber nur die Institutionen würden die langfristige Tragfähigkeit des Systems im Alltag garantieren.

Diese Vorgehensweise erwies sich als sehr wirksam. Während Initiativen in Richtung einer politischen Union, wie die Europäische Verteidigungsgemeinschaft oder die Europäische Politische Gemeinschaft, scheiterten, bot die Europäische Wirtschaftsgemeinschaft einen Ausweg aus der Krise, die durch diese ergebnislosen Vorstöße heraufbeschworen worden war. Die EWG konnte aber aufgrund ihrer ausgedehnten Zuständigkeiten das institutionelle Modell der EGKS nicht übernehmen.

Wie Paul-Henri Spaak, einer der Initiatoren der EWG, deutlich macht, konnte man für den gemeinsamen Markt nicht einfach auf ein vorgefertigtes Modell zurückgreifen, sondern man musste ergründen, welche Institutionen in der Lage wären, die gewünschten Resultate zu erzielen. Mit diesem pragmatischen Ansatz wurde das institutionelle Modell der EGKS nicht grundlegend geändert, aber er führte zu einer Verlagerung des Schwerpunkts zugunsten des Rates. Es ging nämlich nicht mehr nur um die alltägliche Verwaltung eines Marktes, sondern es mussten weit reichende legislative Entscheidungen getroffen werden, und diese Aufgabe konnte nicht von einem supranationalen Organ allein erfüllt werden. Die Kommission, die an die Stelle der Hohen Behörde trat, war somit weiterhin für die Verwaltung zuständig; der Rat dagegen entschied über die Gesetze, auf Vorschlag der Kommission. Die Wahl der Beschlussfassungsverfahren im Rat ist interessant. Was die Funktionsweise des Marktes betrifft, so wurde mit gewichteter Mehrheit entschieden, während für Fragen der allgemeinen Politik der Staaten (Paul-Henri Spaak) Einstimmigkeit gefordert war. Der Vorschlag des Spaak-Ausschusses für das Parlament war sehr ehrgeizig: Dieses sollte die Ernennung der Mitglieder der Kommission billigen, den Verwaltungshaushalt genehmigen und die Legislativvorschläge der Kommission zusammen mit dem Rat, der mit einer Zweidrittelmehrheit beschließt, annehmen. Es dauerte jedoch bis zum Vertrag von Maastricht, bis die Vorschläge von Paul-Henri Spaak in diesem Punkt umgesetzt wurden.

Dieser von den Gründervätern definierte allgemeine Rahmen bildet noch heute die Grundlage der institutionellen Struktur und der Funktionsweise der Institutionen. Nun ist es so, dass Neuerungen immer von bestehenden Gegebenheiten ausgehen müssen, und so kommt es, dass bei der Gründung der Europäischen Wirtschaftsgemeinschaft der EGKS-Vertrag als Ausgangspunkt herangezogen werden musste. Diese Vorgehensweise wiederholte sich bei jeder Überarbeitung der Verträge. Es wurden jedes Mal Änderungen vorgenommen, aber die grundlegende Struktur wurde beibehalten. Während sich mit dem Projekt für eine Verfassung für Europa eine Abkehr von der Monnet-Methode anzudeuten schien, zeigt der Vertrag von Lissabon eindeutig eine Rückkehr zum gewohnten Ansatz. Institutionelle Reformen waren ohne Zweifel erforderlich, und sie werden es auch in Zukunft sein, aber sie wurden auf der Grundlage des Besitzstands durchgeführt und gingen in die von den Gründervätern gewollte Richtung, d.h. es wurde ein konkreter und progressiver Ansatz bei der Erweiterung der Tätigkeitsbereiche verfolgt, es gibt zunehmend Mehrheitsentscheidungen, und das Parlament erhält mehr Befugnisse; das zeigt, dass der ursprüngliche Ansatz auch heute noch Bestand hat.

Fragment der Berliner Mauer, 1961-1989, Gießbeton, bemalt (Graffiti/Spray).
Roh und formlos erscheint das Fragment als museales Zeugnis einer vergangenen Epoche.
Rat der Europäischen Union.

Nachwort

Die in diesem Buch zusammengestellten Textauszüge zeigen deutlich, dass der Wunsch, ein integriertes Europa zu schaffen, kein neues oder gar gegenwärtiges Phänomen ist. Über eine Alternative zu einem von Konflikten zerrissenen Europa wird bereits seit Jahrhunderten nachgedacht. Und wie die Vielfalt der Texte zeigt, kamen die Ideen dazu aus den verschiedensten Teilen des Kontinents und entstanden vor sehr unterschiedlichem Hintergrund. Viele Vorschläge waren eine reiche Inspirationsquelle für nachfolgende Generationen, nicht zuletzt für die Gründer der heutigen Europäischen Union.

Trotz ihrer Vielfalt weisen die Texte eine Reihe von Gemeinsamkeiten auf. Diese Übereinstimmungen ermöglichen es nicht nur, die Union in einem längerfristigen historischen Kontext zu begreifen, sondern lassen auch erahnen, was an den Überlegungen, die letztendlich zur Europäischen Union geführt haben, so grundlegend neu war.

Die auffälligste Gemeinsamkeit ist vielleicht die Verknüpfung zwischen Integration und Frieden in Europa. Selbstverständlich ließe sich eine Vereinigung dieser Art mit Gewalt durchsetzen. Dies wurde auch versucht. Doch alle hier versammelten Autoren strebten danach, Europa aus freiem Willen zu vereinen und nach dem Grundsatz der Herrschaft des Rechts. Ein anderer Weg war für sie weder wünschenswert noch langfristig tragbar.

Die zweite Gemeinsamkeit liegt im Beweggrund. Die Vorschläge weichen inhaltlich und methodisch zwar stark voneinander ab, zeugen aber alle von dem Wunsch, eine bessere Lebenswelt zu schaffen. Alle Verfasser waren von dem zutiefst menschlichen Wunsch erfüllt, das Los der Gesellschaft in ihrer Gesamtheit zu verbessern und Streit in Frieden, aber auch Ungewissheit in Stabilität und Armut in Wohlstand zu verwandeln.

Zudem war die europäische Dimension für einen Teil der Bildungselite im Mittelalter bereits Wirklichkeit. Mitglieder des Klerus und der Universitäten bildeten ein breites, oftmals europaweites Netzwerk, das nicht notwendigerweise

Jean de Dinteville und Georges de Selve („Die Gesandten“), Hans Holbein der Jüngere, 1533, Öl auf Holz. Der französische Gesandte in England und der Bischof von Lavaur, Gesandter am Kaiserhof, in der Republik Venedig und beim Heiligen Stuhl, umgeben von wissenschaftlichen Objekten, die auf Entdeckungen ihrer Zeit verweisen. National Gallery, London

der Aufteilung der politischen Macht entsprach. Für diese Leute muss die Absurdität der andauernden Fehden und kleinen Konflikte nur allzu offensichtlich gewesen sein. Diese Absurdität veranlasste sie zu erkunden, wie der Kontinent besser organisiert werden könnte. Derselbe Beweggrund, durch die Gräuel der beiden Weltkriege im zwanzigsten Jahrhundert noch verstärkt, führte zur Gründung der Europäischen Gemeinschaft und später der Europäischen Union, die einen neuen Weg zur Regelung der Beziehungen zwischen den europäischen Nationalstaaten aufzeigte.

Ein drittes Element, das sich – wenn auch in sehr unterschiedlichem Maße – in allen Texten findet, ist die Suche nach einer echten europäischen Identität. Auch wenn diese in vielen Fällen über eine Abgrenzung nach außen definiert wird, beschäftigt viele Verfasser die Frage: Was bedeutet es, Europäer zu sein?

Letztlich kennzeichnet alle Texte die Suche nach ganz praktischen Wegen, auf denen Frieden und Stabilität erreicht werden können. Viele Persönlichkeiten haben über die Jahrhunderte hinweg in abstrakten oder gar philosophischen Begriffen über die europäische Integration nachgedacht und geschrieben. Ihre

Beiträge decken sich nicht mit der Themenstellung dieses Buches. In den hier versammelten Textauszügen werden nicht nur Träume von einer besseren Ordnung für den Kontinent nachgezeichnet, sondern sie enthalten konkrete Vorschläge, wie dies geschehen soll. So waren ja auch die Gründer der heutigen Europäischen Union nicht nur Visionäre, sondern wurden angetrieben von dem ganz pragmatischen Wunsch, eine Veränderung herbeizuführen.

Ironischerweise gibt es eine weitere Gemeinsamkeit, die alle früheren Ideen von einer europäischen Integration verbindet: Sie konnten nicht realisiert werden. Das erklärt sich teilweise durch die politischen und kulturellen Umstände. Doch diese beantworten nicht ganz die Frage, warum gerade die Europäische Union (damals noch Europäische Gemeinschaft) als einzige Wurzeln schlug und sich als so erfolgreiches Projekt herausstellte.

Vielleicht liegt eine weitergehende Antwort darin, dass es den Gründern der Europäischen Union gelang, die richtige Mischung aus Idealismus und Realismus zu finden. Obwohl in allen historischen Entwürfen dieser Textsammlung beides, nämlich Idealismus und Realismus, zu finden ist, gibt es beträchtliche Unterschiede in deren Verhältnis zueinander. So erweisen sich einige Vorschläge als erstaunlich visionär, beispielsweise der Text zum „ewigen Frieden". Solche Vorschläge hätten jedoch in der Praxis nie funktioniert, weil sie auf der Annahme beruhen, die menschliche Natur sei veränderbar. Ihr Erfolg hing davon ab, ob es gelänge, die Welt zu der zu machen, die man sich wünschte, die sie aber nicht war. Ihre Verfasser waren der Welt der Philosophen näher als der Welt der Politiker.

Eine junge Prinzessin (Dorothea von Dänemark?), (undatiert, ca. 1530), Jan Gossaert (gest. 1532), Öl auf Holz. Ein Mädchen, das über den Rahmen des Bildes hinauszutreten scheint, den ernsten Blick auf den Betrachter gerichtet, hält eine Armillarsphäre, ein Instrument zur Darstellung der Bewegung von Himmelskörpern, verkehrt herum in den Händen. National Gallery, London.

Andere wichen zu weit in die entgegengesetzte Richtung ab. Sie setzten sich enge praktische Grenzen, und es fehlte ihnen dementsprechend an Weitblick. Genau wie der Völkerbund fanden sie sich mit dem Fortbestand nationaler Souveränitäten ab und waren somit abhängig von der Bereitschaft der Teilnehmer, die Existenz einer höheren gemeinsamen Sache zu akzeptieren, der andere, geringere Interessen bedingungslos unterzuordnen waren. Ihr Erfolg war deshalb abhängig vom Vertrauen in das System an sich. Ohne Vertrauen scheiterte auch das System. Kurzum, bei vielen der vorgeschlagenen Ordnungen war von vornherein klar, dass sie nicht längerfristig bestehen könnten.

Den Gründern Europas gelang es, das richtige Gleichgewicht zwischen Idealismus und Realismus zu finden. Sie verbanden die Vision von einem gesicherten und dauerhaften Frieden in Europa mit einigen ganz praktischen Strategien, unter anderem der Zusammenlegung der europäischen Kohle- und Stahlressourcen. Die Anfänge der Europäischen Union waren eher zögerlich, sie schlossen aber nicht aus, dass diesen ersten bescheidenen Schritten größere folgen sollten. Und so geschah es dann auch. Dieses schrittweise Vorgehen stellte auch jene zufrieden, die damals schon weiter dachten, weil es der europäischen Integration und ihrem möglichen Umfang keine Grenzen setzte, zugleich

aber realistischerweise implizit anerkannt wurde, dass eine weitere Vertiefung von konkreten Ergebnissen abhing.

Es ist gut möglich, dass der künftige Erfolg der europäischen Integration davon abhängt, dass weiterhin das richtige Gleichgewicht zwischen Idealismus und Realismus erreicht wird. Die genaue Lage des Gleichgewichtspunktes ändert sich möglicherweise im Laufe der Jahre, da sie sich an die sich wandelnden Gegebenheiten anpasst. Realismus schließt die Einsicht ein, dass die Europäische Union nur dann längerfristig Unterstützung findet, wenn sie Ergebnisse in Politikbereichen erbringt, die für den Alltag der Menschen relevant sind. Idealismus bedeutet, dass eine gewisse Vision für die Zukunft der europäischen Integration vorhanden sein muss und dass der Weg dahin mutig aufgezeigt wird.

Les ombrelles, 1995,
Georges Zongolopoulos,
mobile Skulptur. Metall.
VIP-Eingang zum Gebäude
des Rates der Europäischen
Union, Brüssel
Rat der Europäischen
Union.

Dieses Buch zeigt, dass die Geschichte der Europäischen Union nicht erst nach dem Zweiten Weltkrieg beginnt, sondern dass ihre Wurzeln viel weiter in die Vergangenheit zurückreichen. Wenn es darüber hinaus ein besseres Verständnis für die Wesensart der europäischen Integration, wie sie sich heute darstellt, und für die notwendigen Anstrengungen zur Weiterführung des Integrationsprozesses in der Zukunft bewirkt hat, dann hat es das Ziel derjenigen, die an seiner Herausgabe mitgewirkt haben, mehr als erfüllt.

Marc Lepoivre

Quellenverzeichnis

Bentham, Jeremy

- Grundsätze für Völkerrecht und Frieden, in: Kurt von Raumer: Ewiger Friede. Friedensrufe und Friedenspläne seit der Renaissance, Freiburg; München 1953.

Bluntschli, Johann Kaspar

- „Die Organisation des europäischen Staatenvereines", in: Gesammelte kleine Schriften, Zweiter Band, 1881.

Briand, Aristide und Alexis Léger

- Memorandum über die Organisation einer europäischen Bundesordnung, in: Europa-Archiv 4 (1949) 17, S. 2435–2440 (Amtliche Übersetzung des deutschen Auswärtigen Amtes).

Broch, Hermann

- Aufforderung an einen nicht existenten Völkerbund, in: Gedanken zur Politik, Frankfurt/ Main 1970.

Coudenhove-Kalergi, Richard Nikolaus

- Entwurf für einen Paneuropäischen Pakt, in: Paneuropa 5 (1930), S. 149–165.

Crucé, Emeric

- Der Neue Kineas oder Abhandlung über die Gelegenheiten und Mittel, einen allgemeinen Frieden sowie die Freiheit des Handels auf dem ganzen Erdenkreise zu begründen, in: Kurt von Raumer: Ewiger Friede. Friedensrufe und Friedenspläne seit der Renaissance, Freiburg; München 1953.

Dante Alighieri

- Das Gastmahl. Viertes Buch, übers. v. Thomas Ricklin, eingel. u. komm. v. Ruedi Imbach (Ital./Dt.), in: ders.: Philosophische Werke, Bd. 4/IV, hrsg. v. Ruedi Imbach, Hamburg 2004.
- Monarchia. Studienausgabe (Lat./Dt.), Einl., Übers. u. Komm. v. Ruedi Imbach und Christoph Flüeler, Stuttgart 1989.

Einaudi, Luigi
- Chi vuole la pace? [Wer will den Frieden?], in: Corriere della Sera, 4. April 1948. (Übersetzung Nathalie Mälzer-Semlinger)

Jastrzębowski, Wojciech Bogumił
- Traktat o wiecznym przymierzu między narodami ucywilizowanymi. Konstytucja dla Europy. [Traktat über den ewigen Bund der zivilisierten Völker. Verfassung für Europa], bearb. u. mit einem Abriss über die Geschichte des pazifistischen Denkens von Fr. Ratomowska. Warszawa/Łódz 1985. (Übersetzung Bernd Hartmann)

Jennings, William Ivor
- A Federation for Western Europe [Eine Föderation für Westeuropa], Cambridge 1940. (Übersetzung Friedrich Griese)

Jünger, Ernst
- Der Friede, in: Sämtliche Werke, Band 7, 2. Auflage Stuttgart 2002 mit freundlicher Genehmigung des Verlages Klett-Cotta.

Kant, Immanuel
- Zum ewigen Frieden. Ein philosophischer Entwurf, in: Schriften zur Anthropologie, Geschichtsphilosophie, Politik und Pädagogik 1, Werkausgabe in 12 Bänden, Bd. XI, hrsg. v. Wilhelm Weischedel, Frankfurt/Main 1977.
- Über den Gemeinspruch: Das mag in der Theorie richtig sein, taugt aber nicht für die Praxis, in: Schriften zur Anthropologie, Geschichtsphilosophie, Politik und Pädagogik 1, Werkausgabe in 12 Bänden, Bd. XI, hrsg. v. Wilhelm Weischedel, Frankfurt/Main 1977.
- Idee zu einer allgemeinen Geschichte in weltbürgerlicher Absicht, in: ders.: Schriften zur Anthropologie, Geschichtsphilosophie, Politik und Pädagogik 1, Werkausgabe in 12 Bänden, Bd. XI, hrsg. v. Wilhelm Weischedel, Frankfurt/Main 1977.
- Die Metaphysik der Sitten, in: Werkausgabe in 12 Bänden, Bd. VIII, hrsg. v. Wilhelm Weischedel, Frankfurt/Main 1977.

Lilienfeld, Johann Heinrich von
- Neues Staats-Gebäude in drey Büchern, Leipzig 1767.

Lorimer, James
- Plan d'organisation d'un gouvernement international (aus „Le problème final du droit international", §VII, pp. 200-206 in: Revue de droit international et de législation comparée, t. IX, 1877).

Lothian, Lord (i. e. Philip Kerr)
- The ending of armageddon [Das Ende von Armageddon], London 1939. (Übersetzung Friedrich Griese)

Ludwig, Emil
- La Prusse et l'Europe [Preußen und Europa], Gallimard, 1940. (Übersetzung Nathalie Mälzer-Semlinger)

Mackay, Ronald William Gordon
- Federal Europe [Das föderale Europa], London 1940. (Übersetzung Friedrich Griese)

Madariaga Salvador de
- Critique de l'Europe [Kritik an Europa], Den Haag 1959. (Übersetzung Nathalie Mälzer-Semlinger)
- De l'Angoisse à la Liberté [Von der Angst zur Freiheit], Paris 1954. (Übersetzung Nathalie Mälzer-Semlinger)

- L'Esprit de l'Europe [Der Geist Europas], Brüssel 1952. (Übersetzung Nathalie Mälzer-Semlinger)
- Le Grand Dessein [Der große Plan], Paris 1939. (Übersetzung Nathalie Mälzer-Semlinger)

Podiebrad, Georg von
- Jiří Kejř: The Universal Peace Organization of King George of Bohemia, a Fifteenth Century Plan for World Peace 1462/1464 [Der Weltfriedensplan des Georg von Podiebrad...], Prag 1964. (Übersetzung Nathalie Mälzer-Semlinger)

Saint-Pierre, Charles-Irénée Castel Abbé de
- aus: Goyard-Fabre Simone „Projet pour rendre la paix perpétuelle en Europe de l'Abbé de Saint-Pierre", Garnier, Paris 1981.

Saint-Simon, Claude-Henri de
- Über die Reorganisation der europäischen Gesellschaft oder über die Notwendigkeit und die Mittel, die Völker Europas unter Wahrung ihrer nationalen Unabhängigkeit in einer einzigen Körperschaft zu vereinigen, in: Ausgewählte Schriften, übers. u. mit e. Einl. hrsg. v. Lola Zahn, Berlin 1977.

Schmidt-Phiseldek, Conrad Friedrich
- Der Europäische Bund, Kopenhagen 1821.
- Europa und Amerika oder die künftigen Verhältnisse der civilisirten Welt, Kopenhagen 1820/1832.

Schuman, Robert
- Pour l'Europe, Nagel, Paris, 1964.

Spaak, Paul-Henri
- Rede von Paul-Henri Spaak vor der gemeinsamen Versammlung der EGKS in: Débats de l'Assemblée commune, 1956.

Spinelli, Altiero
- Le Manifeste de Ventotene [Das Manifest von Ventotene](1940), Union des Fédéralistes Européens.

Sully, Maximilien de Béthune, duc de
- Le Grand Dessein, 2 Bde., Bd. 2., p. 339–352, Michaud et Poujoulat, Paris 1937 (Übersetzung Nathalie Mälzer-Semlinger).

Autoren der Essays
Biografien

Agnieszka Bartol-Saurel, geboren in 1972, in Warschau (Polen). Akademischer Werdegang: Fremdsprachenstudien an der Universität von Nancy und am Europakolleg. Verwaltungsrätin in der Direktion für allgemeine politische Fragen im Generalsekretariat des Rates der Europäischen Union.

Petr Blížkovský, geboren in 1963 in Brno Tschechische Republik. Er studierte Landwirtschaft und Volkswirtschaftslehre. Er wurde 2004 zum Direktor zuständig für Wirtschaftsangelegenheiten im Generalsekretariat des Rates der Europäischen Union. ernannt.

Hans Brunmayr, geboren in 1942 in Klagenfurt (Österreich). Studierte Rechtswissenschaften in Wien. Ehrengeneraldirektor der Generaldirektion F (Presse, Kommunikation und Protokoll) des Generalsekretariates des Rates der Europäischen Union.

David Galloway, geboren 1961 in Schottland, studierte nach einer Ausbildung am Nicolson-Institut in Stornoway (Hebriden) Französisch und Deutsch an der Heriot-Watt Universität in Edinburgh. Er ist Direktor des Kabinetts des stellvertretenden Generalsekretärs des Rates der Europäischen Union.

Jean-Paul Jacqué, geboren 1942 in Nancy (Frankreich), ist Ehrengeneraldirektor des Rates der Europäischen Union, emeritierter Professor der Universität von Strassburg, Ehrendekan der juristischen Fakultät und Ehrenpräsident derselben Universität.

Ramón Jiménez Fraile, geboren 1957 in Vitoria (Spanien), studierte Informationswissenschaften an der Universität von Navarra sowie Geschichte und Europäische Politikwissenschaften an der Universität von Nancy. Beamter im Generalsekretariat des Rates der Europäischen Union.

Jacques Keller-Noëllet, geboren 1943 in Clermont-Ferrand (Frankreich). Staatsexamen am Institut für politische Studien in Paris und Magister der Rechte. Er ist Ehrengeneraldirektor des Generalsekretariats des Rates der Europäischen Union und Lehrbeauftragter am Institut für europäische Studien der Universität von Löwen.

Marc Lepoivre, geboren 1945 in Brüssel (Belgien), Promotion zum Doktor der Rechte an der Freien Universität Brüssel (ULB). Derzeit Generaldirektor der Generaldirektion F (Presse, Kommunikation und Öffentlichkeit) im Generalsekretariat des Rates der Europäischen Union.

Amadeu Lopes Sabino, geboren 1943 in Elvas (Portugal), studierte Jura in Lissabon und Coimbra (Portugal) sowie Soziologie in Lund (Schweden). Journalist, Rechtsanwalt und Universitätsdozent. Direktor im Ruhestand des juristischen Dienstes des Generalsekretariats des Rates der Europäischen Union.

Guy Milton, geboren 1961 im Vereinigten Königreich studierte klassische Sprachen an de Universität von Bristol. Langjähriger Mitarbeiter des britischen diplomatischen Dienstes. Im Generalsekretariat des Rates der Europäischen Union ist er mit den Beziehungen zwischen dem Rat und dem Europäischen Parlament befasst.

Winfried Schulze, geboren 1942 in Bergisch-Gladbach (Deutschland) studierte von 1965–1970 Mittlere und Neuere Geschichte sowie Politische Wissenschaften in Köln und Berlin. Es folgten Professuren an der Freien Universität Berlin, der Ruhr-Universität Bochum, und der Ludwig-Maximilians-Universität München. Er ist ordentliches Mitglied der Bayerischen Akademie der Wissenschaften und der Academia Europaea.

Anita Ziegerhofer-Prettenthaler, geboren 1965, studierte Geschichte in Graz (Österreich). 2003 Habilitation *-venia docendi-* für Zeitgeschichte. Seit 2003 ist sie außerordentliche. Universitätsprofessorin am Institut für Österreichische Rechtsgeschichte und Europäische Rechtsentwicklung.

Register

A

B

C

D

E

F

G

H

I

J

K

L

M

N

O

P

R

S

Z

Das Redaktionskomitee dankt allen, die zum Zustandekommen dieses Projektes beigetragen haben und ganz besonders:

Bibliothèque Royale de Belgique
Koninklijke Bibliotheek van België
Herr Patrick Lefèvre, Generaldirektor
Herr Benoit Labarre, Direktionsssistent
Herr François de Callataÿ, Konservator Medallienkabinett
Frau Gendolyne Denhaene, Konservatorin Druckgrafikkabinett

Bibliothek der Vereinten Nationen – Genf
Herr Pierre Le Loarer
Hauptbibliothekar
Vorsitzender des Ausschusses für kulturelle Aktivitäten

Cabinet des Estampes et des Dessins de la Ville de Liège
Frau Régine Rémon, Konservatorin

Curtius-Museum – Lüttich
Frau Pauline Bovy, Konservatorin

Musée de la Tapisserie de Bayeux – Frankreich
Frau Isabelle Robert, Direktorin
Frau Evelyne Spahn, Direktionsassistentin

Europäische Kommission – Brüssel
Generaldirektion Kommunikation
Frau Jeanne Tchedry, Dokumentarin

Europäisches Hochschulinstitut – Florenz
Historische Archive der Europäischen Union
Frau Agnès Brouet

Musée des Beaux-Arts – Tournai – Belgien
Herr Jean-Pierre De Rycke

Arquivo Nacional da Torre do Tombo – Portugal
Herr Silvestre Lacerda, Generaldirektor
Frau Maria de Lurdes Henriques, Koordinatorin des Kabinetts für auswärtige Beziehungen und Kooperation

Fondation Saint-John Perse – Aix-en-Provence
Herr Orphée Szinetar, Bibliothekar

Scottish National Gallery of Modern Art - Edinburgh
Herr Philip Hunt, Assistent für Fotografie und Verwertungsrechte, National Galleries of Scotland

Madariaga European Foundation
Europakolleg Brügge

sowie:

Doña Isabel de Madariaga
Doña Maria Rosa de Madariaga

Baron und Baronin de Moreau de Villegas de Saint-Pierre
Brüssel

Europäische Föderalisten
Herr Bruno Boissière, ehemaliger Generalsekretär
Herr Jean-Francis Billion

University College of London
Herr Steven Wright
Special Collections
Library Services

The Britten-Pears Library – Aldeburgh
Herr Nicholas Clark, Curator for Reader Services

Herr John Pinder – London
Sammler

Deutsches Literaturarchiv – Marbach
Herr Helmuth Mojem

Põltsamaa Museum – Estland
Frau Rutt Tänav, Direktorin

Archivi Einaudi – Turin
Frau Paola Giordana

Centro Dantesco – Ravenna
Herr Maurizio Bazzoni

Schweizerisches Literaturarchiv
Schweizerische Landesbibliothek Bern
Herr Lukas Dettwiler

Fondation Théodore Strawinsky – Genf
Frau Sylvie Gillot, Archivarin

Europäisches Institut Uni Mail – Genf
Herr Jean-Marc Membrez, Leiter der Bibliothek

Europäisches Institut der Universität Genf
Europäisches Zentrum Coppet
Herr Lubor Jilek

Ministerium für auswärtige und europäische Angelegenheiten – Paris
Herr Grégoire Eldin, Konservator

Bundesministerium für europäische und internationale Angelegenheiten – Wien
Botschafter Johannes Kyrle, Generalsekretär

Vielen Dank auch allen denjenigen, die wir beim Aufstellen dieser Liste leider übersehen haben.

Abbildungsverzeichnis

KBR = Königliche Bibliothek, Brüssel

Préc.	= Besondere Bestände
Est.	= Druckkabinett
Münzen	= Münzenkabinett
Ms.	= Manuskritpte
Karten und Pläne	

REU = Rat der Europäischen Union
UCL = University College of London
Quai d'Orsay = Archives du Ministère des Affaires étrangères. Paris

Vorwort - Heraugebendes Komitee
p. 6 Druck- und Zeichenkabinett der Stadt Lüttich. Belgien

Zur Einführung - Jean-Paul Jacqué
p. 10 KBR, Préc., Brüssel; p. 13 Kunsthistorisches Museum, Wien; p.14 Staatsbibliothek Preußischer Kulturbesitz, Berlin; p. 15/I Germanisches Nationalmuseum, Nuremberg; p. 15/II KBR, Münzen, Brüssel; p. 16 Rat der Europäischen Union; p. 17 KBR, Est., Brüssel; pp. 16, 19 KBR, Préc. Brüssel.

„Autoren patchwork"
pp. 20, 21

Dante
pp. 24, 25 (Detail) Museo dell'Opera del Duomo. Florenz; pp. 27, 29 Biblioteca Medicea Laurenziana. Florenz; p. 28, 31, 32 KBR, Ms, Brüssel; p. 30 Stadtbibliothek Lyon; pp. 34-35 Musée du Louvre, Paris.

Podiebrad
pp. 36, 37 (Detail) Nationalbibliothek der Tschechischen Republik; p. 38 Staatsarchiv, Gubernium Böhmen, Prag; p. 39 Schweizerisches Nationalmuseum; pp. 40, 42, 45 KBR, Ms., Brüssel; p. 41 Burgerbibliothek. Bern.

Crucé
pp. 48, 49 Rat der Europäischen Union; p. 50 KBR, Karten und Pläne, Brüssel; pp. 51, 52 KBR, Préc. Brüssel; p. 55 KBR Est. Brüssel.

Sully
pp. 56, 57 Privatsammlung; pp. 59, 60 KBR, Préc. Brüssel; pp. 61, 62 KBR Est. Brüssel; pp. 64, 66-67 Museum Plantin-Moretus. Antwerpen.

Penn
pp. 68, 69 (Detail), 72 KBR Est. Brüssel; pp. 70, 71 KBR, Préc. Brüssel; p. 75 (Detail) Musée de la Tapisserie de Bayeux. Frankreich.

Saint-Pierre
pp. 80, 81 (Detail), 84 KBR Est. Brüssel; pp. 83, 86 KBR, Karten und Pläne, Brüssel; p. 85, Quai d'Orsay, Paris; p. 88 Musée du Louvre, Paris.

Lilienfeld
pp. 90, 91 (Detail) Philipps Universität, Marburg; pp. 92, 93/I Bibliothek der Universität Tartu. Estland; p. 93/II KBR, Préc., Brüssel; p. 94-95 Französische Nationalbibliothek, Paris.

Bentham
pp. 96, 97, 101, 105 UCL Library Services. London; p. 99 KBR, Brüssel; p. 103, Musée des Beaux-Arts, Tournai, Belgiën.

Kant
pp. 106, 107 (Detail) KBR Est. Brüssel; p. 108 Museum der Schönen Künste Brüssel; p. 111 KBR, Préc., Brüssel; p. 112 Senat der Freien und Hansestadt Hamburg, Staatsarchiv, Hamburg. pp. 114, 117 Musiksammlung der Österreichischen Nationalbibliothek, Wien.

Saint-Simon
pp. 118, 119 Französische Nationalbibliothek. Paris; p. 121 Staatarchiv, Wien; p. 122 Musée Carnavalet. Paris; p. 126 Französische Nationalbibliothek, Paris.

Schmidt-Phiseldek
pp. 128, 129 Privatbesitz; p.130 Musée Curtius, Lüttich ; p. 131 KBR Est. Brüssel; 132/I & II, 133 Königliche Bibliothek von Dänemark, Kopenhagen.

Jastrzębowski
pp. 136, 137 (Detail) Centralny Instytut Ochrorny Pracy; p. 138 KBR, Lesesaal, Brüssel; p. 139 KBR, Karten und Pläne, Brüssel; pp. 140, 141, 142 Musée de la Tapisserie de Bayeux; p. 143 Museum Albertina. Wien.

Lorimer und Bluntschli
p. 144/I, Scottish National Portrait Gallery, Edinburgh; p. 144/II Graphische Sammlung, Zentralbibliothek, Zürich; p. 146 KBR, Münzen, Brüssel; p. 147 Freie Universität Brüssel (ULB), Zentralbibliothek; p. 149 Dänisches Nationalarchiv. Kopenhagen; p. 150 Oberösterreisches Landesmuseum, Linz; p. 151 Kathedrale von Salisbury; pp. 153, 156 Parliamentary Archives, House of Parliament, London; p. 155 Foundation Théodore Strawinski, Geneva; p. 160 Finnisches Nationalmuseum, Helsinki.

Coudenhove-Kalergi
pp. 162, 163 (Detail), 165, 168 Institut européen de l'Université de Genève, Coppet; p. 164 Bibliothek der Vereinten Nationen, Genf Archive des Volkerbunds und historische Sammlungen; p. 166 KBR, Karten und Pläne, Brüssel; p. 169 Europakolleg, Brügge.

Leger
pp. 170, 171 (Detail) Fondation Saint-John Perse, Aix-en-Provence, p. 172 Imperial War Museum, London; pp. 173, 176, 177 Quai d'Orsay, Paris; pp. 174, 175, 178/I&II, 179 Bibliothek der Vereinten Nationen, Genf Archive des Volkerbunds und historische Sammlungen; p. 181 KBR, Karten und Pläne, Brüssel.

Broch
pp. 184, 185 (Detail), 187, 188, 190, 192 Privatsammlung.

Ludwig
pp. 194, 195 (Detail) Schweizerisches Literaturarchiv. Schweizerische Landesbibliothek. Bern; pp. 196, 197 Privatsammlung; p. 198 Stadtarchiv München; p. 199 Bibliothek der Vereinten Nationen, Genf Archive des Volkerbunds und historische Sammlungen; p. 200 Freie Universität Brüssel (ULB) Zentralbibliothek; 201, 202 Stadtarchiv Würzburg.

Die frühen britischen Föderalisten
p. 204 Staats- und Universitätsbibliothek Bremen; pp. 206/I&II, 208 KBR, Lesesaal, Brüssel; pp. 207, 209, 216, 217 Privatsammlung; p. 211 Link Harper, Philadelphia, USA; p. 213 Bibliothek der Vereinten Nationen, Genf Archive des Volkerbunds und historische Sammlungen.

Madariaga
pp. 218, 219, 220 Fondation européenne Madariaga, Brüssel; p. 222 Mediathek der Europäischen Kommission, Brüssel; pp. 224, 225 Europakolleg, Brügge.

Jünger
pp. 228, 229 (Detail) Schiller-Nationalmuseum Deutsches Literaturarchiv. Handschriftabeilung, Marbach am Neckar; pp. 230, 231/II, 232 Bibliothek der Vereinten Nationen, Genf Archive des Volkerbunds und historische Sammlungen; p. 231/I KBR, Karten und Pläne, Brüssel / Présidence de la République Française, Service photographique, Paris; p. 232 Rat der Europäischen Union.

Spinelli
p. 236, 237 (Detail) Mediathek der Europäischen Kommission, Brüssel; p. 238 Europäisches Hochschulinstitut, Florenz; pp. 239, 240, 241, 242/I Bibliothek der Vereinten Nationen, Genf Archive des Volkerbunds und historische Sammlungen; pp. 242/II-243 Rat der Europäischen Union.

Einaudi
pp. 246, 247 Fotografie von Domenico Riccardo Peretti Griva-Fondazione Luigi Einaudi, Torino; p. 249 Mediathek der Europäischen Kommission, Brüssel; pp. 250, 251, 253, 254/I & II, 255 Bibliothek der Vereinten Nationen, Genf Archive des Volkerbunds und historische Sammlungen.

Die Gründerväter
pp. 256-257, 260, 261, 262, 269 Mediathek der Europäischen Kommission, Brüssel; p. 263 Musée des Beaux-Arts de Tournai; p. 265, Finnisches Nationalmuseum, Helsinki; pp. 266, 268 Bibliothek der Vereinten Nationen, Genf Archive des Volkerbunds und historische Sammlungen. p. 273 Institut der portugiesischen Nationalarchive/Torre do Tombo, Lissabon.

Nachwort
pp. 274, 278-279 Rat der Europäischen Union; p. 276, 277 National Gallery, London.

Vorsatzpapier
Institut der portugiesischen Nationalarchive/Torre do Tombo, Lissabon.

Inhaltsverzeichnis

Redaktionskomitee
Marc Lepoivre
Jean-Paul Jacqué
David Galloway
Guy Milton
Ramón Jiménez Fraile
Karel Ježek
Jorge Tavares da Silva

Herstellung
Generalsekretariat des Rates der Europäischen Union
Generaldirektion F (Presse, Kommunikation, Öffentlichkeit)
Dienst Veröffentlichungen
Brüssel, Oktober 2009

Herstellungsleitung
Jorge Tavares da Silva

Bildauswahl
Geneviève Lacroix
Riika Lempiäinen

Organisatorische Begleitung
Isabelle Beyney
Liliana Bicanova
Carina Blommé
Marita Vaahtera
Reinhard Fröhlingsdorf
Peter Johansson

Fotografiedienst des Rates
Tashana Batista
Christos Dogas
Enzo Zucchi

Übersetzungen
Generalsekretari at des Rates der europäischen Union,
Direktion A3 – Übersetzung und Herstellung von Dokumenten
Deutsche, englische und französische Abteilungen

Ausstattung, Satz und Druck
La città creativa, Bari, Italien

Auslieferung
Amt für Veröffentlichungen der Europäischen Union
ISBN 978-92-824-2518-3
doi: 10.2860/39791
Katalognummer: QC-80-09-797-DE-C

Nomos Verlagsgesellschaft mbH & Co.
ISBN 978-3-8329-5114-6